MEN TO DEVILS
從人到鬼●從鬼到人
DEVILS TO MEN

日本戰犯與中國的審判

JAPANESE WAR CRIMES AND CHINESE JUSTICE

BARAK KUSHNER
顧若鵬

江威儀——譯　陳冠任——審訂

學者齊聲讚譽

（依姓名筆畫排序）

顧若鵬教授巧妙地運用了英語、日語以及中文的一手史料與二手研究，梳理複雜的戰犯問題。跳脫過往探討天皇是否需要承擔戰罪的窠臼，並將戰犯議題置入東亞近代史的大脈絡之中，深入分析了戰犯在戰後中國如何成為各方勢力角逐權力的工具。本書超越了《菊與刀》為代表的日本研究視角，將視野延伸到整個東亞，探討日本「戰敗」與東亞「戰後」框架的再形塑。

——川島真／日本東京大學教授

作為日本在一九三一年至一九四五年間侵略與暴行的主要受害者，中國在戰後試圖懲治日本。但是，將以何種方式為之？顧若鵬透過扎實的一手檔案，以國共內戰再起與中國共產黨政權的建立為時代背景，從參與東京大審的過程到在中國各地上演的各種「尚有法理疑慮」的審判秀中，勾勒出中國在戰後司法上不同的舉措。

——戶谷由麻／美國夏威夷大學教授

當審判日本乙丙級戰犯以及政治與正義的界線處於模糊之際，顧若鵬的大作聚焦於中國戰區，精彩地描繪了戰後餘波蕩漾的亞洲。如同我們從他淺顯易懂的分析中所學到的，這些歷史事件的記憶——亦即正義的競技場——至今仍縈繞在亞洲各國，並有著全球性的影響，本書實為一本揭示戰後正義的意義與影響的佳作。

——克斯汀・馮・李根（Kerstin von Lingen）／奧地利維也納大學教授

顧若鵬的大作提醒了我們理解法理學如何塑造在東亞二戰記憶的重要性。透過廣泛閱讀日語與中文檔案，顧若鵬解釋了國家主權的出現何以作為思考戰後國際關係的一個重要概念，以及戰罪審判如何與國民黨在國內統治合法性的奮鬥過程相互連結。本書應列為對於東亞與戰罪歷史有興趣者的必讀書目。

——亞倫・威廉・摩爾（Aaron William Moore）／英國愛丁堡大學教授

顧若鵬的大作重新書寫了戰後中日關係史、冷戰初期的歷史以及戰後東亞尋求新法理秩序的過程。基於深度研究以及展現出的公允評斷，這本書值得推薦給所有研究近代東亞、戰爭罪行以及比較正義的歷史學者。

——芮納・米德（Rana Mitter）／英國牛津大學教授

相較於歐美，在東亞世界中，歷史與當今政治總是緊密地相互連結。本書追溯了戰後日本軍民的遣返、留用以及戰犯審判，揭示了這背後的本質為國共兩黨利用戰犯審判作為合理化各自在政治上正當性的一種方式。此外，顧若鵬教授透過戰犯審判深入解釋了「正確的過去」以及這些審判如何促使中國國內政治一體化，對於這些觀點，我深感認同。然而，戰後日本卻忘記了這樣的過去，反而專注於「被害的記憶」層面。面對歷史記憶認知的不同，以及其中所衍生出諸如正義與情感等相關議題，本書提供了我們思考這些問題時一個不可或缺的視角。

——淺野豐美／日本早稻田大學教授

這本書最能深度解析何以戰爭已結束七十多年，東亞世界的民間和解卻尚未出現曙光的緣由。尤其本書能用多元性角度探索何以本省人與外省人、國民黨與民進黨、中國共產黨與中國百姓、東北人與內地人、日本右翼與日本左翼、臺灣人與日本人、中國人與日本人對戰爭罪行與戰後和解有不同立場與見解的來龍去脈。

——黃自進／中央研究院近代史研究所研究員

此書跨越了「國別史」的研究架構，更獲頒西方歷史學界最高榮譽之一的「費正清獎」，實為當代歷史研究的新典範。顧若鵬教授以二戰後中國對日籍戰犯的審判為切入點，探討了戰後中國與東亞政治秩序重建和重整的過程。這段「（日本）帝國瓦解」和各國「爭奪」政治法律「正當性」的歷史，以及日本與兩個中國政府在冷戰期間的三角關係，至今仍然深刻影響著兩岸關係和東亞的國際局勢。作者特別為中文版撰寫了新的序言，對讀者更深具啟發意義。

——藍適齊／政治大學歷史學系副教授

媒體一致好評

本書所討論的範圍極其廣泛，最後總結的關於戰後對正義的追求也相當具有說服力。顧若鵬運用條理分明、引人入勝的散文體呈現了審判及其餘波這重要的元素如何形塑日本、中國與臺灣的政治思維。任何對戰後東亞權力捭客的政治操作與其對中日關係的影響感興趣者，本書絕對值得一讀。

——詹姆斯・巴倫（James Baron）／《臺北時報》（*The Taipei Times*）

精彩且翔實地描寫一九四五年漫長的中日戰爭的尾聲，且聚焦於中國人如何處置日本戰犯，及日本人何以未能面對自己的戰爭罪行。正如顧若鵬所闡明的，比起尋求報復，中國當局更渴望展現自身對國際法的理解，這導致其猶豫著是否該對幾無戰爭罪行自覺、甚至自認是「受害者」的大批日本人進行冗長的審判。若想要了解中日之間的糾葛，本書絕對不容錯過。

——入江昭／《全球依存》（*Global Interdependence*）編者

顧若鵬運用中國與日本的最新資料，翔實地考察那形塑了中國審判的複雜動機。

——《外交》（*Foreign Affairs*）

顧若鵬的大作以豐富的中文和日文研究為基礎，使得歷史學家不得不認真地重新評估亞洲的冷戰敘事。在中國、日本與臺灣的關係持續緊張之際，本書及時提醒了我們，東亞地區其實一直處於瞬息萬變的動盪中。

——《今日歷史》（*History Today*）

導讀

從歷史的五斗櫃中找尋連結過去與現在的鑰匙

陳冠任／劍橋大學艾薩克牛頓信託博士後研究員

對大多數的臺灣人而言，每當提到「戰犯」，第一時間浮現在腦海中的畫面是什麼呢？我猜可能是臺灣棒球代表隊在國際賽中「雖敗猶榮」時，鄉民們在網路上洋洋灑灑列出的五大「戰犯」，抑或激情的選舉過後，敗選陣營的支持者也會在社群媒體上撻伐「丟掉江山」的「戰犯」。除此之外，「戰犯」這個詞彙似乎只會出現在歷史課本當中，偶爾與「東京大審」、「東條英機」或是「南京大屠殺」等名詞相互構成一個模糊的歷史圖像。整體而言，「日本戰犯」似乎已經是一個脫離現實社會很遠的歷史餘燼。然而，劍橋大學東亞史教授顧若鵬——跟大多數專研東亞研究的西方學者一樣，他也有一個很洋味的中文名字——提醒我們，「戰犯審判」不僅僅是發生在戰後初期的數年間，其所造成的歷史遺緒可謂超乎我們的想像。

顧若鵬教授於普林斯頓大學取得歷史學博士後，於二〇〇六年受聘於劍橋大學東亞系，現為劍橋大學東亞史教授與基督聖體書院院士（Fellow of Corpus Christi College）。顧教授的研究興趣為日本近現代史、東亞國際關係史與冷戰史，並著有*The Thought War – Japanese Imperial Propaganda*①以及*Slurp! A Culinary and Social History of Ramen, Japan's Favorite Noodle Soup*②等專書。本書是他的第三本學術專書，也榮獲二〇一六年費正清獎（John K. Fairbank Prize）的肯定。如果細讀本書，便不難發現作者能夠獲得此一殊榮的原因。過往關於日本戰爭責任與戰犯審判的研究，大多偏向從美國的視角來檢視東京大審或是對於「天皇是否須承擔戰爭責任」等議題，在文字上有著激烈的攻防戰。而有別於過往的研究取徑，顧教授從鮮少人關注的乙丙級戰犯審判與日本帝國邊陲的角度，觀察戰後東亞國際秩序的形塑。本書首先運用電影「長鏡頭」的手法，帶領讀者認識二戰結束以前東亞政治結構的全貌。顧教授提醒讀者，在二戰結束以前，日本是一個包含多民族與領土廣袤的「帝國」，而此一帝國對於東亞局勢的掌控與影響並不會隨著裕仁天皇的玉音放送驟然消逝；相反地，帝國的幽魂卻不斷地在日後東亞歷史發展上遊蕩著。作者特別指出，二戰期間日本帝國與東亞各國／殖民地的關係宛若獅子與羔羊，但由於過去在詮釋戰後東亞史時欠缺獅子方面的證言，使得我們至今未能一窺戰後史的全貌。因此，其先分析日本高層對於「終戰」的看法，並證明日本其實並未做好戰敗的準備。對日本軍方而言，並不認為自己實質上戰敗了，因為在中國大陸的失敗純粹是外部因素所造成，而日本才是這場戰爭真正的受害者。日本帝國海軍與陸軍甚至試圖掩蓋事實，藉此保護自身的利益。除了軍方之外，大部分的文官也抱持相同的態度，希望在戰後能掌控對於戰罪的定義以及戰犯的審判，以保全日本的「面子」，因為對他們而言，由盟軍所領導的審判僅流於勝利者的正義。

除了日本方面，顧教授同時聚焦於國共雙方在面對日本戰犯議題時的態度與作法。他指出，面對日本戰犯，國共雙方都展現了「寬大為懷」的政策，但這個「寬大」政策的背後卻充滿著政治算計，因為高舉著「正義」的大纛將可強化自身政權的合法性與正當性。對國民黨而言，在中國審判乙丙級戰犯不但可以撫平中國人民內心因戰爭所導致的創傷，更重要的是，國民黨政府也可以藉機向國際社會展現其具備運用國際法理審判戰犯的能力，並證明中國於戰後已經躍身先進國家之列。因此，雖然當時國民黨政府內通曉國際法的法學人才有限，但南京方面依然要求美國主導的盟軍總部將乙丙級日本戰犯引渡至中國受審，藉此掌控中國戰區審判的話語權。

然而，將乙丙級戰犯帶上中國的法庭並不是一件簡單的事情。作者在書中牽出三條不同的支線，探討國民黨在審判日本戰犯時所遇到的困難。首先，美國對於國民黨政府能否單獨審判日本戰犯抱持懷疑，這使得南京方面在要求盟總引渡日本戰犯時發生了不少困難。其次，國民黨政府對於日本戰犯審判的標準也不一。顧教授在書中分析，國民黨的高級軍官多有留日背景，且與日

① 此書亦有日文譯本：井形彬譯，《思想戦　大日本帝国のプロパガンダ》（東京：明石書店，二〇一六）。

② 此書正體中文版的翻譯參見：陳正杰譯，《拉麵的驚奇之旅》（臺北：允晨文化出版，二〇一七）。

本軍官大多相互熟識。這樣的背景加上戰後國共關係迅速惡化，使得國民黨必須與先前的敵人進行「出賣靈魂的交易」，亦即透過減少對日本戰犯的追訴，來對抗另一個更大的敵人——中國共產黨。除此之外，臺灣籍戰犯的問題也困擾著國民黨政府。日本帝國的瓦解使其政治疆界也隨之遭到打破，而在帝國的前殖民遂產生了身分認同的問題——臺灣即為一個顯著的案例。作者深入分析了臺灣人戰後初期在身分認同上所發生的變化，以及國民黨政府在面對臺籍戰犯與漢奸議題時所遭遇到的困境。上述三點使得國民黨於戰後初期深陷一種左右為難的境地。為了脫離此一泥淖，國民黨政府就必須「做點什麼」來證明其「追求正義」的決心。因此，作者認為如酒井隆與谷壽夫等許多乙丙級戰犯的審判，遂成了此一時空環境下的政治犧牲品。

相較於國民黨的困境，作者透過描繪共產黨對日本戰犯的審判，呈現出戰犯審判議題在不同團體之間所展現的不同樣貌。本書大量分析國共雙方的審判資料與戰犯自身的筆錄和口供，藉此得到了一個有趣的結論：在國民黨所主持的乙丙級審判中，日本軍人鮮少當庭認錯，且大多數的被告都被判處死刑或有期徒刑。然而，在一九五六年共產黨所主持的法庭上，多數的日本被告均當庭聲淚俱下地承認過往所犯下的罪孽。作者指出，這樣的結果展現了國共雙方對於「正義」所追求的樣貌互異。相較於國民黨，共產黨的目標是要透過審判讓日本戰犯深刻反省過去所犯下的罪行，並將他們從「鬼變回人」。然而，共產黨所執行審判的動機僅限於此嗎？作者認為，北京方面要舉行日本戰犯審判的部分原因，在於其無法接受美國對於收押的日本戰犯過於寬容。此外，美國於戰後試圖將日本打造成其在東亞的反共堡壘也讓北京當局相當感冒，因此審判、拘留在中國大陸的日本戰犯，可以視作向美國的一種示威。另一方面，作者亦認為，共產黨對於戰犯審判的政策不僅僅是執行人道與寬懷，這一切都是經過特別設計，除了可以迅速與日本恢復關係，同時也向世界證明中國共產黨統治中國的合法性，並以「文明國家」之姿躋身國際舞台。

簡而言之，日本戰犯的審判在戰後初期對國共雙方而言，都是可以作為「政治操作」的籌碼，藉此達到符合其利益的目標。然而，顧教授提出一個饒富趣味的問題：為何日本戰犯在中國受審的歷史與記憶會在一九五〇年代結束後迅速地遭到遺忘？他將這項問題置入冷戰史的脈絡中，分別就中國大陸與臺灣兩個層面回應。在北京政府於一九五〇年代末期結束日本戰犯審判後，隨之而來的大躍進與文化大革命使得整個國家呈現失序的狀態。與此同時，北京與莫斯科之間的齟齬更使得毛澤東政權無暇繼續追究日本帝國往昔的過錯。相較於此，偏安於臺北的國民黨政府雖然沒有如此多災多難，但是如何維持其在國際社會中的合法性與在夾縫中求生存，也令其有意地忘卻過去這段歷史。

除了國共雙方之外，作者也提醒我們，戰後日本的發展亦模糊了對於戰罪議題的討論。因為戰後的日本憲法使其不能擁有實際意義上的軍隊，因此關於軍隊的本質與文人政府意義的探討，在戰後日本的學術界付之闕如，也連帶模糊了戰後日本探討戰爭責任的界線。雖然如此，乙丙級戰犯審判卻深植於日本的大眾文化中，無論是被起訴的戰犯或是日本民眾，都認為自己是「被帝國支配的受害者」；在這樣的社會氛圍之下，關於戰爭的記憶與帝國的罪行便都合理地被模糊了。本書以設置在東京車站前的「愛之像」為例，說明了該雕像雖然是為了和平所建，但是除了採用漢字與希臘文的「愛」字之外，並沒有任何的說明。這意味著，日本對於戰罪審判的歷史依然不甚了解，甚至刻意加以模糊。除了日本對於戰罪模糊的公眾記憶之外，在政府檔案的公開方面，顧教授舉自身的經歷為例，認為日本雖然有計畫地蒐集相關資料，但最終卻都以「保護隱私」為由遮蓋了個人資料，顯示截至今日，日本面對戰爭責任這個議題仍未做好完全的準備。

總而言之，無論是中國人抑或日本人，似乎都有意／無意地選擇性遺忘在中國所舉行的乙丙級戰犯審判。本書最大的貢獻在於帶領讀者重新認識這段遭到遺忘的歷史，並透過在中國舉行的乙丙級戰犯審判，勾勒出戰後東亞國際秩序的混沌，以及戰犯問題如何在冷戰的脈絡下成為政治角力的工具。顧教授更進一步指出，日本戰犯的議題並未隨著法庭的定讞而結束，而是在往後的中日關係中，隨著中國民族主義的浪潮被不斷地從歷史的垃圾堆中重複拾起，並隨著局勢發展而重新塑造。究竟，日本戰犯已經從「鬼」變成「人」了嗎？抑或他們仍舊是「鬼」？是由誰來定義「鬼」與「人」？這些難解的問題至今依然是中日關係背後潛藏的不定時炸彈。

回到本文最初的問題，「日本戰犯」是否離臺灣人很遠，而應該被掃進歷史的資源回收廠？行文至此，數年前顧教授在學院高桌晚宴上的一席話忽然湧上心頭：「過往西方學術界往往忽略了臺灣的特殊性。其實，相較於日本與中國，臺灣更可以從較為客觀的角度研究戰後東亞史。」

他的這番話我放在心中咀嚼多年，如今正好拿來回應本文一開始的問題。的確，臺灣在地理上位處中日兩國之間，在歷史發展上又經歷過日本殖民、國民黨統治以及民主轉型，可謂處於歷史洪流的交匯處。然而，這樣的時空背景也造成臺灣社會至今在國家認同與歷史詮釋上的諸多分歧。本書提醒我們，這些問題都是歷史進展累積的結果，而透過重新思考日本戰犯問題與戰後初期東亞國際秩序重建的過程，將有助於我們在歷史的五斗櫃中，找尋一把連結過去與現在的鑰匙。

中文版序

繫往於今——重思東亞戰罪審判的歷史遺緒

陳冠任／譯

這幾年來，我常跟學生們開玩笑說，出版一本書有三個階段：第一階段是你認為可以用自己的先入之見去完成這本書；第二階段是你試著用所蒐集到的史料修正你錯誤的假設；最後階段是你最終發現，其實最困難的是如何在有限的篇幅內，將論點清楚地呈現給讀者。在完成本書的英文版之後，我認為已經滿足了我對於戰犯審判的好奇心。但是幾年過去後，我卻發現有許多地方依然需要進一步探討，於是重新思考了這個故事應該如何敘述。我想中文讀者將會理解這個故事不僅僅與二戰有關，而是始於日本帝國在東亞的初登場。

從清國到國民黨政府——國恥的傳承

當我們在思考東亞史時，應該從其內部的脈絡著眼，而非如過往般抱持以美國為中心的史觀，這儼然已經成為基本常識。同時，我們也必須關注跨國的視角，因為如果僅著重於特定國家的「國內史」，勢必會孤芳自賞，難顯歷史發展的多樣性，而我也秉持著這樣的觀點去檢視日本帝國主義的發展與東亞的反應，並重新省思戰後東亞在不同時空之下的歷史發展。翻開日本近代史，戰後的敘事只是簡短地集中在戰爭的結束，但對於曾經遭受過日本統治的中國人、臺灣人以及韓國人而言，他們需要精確地了解帝國所涉及的過去。嚴格來說，東西兩方對於歷史意識的認識有著巨大的鴻溝。在西方，日本帝國的記憶已經遭到遺忘，但這個記憶卻轉移至接替的中國政府——這意味著中國的政權雖然更迭頻繁，但是公眾記憶卻延續著，即便中國政府不斷宣稱他們正在屏棄過去。我是讀完鍾漢波的回憶錄之後，進一步思索起這類問題。他在戰後以駐日代表團參謀的身分前往日本協助占領事宜，在回憶錄的前言中寫道，中國能夠以四強之姿占領日本確實是「一掃百年來的國恥與凌辱」。[1]當我首次看到這個故事時不禁感到疑惑，在深入研究後發現，二戰的結束對東亞戰區有著全然不同的重要性，而故事的重點也非僅限於日本在戰時所犯下的暴行。其中的利害關係就是東亞國家之間長期的競爭，這一切皆早於西方所論述的二戰。我逐漸意識到，鍾漢波這種希望中國在戰後顯得比日本更突出的渴望，其實可以追溯到二戰之前。

事實上，對於中日雙方而言，國恥的關鍵可以上溯至一八八六年清國北洋艦隊（包括定遠艦與鎮遠艦）駛進長崎港之際。定遠艦被視作中國最好的軍艦，使當時的日本海軍相形見絀。②駐紮在長崎港的幾天內，一些清國的水手趁著假期去紅燈區遊玩，因酒後鬧事，遂與日本警察發生衝突。在接下來的幾天內，中日雙方衝突不斷並造成一些死傷，這就是後世所熟知、讓清國北洋艦隊形象大損的「長崎事件」。③此次事件給予日本很深刻的印象，某種程度而言，這是兩國之間在霸權上的競爭，而這樣的競爭也促使日本提升國力，以爭取在日後展現其霸權的機會。

長崎事件之後，日本在甲午戰爭（一八九四年到一八九五年）中又遭遇了這些軍艦。當時世界輿論評估，強大的清國艦隊將會很快地擊潰數量雖多但設備並不精良的日本海軍。然而，腐敗與缺乏戰略指揮的北洋軍艦最終敗給了日本帝國海軍，並使得清國將臺灣割讓給日本作為戰爭賠償。日本人對於這個意料之外的勝利與所獲得的戰爭賠償欣喜若狂，當時的報紙上有大量廣告都是關於展示清國海軍被擊沉的大幻燈會，藉此慶祝日本的成功，並向公眾展示日本征服了清國。④

---

① 鍾漢波，《駐外武官的使命——一位海軍軍官的回憶》（臺北：麥田出版，一九九八），頁三。

② "China's best ship lost," New York Times, November 23, 1894.

③ 朝井佐智子，〈清国北洋艦隊来航とその影響〉，《愛知淑徳大学現代社会研究科研究報告》四，二〇〇九，頁五八。

④ 《朝日新聞》（東京版早報），一八九五年二月十日。

東京市政府於一八九五年為威海衛海戰的勝利舉行了盛大的慶祝儀式，因為這象徵著清國海權的消退，與日本帝國海軍已經發展到能與列強爭雄的程度。日本將鎮遠艦作為戰利品，在上野公園的不忍池畔展示其艦錨，此外，東京市政府還利用熟石膏重新複製了清國的定遠與致遠兩艦，並在池面上使用煙火等材料重現海戰砲擊時的情景。⑤展示戰利品與重現戰爭場景不僅僅是慶祝戰爭的勝利，更重要的是，可以刺激日本民眾支持帝國政府的軍國主義與帝國的擴張。⑥

對日本民族主義者而言，在歷經一八八六年被清國羞辱的長崎事件後，終於在一八九五年得以享受遲來的歡愉，清國失去了主力戰艦也預告其政權走上終結的道路。值得一提的是，日本慶祝勝利的儀式是空前未有的，因為參加者眾，導致預算高出預期，慶祝儀式的花費最終逾一萬四千五百日圓（換算成今日的幣值大約等於兩百五十萬美金）。⑦在國家的首都舉辦慶祝大會對當時的日本而言是一筆龐大的開銷，特別是當經費都拿去作為戰爭預算時。

在日本首次對清國取得勝利後，所擄獲的錨被樹立在上野公園的中央，任憑歲月以灰塵粉妝，而日本帝國也開始集中精神，從中國廣袤的領土上竊取更多的「戰利品」。隨著歲月流逝，鎮遠錨的故事或許遭到遺忘，但在一九四二年初，因為日本需要在太平洋上對抗盟軍，所以鎮遠錨又搖身一變成為宣傳愛國主義的最佳素材。一九四二年五月二十八日，《朝日新聞》向公眾揭載了上野公園「鎮遠之錨」建碑儀式的過程，作為慶祝帝國海軍紀念日的環節之一。⑧諷刺的是，此一儀式是日本在中途島戰役潰敗的數週前所舉行的。鎮遠錨會在戰爭的煙霧中遭致遺忘的另一個原因，是日本當時正在擴大慶祝戰爭儀式的規模，例如一九三八年攻陷武漢之後，為了慶祝勝利，日本甚至動用整座西宮球場模擬了當時戰爭的情景。

一九四五年之後，當日本帝國灰飛煙滅，國民黨政府開始與日本、美國交涉，試圖取回象徵國恥的鎮遠錨——即便國民黨政府在法理上無權做出這項要求，因為鎮遠錨是日本從清帝國手中獲得的戰利品。國民黨政府最終爭取到了鎮遠錨，並舉辦了歸還儀式，以此向公眾展示洗刷了數年前清國所遭受的恥辱。日本在十九世紀透過展示戰利品慶祝戰爭的勝利，也使得鍾漢波要求歸還其他的「戰勝紀念品」，而這些「洗刷國恥的象徵」至今都被展示於北京的中國人民革命軍事博物館。

對恥辱記憶與戰爭展示的競爭顯然在二戰前已行之有年，也早於東亞戰罪的審判。遺憾的是，這樣的競爭逐漸滲入政治場域。中國歷史記憶的守護者如今也一分為二——中華人民共和國與中華民國（臺灣），而公眾記憶亦隨著兩岸政治局勢的發展被塑造成符合政治需求的模樣。

⑤有關這些慶祝儀式的細節、目標與花費，參見：土田政次郎，《東京市祝捷大会》，東京：秀英舍，一八九五。
⑥木下直之，《戦争という見世物》（京都：ミネルヴァ書房，二〇一三），頁一—一八。
⑦土田政次郎，《東京市祝捷大会》（東京：秀英舍，一八九五），頁一三九。
⑧〈「鎮遠の錨」建碑式〉，《朝日新聞》（東京版晚報），一九四二年五月二十八日。

戰罪審判的全球時刻

對我而言，戰罪審判的歷史可以建立在「競爭正義」的論述之上。我認為中國人與日本人在冷戰初期政權轉移之際試圖掌握「正義」的詮釋權，作為其國內外的宣傳之用，藉此鞏固自身的合法性。在我看來，我們不能僅將戰後初期視為一個「過渡」或是「延續」的時期，而是要看作一個由「競爭正義」有意識／下意識地支配的時期。⑨日本想要拯救他們所能拯救的一切，並盡可能試圖改變看似要再次統治這個世界的列強的指令。掌控「正義」的詮釋權對於盟軍與日本而言同等重要，因為這意味著取得了定義戰爭的主導權——太平洋戰爭究竟如日本人所宣稱，是一場「解放」亞洲的戰爭？抑或如西方國家所定義，是一場民主對抗法西斯主義之戰？戰後東亞的局勢仿若日本與其他歐洲前帝國主義國家瓦解後所產生的碎片集合體，而後又成為新崛起的美蘇兩強相互角逐的歷史舞台。至於中國則終於在戰後首次有能力於國際社會中爭取一席之地，但其真正躍身成為世界強權卻是二十一世紀初期的事。

然而我的研究指出，誠如前例所示，東亞內部的競爭有著相當悠久的起源，而此一起源也影響著戰罪審判的進展，因為其乃國際趨勢的一部分。同盟國（二戰期間他們自稱為聯合國〔United Nations〕）對於二戰期間軸心國所造成的慘況有兩種回應：第一，鼓勵各國訴諸國際法；第二，納粹德國對猶太人的大屠殺使得盟國建立了一套法理體系去懲罰那些新定義的罪行。

某種程度上，一九四五年是一個建立國際司法體系的時刻，國際間有一項共同的信念，認為運用法庭去調停與解決戰後的秩序是完美的方式。運用國際法起訴戰犯是非常新穎的方式，因為這將超越國內法的層級，把犯下令人髮指罪行的戰犯帶上法庭接受審判。

本書試圖突破過往的窠臼，將研究觸角延伸至探討盟軍在太平洋地區審判的形塑過程。儘管

---

⑨ 顧若鵬著，陳冠任譯，〈處理戰後的勝利：國民黨、日本與共產黨對於正義的立場〉，《國立政治大學歷史學報》五〇（臺北：國立政治大學，二〇一八年十一月），頁一四三—一七四。

⑩ 本人在二〇一三年至二〇一九年所執行歐洲研究理事會的計畫中，處理了日本帝國的終結與其在戰後東亞的影響。克斯汀・馮・李根在海德堡大學率領研究團隊執行「跨文化的正義：法理之潮與東亞戰罪審判中國際正義的出現（Transcultural Justice: Legal Flows and the Emergence of International Justice within the East Asian War Crimes Trials）」，並有以下著作：*War Crimes Trials in the Wake of Decolonization and Cold War in Asia, 1945-1956: Justice in Time of Turmoil* (Basingstoke: Palgrave, 2016); *War Crimes Trials in Asia: Debating Collaboration and complicity in the aftermath of War* (Basingstoke: Palgrave, 2017); *Transcultural Justice: The Tokyo Tribunal and the Allied Struggle for Justice, 1946-1948* (Leiden: Brill: 2018)。在澳洲，也有研究團隊出版了相關的著作：Sandra Wilson, Robert Cribb, Beatrice Trefalt, Dean Aszkielowicz, *Japanese War Criminals: The Politics of Justice After the Second World War* (New York: Columbia University Press, 2017)。而澳洲另一個偏重於法律層面的研究團隊則出版了該領域重要的著作：Georgina Fitzpatrick, Tim McCormack and Narelle Morris, eds., *Australia's War Crimes Trials* (Koninklijke Brill NV, Leiden, 2016)。此外，戶谷由麻與大衛・科恩（David Cohen）共同合作的 *The Tokyo War Crimes Tribunal - Law, History, and Jurisprudence* (Cambridge: Cambridge University Press, 2018) 亦有相當大的參考價值。

從迥異的背景與專業出發，各國學者仍試圖探討戰後「全球正義」的概念如何與為何被推動。⑩其中一個常被戰罪研究者（包括我自己）所忽略的是，過往監獄的舊址，在日本與其前殖民地卻是紀念二戰與後帝國時代的重點。一些歷史建築物後來遭到了破壞，比如南韓在一九九五年選擇拆除前朝鮮總督府，此外，臺北監獄遺址現在也成為中華電信公司的營運處。這些戰罪審判相關遺跡的拆除與保存，說明了「殖民」與「後殖民」記憶間的競爭，這也是歐洲與亞洲之間在法理上的差異所在。⑪

在東亞，審判的地點有時會設在前殖民者的監獄，美國在中國審判日本戰犯的地方便設在上海的提籃橋監獄（當時稱為Ward Road Jail），而國民黨也在這裡舉辦過幾次審判。此外，日本時代的監禁所有時也會用來進行審判，位在市中心的臺北監獄即為一例（日本時代稱為臺北刑務所，國民黨統治時期則稱為臺北監獄）。然而，有些審判地點則是為了賦予審判人員更多天高皇帝遠的「審判自由」，所以挑選遠離首都的地方，例如在東南亞，馬努斯島（Manus Island）就因為離坎培拉（Canberra）較遠而被選作審判的地點。而在其他地區，前日本帝國的戰俘管理營也被作為軍事審判的臨時總部。

戰罪審判與冷戰

日本帝國的瓦解開啟了冷戰爆發的第一個開關，因此，戰罪審判的結構與日本留給後代子孫的敘事，形塑了戰爭如何結束以及戰爭責任歸屬的歷史圖像。冷戰造成了往後數年新盟國之間的分裂與政治上的分歧；同樣地，日本對於東亞統治的終結也點燃了歐洲殖民列強結束在東亞／東南亞殖民統治的保險絲，例如，我們必須去檢視帝國的暴力和戰爭如何與隨後的內戰相互交織。因此，日本帝國所留下的政治遺產在往後幾年就顯得無可計量地重要。但帝國雖然已經瓦解，其所留下的權力網絡與政治遺產不久就被重新建立與構築。當我們在處理帝國暴力對東亞所產生的結果與影響時便會發現，帝國主義與隨後的去殖民化之間，其實充滿著圍繞在殖民主義、復員、

⑪ 參見：Shu-Mei Huang and Hyun Kyung Lee, *Memory, Heritage, and Punishment: Remembering Colonial Prisons in East Asia* (London: Routledge, 2019); Franziska Seraphim, Carceral Geographies of Japan's Vanishing Empire: War Criminals Prisons in Asia" in Barak Kushner and Sherzod Muminov, eds., *The Dismantling of the Japanese Empire in East Asia: Deimperialization, Postwar Legitimacy, and Imperial Afterlife*, Routledge, 2016, pp. 121-145; Seraphim, "A 'Penologic Program' for Japanese and German War Criminals after World War II" in Joanne Cho, Lee Roberts, and Christian Spang, eds. *Transnational Encounters Between Germany and Japan: Perceptions of Partnership in the Nineteenth and Twentieth Centuries*, Palgrave, 2016, 185-206.

工業化以及技術間的延續性。⑫日本的投降涉及各方勢力在權勢與軍事上的爾虞我詐，因為各方皆算計著其勢力能在戰後初期權力真空之際伸入東亞地區。

日本歷史學者吉見俊哉指出，我們所使用的那些形容日本從戰敗到占領的詞彙，依然無法適切地涵蓋那個時代所發生的轉變。如同吉見所述，日本從戰時到戰後在國家行為與動員系統上依然存有一致性，而「戰敗」這個詞彙在戰爭中期已然出現。⑬吉見告訴我們，在正式投降前，日本早已在太平洋戰爭中的幾場主戰役中嘗到敗果，像是一九四五年三月的東京大轟炸以及沖繩戰役。從吉見的觀點而言，「終戰」與「戰後」兩個詞彙的使用，是企圖掩蓋戰後日本可能發生的內部崩解。我想在此大膽地提出更多的歷史性問題。我們在討論投降與戰敗的問題時，往往只把這些議題當作帝國瓦解那一瞬間的事情，然後就迅速地將研究目光放到了「戰後」。這樣每每造成如吉見所警告的結果：我們太容易忽略這些事件的前因後果。然而截至目前為止，我們卻還沒有適當的詞彙與學術語言去描繪戰犯審判以及尋求正義時所發生的歷史。⑭

歷史並不是非黑即白

雖然本書的討論涉及在中國的日本戰犯審判，但在英文版付梓後，我馬上發現了遺漏之處。舉例來說，所有與日本帝國本身無直接關聯者往往遭到忽略；然而，我認為「偽」滿洲國便應該受到重視。那些參與者發生了哪些饒富歷史趣味的故事?參與汪精衛南京政府的人們及軍隊又如何呢?他們是容易受到愚弄的人嗎?或是應該以其他形式來評價他們?在此以滿洲國駐納粹德國六年,但在戰後卻面臨難料命運的王替夫為例。根據他的回憶,在一九三九年至一九四〇年五月底,有超過一萬兩千名猶太人前往柏林的滿洲國公使館,他則負責替他們處理由滿洲國到上海的簽證(這些猶太人通常會再從上海前往美國)。他們當時被允許攜帶身上穿的衣物以及十美元離開德國。⑮

⑫ 參見:Hiromi Mizuno, Aaron Stephen Moore, and John Paul DiMoia, *Engineering Asia: Technology, Colonial Development and the Cold War Order* (London: Bloomsbury Academic, 2018).

⑬ 吉見俊哉,〈一九四〇年代敗戦と戦後の間で〉,收錄於栗原彬、吉見俊哉編,《敗戦と占領:一九四〇年代(ひとびとの精神史第一卷)》(東京:岩波書店,二〇一五),頁一五。

⑭ 我在最近所編輯的專書中有更詳盡的說明,參見:Barak Kushner and Andrew Levidis, eds., *In the Ruins of the Japanese Empire: Imperial Violence, State Destruction, and the Reordering of Modern East Asia*, Hong Kong: Hong Kong University Press (forthcoming 2019), 1-24. 謝卓德·穆米諾夫(Sherzod Muminov)同時也對於這段過程與其和戰爭時期意識型態的關係有所著墨,參見:Barak Kushner and Sherzod Muminov, eds., *Overcoming Empire in Post-Imperial East Asia: Repatriation, Redress and Rebuilding*, London: Bloomsbury Publishing, (forthcoming 2019).

⑮ 王替夫口述,金淑梅整理,《偽滿外交官的回憶》(哈爾濱:黑龍江人民出版社,一九八八),頁九四。同時參見:王替夫、楊明生,《見過希特勒與救過猶太人的偽滿外交官》(哈爾濱:黑龍江人民出版社,二〇〇一)。

當德國的頹勢日現，王替夫與其他外交人員決定在一九四四年夏天（七月二十日）返回中國。一行人搭乘火車經過土耳其，再通過蘇聯（他回憶那時基本上沒有一個正常運作的火車站），最後在一九四四年九月三十日，歷經了兩個多月的長途跋涉，最終抵達哈爾濱。⑯戰爭結束之後，由於日本官員與帝國陸軍將領早已逃離，所以王替夫還負責辦理滿洲國政權的交接事宜。然而，蘇聯卻在一九四五年十一月逮捕了他。經歷二十天的卡車顛簸之後，蘇聯將他帶到了赤塔（Chita）。王替夫遭到囚禁，並在一九五四年遭蘇聯特別軍事法庭判處二十五年的勞動改造，但在一九五八年三月卻突然被遣返回中國。⑰不像其他國民黨官員被以色列猶太大屠殺紀念館（Israel's Yad Vashem Museum）認證為二戰時期的「國際義人」，王替夫的名字並沒有出現在紀念館內。此處值得思考的是：是不是因為他被貼上了「叛國者」的標籤，且這與中國政府所提倡的愛國主義史觀相悖，所以中華人民共和國政府才沒有替他申請成為以色列的「國際義人」？雖然我們對於滿洲國內的中國官員在戰後的生活所知不多，但對於身處滿洲國高層的臺灣人究竟發生了什麼事所知更少。為何這些臺灣人以「日本人」的身分在滿洲國任職？他們究竟得到過哪些好處？這在日本帝國毀滅之後又造成哪些影響？⑱一切至今都隱藏在歷史的迷霧之中，尚待進一步分析。

戰爭責任爲何？

不意外的是，日本在一九四五年八月十五日正式宣布投降的數日後，內部對於戰爭的意義及戰敗依然意見分歧，⑲同樣地，也較缺乏關於戰爭責任的論述——「戰爭責任」這個名詞的定義似乎處於模糊不清的狀態。「戰爭責任」是指在一九三〇年代對中國發動戰爭嗎？還是稍後對西方宣戰？或是當情勢已經明顯顯示國家即將走向滅亡，卻依然堅持戰至最後一兵一卒？抑或指在

---

⑯ 王替夫口述，金淑梅整理，《偽滿外交官的回憶》，頁九八。

⑰ 馮澤君，〈偽滿最後一位外交官王替夫沉浮錄〉，《歷史與人物》一一（二〇一一），頁五一—五四。阿部吉雄，〈戦前の日本における対ユダヤ人政策の転回点〉，《言語文化論究》一六（二〇〇二年七月），頁一—一三。

⑱ 關於臺灣人在滿洲國的研究，參見：許雪姬，〈滿洲國政府中的臺籍公務人員（一九三二—一九四五）〉，收錄於許雪姬編，《臺灣歷史的多元傳承與鑲嵌》（臺北：中央研究院臺灣史研究所，二〇一四），頁一五—六七。許雪姬，〈臺灣人在滿洲的戰爭經驗〉，《歷史臺灣》一一（二〇一六），頁七七—七八。許雪姬，〈戰後上海的臺灣人團體及楊肇嘉的角色：兼論其所涉入的「戰犯」案（一九四三～一九四七）〉，《興大歷史學報》三〇（臺中，二〇一六），頁八一—一一六。

⑲ 參見：Barak Kushner, "The question of complicity: Japan's early postures toward war crimes and war responsibility in the aftermath of the Second World War," in Kerstin von Lingen, ed., *Debating Collaboration and Complicity in War Crimes Trials in Asia, 1945-1956*, London: Palgrave Macmillan, 2017, 151-176.

前線打敗戰的將士？在戰後，日本內部不同的部門，例如外務省、帝國陸軍與海軍等，有時擺出欲壟斷控制的態勢，有時卻又共享權力。然而他們通常不互相合作，而是選擇在帝國崩解所帶來的衝擊力中保護自身集團的利益。

跟歐洲不同的是，戰爭與和解的議題在日本已經概括成對於帝國與戰爭的政治立場。這樣的意見結合了所謂的「東京審判史觀」——誠如東京大審的結果所示，日本帝國是侵略性且錯誤的。這樣的觀點與傳統的「戰爭肯定論」相悖，因為戰爭肯定論者認為帝國發動戰爭除了要解放亞洲之外，也由於日本帝國的安全不斷受到西方國家的威脅，因此，走向戰爭之路是被西方列強逼到絕境的必然結果。就某種意義而言，時至今日，每當我們談及戰後東亞的發展，都無可避免地會討論到這兩種史觀之間的對抗。當戰後初期這些概念還未成形，且籠罩記憶的面紗尚未落下時，日本的領導人與政府曾經試圖處理一切，卻以失敗告終。幣原喜重郎在一九四五年十月九日接下了日本總理大臣職務後，便想探討日本失敗的真正原因，相信唯有如此才能使戰後的日本繼續前進。「是什麼導致日本最終走上戰爭的道路？」「帝國的意義為何？」以及「日本為何會輸？」許多日本官員評估日本應該對上述的問題進行自我審判，而非由外人所強制主導的審判。日本政府對於日本為何在軍事上失敗或為何失去帝國的調查並不明確，因為兩者都可以用「戰爭責任」這個名詞概括。一九四五年十月三十日，日本內閣決定成立調查小組探討日本帝國失敗的原因。[20]起初這個調查小組名為「大東亞戰爭調查會」，但在一九四六年一月以後更名為「戰爭調查會」。身為首相的幣原負責領導這個組織，然而，盟軍卻懷疑這個團體的成立是為了復甦日本軍國主義，於是不久之後就被駐日盟軍總部勒令取消。㉑

我們現在知道日本對於帝國的崩解以及即將來臨的審判並沒有統一的反應。戰後日本內部各方的態度，反映與重現了戰時日本社會當局的階級制度與表裡不一。基本上，我們可以將日本的反應分為五個層次：文人政府、天皇、帝國陸軍、帝國海軍（陸軍與海軍都有自己的部門與復員機構，如果目標不衝突，基本上各司其職）以及日本媒體。每個曾在戰時控制日本社會的團體，對於如何處理與回應盟軍關於戰罪審判的要求時，各有不同的想法，這顯示出無論戰時抑或戰後初期，日本當局與統治階層內部斷裂的本質。每一個單位都想降低他們的損失、降低他們的戰爭責任，或是迫切要求保留其戰前的特權。在許多層面而言，戰前日本面臨的問題到戰後並沒有馬上獲得解決。事實上，投降的議題在日本依然有許多雜音，其中主要的原因是日本內部對於戰爭責任——包括誰發起了戰爭和誰輸掉了戰爭——依然未能有共識。

⑳ 吉田裕，《日本人の戦争観：戦後史のなかの変容（修訂版）》（東京：岩波書店，二〇〇五），頁三一。幣原平和財団編，《幣原喜重郎》（幣原平和財団，一九五五），頁五九〇。

㉑ 幣原平和財団編，《幣原喜重郎》，頁五八九。同時參見：井上寿一，《戦争調査会：幻の政府文書を読み解く》（東京：講談社，二〇一七）。相關的資料原本只能在日本國會圖書館中閲覽，但如今已經出版了資料集，參見：広瀬順皓監修、解題，《戦争調査会事務局書類（全一五巻）》（東京：ゆまに書房，二〇一五）。

戰罪審判的遺緒

我們應當將注意力放在日本戰罪審判的歷史文獻上，特別是在這個凡事圍繞著強烈政治氛圍的今日，每個人與每件事都與這段歷史相互連結。最近驗證此一說法的依據是，中國在二十一世紀強調了東京審判史觀及其重要性，有時會運用此來作為政治工具，藉以對抗日本。中國政府現在試圖強調東京審判的合法性與正確的歷史觀，並且刻意忘卻戰後初期對於東京大審的批判。這樣的史觀很難遭受挑戰，因為一旦有人挑戰就會被貼上修正主義的標籤。相對於臺灣，中國對戰犯審判的史觀在國際間較有影響力，部分原因在於臺灣雖然有豐富的史料典藏，過去卻未能善用這些史料進行嚴謹的學術研究。中國學者與媒體在關於戰罪審判的範疇當中不全然錯誤，但是他們不太坦率地進行選擇性記憶——僅保留對其有利的部分，剩下的則刻意遺忘。舉例來說，上海的復旦法學院就在網頁上給予其畢業生極大的讚揚：

> 作為中國最頂尖的法學院之一，復旦法學院有著深刻與深邃的百年歷史，近年來也同樣有著極大的進步。復旦法學院的特色在於訓練學生法學素養、流利的英語以及豐富的經濟學知識。復旦法學院見證了大量的學生肩負著為了道德與正義而戰的責任，諸如參與草擬聯合國憲章的王寵惠博士；在東京大審中唯一的一位中國法官梅汝璈；以

及被海牙國際法院選為五十位優秀法學家之一的楊兆龍。[22]

這些法學家都是那個時代的菁英，但是參與戰犯審判卻使楊兆龍與梅汝璈在日後遭遇到悲劇性的命運。然而復旦法學院卻未提及當中國共產黨獲取政權之後，如何評估將法律作為幫助社會主義鬥爭的一種工具。法庭的角色支持了黨與國家的立場，所以我們不能夠將其與政治切割，相反地，法庭可說確切地反映了當時的政治風氣與黨國決策。共產黨非常重視遴選與訓練為共產黨法庭服務的法律人才，因其認為「它是實現政治鬥爭的工具之一」。[23]此外，北京方面審查了可以改變其歷史評價的文件與檔案，使得我們難以進一步探討這些法學家在戰後所扮演的角色。在中國大陸，法律的角色及其與國家之間互動的討論，依然受制於政府審查的壓力之下。[24]另一個有趣的例子是，另外一間以法學著名的蘇州大學（前東吳大學）便是以「想像的百年恥辱」為主軸，運用英語授課，以西方與國際法知識訓練中國未來的法學專家。諷刺的是，這幫助了中國在外交與政治場域現代化，並能與其他列強比肩而立。

㉒ http://www.law.fudan.edu.cn/en/Content/Index.aspx?mid=10，引自該網頁英文版。

㉓ 曾漢周、何蘭階、林亨元，〈訪問蘇維埃法院的幾點體會〉，《法學研究》（一九五五年六月），頁一八。

㉔ Glenn D. Tiffert, "History Unclassified, Peering down the Memory Hole: Censorship, Digitization, and the Fragility of Our Knowledge Base," *The American Historical Review*, Volume 124, Issue 2(April 2019): 550–568.

總而言之，從社會層面而言，日本的戰罪審判記憶所留下的社會與政治遺產雖然較為稀少，但是學者們依然孜孜矻矻地鑽研這段歷史。與此同時，儘管日本政府對於戰罪審判的遺產依舊抱持較為保守的態度，並懷疑這段歷史的合理性，但卻反常地在其意識型態之下支持其他地方的戰罪審判。例如，日本是第一個對於柬埔寨審判提供經濟援助的國家，企圖透過這項審判將正義還給曾歷經紅色高棉種族滅絕屠殺的人們。同樣面對戰罪的議題，為何日本會抱持兩種截然不同的態度？我將在下一本討論東亞正義建構的書中探索這些問題的答案。

目次

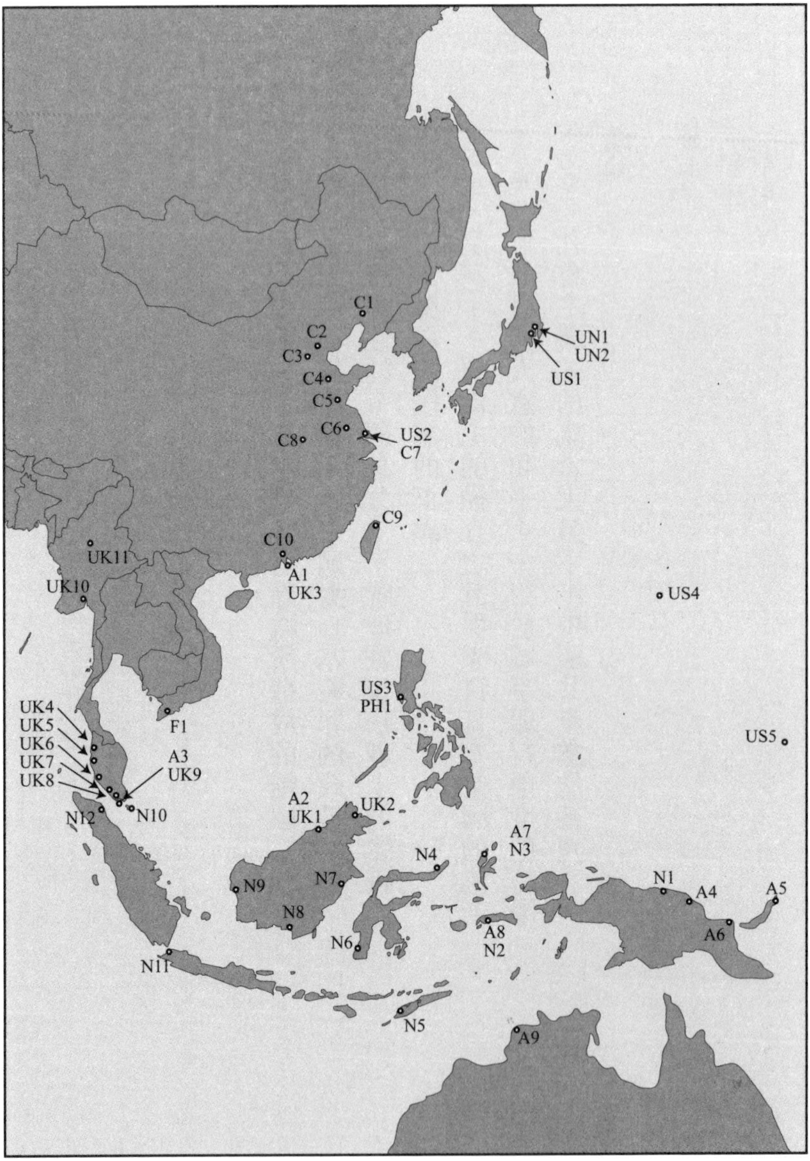

亞洲的乙丙級戰犯審判。共有 1 地舉行甲級戰犯審判、49 地舉行乙丙級戰犯審判。

地圖上的關鍵地點

日本（聯合國管轄）
UN1：東京（市谷）（甲級）
UN2：東京（丸之內）（原訂但取消）

美國管轄
US1：橫濱
US2：上海
US3：馬尼拉
US4：關島
US5：瓜加林環礁

中國
C1：瀋陽（亦是 1956 年中國共產黨進行審判的地點）
C2：北京
C3：太原（亦是 1956 年中國共產黨進行審判的地點）
C4：濟南
C5：徐州
C6：南京
C7：上海
C8：漢口
C9：臺北
C10：廣東

澳洲
A1：香港
A2：納閩
A3：新加坡
A4：韋瓦克
A5：拉包爾
A6：馬努斯島
A7：摩羅泰
A8：安汶
A9：達爾文

荷蘭
N1：荷蘭迪亞（查亞普拉）
N2：安汶
N3：摩羅泰
N4：馬納多
N5：古邦
N6：錫江
N7：巴里巴伴
N8：馬辰
N9：坤甸
N10：丹戎檳能
N11：巴達維亞
N12：棉蘭

英國
UK1：納閩
UK2：哲斯頓（今亞庇）
UK3：香港
UK4：亞羅士打
UK5：檳城
UK6：太平
UK7：吉隆坡
UK8：新山
UK9：新加坡
UK10：仰光
UK11：彬烏倫

菲律賓
PH1：馬尼拉

法國
F1：西貢

序言

一九四五年八月十五日，玉音放送宣告了日本戰敗，日本帝國就此顫抖著走向崩解。雖然軍事上投降了，但帝國實際上並未在一夕間灰飛煙滅，日本的軍隊、工業技術、法治體系在權力移轉之後還存續了相當長的一段時間。某些當時駐紮在中國的日本高階軍官顯然已在事前獲得警告，使他們得以安排自己和家人趕緊搭乘火車前往港口。這些運氣好的少數人，在商討投降實際進程的談判開始之前，皆已被送往安全地區。相反地，絕大多數居住或駐守在海外的日本人——士兵、警察、商人、移民——都對日本帝國敗亡如此之迅速感到措手不及，也對自己未來的命運感到十分茫然。當時在滿洲的高階警官小川仁夫回憶道：「一夜之間，我們的世界整個變了。」1 小川當時面臨了一項艱難的抉擇——要逃走還是留下來在亂局中協助維持秩序？當時蘇聯軍隊正從邊界快速南下，勢必造成大規模恐慌。到了九月七日，蘇聯軍隊已經兵臨位於前滿洲國的瀋陽。一位中國朋友告訴小川，傳聞蘇聯準備凍結所有的郵政儲蓄銀行帳號，勸他最好趕緊把錢都領出來。小川四處躲藏，但還是於九月二十三日被捕並遭到羈押。他先是被中國人監禁，隨後被送往蘇聯東部，在西伯利亞的拘留營中關押了數年之久。一九五〇年代，小川又被交回到中國共產黨手中執行法律制裁。

但也並非所有在中國的日本人都如此不幸。知名的日本落語家三遊亭圓生於一九四五年五月應邀至滿洲巡迴演出，他當時或許沒有意識到戰時狀況相當嚴峻，因而一口答應，未料於戰爭接近尾聲時，卻被困在日本的前傀儡政權境內，於港都大連市進退不得。當蘇聯軍隊接近大連時，當地的日本居民希望圓生以及與他同行的另一位落語家古今亭志生（古今亭志ん生）能在大連市淪陷前做最後一場表演。大連市的日本議員在舞台邊擺了一幀天皇的相片，對著玉照鞠躬後說道：「天皇陛下，我們對於戰敗感到非常難過，還請原諒我們。」且所有人都開始哭泣。在圓生的記憶中，此事頗有超現實的味道——觀眾一面落淚，一面觀賞滑稽的演出。[2]圓生當時聽到傳言，得知日本戰犯都將被草草槍決，連平民也不例外，於是決定自我了斷，一口氣灌了六瓶伏特加。但以酒量好出名的他並未因此送命，也沒生大病，僅因為肝臟嚴重發炎休養了約莫十日。他後來還是想辦法回到日本，結束了他多彩多姿的演藝生涯。

這場戰爭徹底翻轉了日本的帝國階級制度，使得先前的統治階層不知該如何因應。原先在殖民制度下居於底層的中國人，突然發現自己成了負責指揮的管理階層，至於在中國居住多年並處於菁英階層的許多日本人，則發現他們失去了原有的權力，同時因為所使用的貨幣被廢止而陷入了經濟困境。日本宣布投降後的前幾個月，中國東北的大連火車站周遭出現許多日本人擺賣二手衣服和物品，中國人則從這些財務狀況驟然跌落谷底的日本人手中大肆搶購便宜貨，一時之間生意火熱。[3]

日本所發動的帝國戰爭不僅導致自身被摧毀的命運，在中國大陸的戰事以及隨後引發的相關事件，至一九四五年夏末，至少造成了一千四百萬到兩千萬名中國人死亡，並有將近一億名難民流落各地尋找食物、飲水和庇護所。[4]數百萬戰敗的日本皇軍仍滯留在中國，同樣四處找尋食物與住所，使得原本已經非常脆弱的環境愈加惡化。許多日本人都對戰爭的結局做出了回應，然而有些整體圖像卻相對遭到忽略，直到近期才重新獲得重視——例如戰後在中國發生的事件，以及日本帝國崩解之後，如何重新建立政治均勢。

美國賓州維拉諾瓦大學歷史系教授馬克・加利奇歐（Marc Gallicchio）就特別強調：「東京在一九四五年八月宣布投降後，亞洲地區的敵對狀態並未因此消失，而是進入從戰爭狀態轉型至和平的過程。」[5]本書的中心主題之一即是關於這個轉型過程，特別是其前後究竟歷時多久、有哪些人牽涉在內、個中有何爭議等。儘管那些飽受日本迫害者可能懷抱著報復的希望，但二次大戰後的政治形勢並未留餘裕給這些國家報復日本，不論是受迫於國際情勢或面臨內戰威脅，中國、朝鮮、越南等地區都必須將注意力放在眼前最重要的目標上——取得足夠的支持，以在日本帝國離開後建立新政府。而甫獲解放的諸政治團體——特別是在中國——則努力要擺脫帝國的暴力，為中日關係另尋出路。在戰後日本垮台、美國興起、大英帝國逐漸衰落之際，中國必須大張旗鼓地運用法律來糾正日本帝國所犯下的錯誤，藉以證明自己有資格參與當時正在建立的新秩序。日本帝國殞落了，與此同時，中國的力量崛起。中國在世界上不再像以前那樣孤立，而成為了西方戰勝國的夥伴和盟邦，同時還是新成立的聯合國安全理事會常任理事國。

本書分析的對象是日本投降後，審判日本帝國行為的軍事及外交操作所帶來的影響。我會把焦點集中在日本戰犯的下場，以及戰爭結束後，中日雙方如何針對其雙邊外交關係施行新的策略。中國人在法律層面上如何處理日本戰犯的問題？日本人又是如何反應？這些過程是否形塑了冷戰初期的中日關係？儘管我也會提及日本在戰爭期間所犯下的暴行，但全球許多傑出學者已經不斷在這方面做出詳盡且精確的分析，所以我將不在此著墨太多。[6]於日本投降和帝國崩解的框架下，我將檢視日本在前殖民地及占領區統治力量的消散、對日本戰犯的起訴，以及通敵在前日本帝國中所帶來的難解謎團。這些問題因戰後認同轉變以及殖民政治轉型而緊密地結合。為了解答上述的疑團，我們必須探討當時在中國（包括臺灣）如何對日本戰犯進行調查、在法律上如何看待他們，而受審的日本人又是如何抗辯。此一探索是建立在兩個對於歷史的省思之上：其一是要把日本重新放入跨國脈絡中，把它視作一個去殖民主義的帝國，而非僅僅是個戰敗國。誠如專研中華民國史的英國歷史學家芮納・米德（Rana Mitter）以及倫敦大學歷史系教授馬修・希爾敦（Matthew Hilton）所言：「所謂跨國主義，很明顯地並不僅止於將處理外交及國際關係的慣用歷史手法重新包裝，而是將一批全新的行為者帶上了檯面，同時也把視野從政治延伸到社會層面。」[7]其二則是關於東亞國家法律概念的轉變，以及這在戰後將如何形塑區域內的相互關係。國際法此刻已不再是西方支配東方的工具，聯合國的誕生以及追求新式正義理念的集體意志，使中國獲得了可以用來對付日本的新工具。與此同時，日本則執意沿用他們從明治維新時期的教育中所建立的奇特法律觀念。這不是一場中國和日本的對決，但結果卻是雙方第一次使用與國際法相關的法律術語及概念，並認識到現今在前交戰國之間似乎相當普遍的責任歸屬觀念。最終雖然是由法律決定戰時的責任歸屬，但責任歸屬又免不了和國家認同連結。當時在中國為了審判日本戰爭罪行所做的種種努力成為一段失落的敘事，但這才是全面了解戰後中日關係的關鍵點。與此同時，那段時間也標誌著戰後一個重要的轉折點，有助於我們去了解當代中國用以對待戰敗日本人的所謂「以德報怨」政策。[8]我想要呈現的並非一段嚴格意義上的法律史、聚焦於專有名詞和程序，而是傾向描繪一段以對國際法的理解及運用而衍生的社會與政治史——當時的東亞終於可以與西方在法律上平起平坐，國際法也因而能首度在此現身。

雖然這是一部關乎歷史的作品，但其遺緒勢必會在未來繼續迴盪。在中國的日常對話或影視娛樂作品裡，經常可以聽到他們將日本人稱作「日本鬼子」。這樣的態度不禁使人想問：為什麼中國人就這麼理所當然地把日本視為國際惡棍，而不以同樣的標準來檢驗自己的領導人？這種已然演變成標準套路的來回辯駁，也可以促使我們更深入地思考兩件事：一是中日關係，第二則是久遭我們忽略的、與戰後滯中的日本移民、軍人及政府官員相關的歷史。一九五〇年代後期發生在中國的反右鬥爭以及大躍進所造成的災難，乃至中國共產黨領導人毛澤東於一九六〇年代到七〇年代文化大革命中所須負起的責任，似乎都因為大家只專注於跟日本有關的歷史議題而被忽略了。

在戰爭後期以及冷戰開始之際對中日關係的分析，並不僅僅與政治相關，也與日本帝國主義在中國的挫敗，以及戰敗的社會學意義有關。[9]約翰・霍恩（John Horne）提醒了我們：到頭來全面戰爭也意味著全面戰敗，而在「全面戰敗中，戰敗者的所有政治主權都將被剝奪，直到勝利者根據其意願重塑」。[10]霍恩解釋道，戰敗是結果也是過程。以結果來說，勝利者及戰敗者的角色已定，但更重要的是，戰敗過程「這個新現實是被理解，進而被接受、正常化，或是遭到拒斥」才是關鍵所在。[11]將日本平民及軍人遣送回國，往往讓他們更難以接受戰敗及戰爭的責任。對那些戰爭死者的記憶也是一樣，因為這些都與日本帝國的意識型態深深地連結。[12]

本書也就是在這樣的基礎上，試圖為讀者闡明這些問題如何獲得解決——不只是在美國有秩序、有計畫的占領下，指揮及管控都井井有條的日本，同時還有在戰後陷入一片混亂的中國。我們對現代日本歷史的理解仍相對徹底地以美國為中心。我們必須記得，日本在一九四五年是一個帝國，而不僅僅是一個普通的國家。在戰爭末期，重要的事件不只發生在日本本土的四個島嶼（以及沖繩），也發生在日本列嶼外的前帝國屬地。我們應該用知名歐洲歷史學家東尼・賈德（Tony Judt）提出的「邊緣」一詞，來理解日本帝國在中國的崩潰。賈德的「帝國邊緣」指的是「不同的國家、社群、認同歸屬、親族、文化彼此衝撞的地方」，這個概念可以促使我們去思考日本的殖民意識，以及其對當時身處於帝國境內的臺灣人、日本人或中國人的實際意義。雖然賈德書寫的主題是歐洲，但他所提出的概念同樣可以應用在針對日本的思考上。[13]

帝國的終結及戰爭罪行

重新將二次大戰在東亞的結束評價為見證日本帝國消亡的一場衝突，迫使我們提出疑問：當時身處戰後中國的日本人發生了什麼事？中國人又是如何解決先前日本帝國統治的問題？對於中日雙方而言，法律的概念變成很重要的事，因為雙方都想透過在各自的司法管轄範圍內執法，宣示他們的主權。日本人似乎相信，他們仍然對中國的某些部分保有管理與控制權（事實上也是如此），中國方面則必須盡快設置法庭，宣示他們在國際關係政策上的立場。

東京審判（官方名稱為「遠東國際軍事法庭」）衍生了大量日文相關著作，英文及中文著作相對較少，但在中國所進行的戰犯審判，就幾乎見不到什麼學術著作。東京審判所造成的衝擊至今仍有許多爭議，但在官方紀錄中，犯行與中國有關的日本戰犯人數卻少之又少——被濃縮到只有涉嫌共謀及在中國北部和滿洲販運毒品的陸軍大將土肥原賢二，以及涉入南京大屠殺的陸軍大將松井石根，[14]其他被告的罪名大多與對抗西方盟軍有關。東京審判中許多嚴苛的目標，根本上是以西方國家為本位。這場審判特別針對日本從偷襲珍珠港開始與西方盟國之間的戰爭，以及日本對西方國家戰俘施加的暴行。而有關南京大屠殺以及亞洲其他地區相關情況的證據，雖然曾於審判過程上呈法庭，但從不是審判的核心。因此，為了分析日本帝國邊緣地區的戰爭罪行之謎，更理想的作法是把我們的焦點轉向五千七百名的乙丙級日本戰犯，這些戰犯在亞洲不同地區四十九個法庭裡的兩千兩百四十四起案件中接受審判。[15]

德國紐倫堡大審將戰犯分為三個類型，分別為：甲級的違反和平罪、乙級的普通戰爭罪、丙級的違反人道罪，這個分類方式也被東京審判及其他地方的戰犯法庭沿用。東京審判的甲級戰犯係指那些負責計劃並執行日本「侵略性」戰爭的人，但他們不見得親手執行計畫中的骯髒事。而東京審判則是東亞唯一審判甲級戰犯的法庭，考量審判耗時兩年半及這段期間的花費，我們應該注意到：這場審判只有二十八名原始被告，而且全程在日本境內完成。[16]至於乙丙級有乙級「普通戰爭罪」（強暴、謀殺、非法監禁、虐待戰俘等）和丙級「違反人道罪」，丙級戰犯的罪行在法律上有些許不尋常，也不像甲級戰爭罪行那樣明確。按照傳統的國際法，被告對本國人犯下的罪行，或是在戰前犯下的罪行，都不能由第三方進行裁判。這樣的法律原本可能會侵害司法主權的概念，而「國際法」的新思維則是要超越國內法，創造出一個國際社會都可以遵循、對大家都認可的罪犯進行制裁的方法。制定丙級「違反人道罪」，正是為了起訴那些犯下種族滅絕罪卻能躲過制裁的人。日本軍方並未像納粹一樣採行種族滅絕政策，所以乙級戰犯就定義為那些負責指揮的人，丙級戰犯則是實際執行戰爭任務者，然而大多數的被告都是以合併的「乙丙級」罪名遭到起訴。[17]

本書之所以選擇檢視中國對日本戰犯的審判，是因為中方的審判是戰後少數非西方盟軍主導的日本戰犯審判。除了菲律賓之外，當時亞洲其他地方舉行的審判，都是由過去的殖民母國執行並重申他們的主權，這些國家包括法國、英國、美國、荷蘭及澳洲（請見左表）。[18]雖然統計數字並非完全可靠，但一般認為，中國國民黨大約以六百零五案起訴日本被告約八百八十三人，最後有三百五十五人被定罪，[19]其中只有一百四十九人被執行死刑，另外三百五十人則獲判無罪。儘管數字隨著檔案來源不同而有差異，整體來說，因乙丙級戰爭罪被處死的人數大約是九百八十四人。[20]顯然，這個數字遠大於僅有七人走上絞刑架的東京審判所帶來的衝擊。與此同時，乙丙級戰犯審判影響所及並不僅止於日本領導階層，戰犯審判帶起的起訴狂熱，讓日本帝國內的一般民眾也成為被起訴的對象。有時甚至弄不清楚究竟誰才是「日本人」，或者誰才應該被起訴，因為連「日本人」這個概念在當時的許多審判中都有相當彈性的解釋空間。例如當中大約有一百七十三名臺灣人，其中二十六人被執行死刑（這是由於臺灣在一八九五年到一九四五年之間受到日本的殖民統治）。因為乙丙級戰爭罪行而被定罪的戰犯中，朝鮮人和臺灣人占了百分之五．六。[21]到頭來，中國對日本戰犯所進行的審判，可謂日本帝國最陰暗的縮影，而從最好的一面來說，這些審判算是記錄了日本人所宣稱的戰爭目的如何真實地在地方層次上實踐。結果是，中國在戰後對日本軍人所做的審判，不僅顯現出中國人在帝國統治時期如何看待日本人，也表明了中國在日本投降之後所進行的權力分配，究竟是出於何種考量。

然而在開始寫作本書後不久，我馬上意識到有一段被忽略的歷史——關於中國人如何起訴日本戰犯，以及這些戰犯如何在中國司法體系下接受裁決。這段歷史迄今並未受到重視。而為什麼

東亞地區的乙丙級戰犯						
處理審判的國家	處死	判刑	無罪	案例數	被告人數	日期
荷蘭	236	733	55	448	1,038	1946/8-1949/1
英國	223	556	116	330	978	1946/12-1948/3
澳洲	153	493	267	294	949	1945/2-1951/4
中國（國民黨）	149	355	350	605	883	1946/5-1949/1
美國	143	1,033	188	456	1,453	1945/11-1949/9
法國	63	135	31	39	230	1946/2-1950/3
菲律賓	17	114	11	72	169	1947/8-1949/12
總數	**984**	**3,419**	**1,018**	**2,244**	**5,700**	
中華人民共和國	0	45	1,017	4*	1,062	1956/6-7

備註：總數未必是上述數字相加的結果，而是數個地區案件總計的近似值。這些數字依據國家以及出版時間而有所區別，數據也會因資料來源而不同，因為某些法庭可能暫緩判決或者在上訴後撤銷判決，但卻從未通知日方或其他記錄者。關於稍微有別的總計數字，可見以下著作之表格：中國歸還者聯絡會編，《私たちは中国で何をしたか》（三一書房，1987），頁 214–215。有些被告在審判期間去世，或檔案佚失，或最終判決結果至今不明。此根據林博史的資料：《BC 級戦犯裁判》（岩波書店，2005），頁 61、64。新井利男之著作中亦有各國資料，與此處稍有不同但數字差別不大，見《中国の戦犯政策とは何だったのか》（中帰連，2000.9），頁 8–9。新井所製作的表格是根據任海生編，《共和國特赦戰犯始末》（華文出版社，1995）、田中宏巳，《BC 級戦犯》（筑摩新書，2002），頁 14–15，此處資料來源類似，但計算稍有偏差，其作者因為估計分別確認的數字導致最後計算出現落差。沒有任兩位學者對所有類別提出一模一樣的數字，但整體上約略一致，差距不大。

* 即便是這個數字也具有某種爭議性，因為這並不包括「人民審判」，不能確定此數字是否包括西陵地區的審判，此外到底怎樣算是一場「審判」也是個問題。

我們鮮少聽到中國方面的說法，也是必須重視的一大問題。就法律層面而言，這個問題極端複雜。[22]舉例來說，這段歷史消失的理由之一是，其時中國對日本寬大為懷的舉措，有很長一段時間在中國是個禁忌的話題。這種態度轉變，隨著一個更難堪的特點興起而產生——一九五〇年代後期的反右運動，以及隨之而來的文化大革命，法治在當時的中國大陸蕩然無存，直到一九八〇年代前期才得以恢復。[23]澳洲的東亞政策學者詹姆斯．瑞利（James Reilly）將一九四五年至一九八二年之間稱作「中國的善意失憶症」年代。[24]一九五〇年代晚期以後，法律的形式與功能從中國人的意識中實質地消失。共產黨統治下的中國自一九四九年到一九七八年間通過了一百三十四條法律，其中一百一十一條後來被宣布無效。連司法部都在一九五九年被撤銷，二十年後才從無到有重新設置。[25]

臺灣的司法演進過程看起來好一些，但也直到一九八七年才解除戒嚴。在戒嚴令的影響之下，臺灣當局當然不傾向鼓勵民眾公開討論日本戰犯的問題，更何況國民黨政府還要忙著壓制又或動員大批島內的人民。到了一九九六年，隨著臺灣民選總統李登輝就任，才出現了改變的風潮，開始探討日本戰犯相關的學術問題。中國國民黨與中國共產黨在戰後所訴求的一切與國際正義相關的概念，對他們統治區域內的人民而言幾乎遙不可及。在隨後的冷戰氛圍中，對日本戰犯採行寬大為懷的政策更醒目得近乎異常。而與法律相關的記憶在日本的表現同樣糟糕。日本大眾對戰爭審判普遍感到厭惡，且受到以印度籍法官拉達賓諾德．帕爾（Radhabinod Pal）的意見為核心的相關著作影響而更加嚴重。帕爾對東京審判的異議及其於戰後在日本的演說，增強了日本對傳統戰罪普遍消極的態度。[26]這並不意味著整個日本都是右派，但即使是日本左翼也傾向進行和平運動，將焦點放在清理戰後日本的美軍基地，而在長遠的目標上，則是確認日本不會再度走上軍事化路線。[27]對於日本左翼人士來說，調查或追究戰爭罪行從來就不是他們關注的重點，加以中國和臺灣在這方面有其歷史阻礙，中日臺三方消極的態度，更使得整個東亞不大看重這段重要的歷史時期。[28]甚至日本的官方道歉——例如前首相細川護熙於一九九三年承認日本在二次大戰時進行了侵略戰爭，另一位前首相村山富市也在一九九五年更加明確地道歉——皆未提及日本具體的戰爭罪行及特定暴行，而比較像是針對戰爭責任笨拙地表達歉意。[29]

至於東亞國家如何理解二十世紀的法律，特別是國際法，也是直到最近才成為眾人有興趣探討的問題。在這方面進行研究並起了領頭作用的國際學者分別是：王泰升、蕭道中、余凱思（Klaus Mühlhahn）、柯偉林（William Kirby）、杜博思（Thomas David DuBois）、大沼保昭、亞當・卡斯卡特（Adam Cathcart）、半藤一利、林郁沁（Eugenia Lean）等人。[30]同樣地，日本有大量關於戰爭責任及其與法律相關的學術研究，但這不必然意味著他們會深入探究二戰後日本人如何理解法律，並且將這份理解與當時植基於國際法的新正義觀念結合。[31]而有了這層理解之後，我們不能、也不應該否認，所謂的國際法，實際上支持了具有高度爭議性的殖民主義系統。國際法仍預設了歐美對社會、政治、法律間的關係及這些概念的理想優於東亞國家。藉此，殖民主義得以延伸進入二戰後時代。[32]中國國民黨的史觀就認為：「對於現代中國來說，不平等條約就是一切痛苦的根源。」[33]借用國際法學家大衛．甘迺迪（David Kennedy）的話，我們可以說西方帝國很早就開始為了本身的利益而「把法律當作武器」，[34]但承認這件事並不會否定制裁戰爭罪犯的價值。

戰爭罪行以及藉由國際司法正義建立新秩序

戰爭責任和戰爭罪行是兩個不同的類屬。與責任相關的是計劃及發動戰爭，進而導致敵方損失；戰爭罪行則是軍隊或平民在戰爭中所採取的行動，其中包括了暴力、虐待或羞辱，兩者相關但不相同。根據日本白鷗大學法學部教授清水正義精準的分析，東京審判因日本發動非法侵略戰爭而定罪日本的同時，一起定罪了那些必須為南京大屠殺負責的人，如此便混淆了前述兩種分類之間的區隔。[35]追訴戰爭罪犯、通敵者或是有叛國嫌疑的人，為倒轉的前帝國階級制度提供了一項解決之道，這些作法宣示了即將取代帝國統治階層的新興政權是「正義的」，是強化國外支持的一個重要因素。

冷戰開始之初，東亞的法律體系重建以及日本與其鄰國的關係，在矯正殖民主義所造成的不平衡和帝國主義威權等方面，起了相當重要的作用。中國人和日本人都利用冷戰初期改變的政治風向，來推行政策和進行國內外政治宣傳，以強化各自陣營內部的支持。一九四〇年代末和一九五〇年代初，東亞國家的新興政府都高舉「人道及正義」的旗幟，用以強化本身那岌岌可危的合法性，每個國家都在戰後採取各自認為適當且合法的程序制裁日本戰爭罪犯，以證明自己具有「正義性」。美國國際關係學者約翰・伊肯伯里（John Ikenberry）對此提出了以下問題：什麼是把工業化社會和區域連結在一起的「黏著劑」？[36]所謂「黏著劑」其實有很多種形式——最有力的一種就是藉由法律來追求正義，而非經由報復來糾正錯誤。如同美國塔夫托大學政治系教授康索亞洛・克魯茲（Consuelo Cruz）指出的，透過這項作法，「在關鍵時刻，政治上敵對的雙方就可以利用相同的修辭模式，輕易地用各自所能掌握的『事實』個別提出對過去及未來的論點」。[37]因此在戰後，制裁戰爭罪犯的審判就成為所有人都認為可用的概念，用來加強東亞地區領導階層的可信度，同時表現出一種對法律的責任感，這種責任感能在掃除日本帝國統治的灰燼之際，搭建戰後和平的舞台。

關於司法管轄權、國際法和殖民者責任歸屬的本質等問題，至今仍在日本帝國主義的歷史餘緒中占有相當的分量。就事情的本質而言，究竟誰應該為日本在亞洲發動的戰爭負責？在南京，中國人加入了中國國民黨大員汪精衛所領導、卻為日本所扶植的政權；作為日本軍人的臺灣原住民和臺灣人（漢人）也在日本帝國範圍內幫忙看管盟軍戰俘。由於帝國的罪行在許多方面呈現含糊不清的狀態，戰後如何賦予日本帝國懲罰與寬容便顯得更加混亂。由於中國人傾向在法律上區分日本人的戰爭罪行與中國人的叛國行為，那些原先住在滿洲國的人和通敵者的案例就夠難處理了，遑論臺灣，那更是一個法律上難解的結。與朝鮮、中國東北不同的是，在日本已經宣布投降之際，臺灣人甚至仍把他們視為殖民統治者。[38]一九四五年以後，臺灣已經成為新成立的國民黨政府所管治的邊陲地帶。起初，無論在政治上或軍事上，臺灣都非國民黨政府關注的地方，一直到若干年後冷戰開始，這個狀態才有所轉變。根據國際法學家璐蒂·泰鐸（Ruti Teitel）的解釋，紐倫堡審判和東京審判都把原先應該屬於國家罪行的案件，削減為針對個人的案件，並在這個基礎上進行判決。就軍事領袖的部分，起訴的重點是他們未能有效地指揮軍隊；至於被告平民，則是起訴他們未能檢束軍隊，這也就是被告的國籍如此重要的原因。整個被告揀選的過程並非那麼中立，泰鐸表示：「就實際的情況來說，選擇似乎無可避免，這是因為一般牽涉到現代國家的起訴，往往涉及龐大的被告人數，加上轉型社會中的司法資源不足，以及對繼任者的審判所引致的政治及其他代價相當高，所以難免會有一些選擇。在這種種限制之下，選擇性或示範性的審判，至少可以表達一定程度的正義。」[39]

近代史學家沙培德（Peter Zarrow）強調，司法審判常被用來作為「政治儀式」，提供大眾一系列「莊嚴且反覆的程序，將領導人以及民眾與更大、更高的力量結合。這個更大、更高的力量也許是一神或多神，歷史的超驗性發展、國家的命運、人民的未來，或其他類似的事物」。[40]這些過程幫助我們了解日本帝國的崩解，以及中國的領導者如何肯認他們自己分別在中國大陸及臺灣的權威。對於戰爭罪行的司法調查與後續的審判，也為當時在東亞仍算是新概念的國際法訂立了明確的定義。泰鐸給國際法下的廣泛定義是「超越一般的規範」。以處理戰爭罪行這種罪大惡極的情況來說，她認為：「國際法原則可以在政治轉型時期調解一般法律可能面臨的困境。」[41]至於這些是真正的法律審判還是樣板審判，其實並不容易做出結論，因為在很多情況下其實兩者皆是。對於日本戰犯的審判，首先要認定他們的罪狀，還要將日本人與中國人劃分開來。庭上的證詞、證據以及判決固然能解開戰後一些法律上的死結，卻無法解決文化差異所造成的問題，因此臺灣人、滿洲國人、朝鮮人及日本墾殖者，在冷戰初期往往得自行解決個人的身分認同問題。[42]

甲、乙、丙級戰犯的分類，實際上來自於西方的傳統概念，亦即發動戰爭理由正當性（jus ad bellum），及遂行戰爭手段正當性（jus in bello）。甲級戰爭罪指的就是日本尋求發動戰爭（發動戰爭理由正當性），乙丙級則是在戰爭期間所進行的非正義行為（遂行戰爭手段正當性）。拉瑞．梅伊（Larry May）告訴我們，戰爭的規則奠基於榮譽而非正義，而這種規則所要求的便是克制。他寫道：「戰爭罪行是違反**人道**而並非完全違反人性。」這個思維是法律規則的基礎，而以人道的方式對待敵人就是其中的關鍵。我必須要說，日本軍隊在戰場上或在其占領區內缺少這樣的同情心和同理心，就是他們被中國大陸媒體描繪為「鬼子」的原因。[43]倫敦經濟學院法律系教授傑瑞．辛普森（Gerry Simpson）在評論納粹戰爭罪行時指出：「這就是為什麼戰爭罪行的審判，總是在『維護普世道德』與『將正在討論的罪行特殊化為一種歷史例外』之間無止盡地徘徊。到了最後，戰爭罪行的審判既是一起歷史事件，但又同時企圖超越其作為一起歷史事件的本質。」[44]

日本社會之所以對乙丙級戰罪感興趣，源自於這些審判背後的細節經常付之闕如，或是要等到被告遭判罪、入獄甚至於執行死刑後很久才會報導，這使許多人警覺到司法遭到濫用的可能性。蘇聯在一九四九年所做的日本戰犯審判，就一直陷在這樣的歷史迷霧中。最早的乙丙級戰犯審判，應該是一九四五年八月二十日在關島舉行、由美國負責審理的有關吃人肉的案子。[45]這項審判在日本宣布投降之後進行，但由於是在九月二日正式舉辦投降儀式之前，因此日本政府在一段時間後才知道此事。[46]日本被占領並交出權力之後第一個乙丙級戰犯的正式審判，是將日本大將山下奉文帶上法庭。這項審判亦由美國軍方主導，地點在馬尼拉，時間則是一九四五年十月二十九日到十二月七日，當時菲律賓共和國（第三共和）尚未獨立。最後一次官方認可的審判則是由澳洲主導，於一九五一年四月九日在巴布亞紐幾內亞的馬努斯島劃下句點。[47]實際上，馬努斯島的審判之後數年間都還繼續進行著審判，因為一九五六年夏天，中國共產黨也自行舉辦了日本戰犯審判。嚴格說來，由於各式各樣法律和政治原因（稍後將詳加探討），中國共產黨進行的這些審判，都不能算是適當的乙丙級戰犯審判，但我們不能忽略的是，這些裁決確實也受到當時國際準則的影響。簡言之，二次大戰結束後，有超過十年的時間，各國在正式或非正式場合追究日本軍人輕微的戰罪，其處於冷戰初期的東亞背景下，由於自有內在邏輯，於是發展成一項重要的議題。這些審判所花費的時間、金錢、人力、起訴的人數以及所做的證詞紀錄，都遠超過歷時兩年半的東京審判。此外，在日本及中國所舉行的乙丙級戰犯審判經媒體報導後，具體影響了戰後中日關係的發展，尤其是因為這些裁決提供了直接影響個人、同時為雙方百姓所關注的戰爭罪行證據。

戰罪審判的意義

在先前日本帝國範圍內所進行的這些戰爭罪行審判，與加拿大多倫多大學教授麗莎·米山（Lisa Yoneyama）所稱的「日本戰爭罪行美國化」有所區別。仔細檢視在中國進行的乙丙級戰犯審判，讓日本先前進行殖民以及占領之處所發生的事件，終於可以放入歷史的框架裡接受審慎的檢驗。[48]中國人、臺灣人及其他前日本帝國的屬民如何看待日本的解體，特別是對於日本戰爭時期責任的想法？其態度與美國人並不相同。美國政府可以專心用法律譴責日本對西方盟軍發動戰爭及其戰時暴行，因此由美國主導的審判，無須解決諸如非常個人層面的通敵或國家認同等棘手的問題。美方政府的這些決定並不代表在許多美國人眼裡，審判日本戰犯牽涉到較高層次的道德和政治問題，也不表示他們完全忽視追捕通敵者或與報仇相關的爭議。

努力往這更大的政治目標邁進，並未讓美國人對待遭關押的日本人的態度比中國人更好。事實上，在日本已經投降後，雙方之間的種族敵意仍然存在，因此美國人的態度在某些情況中甚至糟到引發爭議。在許多地方，包括戰後被美國海軍陸戰隊或軍隊新近管理的地區，美國人都對日本前軍人甚至平民欠缺好感。一九四六年間，就有不少遭關押的日本人作證遭到美國大兵虐待。至於中國方面有關日本戰犯所受待遇的精確紀錄，除了在共產黨手下的關押者外，看不太出實際發生的情況。美國陸軍曾設立了一個特別小組來調查「美國軍人殘忍對待日本戰爭罪行嫌疑人的案件」，這個小組的調查報告讀起來讓人覺得相當不舒服。報告內容主要翻譯自日本人所做的有關被美國軍人虐待的「證詞」，特別是那些被當作戰爭罪行嫌疑人的日本人。直到一九四六年底，被羈押在關島的日本戰俘仍經常遭霸淩及毆打，他們被搧耳光、罰立正，且一站就是數小時之久。該報告的結論是，那些懲罰往往很幼稚，且大部分都相當單調。但有些被拘留的人就沒那麼幸運了。一九四六年五月，兩名警衛進入一名嫌犯的牢房，將對方狠狠揍了一頓，並在他的全身上下小便，然後要他將地板上的尿液舔乾淨；另外一位嫌疑人的遭遇更慘：「兩名我不認識的警衛來到我的牢房，一個人抓著我，另外一個把他的生殖器放進我的嘴裡，然後要我吞下他射出的精液，儘管我苦苦哀求，他們也不准我洗嘴巴，因為這樣讓我染上了不好的病，病徵在四個月內就出現了。」這位嫌疑人相信自己得的是梅毒。其他大多數的抱怨都與任意毆打、各種方式的虐待以及超過體力負荷的工作有關。[49]不僅美國人鄙視日本人，戰後在日本流傳的各種有關被關押經驗的回憶錄，都指出英國人對待日本戰俘的態度其實跟美國人一樣。有個在東南亞地區發生的案例是：一名英國戰士命令一名日本戰俘在他面前跪下，然後在那位日本戰俘身上撒尿。[50]

對於許多日本帝國的東亞占領區居民而言，調查日本戰犯的法律過程，從一開始就像是宣傳計畫的一部分，並與正在迅速發展的民族主義緊密結合。米山斷言：追求「法律及其他論述的力量，形成了亞洲人／美國人之間動作者—承受者的關係，從而出現對歷史正義追索的不同需求」，這些手段使得美國人變得盲目。我想進一步闡釋米山的觀點：所謂「盲點」，係對至關重要的戰後中日法律關係的歷史見解造成阻礙。她的論點是：單方面去解析日本對西方盟國所犯下的戰爭罪行，阻礙了人們了解**東亞人民**如何看待日本帝國的瓦解。[51]在某種程度上，我認為東亞國家在二次大戰之前，已經建立起自己的一套國際法原則，並且掙扎於其中。戰後的那段時間，這套概念在那些政治人物對情勢有所反應時扮演了相當重要的角色，也迫使我們去勾勒在什麼樣的脈絡下，於日本和中國發展的法律演變及對法律的理解直接關乎日本帝國的消亡。這並不意味著我不關注重要的西方檔案，相反地，我運用這些西方檔案聚焦東亞關係，並盡可能擴大其範疇。在戰後的東亞歷史中，西方盟國所做的決定及其本身的存在皆不容忽略。許多地方都詳細記載其對這段歷史有什麼樣的反應，這也是本書某些方面的輔助資料。

現在流行的歷史研究，傾向檢視記憶及其和歷史之間的互動關係，但我們卻經常忽略了隱身在背景中的法院、媒體所扮演的角色，及其如何將這些相關歷史記憶形塑成公眾意見。造成這種忽視的原因之一是，學者必須先去發掘日本帝國的暴行以及其所帶來的恐怖細節，以致他們反而沒有時間關注那些在追究法律責任的過程裡，顯得比較次要的事件。不過，記憶造就了情緒性的歷史——它偏向關乎個人層次的回憶；另一方面，法律上的判決則是某種形式的公眾記憶，一種為外交政策或未來戰略創造**先例**的公眾記憶。傑瑞・辛普森指出：戰罪審判之所以會成為並且超越歷史，在於「審判把一個歷史時刻限縮在它本身的不正常狀態下，但又企圖讓它不這麼具有普遍性以及時間性」。[52]中國方面所進行的審判尤其如此。對於事件的國家記憶相當個人化及本土化，然而法律意見卻是公開或者蓄意公開化，更重要的是，還要努力使之國際化。因此，法律的程序實際上是在一個大家都能接受的標準之下，企圖在個人經驗及偏見之間尋求平衡，如果作法正確，就可以讓進行審判的國家成為國際上有同樣想法的國家成員之一，這些國家也都標榜真相跟正義。除此之外，我們也必須融入哥倫比亞大學英文及比較文學教授瑪麗安娜・赫許（Marianne Hirsch）所稱的「後記憶」，也就是「在那些親身經歷過文化或集體創傷的人之前以及之後世代間的關係。換句話說，他們的經驗是來自於成長期間所『記得』的故事、影像及行為。這些經驗以相當的強度有效地傳遞給他們，以致**似乎**已經成了他們自己親身的記憶」。[53]我敢斷言，那些乙丙級戰犯的審判——也就是制裁戰爭罪犯的行動——創造了歷史。馬克・格蘭特（Marc Galanter）亦指出：這些審判與想法形塑了我們對歷史的看法，由於我們想要「消除歷史的不正義」，並「企圖讓歷史屈服於令人在道德上滿意的結果，一個先前未能達成的結果」。[54]

在日本投降**之後**仍有大量日本軍人在中國大陸喪命，讓戰後中日關係變得益形複雜，且突顯了以美國軍隊為主的太平洋戰場與中國戰場間的不同。這樣的現象不太合理，除非中國人所採取的報復行動明顯大過原先的估計，或是戰爭其實還在繼續。後來所發現的真相是：日本皇軍在中國並未投降，而是分別繼續為國民黨軍隊及共產黨軍隊打仗。這個現象的確符合歷史現實——日本軍隊就是被訓練來打仗的，他們所學的和被灌輸的僅關乎戰爭。從一九三〇年代早期，日本青年在學校、家中或街頭，都被教導打仗本質上是為了中國好——儘管其最終帶來的是毀滅。

一九四六年七月十一日，日本中國遠征軍（日本皇軍在中國的稱號）總參謀長小林淺三郎中將就「中國遠征軍在戰爭末期的情況」做了以下翔實的敘述。小林告知他的長官，日本宣布投降之後，大約有四萬名日本人戰死或病死戰場、死因未明、失蹤或逃亡，其中大部分是軍人。[55] 部分傷亡數字來自日本部隊之間的零星軍事衝突，他們對繳械給中國部隊的指令不滿，有些則宣稱是為了在蘇聯軍隊進入滿洲的時候保衛當地日本平民。一支日本的守備軍甚至還在中國內戰時，於山西省集體加入國民黨軍一方。總歸而言，真正重要的是，在中國大陸的日本降軍沒有如被占領的日本本土降軍一樣立即終止武裝戰鬥。

從一九四五年八月二十二日起的一週內，日本皇軍自最高軍事指揮所（大本營）發了數次電報給盟軍總部，指出中國方面的情況相當糟糕，在隨後所做的報告中也暗示中國大陸的問題可能會阻礙中國境內的日本軍隊完全放下武器投降。一九四五年八月二十四日，日本最高軍事指揮部聯繫駐日盟軍總司令（Supreme Commander of the Allied Powers，簡稱ＳＣＡＰ）麥克阿瑟將軍（Douglas MacArthur），表示在中國戰場的日本軍隊已經執行停止軍事行動的命令，但日軍附註，中國方面尚未做出「相應的動作」，因此有些地方仍在進行戰事。隨後的電報也指出「某些盟軍還在進行非法行動」，並強調蘇聯軍隊在戰爭已經正式結束後，依然在滿洲繼續軍事行動。根據紀錄，蘇聯軍隊當時仍向日本軍隊開火，竊取物資、攻擊婦女並用輕型武器射擊軍人。日本方面向美國占領軍當局反映，前述的行為阻撓了中國戰場結束戰爭的進程。[56]

中國人眼中的日本歷史

那些對「次級」日本戰犯審判有興趣的學者，還面對著另一個複雜的問題，這個問題的複雜性直逼破譯帝國邊緣所發生的事——即中國缺少一位如漢娜・鄂蘭（Hannah Arendt）的人。漢娜・鄂蘭以她用以剖析納粹政權的知性敏銳度聞名，她具有探究戰犯內心世界的能力——如對於納粹官僚阿道夫・艾希曼（Adolf Eichmann）。這最終使她相信，邪惡就在這些戰犯自身的平庸之中。[57]歐戰結束數十年之後鄂蘭才開始寫作，但在這樣的距離下，她依然能對邪惡進行精確如解剖學般的剖析。遺憾的是，鮮少有與鄂蘭的作品並駕齊驅的中文著作，能夠以學術的方式精準地探討日本戰犯及中國受害者的內心深處，並藉此釋放集體的情緒。這並不是說中國沒有培養出具有漢娜·鄂蘭才能的學者。中國社會在戰後不允許這種個人出版自由，而我們也或許會想知道原因，是因為中國人心中對正義的概念不同嗎？或者是那些審判無法讓他們在歷史上找到可以對比的案例？當然，東京審判上也有中國籍的法官與出席者，譬如檢控官向哲濬、中國檢察組首席顧問倪徵燠以及法官梅汝璈；然而，關於他們的故事截至目前為止還是鮮為人知，且大多草草帶過，並未針對他們的個人或其私下對東京審判的反應有所著墨，遑論有關他們的英文及日文著作。此外，由於從一九五九年到一九七九年的二十年間，中國的法理事務被掩蓋，我們可以說這種異議至今依然存在，因為「中國的漢娜·鄂蘭」沒有自由的空間，在那樣的自由中，原本應有人能喚醒我們的意識，以理解戰時日本官僚及日本軍人的平庸性。我大膽地說，在學術水準上，也許真的有幾位中國版的鄂蘭，但他們的著作極少有機會被翻譯或以英文出版，最終他們多專注於中國，也不會檢視日本。

儘管二次大戰在歐洲和東亞有巨大的差異，但其中依然有一絲連結，串連起戰犯審判的過程。美國猶太裔政治歷史學家勞爾·希爾伯格（Raul Hilberg）在他那本大部頭著作《歐洲猶太人的毀滅》（*The Destruction of the European Jews*）中指出，如果沒有紐倫堡大審帶來的法律創見，他絕不可能完成這麼一本巨著。東京審判也是一樣，或許可以說，乙丙級戰犯審判也相同。乙丙級戰犯審判不僅對法學有所貢獻，這些特別法庭和審理委員會遺留了豐富的歷史材料，內容包括日本軍隊在中國的軍事行動，以及戰爭結束後的時期中日雙方對彼此的回應。[58]我們得到一批可用的全新資料，告訴我們中國國民黨和中國共產黨如何形成它們各自的對日政策，形成這些政策的背後又有哪些動力。就像日本歷史學家荒井信一多次表示：日本、臺灣以及中國大陸新近解密的許多檔案，讓歷史學家在某種程度上得以向不願配合的日本政府機關施壓，要求他們進一步檢驗日本自身在殖民主義及侵略戰爭中所扮演的角色。[59]進一步來說，對這些罪行進行嚴密的歷史審查一事，儘管在審判過程中充滿令人困擾的問題，也不像德國一樣在一九八〇年代初始仍持續起訴戰犯，但這些歷史審查至少幫助我們認清日本保守派的可信度，並對於他們宣稱的「戰爭是為了要『解放』亞洲國家，以及幫助其對抗西方」保持懷疑。這並不是說審判就是撰寫歷史的最好會場，其中還有些我們必須留意的陷阱。[60]備受敬重的納粹時期德國歷史學家里查・伊凡斯（Richard Evans）曾在否認猶太人大屠殺者的案件中作證，他提出一個強而有力的論點：「審判是一種『記憶向量』，目的是糾正過去的錯誤。」雖然他並非完全同意，但仍在庭上引述了法國歷史學家亨利・羅梭（Henri Rousso）的說法：「歷史要經過一段時間流逝才可能是歷史，而分配正義最佳的作法卻是愈快愈好。」伊凡斯摘要羅梭對這兩者差異的看法，主張「記憶事實上是一種宣傳的形式，歷史則關乎事實」。[61]如果我們把這兩種思維融合在一起，也許可以推測的是，正義有助於緩和公眾意見，但在那之後，檢視並篩選審判文件以宣稱確定的「事實」，是歷史學家的工作。當我們檢視中國對日本戰犯的審判時，要放在心上的是這種法律程序同時具有多重目的，但也將一組又一組珍藏於法律判決中的記憶，賦予中國國家歷史及日本國家記憶。

我們不應該太輕易陷入幻想中，以為對記憶所做的法律判決，會神奇地自動轉化成中日雙方共同肯認的歷史事實，甚至就中國對戰爭的敘事也從來不是單一面向的。觀點隨著時間變動，先是專注於描繪邪惡的國民黨，接著在一九八〇年代後轉移至一個重擬的觀點——以日本為核心，並且將國民黨納入共產主義敘事中作為抵抗日本的另一股力量。[62]關於集體記憶的學術研究至今已經有相當傑出的成果，其中有許多來自於歷史學家，如傑伊・溫特（Jay Winter）等人，但我們也要保留一個概念——法律先例會給予我們的記憶資訊。[63]哥倫比亞大學日本學家卡洛・格拉克（Carol Gluck）認為記憶有四個「地層」：官方紀念（如學校教科書、公共紀念碑、紀念館、紀念活動）、電影或文學作品中的民間記憶、個人記憶、相關記憶的公共辯論。[64]我認為還有一個至關重要的第五類記憶，那就是法律或制度化的記憶，這類記憶對未來有一種特殊、具有約束力的權力——譬如和平協定、法庭案件、法律訴訟、法律程序等等。這類官僚式的記憶不總是在大眾的視野中，不像紀念碑，也不一定要載入教材，縱然以中國的情況來說，這類記憶經常現身。法律記憶被法庭記錄，作為國際關係的基礎，並形成影響外交政策相關決定的基石。這些因素與國際法連結起來，所造成的影響更加重大也跨越了國界，超越了國內的記憶。英國學者奕恩・尼許（Ian Nish）寫於一九八〇年的著作強調，雖然日本戰後已無意在東亞重建帝國，但所謂「帝國遺緒」造成的影響卻不可否認。其他曾分析帝國後續影響的歷史學家和尼許確信其所謂的帝國遺緒症候群「對往日帝國的記憶影響了重要的政治問題，例如當今日本是否應該負擔起更多自我防衛的責任或其在全球區域中的位置。『帝國遺緒症候群』也影響到日本對東南亞以及中國的外交政策」。[65]

一位研究猶太人大屠殺的歷史學家指出：由於紐倫堡大審的檢控方與法庭的工作被往相反的方向拉扯，這類法律記憶跨國界的本質使它顯得脆弱。美國法學教授勞倫斯·道格拉斯（Lawrence Douglas）指出：「一方面，納粹暴行之激進創造了以某種非常態法律手段作為回應的需求，這種法律手段要能兼顧形式正義及道德教訓的合法性。另一方面，正是欠缺這種不尋常的國際訴訟先例，增加了正常化審判的壓力。這兩股對立的動力因而形塑了此案在法學上的面貌：讓這種極端暴行服從於法律規則的欲望，以及對允許法律因暴行而扭曲的抵抗。」[66]這種對立的邏輯可說也支配了中國方面對日本戰犯的審理，但兩股力量間的法律差異卻更為深遠，這是因為曾經在亞洲擁有大片殖民地且意欲於戰後再度發揮影響力的西方國家聯盟，直到一九四三年廢除治外法權之前都未承認中方的法律權力。

在東京審判上，中國法官梅汝璈表示：納粹進行猶太人大滅絕的目的是基於「系統性的殺戮」，這與日本在中國以帝國為名進行的侵略有顯著的差異。[67]日本不像納粹軍國主義以他們的惡行為核心訂定計畫與目標，卻在初步攻擊後幾無遠慮地發動帝國戰爭，因而更難在法律上明確區分誰該負責，以及他們當時執行了什麼。[68]我們不應該否認，那場戰爭確實讓普通的日本人變成了「鬼子」，但如南京大屠殺和其他對中國平民所做的駭人暴行，更類似於「失控狂亂的惡意集體謀殺」。[69]歷史學家並不駁斥日本帝國統治的惡意本質，但南京大屠殺不是種族滅絕的原因是基於——這一點非常重要——這起事件本身並非最終目標。中國在戰犯審判期間的目的——包括國民黨不大認真的措施以及中國共產黨更強勢的再教育營，都在於將那些「日本鬼子」變回人。因此，本書的目的在於分析日本人轉變為「鬼子」以及其後由「鬼子」變回人的過程。

當代態度的謎團

當前中國人對於日本戰罪（以及日本）一致性的態度與不同的歷史思維方式背道而馳，這似乎削弱了憤怒的「日本鬼子」形象。在此舉兩個我個人碰到的例子，說明中國人的反應與二次大戰後實際對在華日本人所採取的行動有何不協調之處。我的一位學生有天在課堂上提問：「如果日本軍人真的在二次大戰期間對中國人做出那麼糟糕的事（指一九三七年的南京大屠殺），中國人為什麼不乾脆在日本天皇於一九四五年宣布投降後，採取報復行動大批殺害日本人呢？」這是一個簡單的問題，根據的是以下假設：中國人可取得武器，知道如何把有嫌疑的日本人抓起來，當然，還有報復的欲望。從一九三一年到一九四五年之間，日軍在中國大陸犯下了無以計數的殘忍暴行，並在中國大陸和鄰近地區以帝國為名進行侵略，當戰爭在中國結束後，中國人為什麼不全面血洗日本人？[70]

英國歷史學家米德曾經在對中國抵抗日本帝國主義的分析中指出，中國人並不必然總是基於民族主義意識型態，甚或基於今日被我們視為理所當然的地理分隔國界來考量對日本的戰爭。[71]美國戰時情報局中國小組軍官葛拉翰・佩克（Graham Peck）於一九三〇年代到一九四〇年代間，花了六年在中國各地旅行、學習中文及觀察旅途所見。佩克在漫長的鄉間遊訪後，對這個國家有了某種感覺，使他相信「東方人」以旁觀者的方式生活著——他們經常從生命的窗口向外望，決定當天的人生哲學和行為舉止。[72]依照佩克的邏輯，由於許多中國人只把日本人當成眾多迫害他們的惡霸之一，或認為農事才是當務之急，抑或基於其他各式各樣類似的理由，因此不覺得有必要向日本人報復。戰後中國的經濟岌岌可危，大部分的中國家庭沒有那麼奢侈的餘裕去思考報復的手段；或者，也許他們並不理解自己可以「報復」。當然，許多中國人確實動手了，戰後動亂也在中國發生，但整體來說，儘管中國人知道日本在統治中國時所做的事，卻沒有更狂熱地追求「三年不晚的報仇」，仍舊使人相當困惑。

當代中國人對日本的不滿與在戰後對日本展現歷史性的寬容，兩者並存造成了顯而易見的兩難，而二〇〇八年，我花了整個夏天在酷熱的南京挖掘檔案以尋找真相，更令這項問題浮上了檯面。[73]那趟行程結束之前我應邀做了一次演講，演講過後我問在場的學生，對於中國人之所以在日本帝國瓦解後未採取更強硬的態度對付日本人是否有任何想法。一位中國研究生似乎深思許久後舉手答道，這是因為本質上「中國人是慈悲為懷的民族」。[74]我對他提出自己的觀點表達了謝意，但同時反問，如果中國人真的這麼慈悲為懷，如此寬大的舉止似乎只用於對待日本帝國，而不是那些成千上百萬死於國民黨及共產黨的清黨、內戰、飢荒乃至文化大革命的中國人。我說完後，全場靜默了很久，但那位學生所說的話一直在我的耳畔徘徊。這是我對於戰後時期另一個揮之不去的記憶，如今則以兩個面向縈繞在我心頭——一是前述演講中我對學生提出的問題，另一則是在南京的那位中國學生的回答。兩個面向都依然緊緊扣合著學生各自的文化背景所帶來的預設，據此評價中國人的不報復，然而這些意見就歷史意義而言都令人不盡滿意。

這些審判不僅具有政治性，同時也被交織入社會記憶之中，進而成為具有娛樂效果又具戲劇性的題材，提醒大家日本在戰後所受的對待可能並不公正。關於乙丙級戰犯審判的作品大量出版，將他們描繪成在國家發動戰爭的動機遭誤解的情況下，受到錯誤指控而導致身心承受極大痛苦的軍人。書籍、報章雜誌、戲劇、歌曲、電影，不一而足。澳洲的日本學專家珊德拉・威爾森（Sandra Wilson）指出，這些有關日本士兵的故事「在一九五〇年代日本特殊的背景下，於政治及文化層面可能相當令人著迷」。[75]威爾森補充，許多基於這些母題的創作，在戰後早期的日本成為家喻戶曉的作品，例如電影《我想成為貝殼》（私は貝になりたい）、《厚牆房間》（壁あつき部屋）、《巢鴨之母》（巣鴨の母）等等，迅速激起大眾同情這些較低層級戰犯所面對的困境。[76]威爾森大膽地宣稱，我們錯失了許多日本社會對低層級戰犯以及此一層級戰爭罪責的討論，這是因為「日本及西方的學者經常特別看重『左翼知識分子』的意見遠多於一般日本大眾的看法。我們對一九五〇年代和平主義的相關論辯熟悉的程度，多過於對前日本軍人大型團體活動、失去親人的前軍人家屬或者那些呼籲釋放已定罪戰犯的遊說團體」。[77]重要的是，有關日本戰爭罪行的虛構作品並未止於一九五〇年代——事實上，賺人熱淚及引起觀眾同情戰爭罪行的舞台表演，持續在市場上以舊片新拍或新創作的形式大獲成功。一個最近的例子是音樂劇《南十字座》（サザンクロス），劇名由來即是許多日本部隊駐紮在南半球時於清朗夜空中見到的星座。[78]日本比較文化學者牛村圭寫道：我們必須了解是什麼使得這齣二〇〇四年的舞台劇造成轟動。這則過度雕飾的故事——圍繞著一個在戰時被徵召作戰的日本學生和其印尼女友間的愛情，那位印尼女孩回到家鄉後成為一名民族主義者——太過陳腔濫調，故不在此細述，不過舞台劇官方確實宣稱這雖然是一個「虛構」故事，但改編自「歷史」事實。[79]根據牛村的解釋，《南十字座》的主題出現在不少戰後日本人的回憶錄中，都是關於南半球的戰爭經驗。這部劇本是眾多企圖粉飾日本戰罪的作品之一，它們又同時強調日本在幫助東南亞民族主義及隨後各國獨立運動興起中扮演的角色。[80]《南十字座》的結尾是「卑鄙邪惡的」荷蘭人才是真正的戰爭罪犯，因為他們在日本協助印尼建立起一個新的國家之後又回到印尼，並企圖重建歐洲的殖民統治。歐洲人起訴無辜的日本人——例如劇中那位被徵召的學生，根據的是他們（歐洲人）自己想像出來而非真實存在的戰爭罪行。

中國研究學者葛小偉（Peter Gries）分析當代中國的民族主義及對日本表達的厭惡時，探討了以下的概念：「報仇意味著以牙還牙地傷害對方」是「道德憤怒」加上「感覺不公正」。與此同時，葛小偉也寫道：「意圖復仇是一種對權力關係的情緒。它糾正原先失衡或混亂的權力之間的關係。」[81]我的論點是：緊接著二次大戰結束後，不論是共產黨或是國民黨都未積極對日本人尋求報復，主要原因在於無論國際政治環境或一觸即發的內戰，都使得雙方不得不將首要目標隨著情況轉為獲得先前敵人的支持。簡單地說，日本宣布投降之後，中國國民黨和中國共產黨都需要日本支撐其各自在中國大陸的未來前途。大規模的復仇行動不符合中國人的利益，諷刺的是，這與日本當時追求穩定並施行去帝國化的政策一致。與此同時，南加州大學國際關係教授康燦雄（David Kang）在分析中國與其鄰國關係時指出，這個中土王國在歷史上一直自認是區域的支配者，因為它在傳統優位順序下占有道德的高度。[82]因此，中國以上國之姿對犯了錯的屬地日本採取寬恕的態度，並不是太偏離歷史常態的舉動。

傅佛國（Joshua Fogel）曾有力地指出，想要了解現代日本和中國，「必須將另一方列入考量」，這也是本書的第二個主題。[83]把新近解密的中國檔案（臺灣及中國大陸）與日本、英國、法國及美國的資料並置對照，我們會發現，日本人和中國人爭相於國際法的新規範下，表現他們在起訴戰犯上的法律責任感。這點由其戰後為了解決日本戰罪相關問題而付出互相矛盾的努力可見一斑。中國人為取得國際認同並確保在自己的國家能控制法律以介入司法系統，因此在審判日本戰爭罪行時採取種種作法，表明了這個審判在中日關係上以及在中國和日本的歷史上都有其重要意義。至於日本的反應和意圖——有時是協助、破壞，又或者企圖緩解中方的起訴——那又是另外一個故事了。

波士頓學院歷史系教授佛蘭吉絲卡．瑟拉萍（Franziska Seraphim）就宣稱，說日本沒有戰爭罪責並非事實，不如說「戰爭記憶是根據——有時是其中的一部分——在戰爭後果中特殊且分歧的民主途徑發展出來的」。[84]從這方面來說，在此所呈現的中日各自的觀點，顯示出捕捉日本戰罪敘事具有高度困難的本質，同時也指出，我們需要從日本、中國及臺灣的歷史觀點，對此一歷史問題進行三方的分析。

第一章

否認失敗

日本投降對區域所造成的衝擊

勝者為官軍，敗者為叛軍。

——日本諺語

日本帝國在東亞毫無預警且災難性的衰微，導致許多戰後問題隨著日本勢力轉眼間撤離傾瀉而出。盟軍方面也許早已預見帝國最終傾頹的命運，卻幾乎無法為即將來到的接收工作事先做好準備——特別是在西方國家部隊數量並不多的中國，以及沒有西方國家部隊駐守的臺灣。[1]即使日本皇軍在美國強大軍事機器驚人的摧毀力量下放棄戰鬥，但在中國境內，日本仍能掌控超過一百萬名軍人（由岡村寧次大將指揮的中國遠征軍），這個數目還不包括駐守在臺灣和朝鮮的日本部隊。[2]許多傑出的歷史學家都曾詳細記錄日本投降時，即便軍力已經極度損耗、幾近瓦解，仍有能力在帝國區域內牽制盟軍的事實。[3]美國喬治華盛頓大學軍事史學家隆納・斯佩克特（Ronald Spector）便描繪了當時的形勢，並估算日本部隊尚駐紮在東亞地區的人數：「日本宣布投降時，在西太平洋和亞洲大陸大約還有六百五十萬日本軍隊和平民，這大約占日本總人口的二十分之一，其中包括（中國）滿洲的一百二十萬人、朝鮮的七十五萬人、中國大陸本土近一百五十萬人，以及東南亞各地至少七十萬人。」[4]日本「帝國邊緣」這樣的情勢，迫使我們重新思考：日本帝國在其本島**之外**是如何瓦解的，這個過程的本質和結構又是如何。我們必須聚焦於日本放棄長達數十年的帝國迷夢時的國際脈絡，而國際間成立戰爭罪行委員會並進行審判，是解決日本帝國所造成的諸多問題時重要的一步。

日本京都大學歷史學者佐藤卓己就曾精確地描述日本在整個帝國範圍內交出權力（包括官僚體系及軍隊）時的不協調，其結果與昭和天皇在一九四五年八月十五日發表《終戰詔書》後眾人所知的情況大相逕庭。[5]日本投降牽涉到當時已如空殼的帝國內過於廣大又分布不均的領土，這使得當日本正式於一九四五年九月二日在東京灣舉行投降儀式時，帝國境內其他地區並未同時完成移交。一直要到一九四五年九月九日，日本才交出對中國大陸及朝鮮的權力，然而不同地區舉行投降儀式的方式與內容也不盡相同。中國方面的受降儀式於九月九日上午九時在國民政府當時的首都南京舉行①，日方代表是岡村寧次，中方則是國民黨將領何應欽。岡村事後在回憶錄中寫道，當時數位參加儀式的國民黨軍官和日方軍官都有能彼此直呼其名的交情，因為他們戰前都是日本軍事學校的同學。岡村回憶道，向他所熟識的中國「友人」何應欽投降，讓當時的場面輕鬆許多。[6]戰後的中國及西方媒體一直對何應欽當年受降時的表現有所議論。一位在場人士指出，何應欽當時是起立之後伸出雙手，從日本代表手中接過降書。中國的觀察家認為何應欽不應該離開座位，又以那樣正式的方式從投降的日本人手中接過簽署好的降書——這些舉動顯得他對日本太過尊重。許多當時的觀察家評論道，何應欽應該像其他同僚一樣，坐著以單手接過投降文書。[7]一系列於一九五〇年代以日文出版、中文再版的雜誌文章中，何應欽和岡村寧次談及兩人初次相見的往事，以及戰後彼此的關係如何演變。岡村提到何應欽在接受降書時做了後來為許多人所詬病的「鞠躬回禮」動作。他說當時許多外國觀察家對何應欽的鞠躬動作頗有批評，所以他記得特別清楚。岡村的解釋是：西方的道德觀念和亞洲的不同，所以西方人不了解當時的情況。岡村那時也對於日本戰敗後，中方未將日本人當作一般戰俘對待而向何應欽致謝。[8]

中國受降儀式的氣氛，和一個星期前美方在密蘇里艦上舉行的受降儀式相去甚遠。一位在戰時的日本成長、名為艾薩克·夏皮洛（Isaac Shapiro）的俄羅斯猶太裔無國籍難民目睹了那場受降儀式，令他訝異的是，美方故意升起了准將培里（Commodore Perry）在一八五三年首次踏上日本、迫使日本開放門戶時所使用的旗幟。根據夏皮洛的回憶：在簡短又嚴肅的簽字儀式之後，「四百五十架美國航母艦載機編隊飛過上空，後面跟著美國陸軍航空軍B-29轟炸機中隊，那批在東京轟炸我們，在廣島、長崎擲下原子彈的B-29轟炸機。那是相當震撼的一幕。是勝利者炫示他們的力量，強迫日本接受如此恥辱的戰敗」。[9]

事實上，日本部隊必須根據戰場的不同，向多個不同國籍的對象投降：在印度支那方面向法國人，在印尼方面向荷蘭人，在香港、新加坡、馬來半島方面則是向英國人。負責在日本戰敗後建立東南亞秩序的英國艦隊海軍中將路易斯·蒙巴頓（Louis Mountbatten），將當時繁瑣累贅的情況總結為：「日本投降之後，我待在盟軍東南亞戰區司令部的九個月期間，就許多方面來說都比作戰時更困難、更有挑戰性。」[10]由於在戰爭後期，無論美國或國民黨都未在臺灣（自一八九五年起即為日本殖民地，一九四五年日本投降後交還中國國民黨政府②）派軍，移交臺灣的指

① 審訂註：事實上，國民政府於一九四六年五月五日頒布《還都令》後，中國政府的首都才正式遷回南京。

② 審訂註：原著所使用的詞彙為「return」，然而事實上，臺灣並非在戰後旋即「交還」給國民政府，國民政府僅代表同盟國「接收」臺灣，這也導致了爾後的臺灣地位未定論。

揮跟管理權更是困難。事實上，一直要到一九四五年十月二十五日，臺灣才正式被交給國民黨當局。[11]如同美國萊斯大學歷史學家清水小百合（清水さゆり）所闡釋的：日本戰敗了，帝國怪獸已死，但其觸手卻在死後仍緊握著手中奪取來的一切，久久不放。儘管日本戰後的地位低落，變成了美國占領區，但仍「在美國占領軍強加的戰略義務下，於戰後東亞尋求自主的國家定位」。[12]

投降的滾滾洪流

日本帝國將權力轉交給當地政權的過渡階段，在受降儀式前的諸多和平談判之際陷入了膠著，這也導致了一些前期預備工作無法順利進行。日本陸軍少將今井武夫和他的翻譯員木村達雄一行人於一九四五年八月二十一日先行飛往中國湖南省芷江縣，[13]與中方協商並決定日方投降的細節。[14]透過參與者的日記，大致能拼湊出日本人是如何看待自己的困境，進而了解他們當時對中國人的態度。根據艾倫．摩爾（Aaron Moore）的看法，我們必須留意戰後日記中的陷阱，因為撰寫日記的軍人經常「一獲得新資訊，就覺得有必要改動他們的故事」。[15]儘管如此，若與其他的文獻比對確認，這些日記仍不失為絕佳的資料來源。日本帝國的中國遠征軍最高指揮官岡村寧次，對日本最終必須投降感到訝異，他的日記中反映了他認為日本失敗的原因。根據其推斷，日本戰敗有下述幾個理由：

一、我們太過低估敵人（美國）發動戰爭的能力。
二、我們還沒鞏固北方地區就向南方前進。
三、我們的海軍和陸軍之間的分歧太嚴重。
四、先前攻城掠地的成功讓我們太過自滿。
五、蘇聯參戰。
六、原子彈。
七、「國民道義低下」（或說「人民發動戰爭的精神減退」）。[16]

雖然有些要員事前已獲得通知，但當天皇正式宣布投降時，大多數的帝國軍官都不太知道該如何應對。畢竟，日本從一八九〇年代開始就一直是個一帆風順、無往不利的帝國。根據中國方面有關中日關係的系列歷史記載，岡村寧次大將起初甚至反對接受《波茨坦宣言》宣布投降。[17]在日本正式宣布投降前幾天，岡村發電報給日本國內從屬於他的一名指揮官，內容是其大談日軍在中國的最後一次進攻。岡村在電報中寫道：「我確信，現在是我們盡全力戰鬥至最後的時刻了，我們全軍都已下定決心，絕不受敵人和平攻勢的影響，要光榮戰死沙場。」[18]一九四五年八月十八日，日本正式宣布投降的三天後，岡村在他的私人日記中寫道：「我已經失去了繼續活下去的意志，我就像行屍走肉，吞下滿肚子的苦水，還肩負著確保百萬兵員安全回家的責任……

許多無法成眠的夜晚，我都在反覆想著這些。」[19]同時，岡村並沒有放棄所有希望，也沒有考慮「光榮的」出路──自殺。

幾個星期之後，岡村顯然對於日本戰敗稍稍釋懷，但最讓他感到痛苦的是，儘管中國人一直沒能在軍事上發展到足以與日本抗衡，他們卻算是戰勝者。岡村以西洋棋類比，解釋日本為何無法征服整個中國：「如果你已經沒有城堡、主教，或國王和皇后，但仍然有許多兵跟其他小棋子，那麼就算動彈不得，還是可以贏。」岡村推斷，中國儘管貧窮，人口卻多到成了潛在的威脅，相較之下，日本的人口雖然也不少，但就地理上而言居住範圍太擠迫，因此在未來可能會淪為一個四流、五流的國家。[20]岡村在回憶錄中也提及了駐紮在中國不同地區的日本部隊不同的反應。很重要的一點是，日本的中國遠征軍在中國的八年間戰無不克，且有實力繼續過關斬將（至少估算起來是如此）。[21]日本軍官都相信他們沒有敗給中國。而中國國民黨領導人蔣介石在日本投降日宣布對其「寬大為懷」的政策，讓許多日本的領導者對未來抱持著還算正面的態度。勝利帶給中國人的是更多殺戮，以及交戰雙方都全力以赴的一場內戰。因此在日本投降後不久，中國人就開始用「慘勝」一詞描述對日本的勝利。

一如東京的文官政府，在中國的日本皇軍同樣既不把投降當成結束，也並未從此坐等盟軍發落。事實上，日本正式宣布投降的次日，也就是一九四五年八月十六日，岡村寧次跟幾位日軍高官曾促膝商談中國應該怎麼做，日本又該如何予以協助。岡村在日記中用「與中國交手的摘要」

為題概述他的意見。他所提計畫的第一部分有十一篇文章，內容包括如何投降、日本戰後的目標、遣返的相關問題、技師、態度等，這些內容圍繞著同一個核心：日本帝國崩解後，中國成為亞洲僅存的強大力量，而且可能是唯一會繼續對抗西方帝國主義的勢力。如此一來，對中國提供足夠的支持對日本而言就極為重要，因為這同時是幫助東亞及日本邁向繁盛的未來。[22]這樣的論點與日本明治時代晚期以來，在保守派及軍方圈內盛行的亞洲主義十分相似。[23]岡村堅信，日本必須利用這次的失敗重新思考帝國計畫的目標以及戰爭的終極目的——對他而言，就是引導中國現代化、幫助中國發展。[24]

除此之外，在日本軍隊撤出中國的時候，維持社會安定也很重要。岡村當時下達了命令，絕不容許軍隊中任何不忠、不當的行為，日本皇軍會保持紀律，直到最後一人離開中國：「軍隊撤退時，我們會和中方保持密切聯繫。我們也將在移交權力期間保持嚴謹的秩序，不容任何干擾。雖然真正實行撤退是很痛苦的過程，但日本皇軍必須堅定個人的決心，完全從中國撤出。」岡村在回憶錄中寫道，因為中國共產黨懷著積怨與日軍作戰，所以日本人應該懲罰他們。岡村打算冒險一搏，將與國民黨維持貌似良好的關係看作重要的目標。[25]岡村的計畫是，在必要時，日本軍隊會將武器、彈藥交給國民黨軍隊，幫助國民黨擊潰共產黨。他告訴屬下，不要摧毀任何日本帝國的設施，要把它們交給國民黨軍隊，作為日本對中國賠償的一部分（顯然他相當期待這樣賠償）。[26]

日裔美籍翻譯官格蘭特・平林（Grant Hirabayashi）是一位戰後駐紮南京的美國士兵，他是美國軍隊中少數能快速從南亞進駐中國的兵力之一。一九四五年九月八日，平林人在南京，親身體驗到那些仍具有影響力的日本皇軍並沒有「投降意識」。他回憶道：

我們安頓下來之後，伯頓（Burden）中校提議出去散步，就在我們轉過一個街角的時候，看到三名日本士兵迎面走來。伯頓問我：「我們該怎麼辦？」我沒回答他，只是把他推離人行道，以免和那三名日本兵正面衝突。這起事件發生在投降儀式的前一天，那時的日本人還是趾高氣揚，一副他們在中國所向披靡的樣子，如果不是天皇下了停戰命令，他們很樂意繼續作戰。[27]

當時還留在中國及臺灣各地的日本軍人也碰到了各種不同的狀況，且並非全然負面。日本新保守主義歷史學家鈴木明就舉了一個中國人與日本人繼續維持良好關係的例子。他在一本著作中重現了一張照片——照片中的時間是一九四五年，中國收復南京的幾天之後，一位日本士兵坐在街邊的攤販前，面帶笑容對著鏡頭吃從中國小販那邊買來的餛飩。[28]當然，這個鏡頭並未如鈴木所願地證明南京大屠殺不曾發生，但卻突顯出對一般的中國勞工階級而言，戰後的日子還是得過下去，生意和生存的需要凌駕一切，無論付錢的是日本人或其他任何人，只要生意能做成就好。

我們也不該忘記，當時日本人仍透過警察和軍人，控制著許多都市的中國人聚集區，也因此，立刻報復日本人可能會顯得過於魯莽。

然而，對許多面臨海外傳來戰敗消息的日本民眾而言，在殖民地享受了多年的特權和身分地位，成為戰後焦慮的一部分——那種「對未來未知」的焦慮。[29]日本政治學家淺野豐美解釋：隨著一九四五年的投降，日本人在戰前及戰時的帝國權力揹客身分，一夕之間變為帶有負面意義的「戰後個人體驗」。日本人在戰爭結束之際更關注他們自己的不幸，而且認為事情的發生毫無來由。他們並不認為個人必須為自身災難性的命運負責，[30]相信日本人在中國戰敗是受迫於外部因素——甚至日本在某種程度上也是帝國自身的受害者。

問題的關鍵不僅在於帝國不會這麼容易就分崩離析。事實上，除了美軍以強大的武力在日本本土及沖繩進行激烈的消耗戰以外，「帝國邊緣」的日本人並無法理解他們其實已經戰敗了，遍布帝國各處的日本人還沒有像家鄉的親人那樣真正嘗到戰敗的滋味。日本陸軍少將今井武夫是岡村寧次在中國的副手，就他印象所及，很多人對日本在中國大陸戰敗感到難以置信，因此情況會隨著地區不同而有所變化：

> 日本軍隊在中國戰場上一直未嘗敗績。中國軍隊不僅始終無法靠自己的力量贏得戰爭，在戰場上獲勝的唯一手段亦只是從盟軍部隊壓倒性勝利的戰役中取得一些附帶成功。

也因此，擊敗日本的真實感沒有自中國人心中湧現，人們對日本軍隊的懼怕普遍仍若有似無地殘存著。[31]

戰敗所帶來的潛藏不滿

在日本本土直接感受戰爭的百姓對於戰爭的結束同樣感到困惑，特別是在一九四五年秋冬之間，他們碰上數十萬日本軍人陸續遣返回日本時。十數年來，日本百姓受到的教導是：戰敗不僅是一件可恥的事，投降更等同於叛國。因此日本人從一開始就沒有做好戰敗的心理準備。事實上，當戰爭後期被盟軍俘虜的日本戰俘在投降後陸續乘船回國時，民主化的新日本媒體不斷告訴它們的讀者：「戰犯並非罪犯，我們應該接納他們，給予溫暖的擁抱。」[32]

日本人不僅被指導該如何接納遣返回國的軍人，同時根據歷史學家高登．懷特（Gordon White）的論點：悉心對待復員軍人在引導戰後社會及政治的穩定性上是至關重要的課題。復員軍人在三個方面對社會安定構成了潛在威脅，「首先，他們本身就具有特定的共同政治資源，足以增大其對社會的影響，特別是在進行了主要的戰爭之後」；且「復員軍人是政府可以再度動員的一股潛在力量，國家可以藉此增強對社會的控制，進一步影響社會主要的價值觀」；「第三點，歷史表明，復員軍人常常會是既存秩序的潛在挑戰甚或威脅，他們可以利用象徵性的力量與

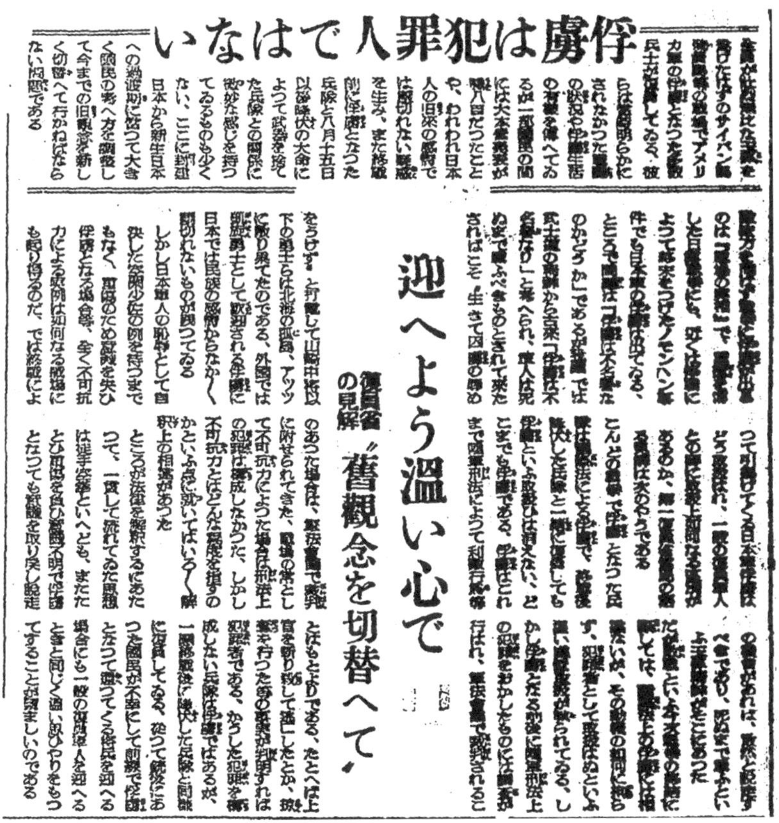

俘虜は犯罪人ではない

温い心で迎へよう

復員省の見解 〝舊観念を切替へて〟

……や、われわれ日本人の旧来の感情では割切れない疑惑を生み、また降服前に俘虜となつた兵隊と八月十五日以後降伏の大命によつて武器を捨てた兵隊との関係に微妙な感じを持つてゐるものも少くない、ここに新生日本への過渡期に當つて大きく国民の考へ方を調整して今までの旧観念を新しく切替へて行かねばならない問題である

《朝日新聞》上有關戰俘的文章。（《朝日新聞》，1945 年 12 月 7 日）

組織技巧對政府施壓甚至推翻政府，一如俄羅斯的例子」。[33]

美國在日本的占領部隊也不敢忽視日本復員軍人帶來的威脅。一九四六年十二月十五日，占領軍的查爾斯．威勒比少將（Charles Willoughby）撰寫了一份標示為「限制取用」的占領報告，指出占領過程雖然順利，但提醒美國官員仍要留意，美國只有少量部隊駐紮在日本。威勒比在報告中強調：「有三到四百萬的日本復員軍人將被趕到地下活動，他們是潛在的威脅。必須適當疏導他們的想法和行動，以免不利於美軍的占領行動。」這份報告送出時，美國部隊大約有五萬九千人駐紮在日本，加上約八萬四千名經過初步訓練的日本警察，這些就是當局指派到日本負責維繫和平的人。他們面對的是日本這個擁有七千三百萬人口的國家，儘管剛被擊敗，但已花費超過十五年的時間實施軍事化，此外還要考量到其數百萬的復員軍人。然而威勒比在報告中補充，如果適當對待復員軍人，他們就可以作為穩定的機制，因為「受過訓練的軍人心理上已固有服從控制和影響的習慣，加上其熟悉軍方溝通模式，又有信念和意願接受上級軍官的指導，因此，在復員的機制及地方的協助單位中，保有復員軍官的建置就有其必要」。[34]

在威勒比的報告所提出的觀點中，許多因素似乎「不證自明」，例如「那些被遣返的復員軍人前程幻滅、失業，很容易成為顛覆性思潮的獵物，特別是容易受共產主義影響」，此外，「應該控制這些遭遣返的軍人。必須在思想和行動上影響占領區內數百萬的復員軍人，讓他們保持平靜」。針對日本軍人可能會轉變為社會主義者的擔心，其認為「過去勞工的騷動與不安事件所造成的緊張情勢，就是最好的說明」。且「南韓的失序暗示著日後（在日本）可能發展成的局面。日本軍隊並沒有被戰敗這件事打垮，而維持著他們知名的紀律，國內數百萬武裝勢力的存在成了一股蟄伏的力量，具有未知的可能性」。[35]美國歷史學家艾利希斯·達登（Alexis Dudden）指出，南韓總統李承晚「（執政初期）在控制國家局勢上遭逢太多困難，使他不得不僱用曾經幫日本警察工作的韓國流氓整肅異己，謀殺反對者或讓他們入獄。一樣糟的還有所有在韓國南方的嘗試——包括主持肅清審判或制定相關政策——都遭到李承晚介入。因為他唯一可以利用美國金援買通的韓國人，正是那些靠著日本人致富且掌握權勢的人」。[36]美國迅速接管了他們所占領的日本地區，相較之下，日本在中國及其他地方的交接則都腳步拖沓，這也說明了東亞國家的政治和軍事政策並沒有一直跟著美國走。這項差異也突顯出一項事實：在二次大戰末期，沒有任何一個主要的軍事力量能掌控中國——中國國民黨、中國共產黨、美國，當然還有前日本帝國，都持續爭奪對中國的控制權。[37]

在這種戰後競爭的環境中，對中國人而言很重要的是，藉著建立適當的流程審判日本戰犯，以及精心安排正確的法律程序判定受審者是否有罪，藉此展現國際性的責任感。這樣的審判並非就是定局，它畢竟只是一條分界線，讓世界的注意力轉向國際法的力量。美國普林斯頓大學國際事務教授蓋瑞·巴斯（Gary Bass）就指出：任何政府都有可能支持這樣的審判，因為「如何對待羞愧、戰敗的敵人領袖以及戰犯，可以決定接下來是戰爭或和平」。但他也指出，如果真的想要除掉國家的敵人，透過法庭可能是最無效的方法。沒有人能永遠掌控審判的結果，最後可能就是讓那些吹毛求疵的律師掌握全局。否則，如巴斯所說的，一個政府可以驅逐、殺害、摧殘其敵人，或對他們置之不理。[38]戰犯審判是一件很棘手的事，而且不會總是如預期進行，還可能引發預料之外的內部糾葛。只要想想最近在盧安達及柬埔寨所進行的審判，就不難發現這類法律判定可能帶來的隱藏性問題。國際轉型正義專家普莉希拉・海納（Priscilla Hayner）提醒了我們在法庭裡追求正義有多麼困難：「政治轉型有時涉及政治上的妥協，這些妥協經常包括以某種形式豁免從前惡行的法律追訴，有時甚至是保留他們部分的權力，或讓他們參與新的政府。」海納進一步總結：這類審判「甚至無法把人人都『知道』有罪的人定罪」。[39]巴斯和海納說明的這些阻礙，都明顯存在於中國方面的戰犯審判中。

國際社會對界定戰爭罪行所做的努力

中國人並非是唯一對審判日本戰罪感興趣的人。早在日本投降前，西方盟國就已經協調數次國際會議，討論應該如何譴責日本政府及軍方在戰爭期間逾矩的作為，又應該如何執行。英國、美國、澳洲以及後來加入的中國代表召開多次會議，討論如何為事態逐漸明朗而愈演愈烈的這場巨大災難伸張正義，換句話說，就是調查日本在東亞及東南亞所犯下的戰爭罪行。二次大戰期間，相關報告大多來自傳教士及戰俘，但媒體報導中發生在中國的暴行也令人十分震驚。戰爭罪行的法律定義就是在前述那些會議討論中逐漸成型。

一九四三年十月二十六日，聯合國戰爭罪行委員會在英國倫敦的聖詹姆斯宮正式開始討論相關的法律細節，共有十七國的代表與會。這個委員會運作了將近五年，直至一九四八年三月三十一日為止。起初，是在歐洲的戰爭將戰爭罪行的問題推到政治檯面上。一九四〇年十一月，波蘭和捷克流亡政府對納粹的暴行提出了指控。一九四二年一月十三日，九國代表在聖詹姆斯宮發表宣言，共同譴責納粹暴行。中國觀察員金問泗後來單獨發表聲明，表示中國政府同意前述宣言，且日本也應該為其在中國的作為受到同樣譴責。金問泗曾經擔任中國駐荷蘭地區公使，在荷蘭陷落後逃往倫敦。當年聯合國戰爭罪行委員會之所以能夠成立，主要是因為法律和國家間的互動方式在概念上有巨大的轉變，也因為戰爭暴行的規模和墮落程度，在許多方面都透過領導階層、命令或玩忽職守的方式與國家相結合。另外，委員會的成立對美國和英國而言堪稱一記響鐘，這兩個國家原本對於起訴定義模糊、舉證不易的戰爭罪行意興闌珊。

最初因為日本戰爭罪行的相關資訊無法充分傳達到倫敦，所以聯合國戰爭罪行委員會僅專注於歐洲戰場。但由於最關切這項議題的中國及澳洲對此感到驚慌失措，因此委員會最終在中國也設置了辦公室——設置在中國重慶的「遠東及太平洋小委員會」（該委員會從一九四四年十一月運作至一九四七年三月）便是對於上述批評的回應。[40]遠東分部的中方負責人是王寵惠，他是少數精通國際法的中國律師之一，曾經代表中國出席一九二一年的華盛頓海軍軍備裁減會議，並在會議上宣稱對於中國人而言，治外法權是對國家的羞辱。[41]王寵惠曾在美國耶魯大學修習法律，出版了最早的德國民法英譯本之一，早期於中華民國政府的外交部服務，也曾在常設國際法院擔任法官——常設國際法院是戰後國際聯盟所成立的組織，為海牙國際法庭的前身。[42]他也對於蔣介石處理日本戰犯的方式有很大的影響力。當時的中國高層領導人及知識分子都深知戰犯審判的困難，但也意識到這種法律上的討論可能帶來的效果。對許多人而言，這些法律操作與洗去數十年前中國不得不接受的不平等條約所帶來的污點密切相關。此刻，中國的法律必須展現自己在戰勝的盟國間有同等的水準。[43]這個「遠東及太平洋小委員會」並非真的提供法律方向或進行分析，而是僅僅負責蒐集有關日本戰爭罪行的資料及證據，並在稍後負責列出嫌疑人名單。[44]

委員會最初的會議僅限於私下的聽證，直到是否要邀請蘇聯與會的問題阻礙了委員會的所有行動，才在一九四四年一月十一日舉行第一次公開的正式會議以處理這項問題。當時蘇聯之下的一些衛星國家想要加入委員會，英國卻堅決反對蘇聯加入。[45]處理戰爭罪行相關法律概念的律師中，有部分來自英國劍橋大學法律學院，其中包括中國籍律師梁鋆立。梁鋆立在美國獲得法學博士學位，精通國際法。英國籍法官暨國際法專家艾利胡·勞特帕許（Elihu Lauterpacht，赫希·勞特帕許爵士〔Hersch Lauterpacht〕之子）是梁鋆立在劍橋的舊識，在他的記憶中，梁是個「滿有趣的、不錯的人，不算是個好學者，當然也不是全世界最努力工作的人，但他很精明」。[46]顧維鈞則是聯合國戰爭罪行委員會的中方代表，他是一位經驗豐富的外交官，於一九三〇及一九四〇年代初，曾經先後擔任中國駐法及駐英大使。

國際法的概念本身在回應一次大戰所帶來的災難時取得了重大的進展，但對於歐洲而言仍然是個相對較新的概念，對大部分的中國人及日本人而言就更是如此了。根據里查·霍洛維茲（Richard Horowitz）概略的說明：

> 雖然國際法通常不會過分約束國際體系內的強權，但它確實提供了讓彼此能互相理解的常設標準，以解決日常國際關係中的紛爭。舉例來說，它規範哪些組織（例如受國際承認的國家）可以成為國際外交領域內的參與者；規定了各國外交官所能獲得的待遇、談判的模式、制定條約的標準程序；為要求法律或政治上管轄權的各方提供解決紛爭的原則；也為條約以及其他協議建立共用的詞彙。國際法作為一套制度，意義上並不是歷史學家慣用的「實體」組織，比較接近經濟學家所用的抽象概念。[47]

一九四五年夏天舉行的倫敦會議上，國際法庭針對「違反和平罪」與「違反人道罪」追求正義的計畫終於具體落實，而不再是一些華而不實的法律宣言。從一九四三年的國民黨文件中，可以看到他們在內部進行討論，發現於戰後審判某人戰時在另一個國家所犯下的罪行，幾乎沒有先例可循，因此中國人對於該如何進行審判感到相當困惑。但一次大戰後巴黎和會已經有類似的模式，所以確實可能會創造出合用的法律。[48]在這種情況下，中國國民黨從一九四三年底開始彙編戰爭罪犯嫌疑人名單，並且針對一旦日本戰敗後，在國民黨的評估下應該遭到起訴的對象蒐集證據。起初，國民黨把日本天皇也列入名單，但在一九四五年八月十二日所舉行的國防最高委員會國際會議上，與會人員採納了盟軍「靜觀其變」的作法。雖然蔣介石公開在電台及報紙上宣布寬大對待日本人，以表示中國人了解法治的內涵，但大量的中國群眾依然呼籲逮捕裕仁天皇並交付審判。[49]

中國共產黨對於自己被排除在這麼重要的國際會議之外並未保持沉默，其領導人在一九四五年九月十四日發行的《解放日報》上，就日本戰犯做出了評論，指日本必須為自己的行動負責，中國也必須審判日本人犯下的戰爭罪行。《解放日報》同時列出了共產黨領導人認為應該接受審判的主要日本官員，其中包括岡村寧次、荒木貞夫、土肥原賢二、前陸軍大臣杉山元、山下奉文（在戰後於菲律賓遭美國迅速地審判）及其他人。[50]我們可以輕易看出中國陷入的困境，因為土肥原賢二、荒木貞夫及其他一批日本軍方領導人（例如松井石根），都應該對南京大屠殺負責，而在戰後美國尋求正義的東京審判中，這些人都成為了被告。

日本對戰爭罪行的觀點

和平就算不是日本政府在戰後的整體外交政策，也是他們投注了許多心力與金錢，企圖在二戰終結之後達成的目標。日本在一九四五年八月宣布投降後，當時的總理大臣鈴木貫太郎就對已經疲憊不堪的百姓宣布：日本需要平靜以及時間以重建這個國家。[51]繼任總理大臣東久邇稔彥為戰爭所表達的歉意，幾乎未說明那次戰爭的本質以及戰爭責任落在誰身上。[52]他誇張地倡言「一億總懺悔」，卻幾乎未曾觸及戰爭起因，也無助於解決戰爭帶來的種種緊張情勢。從許多方面來說，戰後的日本和戰時相比並沒有改變——日本的基本目標還是達成經濟興盛和繁榮，改變的僅是達成目標的手段，從追求戰爭和帝國擴張變為追求和平。[53]東久邇稔彥在戰後的回憶錄中寫道，希望能直接向中國人民道歉，並且派遣外交使團前往中國表達歉意，但他最終沒有做到。他承認蔣介石在戰後所採取的寬大為懷政策，「讓日本不僅在戰爭中輸給中國，也在道德上居於下風」。[54]

和平不能只靠白日夢，不會因為戰爭停止就自然降臨，需要細心栽培及機巧的政策才能結出果實。此外，為了長久的和平，先前的敵人之間即使無法對彼此懷有同情，至少要有談判的意願，而不是一味尋求報復。真正的和平意味著和解的精神正在醞釀。[55]日本在投降後立刻呼籲各國採取這些作法，卻又未能給出達成這些目標的方式。此一事實彰顯出日本帝國崩解後這場戰爭被記憶的本質。東亞冷戰、記憶與戰犯審判間交纏的關係，正存在於和平理想與付諸實踐間的斷裂當中。[56]

對於日本帝國在戰後時期如何被審判的記憶，不只是「戰勝者的正義」的故事。美國麻薩諸塞州安姆赫斯特大學歷史系教授里查・米尼爾（Richard Minear）在一九七〇年代初期撰寫了關於東京戰犯審判的著作，是相關事件最早的英文著作之一。他十分關切審判帶來的法律難題，因為用於東京審判中全新的法律工具，是在紐倫堡大審中為了處理納粹才首次出現的，在此之前，這些法律工具並不存在。[57]米尼爾也對美國感到相當憤怒，因為其採取雙重標準評判日本戰時行為，對於自己在戰時的作為卻不以為意。隨著國際媒體廣泛報導美國在越戰期間所犯下的錯誤後，米尼爾的批判益發強烈。[58]用於入罪日本戰犯的法律並不是傳統法律的改寫——其太過新奇而無法如此定義，且法學家在引介這樣奇異的工具時也感到如履薄冰。但他們的想法是，這項作法可以創造更安全且和平的未來，所以傳統得以不受新法限制。這些新的法律——例如「違反人道罪」和「違反和平罪」，讓盟軍得以裁定日本帝國為非法，因此日本為擴張帝國所發動的侵略戰爭也是非法的。米尼爾宣稱，這是一種不平衡的正義，因為它只考慮到日本人的所作所為，卻未檢視將世界逼入險境的盟國政策。[59]這些問題也引人質疑美國轟炸日本平民以及在廣島、長崎投下原子彈的決定。

米尼爾並不是第一個、也不是最後一個做出這樣評論的人，但正由於他們集體發聲批判，這類意見有效地帶動一股重新分析東京審判價值的浪潮。雖然米尼爾的目的是以嚴謹的態度重新檢視東京審判的本質，對日本甲級戰犯審判抱持貶抑態度的知識分子陣營，卻常常將他的作品與印度裔法官拉達賓諾德．帕爾的作品一同引用。帕爾廣泛地提出異議，主張整場東京審判都屬非法。[60]但這同一批人在面對規模更大、在半個地球範圍內將為數五千七百名的乙丙級戰犯送上法庭審判時，卻表現出特定的健忘症，抑或只專注於審判中可疑的面向，像是缺少翻譯員、證據太薄弱以及其他實質證據。顯然適當的法律程序在不同的審判上遭到了踐踏，但多年以來相關檔案仍未解密，所以一直難以調查。東京審判壟斷了戰後日本的焦點，然而更重要的是，前述問題已經超越東京審判的範圍。

即使甲級戰犯面臨的審判是決定他們在發動「侵略及非法戰爭」一事上是否有罪，東京審判卻遇到兩個基本的困難。第一是要避免起訴日本天皇，這使得整個法律程序都聚焦於日本政府和軍方的責任。這項決定導致的結果是日本的社會也得以置身事外。[61]其次，東京審判在法律上強調的是違反和平罪，在這個邏輯下，乙丙級戰犯犯下的如謀殺、強姦等傳統戰爭罪行，就不在審判主要的範圍內。在美國人的施壓下，盟國將其戰後的焦點放在釐清戰爭發生的原因，而有關戰時責任的法庭辯論則圍繞著主張繼續戰爭的政治及軍方領導人。居於領導階層的甲級戰犯所受的指控主要是出於政治上的考量，因此，同等重要的日本軍隊戰時暴行並沒有真正進入討論範圍，或作為一個法律問題得到仔細檢視，而只被用於佐證更大的戰爭責任。東京審判的法庭上確實提到了一九三七年十二月發生的南京大屠殺，然而，這也僅是唯一一個處理非西方盟軍與日本之間虐待暴行的案例。與此同時，盟軍檢控單位則將是誰引發了彼此的敵意視為法律問題而深陷其中，以致在戰後時期，東京審判並未被認為是適當地追求正義。[62]夏威夷大學歷史系教授戶谷由麻的著作質疑了許多對東京審判提出的預想，她的主張使得東京審判並未多加討論日本的暴行這個說法變得比較站不住腳。她指出，東京審判沒有討論七三一部隊，但提出了軍隊性奴隸以及相關問題的證據。[63]東京審判和乙丙級戰犯審判之間，有著先前研究沒有指出的更深層關係——許多法庭工作人員同時為兩個審判工作，在海外調查所得的證據也都在東京審判呈堂。菲律賓籍的檢察官佩德羅・羅培茲（Pedro Lopez）在美國主導的菲律賓審判中處理日方文件資料，有效證明了山下奉文和本間雅晴涉入馬尼拉大屠殺及巴丹死亡行軍；法國檢察官侯傑・狄波（Roger Depo）使用的法方資料，則來自法方最初於西貢舉行的戰爭審判。[64]由此可見，東京審判和其他地方舉行的乙丙級國家戰爭罪行審判間，確實存在檢控及證據方面的關聯。

日本官僚體系對戰敗的反應

日本官員對於盟軍推動戰罪審判的反應，即使不算冷漠以對，也表現得不太熱心。早在盟軍還沒透露戰爭審判的具體計畫前，日本的國家菁英已經開始研究可能的戰爭罪行中的細節，並且企圖研擬國家的應對策略。由於一九四五年七月二十六日所發表的《波茨坦宣言》中，已經有關於戰爭罪行起訴的敘述，所以日本方面也知道事情遲早會臨頭，但審判將以什麼形式進行、將有多少場審判，對日方而言都還是未知數。《波茨坦宣言》第十條這樣寫道：「戰勝國無意奴役日本民族或摧毀日本這個國家，但所有戰爭罪犯必須受到嚴厲制裁，包括那些殘酷對待我方戰俘者。」[65]但具體來說，將如何執行或者用什麼方式執行，都仍屬未知。

戰爭後期曾經努力推動和平倡議的日本前官員田尻愛義描述了當時的情形：日本當局及政治人物起初非常擔心戰罪審判可能會造成的局面，因為他們害怕在這種情況下，可能轉變為日本政府派系間在法庭上相互推諉責任，畢竟有足夠的理由要求日本政府為最終戰敗以及戰爭造成的破壞負責。[66]日本人希望在面對占領軍時能表現出團結的態勢，也認為在盟軍接管之前，首要之務是統一內部對戰爭罪行的意見。開始對日本進行戰爭審判一事，也擴大了日本境內民眾及整個帝國內上百萬人民剛萌生的焦慮——他們忽然發現自己不再能像過去半個世紀以來那樣，坐擁對亞洲許多地區的權力。日本的帝國戰爭突然變成了帝國解體，一九四五年八月十五日，史無前例的天皇《終戰詔書》廣播，要求所有日本人放棄作戰並「忍其所不能忍」，很快地讓其轉變成受害者的情緒。大批「引揚者」③帶著支離破碎的個人物品蹣跚回國的景象，成了戰後時期以及後帝

③ 譯註：即遣返歸國者。

國記憶的第一個象徵。回到日本之後，這些垂頭喪氣的人面對的是廢墟一片，但由於日本當局很快地就把過去的殖民地及占領地重新歸類為「外國」土地，因此他們反而有逃離危險而鬆了一口氣的感覺，祖國雖然已經不再是帝國，卻是日本人的安全避風港。然而，當大批日本人回到祖國的同時，日本的遣返作業卻分成兩頭進行，以「復員」的軍人優先於平民。

日本外務省文件呈現的情況與當代普遍看法相反。一般相信，當時日本政府忙於處理難解的日本國籍問題，然而事實是，日本最初的戰後計畫就無意保護那些於戰爭終期被困在海外的「無助受害者」，反而打算讓這些帝國被殖民者自生自滅。[67]由於海外日本人遣返歸國會給母國帶來巨大的財務、後勤及心理負擔，主責此事的日本外務省原本希望能撒手不管。他們採行了新措施，計劃讓海外日本人在戰爭結束後取得居住國的公民身分，其中包括殖民地、占領區以及日本所扶植的傀儡政權滿洲國。這項計畫也並非完全不受歡迎，因為有些日本人希望能留在已經住了這麼久的地方。但前述的政策顯然與戰後以及當代的受害者身分迷思大相逕庭。[68]平民遣返和軍人復員所呈現出來的問題，標誌了日本為建立帝國採取的侵略性作為，也觸及如何裁決戰爭罪行這件事的本質，同時使得整個問題更加複雜化。宣布投降之後，大約在盟國占領軍及麥克阿瑟將軍抵達厚木空軍基地的一週前，日本官員試圖掌握戰爭罪行審判的主導權，讓戰爭審判避免受制於盟軍單方面做出的任何決定。曾經擔任日本駐廣東及香港總領事的中村豐一認為，立刻考慮有關潛在戰罪審判的應對策略對日本而言至關重要，不該坐等盟軍安排他們的策略。在這個問題上，日本民間和軍方的舉動都說明了他的看法確實別有洞見。《波茨坦宣言》雖然規定日本戰犯必須接受審判，但是審判的目標、範圍與日程都還不確定——甚至連到底會進行審判還是「就地正法」，當時也仍在未定之天。[69]

日本天皇發布《終戰詔書》之後，日本當局立刻成立了委員會，為可能面臨的戰罪審判及戰爭期間的責任歸屬擬定具體的議定書。委員會的成員都是鼎鼎有名的人士，但在盟軍和日本爭奪審判主導權之際，他們都努力讓自己免於陷入——在與戰罪相關的外圍討論中逐漸浮現的——密謀和抹黑。有趣之處在於日本最初付出的努力，及其官員尚未意識到在被占領的情況下他們所能擁有的權力微乎其微。可以確定的是，如日本政治學者及占領史研究專家竹前榮治和其他歷史學家所指出的：戰後的日本，其實是美國人和日本人雙方通過談判解決爭議的「成果」。[70]美國固然希望高高在上地主導一切，但如果沒有日本人的配合，其下達的命令也無法執行。日本陸軍、海軍、外務省、法務省的高級官員組成了一個政治小隊，積極介入戰後各項政策的形成。他們的規劃是，盡可能限制盟軍的調查，並確保在美國人開始占領任務後，日本政府各方面的意見保持一致。這項計畫並非只是中看不中用的「紙老虎」，而是一個大家都同意必須盡快由內閣通過並付諸實施、同時立即發落給政府各級單位的計畫。[71]

一九四五年八月二十二日，日本政府成立了「戰後處理委員會」。起初，委員會企圖說服盟軍應該讓日本內部自行審判戰犯，不過，就事實而言，日本的司法體系尚不足以處理這樣的案件，加上其本身欠缺國際法專家，使得這項提議最終淪為空談，頂多算是日本嘗試保留顏面的舉動。儘管如此，日本官員還是提議由自己的軍事特別法庭展開「戰罪」調查，但盟軍總部對此根本充耳不聞。[72]日本方面很快地轉向，積極投入降低盟軍所主導的一連串戰罪審判可能對日本軍方和大眾造成的衝擊。戰爭後期，美國軍方及政府迅速建立起日後得以追捕和起訴日本戰犯嫌疑者的體系。美國軍法署在一九四四年十月成立戰爭罪行辦公室（War Crime Office），專責處理這些罪行並蒐集證據。負責占領日本的駐日盟軍總司令部（Supreme Commander for the Allied Powers）也在一九四五年十月成立了自己的法律部門，由艾爾瓦．卡本特（Alva C. Carpenter）出任負責人。這個部門負責法律諮詢、蒐集資料及為案件做準備，其下再規劃五個分支部門，其中有一個專門針對中國方面的審判。[73]

一九四五年九月十日，日本前內閣總理大臣鈴木貫太郎和麥克阿瑟將軍的心腹西德尼．馬希比爾上校（Sidney Mashbir）有過一次談話，鈴木赫然發現美國占領軍為戰爭罪行審判所做的準備工作，進度比日方原先設想的超前許多。鈴木當時立刻和投降事務聯絡委員會負責人岡崎勝男取得聯繫，回報這個危急的情況。兩人當下決定日本應該加緊腳步，自行審判戰犯，殊不知美國占領軍在次日，也就是九月十一日，便已經釋出要逮捕東條英機的消息。為了保全面子，岡崎嘗試就兩項要求與美方交涉：首先，他建議逮捕行動應該由日方來進行；其次，以東條自殺未遂後的狀況不佳為由，要求美方不要急著將他以囚犯的身分帶往橫濱。[74]儘管美國一口拒絕了，卻給予東條醫療照顧。九月十二日，馬希比爾告訴鈴木，美方已經擬好第一批五十名戰犯的名單，同時希望日本方面就他們將如何應對戰犯審判表態。日方迅速回覆道，他們願意根據同盟國立下的國際規範，公開追查針對受監禁者及虐待戰俘的罪行，但在日方的回覆中，卻避談戰爭責任歸屬與更大規模的戰爭罪行。此外，日本的戰時司法體系也無法在這方面有效執行，這是因為其於戰前和戰時所遵行的法律，是當年半封建和極權之間衝突及妥協的混合體，這套制度拿到現代來，在每一個層面都顯得格格不入。[75]

一九四五年九月十二日，日本內閣總理大臣東久邇稔彥、外交大臣重光葵、陸軍大臣下村定、海軍大臣米內光政、參謀本部參謀長梅津美治郎、海軍大將豐田副武、國務大臣近衛文麿及法務大臣岩田宙造舉行了一場會議，討論如何組織調查戰爭罪行的委員會。他們在會議過後宣布：根據同盟國的要求以及法理上的需要，日本會將占領軍列出的戰犯或其他犯下戰爭罪行者交付審判。[76]在那之後，嫌疑人陸續遭到逮捕並起訴，迅速地經過簡單的軍法審判後，被判以十個月至無期不等的刑期。先不論這些無足輕重的嘗試——日本官僚體系顯然自始至終都不是心甘情願要追訴這些戰爭罪行，因為他們從未將這些嘗試與真正的正義等同視之。幾天之後的九月十五日，日本政治家鳩山一郎在《朝日新聞》發表了文章，指稱美國也應該反省自己的戰爭罪行，例如使用原子彈、殺害無辜平民。鳩山不悅地指出：對美國而言「力量就是正義」，美國應該看看它帶來的損害，好好思考一下怎麼賠償日本的損失。他在文中寫道：日本「單靠自己無法重建國家」，而幫助日本重新站起並實施民主化，也符合美國的利益。占領的相關規定中嚴格禁止公開批評美國，刊登鳩山的文章因而讓《朝日新聞》被停刊兩天。[77]

打從一開始，日本顯然就沒有意願積極追捕自己國家的戰爭罪犯，何況東京街頭一片斷垣殘壁，遍布著戰後冒出的黑市。曾一度橫跨亞洲的日本帝國首都看起來破敗不堪。一九四五年十月二十三日，戰後處理委員會進一步解釋其所提出的潛在戰犯審判流程，追求正義看來是次要的目標，他們最在意的是如何減少日本帝國身上的污點——對其而言，無條件投降似乎就無損帝國尊嚴。他們的目標便是盡其可能降低對個人及「帝國」（按照日方計畫中的說法）的損害。[78]在一定程度上，戰後處理委員會的作法反映出日本帝國政府及軍方的目標，就是要保護「國體」。「國體」是個來自戰前的詞彙，定義模糊不清，既代表了國家組織，同時又是國家機構，有時甚至指涉天皇本人。在戰後處理委員會的報告中所闡釋的策略，列出了四個可能的思考路徑以減少對日本的損害：首先，這份報告中最重要的在於宣稱——以國際法來說——追訴「所謂的」戰爭罪犯是不理性的作為。其次，日本官員堅持天皇是跟戰爭結果有所區隔的實體，且位於帝國憲法之上。報告中的第三個部分認為，一九三〇年代的國際局勢給了日本很大的壓力，也把日本逼到了牆角，使其別無選擇，只能發動戰爭，否則就得面臨自身遭受毀滅的命運。這項說法也是日本在戰時宣傳中的主要邏輯：ABCD集團（A代表美國人〔American〕，B代表英國人〔British〕，C代表中國人〔Chinese〕，D代表荷蘭人〔Dutch〕）在政治上和經濟上孤立了日本。第四個部分是一項計畫，呼籲日本人用第一人稱及官方解釋為那些被指控的「所謂戰爭罪」辯護，這種辯護通常訴求的是，低階士兵必須將高階軍官的指令視為直接來自天皇的敕令，因此是絕對不可置之不理的帝國命令。

如果在指控罪行時一併詳述當時急迫的狀況，支持戰犯者顯然多半會認為那並不算是戰爭罪行，只是在戰場上難以避免的「過度興奮」而已，或者認為是激烈戰爭中自然出現的副作用。[79]有趣的是，那份報告依然用「神的子孫」這個傳統的詞彙來指稱天皇，並且把戰爭罪——至少甲級罪行——貼上「政治罪名」的標籤。採用過時的神道教用語指稱天皇，表明了這個國家信仰早已深植在日本社會上層人士的心中，驅使日本發動侵略戰爭。同時也正是這個階層的日本人，如今正負責將日本重新導向同盟國指定的新道路。試圖抹去或再教育前述這些人固有的意識型態和以帝國為根基的思考模式，會是很費工夫的事情，而這種思考模式當然也不會在一夕間消失（如果真的會消失的話）。反思當代日本右翼或修正主義團體的本質，促使我們得出這個結論：戰時宣傳所能激起的共鳴對於少數日本人來說仍然相當有效。

在日本國會中，針對戰犯的討論相對缺乏。以反戰立場聞名的政治人物齋藤隆夫於一九四五年十一月二十八日，在日本國會眾議院的特別國會議程上，對前任陸軍大臣下村定提出了尖銳質詢，指出為何東條英機被列為「戰犯」，但前內閣總理大臣近衛文麿卻能在皇室的保護下安然無事（近衛文麿後來也被列入起訴並自殺身亡）。齋藤隆夫堅稱，沒有一九三七年的「支那事變」，就不會有後來的戰爭，所以不應該由東條英機來承擔所有的責任。他就軍方及日本百姓如何理解戰爭的結束這一點，對陸軍大臣提出許多尖銳的質問，表示：「對我們來說，戰爭之所以會結束，是由於外力干涉，不是我們的人民自己選擇要結束的。那為什麼你認為是我們無法避免日本走向軍國主義的道路？」下村定的回答則是：軍方高階官員不理解民主，甚至開始介入政治，這是帝國垮台根本的原因，「為此，我願意誠心誠意向全國人民道歉」。這短短的對話是個開端，不幸的是所開啟的過程卻無疾而終。[80]齋藤在眾議院的評論於特別議程中引起關於戰爭罪行及責任的短暫討論，那是戰後第一次在國會中有相關討論——即使當時已是戰爭結束後好幾個月了。一九四五年十一月二十九日，日本國會議員福家俊一在眾議院表示，他本身是一位解甲的軍人，儘管很遺憾自己能活著回家，也依然為自身的「好運」而深感罪惡，不過他還是要對軍方的前領導人提出一些問題。福家表示，當他聽到投降的消息時完全不敢置信，也說不出話來——簡而言之，他的世界在那一刻完全崩解。但接著，他意識到投降能讓日本有機會重建，藉著和平與重建，日本就可以再度站起來。

此時，大家關注的焦點都是誰必須為戰爭負起責任，但許多軍方及財務方面的派系都還沒受到審視，我認為，我們必須徹底審視政客、大臣、官僚以及其他應該要為戰爭負責的人，至少，採取這些步驟可以為重建新日本立下基石。我們不能規避這個責任，我也希望聽聽總理大臣對此有什麼看法。[81]

更重要（且或許更能顯露實情）的是，福家俊一聲稱，戰後許多官員都在欺瞞天皇，並且相當不誠實地企圖把戰爭責任推到人民身上，「對於這個摧毀我國三千年來光輝歷史的罪行，唯一的懲罰就是死」。福家的這番話在國會中贏得了如雷的掌聲。[82]

就日本方面來說，民間與帝國所應承擔的戰爭責任引發了很複雜的情緒，也在接下來的數十年間，讓戰爭罪行和戰爭責任的問題益發混淆。後來送到日本法務省、供內部分析乙丙級戰罪審判的報告指出：在這些審判中被逮捕的大多是低階軍人或平民，他們都辯稱自己是受排長或軍官指揮，而他們正好也是——用報告中的說法——「好逮捕」的人們，也就是說，日本當局知道到哪裡可以找到他們。對於日本官員來說，這些戰爭罪犯正好是在不對的時間站上對的位置。日本前海軍上尉無著仙明當時在海軍省改編的第二復員官署負責乙丙級審判的部分，他所撰寫的一份主要報告中有著相當大膽的內容，明確抨擊乙丙級戰犯審判是一種「以法律為掩護的公開追捕、舉措失當的報復行為」。[83]

與此同時，日本文官政府及其下屬單位也開始採取重要的行動，建立了一套系統，以「協助」之名拖緩表明要起訴日本戰犯的占領軍。其中日本帝國海軍最為積極，成立了自己的一套保護管束戰犯的體系。[84]我們可以從最近才出現的日方資料來源獲知，日本帝國海軍主要是擔心他們的海軍成員遭起訴。某方面來說，日本帝國的各個軍事團體作戰的目的，也都是為了保護自己的利益，不一定是為國家、為天皇甚至為人民。海軍兵員作戰，好讓海軍可以維護自己的聲望與預算，而陸軍也是一樣。[85]我們得以獲知這些原委，是因為接受命令保護海軍成員的工作小組在戰後數年曾經舉行了一連串會議，也都留下詳細紀錄以作為未來海軍的教育資料。從這些近四百個小時的討論紀錄可以很明顯地看出，當戰後戰犯審判的威脅愈逼愈近時，海軍會先下手為強，保護他們的軍官免於被以死刑起訴，因為他們不希望海軍的聲望受損。日本海軍一直保有身為帝國軍人必須雄壯而強大的自我認同，因此身體力行地設法確保法律會持續從屬於他們想定的軍方榮譽。在日本海軍官校校友聚會的錄音檔裡，我們不只可以聽到前帝國海軍軍官說起當年戰敗的原因，還能聽到他們談論戰後為了讓海軍軍官免於被起訴並避免自身的責任所採取的行動。那些談話的直截了當讓人相當驚訝，也為我們打開了一道門，得以了解日本人在面對戰爭罪行的潛在追訴時究竟有什麼樣的反應。

說來令人驚訝，當時有一小群陸軍軍官遭起訴並判處死刑，卻僅有兩名海軍司令被起訴——海軍大將永野修身和嶋田繁太郎。其中永野修身在審判結束前就死於獄中，所以基本上整個日本海軍只有嶋田繁太郎一人受到戰犯審判。嶋田後來被判無期徒刑，但在一九五五年假釋出獄。日本海軍在規避同盟國審判這方面顯然做得相當成功，讓同盟國將注意力更加集中在海軍的對頭——前日本帝國陸軍身上。一部分的原因是，陸軍的暴行跟發生在海上的比較起來，更容易追蹤及找到證據，當然，海軍的暴行也不見得就全部發生在海上，而是其刻意擬訂計畫規避起訴。前日本海軍大尉豐田隈雄當年就肩負著讓海軍軍官免於被起訴的任務。他回顧當時相信「如果我們『努力』在占領軍調查的過程中製造各式各樣的阻礙」，且把整件事扭向和平條約時代的方向，那一切的努力很可能就值得了。[86]東京審判把日本帝國陸軍描繪成一個讓亞洲受到重創的殘暴部隊，相反地，日本海軍倒是因為在這場漫長戰爭中許多所謂無私的「武士道」行為，而得到眾多讚許。這一點也已經在日本成為某種虛構的戰爭記憶，但顯然與日本軍方企圖規避法律責任的策略脫不了關係，因此也並非那麼符合實情。

戰爭結束、占領開始後不久，豐田隈雄在已經改名為第二復員省的海軍省設置了辦公室。豐田和他的工作小組百般阻撓同盟國，以免對方發現辦公室成立的真正目的——防止海軍軍官受到戰犯審判。從某個角度來說，豐田是這項工作的最佳人選，因為他是名徹頭徹尾的海軍軍官，但戰爭期間都在德國擔任軍事專員，所以相對不容易被貼上戰犯的標籤。[87]此外，跟許多日本人一樣，豐田深信同盟國追訴日本戰犯根本就不合法，因為「戰爭是國家行為，就國際法的層級而言，沒有所謂個人的責任，也不該起訴個人。審判的條款根本是『事後法』，是先有事實，才創造法律」。[88]豐田的工作小組不停鼓勵前海軍軍官無視誓詞、在同盟國的法庭審訊中說謊，也在他們上同盟國的軍事法庭前幫忙做準備。[89]看起來，當時的占領軍並沒有意識到這些事前排練和準備。不幸的是，儘管在戰前備受敬重的軍事體系確實受到了保護，但較低階的海軍軍官以及水兵卻成了長官的代罪羔羊。幾十年之後，一些老帝國海軍成員曾對此深表不滿。[90]

日本帝國海軍也許躲過了同盟國駐軍的戰犯追訴，但海軍官員在戰後的一些說詞，證明了海軍和陸軍同樣犯下了戰爭罪行。戰後的審判和帝國軍方本身都為海軍創造出了廣為人知的神話，但實際上日本海軍一點也不無辜。前帝國海軍人員承認，他們對國際法和人權所知有限，也根本沒興趣。很多日本人在戰後對於南京大屠殺這類暴行的解釋是當時遭遇到「預料之外的抵抗」，也有人說是因為對美國的戰爭已經變成一場種族戰爭，但日本海軍在戰後所訴說的故事卻告訴大家完全不是那麼一回事。根據當事人的回憶，日本皇軍在戰爭初期就完全無視於國際法，在廣州南方沿海的三竈島屠殺平民——日本海軍當時在三竈島建了一條飛機跑道，為了保守祕密而殺害中國平民。這起暴行發生在日本正式向盟國開戰及全面陷入中國戰場之前，所以日本人所提出的前述兩項辯解都無法當成藉口。簡單地說，日本部隊之所以在許多方面都表現得很殘暴，並不是由於任何來自外部的挑動，而是其本質上的野蠻所致。[91]

日本海軍工作小組規避戰犯追訴的作為當然對他們自己有利，而美國和日本的官員也都了解，日方對於處理戰犯審判的大多數提議，都出於保護自身利益的動機，即使如此，就整體的戰犯追訴而言，日方的協助還是不可或缺。一九四五年十二月，同盟國正式公布其對戰犯審判所做的準備，日本外務省則成立了一個法務審議辦公室，由曾在中國擔任外交官的曾根益及曾在哈佛學習法律的法學專家兼前外交官高柳賢三共同主持（然而高柳不久後便遭到了公職追放④）。這個辦公室很快就開始擴張，並且增加了戰爭罪行委員會、戰爭罪行行政辦公室及戰爭罪行調查室三個單位。[92]

日本人口中「不公平的正義」

雖然紐倫堡大審和東京審判為今日的戰犯審判立下重要的先例，日本人卻常常批判這類審判並不同時追訴同盟國的戰犯，因此是帶有偏見與歧視的單邊法律行為。日本人的這種信念，是他們在反對戰犯審判這件事上能一致形成主流意見的重要因素。有一起人們所熟知的乙丙級審判案例可以明確指出追求正義在法律上的差異。這起案例被日本作家大岡昇平寫成歷史小說《長途旅程》（ながい旅），許多年以後，又由一部極其呆板的電影重現了一次（出於某些原因，這部電影的英語片名重訂為《給明日的祝福》）。[93]其乃日本東海軍司令官岡田資中將的真實經歷，主要的重點在他於一九四五年五月所下的重大決定：以無差別轟炸日本平民為由，草率地將被擊落的美國B-29轟炸機機員處決。這個審判跟中國方面的乙丙級戰犯審判並無直接關聯，卻明白顯示出日本人如何看待他們自己在戰後隨即面臨的處境，特別是關於情節較輕的戰犯，以及國際

④審訂註：公職追放為戰後盟軍總部褫奪了戰犯與具有軍國主義傾向的日本政治家於戰後任職公職的權利。

法在其眼中的不對等適用。

就乙丙級戰犯的案例來說，日本人並沒有太多足以自豪的地方，但也正因如此，岡田資成為了標誌性的案件。此外，岡田資的審判引人注目，加上這起案件在戰後的日本不斷被媒體提起，導致日本開始以同盟國所犯下的戰罪作為衡量自身的砝碼，形塑出過去六十年來討論戰爭罪行的模式。這種比較也影響了日本人怎麼看待自己的皇軍在中國的行為。

大岡昇平的小說著重於日本在法律方面所採取的策略與計謀，以及美國起訴岡田資的詳細過程。至於庭訊場面的焦點，則是一個日本軍官能否為自己的行為提出合理的辯護，將其說成是對美軍在東京、大阪、名古屋等地非法轟炸平民的合法回應。[94]如果美國人在戰後要施行維護「人道」、「正義」的法律，那麼就邏輯而言，他們應該要一視同仁才對。岡田資的審判從未在國際上引起轟動，但在日本卻一直十分受到關注。他最後被判犯下戰爭罪行並處死，但與此同時，沒有任何一位美國士兵或軍官因為無差別轟炸日本平民而遭到起訴。岡田資的受審，讓大家對戰後東亞的司法公平性提出質疑，而此一公平性的概念也跟中國方面的審判案件產生了關聯。在美國，那些駕機轟炸日本的飛行員成了英雄，但是在日本，他們卻被稱為戰犯。那麼，美國人是否會以不同的方式看待岡田資所演示的日本英雄呢？道德上是有可能的——我們可以說美國之所以參戰，是為了要結束戰爭，而日本人發動戰爭，是為了要擴張並鞏固他們的帝國。[95]但就在半世紀之前，美國也以「穩定」世界上某些地區為由，先後單方面入侵了菲律賓和古巴。[96]二次大戰後，美國確實解放了許多地區，但也趁著英國、法蘭西帝國勢力衰退之際，在全世界建立起軍事基地網絡。[97]

岡田資是負責防衛日本東海地區第十三方面軍的司令，東海地區包括了愛知縣、岐阜縣、靜岡縣、三重縣、石川縣和富山縣。這個區域從北到南、由東到西，幾乎囊括了日本本島的中部。岡田認為自己是在對被擊落的美軍飛行員執行「正義」，因為這些都是在戰爭最後數個月中無差別轟炸日本平民區域的飛行員。在美國占領軍所主導的橫濱乙丙級戰犯審判庭上，岡田資的辯詞是：他在保護日本不受美國戰犯侵害。從我們所知的日本海軍對策看來，日本的官員和軍官多數都在審判中把責任推給下屬，但岡田資卻是個例外。他是極少數一肩扛下行為責任，同時卻又強調自己的作為完全合法的高級軍官之一。在看似死氣沉沉的乙丙級戰犯審判庭上，大多數的被告都只卑微地辯稱自己不過是在服從命令，因此岡田資在審判庭上的這種辯詞對於日本軍官來說極其罕見而引人注目，從而獲得了日本大眾的高度支持。

日本中部的名古屋市在戰時是幾個大型軍需工廠的所在地。美國從一九四四年十二月十三日起開始轟炸該地區，而到了一九四五年三月，則開始進行全面的無差別地毯式轟炸，特別是一九四五年五月十四日，四百五十架美國B-29轟炸機輪番狂炸，把名古屋變成了一片廢墟。當天有幾架美國轟炸機遭擊落，十一名飛行員被俘擄。東海地區的日軍認為這些美國飛行員是進行無差別轟炸的戰爭罪犯，於是在軍事法庭上將他們判處死刑。除此之外，美軍五月底也對大阪、神戶進行了轟炸，當時亦有幾架美軍轟炸機被擊落，二十七名飛行員被擄。總體來說，美國在日本東海地區進行的轟炸，前後有四十四名飛行員因座機遭擊落被俘，有一百一十名確認在墜機中死亡。被俘的其中六名遭判定只攻擊了日本軍方設施而被送去戰俘營（戰俘營中也充滿暴行對待，並不好過），其他三十八名全被判為戰犯而處決。根據當時的日本軍法，死刑應該以槍決執行，但這些美國飛行員卻都被以武士刀斬首。美國人在戰後認為，簡易軍事法庭以及其所做出的懲罰均屬違法。日本投降之後，岡田資和他的下屬均被收押於巢鴨監獄，審判則在一九四八年三月八日開始。[98]

岡田資在受審時堅定地表示，他完全是遵照軍方的適當程序，並且也給予了美國囚犯一定的尊重。他指責美國飛行員以日本平民為目標投彈，已經犯下了戰爭罪行，當他們的飛機被擊落後，雖啟動了投降的權利，但他們的暴行木已成舟。對於岡田來說，這種行為無法以理性接受。[99]由於當時東海司令部所有的空軍都忙於應付美軍的轟炸，且理論上也沒有足夠的時間替所有被俘的美國飛行員舉行完整的軍法審判，為了讓事情順利進行，岡田資和他的法律小組做了三個重要決定：第一，僅轟炸軍事目標者，立刻送往戰俘營；第二，「涉嫌違反人道行為」者，將會接受正式的軍法審判；第三，明顯犯下戰爭罪行者，則接受簡易軍事法庭審判。岡田資在接受審判時解釋，用武士刀行刑是日本的古老習俗。如果採用槍決，槍聲可能會讓某些人激動起來，甚至去損壞死者的屍體，他們所執行的斬首則顧及了對方的尊嚴，事後也都適當地埋葬。

儘管日本大眾支持岡田資在面對美國人帶有偏見且不公平的戰犯審判時所陳述的立場，他的自辯還是有著很明顯的缺陷。那位被挑選出來對美國飛行員執行斬首的日本士兵，在日本投降後幾天又受命將屍體挖出並焚毀。這個舉動看起來是企圖掩蓋，而非承擔責任。此外，當美國官員讓岡田資宣誓證詞時，他說日本當時每天遭到轟炸，在那種狀況下不可能絲毫不差地遵循法律，但正式開庭後，又改口說他在審判美國飛行員時遵循了國際法行事。[100]日本人必須尊重國際法當時在東亞所建立的新形式。然而，一直要到二〇〇二年有關岡田資的紀錄解密之後，我們才得知故事的全貌，而新的研究也進一步暴露了其原有證詞的問題。第一個出入是，一九四五年四月底，一小部分美國飛行員在執行死刑之前，被迫在名古屋遊街示眾，藉以刺激日本公眾的情緒，那時就有一些日本人以暴力攻擊那些飛行員，日本憲兵當時的宣誓證詞也證實了此事。日本軍方強迫這些飛行員遊街是為了當作宣傳，目的是激發日本人的愛國情操，踴躍捐輸，藉以生產更多戰機來補充日益升高的損失，而這些憲兵則受命要防止他們遭到暴民傷害或刺殺。當時一位美國飛行員曾被打得頭破血流，這些人先是被載著繞行當地一座神社，接著到名古屋車站，最後在朝日新聞大樓前示眾。岡田資的辯護律師多年後也證實確有其事，但主張該事件與岡田資被起訴的罪名無關，所以不該呈堂。[101]

也有人指出，當日本投降已然不可避免之際，帝國陸軍內部曾討論過如何應對戰後對這起事件的追究。最初，日本軍方領導人完全掩蓋了該起事件並試圖撒謊，但後來發現並不那麼容易，所以一些高官決定不如就面對事實。一來曾經制定計畫要掩蓋斬首情事，二來有時間為宣傳目的讓部分美國軍人遊街示眾，都說明了岡田資先前在法庭上的說詞——戰爭方熾，沒時間遵照國際法舉行適當的軍事審判——站不住腳。[102]由此看來，對於岡田資和許多其他日本人而言，最重要的事情既非法律亦非真相，而是如何為日本軍方維護名譽並保留顏面。[103]因此，那些為簡易軍事法庭提出的解釋都是捏造的，岡田資欲成為少數為戰時行為承擔責任的日本軍官的「計畫」，也因而失去了信用。

鑑於有關岡田資及其他人的案件陸續出現了新的證據，因此二戰後至今，相關的辯論在日本也一直未有定論。調查有哪些人、以何種形式被指控為戰犯背後所代表的歷史及政治意義，有助於勾勒出遭遺忘的乙丙級戰犯形象。他們不屬於眾所矚目的甲級戰犯，但在日本的媒體中卻是不斷出現的主題。在靖國神社中被神化的日本戰犯，既是受害者，也是英雄。[104]如果活著的世界和死去的世界可以相通，靖國神社就是能夠讓雙方對話的大門。靖國神社建立於明治維新後的一八六八年，當年主要是用來祀奉那些曾協助「大政奉還」的亡靈。跟其他神社不同的是，日本皇軍參與了靖國神社的管理。到了一八七〇年代，靖國神社變成了一個全國性的觀光景點，而稍後自一八七四年開始，所有在日本擴張殖民之際死亡的軍士，都得以入祀，因此其神聖使命也就此與日本帝國主義緊密地連結。[105]有關日本在中國所犯戰罪的歷史對話，必須由受害者及肇事者共同參與。毋庸置疑，對許多日本退伍軍人而言，那場戰爭遠不是什麼光榮的戰鬥，但是他們的聲音很少被人聽見，即使聽見了，他們也多半只會被當代政治右翼人士嘲笑。[106]

日本文化歷史專家舍夫托（M. G. Sheftall）就曾經分析日本在戰後讚揚神風特攻隊飛行員的歷史。他指出，神風特攻隊隊員經常以英雄／犧牲者的雙重形象重生在大眾眼前，而他們的形象展現跟一般的乙丙級戰犯相比，意義上稍有不同。神風特攻隊因為只攻擊軍事目標，所以並未被當作戰犯，但戰後的日本社會一方面要在哲學上解決戰爭狂熱的難題，另一方面也要消解面對戰罪問題時的心理掙扎。舍夫托針對這個令人尋味的情況描述如下：「特攻飛行員的歷史形象讓他們很容易同時成為光彩奪目的英雄、令人景仰的模範，以及在歷史推動之下身不由己的犧牲者（這種特質便於混淆日本當初發動戰爭的決定所引發的後果）。他們同時是羔羊及雄獅，一個無法予以道德譴責的形象。」[107]正因為日本人在戰後對這些被同盟國控訴犯下戰爭罪行、貼上「戰犯」標籤者的態度糾結，讓我們清楚地看見日本大眾對那場戰爭及日本的亞洲戰爭責任的立場轉變。

我們不能忘記乙丙級戰爭罪行

巢鴨戰俘拘留所（巢鴨監獄）的佛教教誨師田嶋隆純戰後所寫的第一本書中，描述了那些被判絞刑的戰犯在人生的最後和他互動的過程。位在東京的巢鴨戰俘拘留所是由同名的監獄改建，由同盟國占領軍監管，專門關押日本戰犯。田嶋隆純寫道：「他們被稱作戰爭罪犯，但我不知道他們是否真的犯了罪。」[108]許多戰後的日本人都有類似的想法，他們不確定日本軍人是否真的犯下戰爭罪行，但媒體如何呈現乙丙級戰爭審判，以及就歷史的角度而言這些審判如何被解讀，又形塑了日本人民心中模糊的記憶。首先必須聲明的是，審判過程中確實有不該忽略的嚴重缺失，但日本皇軍的確也犯下了極度駭人的暴行，特別是在中國。在處理乙丙級戰罪相關問題的時候，我們應該清楚地牢記日本軍人的前述暴行。有些戰犯確實可能是被迫接受審判，相關的證詞也經常不那麼確鑿，審判也或許受到了操縱，但這完全不意味著日本帝國軍隊就是無辜的。

日本歷史學家及記者長期以來一直熱衷於研究日本皇軍暴行的詳情，但他們所挖掘出的某些事件細節受到了歷史學家若林正（Bob Wakabayashi）等學者的質疑。[109]日本帝國的歷史綿長、統治範圍廣闊，加上乙丙級戰犯審判的敘事直到近期才與研究成果已頗為豐碩的東京審判產生交集，因此許多歷史都還有待記錄。我所做的研究絕非要否認日本人的暴行，但我的重點不在於挖出這些行為，而在於檢視戰後中國對這些次級戰爭罪犯的起訴與審判。這兩者間的差異在戰後的東亞具有相當重要的意義，因為同時具有兩個主要的工作方向——其一是詳細記錄戰爭罪行本身，了解其中的細節；其二則是就戰爭罪行的法律層面進行分析。有些看似瑣碎的法律細節曾經被閒置一旁，甚至已經落入遺忘的深淵，現在則再度回到研究的中心，讓受害者的敘事得以發聲，卻也正是這種敘事加深了日本人對自身在戰後和平中所處現狀的不滿。[110]到一九九九年以前，大多數乙丙級戰犯的審判資料都塵封在日本政府手中，一般人並無法得知，中國方面也是同樣的情況。此外，每個人一次最多只能要求日方解密五個檔案，且每個檔案的解密過程都長達數個月，換句話說，除非規定改變，否則這方面的學術研究將會繼續深陷在曠日費時的困境裡。說明取得研究材料時遇到的這些困難，並不是暗指其中有何陰謀，但仍說明了嚴密保護的政治資料確實有其機密性。111

為了破除所有乙丙級戰犯審判都是「政治性」的迷思，並了解為什麼尋求戰後的正義對中國人而言那麼重要，我們應該檢視那些承認過往犯行的日本士兵所提供的證詞，如此才能牢記戰罪的本質究竟是什麼。雖然有關日本大規模暴行的敘述並不在少數，譬如南京大屠殺，以及發生在七三一部隊所駐紮的哈爾濱近郊平房區的事件。這些事件中遇難人數高達上萬甚至數十萬人，由於我們很難真實想像如此大規模的暴行究竟多麼駭人，這反而經常掩蓋了這種悲劇的真正本質。在此我簡短地以一名前日本皇軍自己招認的事實，作為大量乙丙級戰犯敘事的代表。

坂倉清當年是駐紮在中國山東省日本皇軍的一名步兵。一九四一年六月，他所屬的旅隊穿越蒙陰縣到達一個名為張壩丘（音譯 Zhangbaqiu）的小村莊。根據坂倉清的回憶，那是一個寧靜的小村子，坐落在一條小河邊，放眼望去都是白楊跟金合歡木。日軍指揮官獲得密報，指出這座村子是地下兵工廠，因此日軍自前晚起連夜行軍，於次日一早七時前後抵達村子外圍。坂倉清在他的招認書中寫道：「我們立刻進入村莊並四散搜索，引發一片混亂，你可以聽到門被踢開的聲音，士兵大聲咆哮，雞隻尖鳴，豬隻亂竄。婦女和孩子在刺刀的威脅下被趕到村子裡一塊清出來的地方，被士兵團團包圍。然後指揮官荒野上校揮舞著手槍，以一種銳利得幾乎可以割裂金屬的聲音尖聲喊道：『兄弟們，把他們殺光！』」

坂倉清寫道，他當時接到的命令是警戒，所以就坐在金合歡木的樹蔭下看著這一切：「我們旅隊進入村莊還不到五分鐘，我看到大約三百公尺外有七、八個農民挑著扁擔穿過高粱田往外逃，趕緊跑去跟排上的士官報告：『報告！我看到敵人逃走了。』他突然表情惱怒，接著大喊：『笨蛋！快把他們幹掉啊，用輕機槍或什麼東西都可以，混蛋！』」

坂倉清於是立刻用機槍對著高粱田掃射，不一會兒，那些農民就全都倒地不見蹤影了。排長命令他去察看一下田裡是否還有活著的中國農民，坂倉清於是和另外四或五名士兵緩慢地接近並進入高粱田以確認狀況，「那些老兵告訴我們這些新手：『小心一點，他們有的時候會裝死。』」，他們發現一名還在呻吟的農民，立刻用手槍射穿他的頭袋，將他擊斃。

坂倉清當時又看到另一位農民：「大約距我十公尺遠的地方，有一位年輕的婦女倒在那邊。」他寫道：

> 那名婦女的身側流出大量鮮血，我擔心她也許是裝死，所以就走過去，打算踩踩她的傷口，看她的反應，確認她是否真的死了。可是走過去後所看到的景象，卻讓我整個呆住了，就好像一盆冰水沿著我的脊柱灌下，一股惡寒竄遍我全身。一個小嬰兒，可

能不到一歲吧，浸在媽媽的血泊中，口中還含著媽媽的乳頭，還在吸吮著母乳，彷彿這個世界毫無改變。可是他的臉完全被母親身上汩汩流出的鮮血染紅了。就在那時候，嬰兒似乎察覺到我走近了，於是抬起頭來並且露出笑容。我看著那個嬰兒的笑臉，突然間，那笑臉在我眼前開始倍增，不一會兒，我似乎看到十多個笑著的嬰兒爬向我，我想都沒想就大叫：「滾開，搞什麼鬼！」但他們還是不停地爬過來。

坂倉清在招認書中寫道：「那發生在我進入日本皇軍僅僅半年後，同時也是我擔任步兵第一年的第二次交戰，但卻是第一次犯下謀殺罪。我在那個地區待了四年八個月，自始至終我們都把那樣的交戰稱作『軍事行動』或『鎮壓行動』，但事實是，我們燒殺擄掠和折磨中國人。甚至，我們都是以天皇之名而行動，是為了維持東亞的和平，是為了自己家族的榮耀……。」[112] 坂倉清在戰後並未停止評述自己如何面對當年的種種行為。一九五〇年代中期，在專門刊登中國共產黨審判日本戰犯文章的日本退伍軍人期刊上，他選擇撰文敘述並公開發表當年發生的事，足見那件事在他的心中一直縈繞不去。

中日雙方不同的觀點

在日本、中國或其他地方，乙丙級戰爭罪行被描繪成獅子和羔羊的意象，但這是一系列歷史時刻的交纏，所牽涉到的不僅僅是相關記憶和那些地點的當代象徵而已。分析戰後中國舉行的戰犯審判相關的法律討論，以及這些法律意見在東亞如何被編纂為歷史觀點，能夠讓我們以新的層次理解那些理念的產生，以及其在冷戰初期的發展。二次大戰後的東亞歷史至今依然不完整，部分原因就是在羔羊與獅子的問題——乙丙級戰犯審判——中，欠缺了屬於「獅子」一方的證詞，這個現象持續影響著當代政治及中日關係。在這種情況下，相關事件的記憶當然可以填補其中的不足，但問題是：這些記憶來自何方？這些記憶部分也會以法律的形式流傳給後代，不只是東京審判的相關記憶，更重要的還有在中國境內先由中國國民黨、接著由中國共產黨所舉行的日本戰犯審判。北京方面的領導人將其判定視為不容挑戰的真理，持續要求日本政府「修正」自己的立場。中華人民共和國國務委員唐家璇就在二〇〇七年三月公開表示：「中日關係的核心問題就是歷史以及臺灣問題。」[113]歷史記憶對日本官員而言當然同等重要，但他們不希望依照中國所要求的那樣直接面對，而是企圖轉移焦點，讓帝國遺緒不再成為雙方關係的核心問題。前日本內閣總理大臣小泉純一郎的辦公室曾經在二〇〇二年發表的外交關係藍皮書中表示：中日關係中有許多議題，包括歷史問題及日臺關係的問題，強調雙方都應該從歷史中汲取教訓，但也必須展望未來，增強下個世代的互相信任及了解。[114]日本和中國的領袖因而爭奪著詮釋二戰歷史的話語權，因為他們都將其當作各自在國內建立政治支持的重要支柱，也都用來作為雙方關係的折衝。

顯然歷史記憶未曾被遺忘，持續存在於過量的資訊中，但其背後的**法律問題**使得這些歷史回憶一直混沌不清。東亞地區戰犯審判法庭所達成的判決，形塑了相關歷史的後果。過去幾十年來的焦點都放在情緒層面的歷史，中國南京的南京大屠殺紀念館、遼寧省丹東的抗美援朝紀念館以及位於東京的昭和館，毫無疑問地都有這樣的性質，而這還只是其中一部分。[115]法律問題是一種獨特的實體，但鮮少人去探討其與政策和歷史良知間的交集，以及接續而來對教育與國家認同的影響。[116]

觀察日本在被占領期間（一九四五年到一九五二年）內部的動能，並檢視其於隨之而來的冷戰初期如何處理戰犯問題，可以拓展我們對日本如何面對戰敗的歷史性理解。藉由觀察前日本帝國邊緣如何在投降後初期迅速潰散，且在接下來的幾年內，隨著海外日本軍民遣送回國、軍事力量全面撤退與戰犯審判而緩緩崩解，我們可以發現一個獨特的圖像逐漸顯現。所謂「擁抱戰敗」的概念，將我們對戰後日本的歷史視野限縮在日本本土的四個主要島嶼，也讓我們在理解重要的戰後東亞歷史時，僅僅著眼於美日關係。在這種情況下，日本帝國邊境的毀壞並未得到應有的重視，但一部分卻可以讓我們更加了解日本和其東亞鄰居間的關係。此外，藉由仔細檢視中國和日本在追訴戰犯方面如何互動，我們也可以估量日本殖民主義實施的廣度及深度——這件事的意義會在日本必須自行分割帝國內的殖民地與占領地時，變得更為顯著。由於這兩個層面關乎日本與中國於新時代起步期間的互動，因此成為核心的歷史議題。而在這個新時代，其雙方都突然被推上尚未對日本戰敗做好準備的東亞。

在日本宣布投降的前夕，國務大臣下村宏於回憶錄中寫道，他不禁疑惑為什麼日本有一個如此偉大的戰爭計畫，但對其他局面或達成和平的可能性卻沒有同樣的謀略。甚至在一九四五年春天，盟軍針對東京和其他都會區開始進行無情的夜間轟炸時，以及在一九四五年五月七日，日本唯一的軍事盟友納粹德國也被徹底擊敗之後，軍方都未曾考慮過有意義的和平對話。[117]下村宏當時把日本最後接受無條件投降一事歸咎於軍方，但日本軍方是唯一的罪魁禍首嗎？在太平洋戰場及本土，日本也許確實略居盟軍下風，但在包括中國在內的廣大日本帝國範圍之內，日本皇軍還是牢牢地掌控著局勢。如果我們把觀察點延伸到日本如何結束在帝國周邊的戰爭，而不是只關注帝國中心，那麼其他可能結束戰爭的局面就更加清晰了。日本直到戰爭後期都還在中國占有優勢控制地位，這難道不會影響東京方面的決策者，讓他們決定不輕易放棄帝國夢嗎？唯有開始檢視日本權力的崩解以及隨後中國對於法律所有權的假設，我們才能了解到日本的權威當時在中國許多地區是多麼根深柢固。而這股權力最核心的表現，將以戰爭審判的形式呈現在我們眼前。

第二章

魔鬼藏在細節裡

中國對日本戰罪的政策

放下屠刀，立地成佛。

——中國諺語

相對於日本人在戰敗後苦苦掙扎於保住面子，另一個議題則是關於中國戰勝日本的說法，因為如何詮釋對日戰爭的勝利事關當代中國人的認同與民族的尊嚴。[1]這些有力的討論，在歷史上形成了一股平衡的力量，也為國家政治目的提供了自豪感。北京大學教授徐勇於二〇〇二年在《人民日報》線上論壇寫道：「抗日戰爭的勝利是十九、二十世紀以來最偉大、最重要的一場反侵略戰爭的勝利。」[2]中國社會科學院在二〇〇六年所發表的一篇文章中更進一步宣稱：中國對抗法西斯的戰役，不僅對亞洲重要，對世界也相當重要。[3]中國共產黨對他們所謂軍事壓制日本一事相當自傲，這可與當年的法國相比擬——二戰結束後，戴高樂將軍（Charles de Gaulle）宣稱「戰勝」了納粹德國，但實際上他所領導的「自由法國」對戰勝納粹的貢獻卻不大。

事實上，追訴日本的戰爭罪行，凝聚了對中國國家認同的向心力。這件事從日本《朝日新聞》以及中國人民大學分別在一九九七年所做的問卷調查中可以看出。當時，兩份問卷都就二十世紀晚期的中日關係提出了相當尖銳的問題。例如，對中國人提出的問題是：「當你想到日本人時，第一個出現在你心中的是誰？」而對日本受訪者則問道：「當你想到中國人時，第一個出現在你心中的是誰？」將兩邊的答案分列出前十名，日本人的答案並不讓人意外，如：毛澤東、鄧小平、江澤民、孔子、孫中山等中國領導人，以及其他具有代表性的歷史人物。相反地，中國人心目中排名第一的日本人物，是戰時日本軍方領導、戰後被列名為甲級戰犯受審的東條英機，排名第二的是著名歌星兼演員山口百惠。她在一九七〇年代中期主演了紅極一時的電視劇《血疑》，這部電視劇後來於一九八四年在中國播放，也引起極大轟動。至於岡村寧次則令人訝異地名列第六，《朝日新聞》的編輯想必認定大多數日本人早已把這個名字掃入歷史的垃圾桶，所以還特別加了註釋，說明岡村是二次大戰晚期日本皇軍的中國派遣軍總司令。[4]當時，岡村寧次主導了日軍當年在中國北方所施行「三光政策」。所謂「三光政策」，就是「從被動的封鎖，轉為主動的全面反游擊戰，作法則是威嚇、強制遷移以及掠奪」。「三光」一詞是中方賦予的渾號，因為中國人認為日本人的目的就是要殺光、燒光、搶光。[5]岡村寧次在戰後被中國共產黨列為頭號戰犯，同時也被美國人要求在東京審判出庭作證。

日本部隊在中國投降之後，中國國民黨隨即重新取回控制中國大陸的權力，但在帝國崩盤的同時，日本部隊還面臨著兩個問題：首先，總的來說，日本皇軍不相信自己真的在中國被打敗了；其次，中國當局接收被日本人及通敵者統治的地區後，如何在這些地區施行中國的法律？中國在一九四三年才終於從治外法權中解脫，即使有著西方所支持的國際法概念，當時的中國卻還沒有穩固的基礎得以實際發揮其價值與作用。中國已經取回了對法院及法律的管轄權力，而他們現在想要實際執行這項權力。其當時的情況與法屬印度支那、荷屬印尼以及美國所管轄的菲律賓大同小異，這些殖民地在名義上獨立了，但還處於殖民當局的權力之下，而在日本投降之後，歐美也都企圖恢復其勢力。[6]朝鮮方面的情況也差不多，日本投降同樣讓大多數人民感到困惑，不確定會發生什麼事，也不知道究竟是誰在管事——是剛剛戰敗卻還指揮著警察部隊的日本人？還是跟日本人作戰而被捕下獄的朝鮮地下組織？是位在上海的朝鮮流亡政府？還是美國所支持的李承晚集團？[7]

在這種混沌不清的時刻，利用國際法來追訴日本戰犯的想法，比實際執行國際法的過程更讓人振奮。尤其中國的法律小組在試著掌握國際法的細節時，各種問題層出不窮，甚至連如何把案件呈上法庭都不甚明瞭。第一樁因此出了岔子的，是在東京審判時，中國檢調小組針對南京大屠殺和日本人涉及鴉片、麻醉藥品交易的案件。當時中方提呈了幾位證人，然而有關毒品交易的證據品質與有關南京大屠殺的部分相比，低劣得令人震驚。東京審判主審法官威廉・韋伯（William Webb）訝異地評論：「這根本就不算是證據，完全沒有細節，什麼法庭才會採信這樣的證據呀？」[8]我們從幾位中國法官的回憶錄中得知，這並非中方原先設想的結果，我們也知道，至少有一位日本戰犯嫌疑人——於一九四〇年到一九四四年擔任中國派遣軍總司令，因向盟軍發動戰爭而被起訴的將軍畑俊六——就因為中方無法提出足夠的證據，僅被判無期徒刑而非死刑。儘管中方也很熱衷於提供包括日本軍隊對中國婦女性犯罪以及奴役中國人的證據，但這些案子同樣都進展得不太順利。相較之下，菲律賓籍檢察官佩德羅・羅培茲在美國主持的馬尼拉軍事法庭審判中，對山下奉文大將和本間雅晴中將所犯下戰爭暴行提呈了多達一萬四千頁的證據，而且運用得淋漓盡致。在中國所舉行的乙丙級戰犯審判裡，名字、日期還有相關人員有時就混成一團當作證據，證詞的可信度多少也令人懷疑。雖然中國人努力嘗試，但是跟東京審判比較起來，他們自己的法律程序並不總是能達到標準。

中國於戰後初期多次嘗試追溯日本戰犯並非毫無來由，而是有其特定的背景——即在中國國內及國際間，對於誰才有正確的方法合法拘留及審訊日本人爭執不下，加上中國已經在前半世紀歷經了法律及政治上的孤立，各方領袖也意識到必須與其他有同樣想法的國家一起追訴日本戰犯。在中國，隨著日本帝國的力量逐漸消散，緊接而來的乙丙級戰犯審判吸引了官方和民間的注意，這個現象也具體展現在中國國民黨主席蔣介石以及中國共產黨主席毛澤東處理此事時的法律與道德氣度。這些都是需要精明手段的政治賭博，但玩家們卻不見得真正了解背後的遊戲規則以及法律上所存在的變數。[9]

現代中國法律的起源

為了了解中國如何從原先不太熟悉國際法，到可以就國際法的細節論辯並討論該法對日本戰犯的適用性，我們必須先研究中國在日本戰敗前夕的法律思維。在日本帝國軍於一九三〇年代早期侵略中國之前，中國官員及知識分子早在十九世紀期間便為歐洲殖民力量在中國拓展的領土所苦，並因此開始關注國際法。[10]更準確地說，那時還談不上是中國人與「國際法」之間的互動，而是中國在對方的船堅炮利與外交脅迫之下，不得不接受的不平等條約。[11]中國在清朝（一六四四年到一九一一年）時對於將法律應用在日常生活上就已經大有進步，以其作為控制和規範社會的手段，只不過其中還是交織著不少傳統思維。當代的中國學者就認為，當時的規範讓國家受到「封建特色」的牽制。[12]從歷史的角度來看，中國歷朝歷代都有施行規則及觸犯者如何受懲所造成的緊張局勢。儒家所訂下的行為準則，傳統上是藉由塑造社會常規推行治理，這種作法可以稱之為「禮」，在實行時，主要經由勸說並授權特定領導階層利用道德範例引導社會。儒家固然也相信並採用懲罰性的法律，但要到其後的法家，才更加確立有效維護社會秩序需要法規與暴力威脅，而這些作法則包裝在「法」的概念中。簡而言之，有超越千年的時間，中國的法律範疇內一直有「胡蘿蔔」與「棒子」，也就是「禮」與「法」孰輕孰重的爭論，甚至就某個意義而言，可說禮與法彼此競爭。

中國歷史上從來不缺法律方面的爭論，然而到了一八三〇年代，清廷內部所施行的法律開始與外國所採用的方法衝突。急於在中國牟利的大英帝國商人發現，雖然鴉片買賣在中國屬於違法，但中國人對鴉片的欲望無窮無盡，最終，因鴉片交易而起的摩擦導致一八三九年到一八四二年以及一八五六年到一八六〇年之間一系列的「鴉片戰爭」。一八四二年十月第一次鴉片戰爭結束時，中英雙方簽訂《南京條約》，外國的法律制度開始強加於中國的不同領域。[13]起初，清廷同意這種制度，讓外來者受他們自己國家的法律約束，因為這讓中國人得以自外於這些外國法律。但中國官員隨後就發現自己犯了錯誤：這種法律的雙面性，同時使得外國人可以不受中國的法律管束。英國和其他外國勢力巧妙地操弄「國際法」，強迫中國在政治上屈從，並且瓦解了中國對於數個主要港口的主權。在中國人的觀點下，歐洲勢力不擇手段地運用這種法律，讓外國勢力得以控制中國，這使中國人感到必須加緊學習，以了解這個牽制著他們的新體制。[14]因此，大清帝國的法律必須與藉由武力威脅而強加於他們身上的非中國（或歐洲版）國際法競爭。正因為如此，「中國對於成為『法律國度』的興趣大減。國際法的不公正以及草創本質，讓中國徹底失望，認為其根本是按照西歐國家自身利益而調製出來的產品。中國就這樣又歷經了百年的屈辱，才終於擺脫一連串不平等條約造成的歷史錯誤」。[15]一八六一年一月，清廷從軍事及法律上的挫敗汲取教訓，成立了專門辦理對外事務的「總理衙門」。在那之前，清廷並沒有任何政府機關專責處理外國政策及國內外國人士的事務，新成立的總理衙門也開始有系統地蒐集並翻譯關於國際法及國際條約的文獻。卡賽爾（Par Cassel）深入探討了中國在法律方面的觀點。他解釋道，中國的法律秩序是以「個人管轄權」的想法構成，亦即法律條令是根據個人的出身及種族而定，「相對來說，現代國家多是根據事發地點決定司法管轄權，也就是國家對發生在國境內的案件有管轄權……」。[16]早期的國際法在東方國家實施的時候，就有結構上不足之處，而且從一開始國際法這個概念就有些缺失。「國際法雖然承認西方國家的主權，卻否認非西方政體有法律主體的地位，也合法化西方國家透過發現、占領等方式取得的海外領土，或是通過締結條約，使另一方將主權、司法管轄權割讓給西方國家」。[17]

接下來的數十年直到二十世紀之始，部分原因是由於清廷不時展現出重整的意願，故許多中國改革家孤注一擲地嘗試帶著敬意將帝位虛位化，以引進外國的制度，改變中國的司法體系。康有為和其追隨者梁啟超即為當時知名的維新人物，只不過清廷後來改變心意，因此他們很快就被列為不受歡迎的人物而亡命日本與他處。事實上，當時有不少中國改革派人士都選擇日本作為改革中國的事業基地。日本在一九〇五年戰勝俄羅斯帝國之後，成千的中國人蜂擁到日本學習，選擇的學科包括法律及軍事學。在進入新世紀之際，中國革命家孫中山發表了三民主義，其中結合了法治民主思想、儒家人道主義及強大的民族主義。同時，清廷察覺到風向的轉變，於是在一九〇六年派出一批學者前往世界各地，把在外國考察所得的國際法治體系回報給大清皇帝。如同許多歷史學家曾指出的：「不管是準備制定新憲法或是修訂現存法律，清廷主要都是以日本為範本。」[18]中國的官員當時會見了日本當權的政治領袖伊藤博文及政治家大隈重信，同時學習並接受強調對天皇效忠、奉獻的日本憲法。[19]中國推行的「新政」雖然有潛在的效益卻不持久，終究無法阻止清廷在一九一一年遭到推翻的命運。一九一二年，中國人建立了新的共和國，位在首都南京的新政府也制定了臨時憲法及暫時的法律，並根據憲法成立由選舉產生的國民議會。新的「現代」法律劃定了中國的疆界，且被認為要能首度在中國歷史上提供所有人法律之下的同等權利。與此同時，中國人仍然對強加在他們身上的「不平等」西方法律感到強烈厭惡。有位中國作家就於一次大戰後痛批，「國際聯盟」僅是一個「所有帝國主義者組成的團體，是壓榨殖民地以及瓜分弱小國家的工具」。[20]歐洲和美洲殖民勢力所施行的國際法，也不見得就是解決東亞國家問題的萬靈丹，加上「孫中山和他的（衛理公會教徒）繼承者蔣介石都是威權主義奉行者」，阻礙了獨立司法體系的發展，並且導致貪污現象十分猖獗。[21]

考量到中國漫長的歷史，說其存在著處理國內事務的法律並非言過其實，但「在充滿嘗試和不確定性的情況下，國際領域的法律論述，多數聚焦於消除西方世界及日本加諸於中國的不平等對待」。[22]在二十世紀初期的中國，國際法的領域內並沒有太多理論上的發展，也沒有太多人投入相關領域。當然還是有一些例外，例如能力出眾的外交家顧維鈞、法官王寵惠等人，但總體來說，法律問題在當時的中國並非首要之務，對他們而言，更迫在眉睫的是如何在國際社會上獲得平等地位，與如何處理在東北蠢蠢欲動的日本關東軍。就國際法的發展來說，一個主要的障礙是加諸於中國的治外法權體系，到了二十世紀初期，這種法律上的疏離已成了「中國人因中國主權受到限制而生的怨怒的焦點」。[23]一直到二戰即將結束前，西方帝國主義列強仍然可以在區隔法律體系的情況下，於中國施行自己的法律，運用自己的法庭而不受中國約制。中國法律的這種分歧狀態，當然也影響到他們融入世界體系之中，因為非中國人雖視中國法律為陳舊腐朽的體制，但「中國人採行國際標準，就是要滿足國際要求以取得認可，繼而擺脫治外法權的干擾」。[24]一九三〇年代，西方國家曾經採取若干行動，企圖解除治外法權這種不平等的體系，但也並未認真進行。直到日本入侵中國且展現出併吞東亞其他區域的架勢時，西方國家才發現自己的特權開始萎縮，必須讓中國成為平等的夥伴。最終，「到了一九四一年十二月七日，治外法權已僅僅只剩下一個法律名詞而已」。[25]對美國而言，在中國所施行的治外法權正式終結於一九四三年一月十一日，即美國國務卿科德爾．赫爾（Cordell Hull）與中國駐美大使魏道明簽署結束治外法權條約時。同時，英國駐華大使薛穆爵士（Sir Horace James Seymour）則與當時的國民黨政府外交部長宋子文在重慶簽署了類似的條約。

治外法權的歷史包袱，以及一九四五年日本戰犯判決前中國法律接觸西方的負面經驗，拖緩了中國培養專業法律人才的腳步，法院體系也因而不容易快速地建立起來。到了一九三〇年，中國政府還在努力撤銷帝國時代於鄉間設置的法庭，同時又面臨極度缺乏適任法官的困境。除了興建由司法部負責管理的新型監獄之外，政府內部也存在彼此競爭的現象，最主要的原因是：國民黨作為一個政黨，卻擁有大量監管犯人的設施，而這些監禁設施當時則未直接受到文人政府的法定管轄。[26]這包括了由警方管理的拘留中心、由軍方管理的軍事監獄，以及由憲兵和軍隊管轄的感化中心，同時還有軍方及特勤機構管理的拘留營，數量相當龐大。[27]中國現代史專家余凱思（Klaus Mühlhahn）指出：雖然在中國國民黨的領導之下，確實存在「並行的軍方司法體系」，但現存的檔案卻鮮少有相關細節。[28]另一個極端則是中國共產黨，他們宣稱民國時期的國民政府司法極為腐敗，因此希望能在「再教育、思想改造以及勞苦大眾的利益」上，建立起符合人民期待的改革政權。[29]中國共產黨鼓勵社會大眾起而對抗共同敵人，他們運用其帶有革命意味的司法，舉行表演性質濃厚的審判和群眾集會。其過程顯示了整個中國宛若一座大型劇場，各地法庭上演著戰犯審判的真人秀，而這些作法不但對中國共產黨的目的有儀式性的意義，也能造成心理上的衝擊。[30]

東京審判和中國

當中國參與了歐洲對於戰犯的討論之後，其法律代表於東京審判中受到了強烈的矚目。中國代表團參與東京審判的經驗，與後來在中國舉行的乙丙級戰犯審判的發展密切關聯，理由有二：第一，東京審判讓中國人明瞭戰爭罪行審判不僅僅是表演而已，國際社會是以嚴肅的態度來看待其中的法律問題；第二，東京審判證明了日本人也很嚴肅地看待國際社會對在法庭中詳述的慘劇有何反應。東京審判對中國國民黨和中國共產黨領導階層的衝擊，則是實際示範了媒體的價值。他們不僅看到了審判如何使日本帝國的歷史為人所知，而透過審判所得到的知識，也顯示出在取代日本帝國之後中國領導階層的類型。東京審判在中國扮演了具有刺激效果的角色，不但彰顯戰爭罪行審判有其重要性，同時也讓中國政府受到國內壓力，必須舉行自己的戰犯審判，不能讓西方專美於前，奪去為日本在中國諸多惡行定罪的榮耀。在當代中國，東京審判被認為是戰後追訴日本戰罪的高峰，也被視為對日本侵略戰爭訂下制裁標準及懲罰肇事者的重要步驟。[31]然而，由於中國從一九五〇年代晚期一直到一九八〇年代早期，法律制度基本上已經崩壞，所以其參與東京審判的人員鮮少為人所知。舉例來說，美方檢察官約瑟夫．季南（Joseph Keenan）、荷蘭籍法官伯納德．赫林（B.V.A. Röling）以及印度籍法官拉達賓諾德．帕爾都讓人耳熟能詳，但是卻沒多少人知道中國方面派出的檢調人員及法官究竟是誰。

中國導演高群書在二〇〇六年拍攝了一部名為《東京審判》的賣座電影，在強調東京審判重要性的風潮中堪稱一部代表作。本片與一九八三年時由日本導演小林正樹拍攝的冗長紀錄片同名，高群書的電影手法雖然笨拙，但獨樹一幟地將中國法官梅汝璈置於劇情的核心來鋪陳心理上的掙扎。事實上，就法律層面而言，梅汝璈在東京審判中無足輕重，但在高群書的電影中，他卻是重點人物。[32]為什麼高群書選擇國際性的東京審判作為電影主題，而不是在中國舉行的乙丙級戰犯審判？這讓我們不由得思索：戰後追訴日本在中國所犯下戰爭罪行的真正意義為何？審判結果對冷戰初期的中日關係又有何影響？中國人出席東京審判有兩層重要意義，不僅向國際社會展現出中國確實關心日本戰犯的法律處置，也等於告訴全世界，中國不但懂得國際法，也有能力懲處日本人所犯的錯誤。[33]

與國際知名且具有法學實務經驗的中國法官王寵惠不同，梅汝璈顯得更難以理解。其於一九二四年畢業於中國頂尖的清華大學，一九二六年取得美國史丹佛大學文學士學位，一九二八年於美國芝加哥大學獲得法律博士學位。一九二九年時經由歐洲回國，在山東大學法律系任教了一段時間，然後轉往位於天津的南開大學。國民黨領導階層看中了他。從一九四六年五月到一九四八年十二月，梅汝璈代表中國出任東京審判法官，參與審判最初遭起訴的二十八名日本甲級戰犯被告。梅汝璈雖然年紀輕輕就獲得美國知名大學的法律學位，但在東京審判之前卻從未有擔任法官的經驗，對國際法也不熟悉。他獲得指派的部分原因是，其他合格的中國籍法律人士也都忙於別的國際事務，儘管如此，梅汝璈出任東京審判法官之後也算是克盡職守。[34]當時的中國代表團中，還有來自上海高等巡迴法院的檢察官向哲濬，[35]另外幾位律師則包括知名的法律專著作家楊兆龍，他曾在戰後著書討論中國大陸法律和英國法律的差異，[36]此外還有一位中國律師兼知識分子倪徵燠，他的主要工作是擔當中國檢察組首席顧問。

中國法律代表團出席東京審判，象徵中國以平等地位參與國際法律建制的新世代已然來臨，但對梅汝璈個人而言卻非事事順遂。中國在東京審判上必須努力爭取最後的尊嚴，梅汝璈當庭的表現以及隨後爭取到的歷史性條約，都有一定的意義。這些問題也許看起來細枝末節，但我們必須注意當時的中國人如何看待國際法，以及他們自身在國際位階體系中的地位。中國從一八〇〇年代中期以來，一直飽受國際法的「欺凌」，直到當時才總算成為國際協議中的新進夥伴。這個國家與其人民都已經習於被看輕以及受到不平等對待。幾個中國的消息來源指稱：十一個國家的法官在東京審判第一天，討論了座位的配置與在大眾前進場就座於講台前的次序。這在當時對所有成員（而不只有梅汝璈）而言顯然是件大事，因為他們花了相當長的時間討論。最初的建議是，法官根據各自國家接受日本投降的先後次序進場，但是澳洲籍的主審法官威廉・韋伯不贊成這個作法，他希望自己以主審法官的身分坐在中間，英國和美國的法官分坐兩側，其餘法官則平均分坐兩旁。梅汝璈對這個想法相當不以為然。他指出，中國是日本帝國主義侵略之下受害最深的國家，所以應該坐在更靠向中間的位置，更半開玩笑地提出另一個客觀的選項：與其讓英國及美國法官坐在中間，還不如讓法官們按照個人體重排序進場及入座。[37]最後的決定是，梅汝璈坐在主審法官韋伯的左邊（這在高群書的電影中成為一個重要的情節）。除了這段安排座位的插曲之外，梅汝璈在事後有關東京審判的概要說明中，將中國代表團整體表現不佳歸咎於檢調人員不足以及國民黨的腐敗。他雖然在東京審判上主張中國才是受日本帝國主義侵略最巨的國家，但國民黨領導階層最初卻令人困惑地只派出了兩名助理檢察官，後來國民政府才又補了四名負責篩檢日本政府機密檔案的工作人員。[38]

這段歷史的電影版吹捧了梅汝璈的重要性，卻偏離了事實。實際上，梅汝璈回國後飽受抨擊，在後來橫掃共產中國的反智、反西方教育風潮中也遭到波及。他雖然在東京審判上代表中國出席，卻未曾留下什麼痕跡，在法律上的影響更是微乎其微。梅汝璈的自傳跟其他著作，也一直要到一九七〇年代晚期毛澤東失勢後才有機會付印。[39]一九五〇年代晚期伊始，梅汝璈在反右運動中遭到猛烈批判，被指稱為國民黨司法體系中的「走狗」，是個既腐敗又不道德的人。當時對他的批判日益高漲，完全無視於他曾經在全世界第一場追訴日本戰犯的審判中代表中國，為中國的利益而忠心奉獻的事實。到了一九六〇年代中期，文化大革命的急先鋒——被熱情沖昏頭的紅衛兵——企圖燒毀梅汝璈曾經在東京審判中傲然披著的那件法袍。他當時設法保住了法袍，但付出的代價也很高昂。梅汝璈於六十九歲時沒沒無聞地離世，一生都未能藉由在戰後早期國際法角力場內所扮演的關鍵角色，獲得政治或社會意義上的榮耀。他從來不是中國國民黨的堅定支持者，東京審判之後，他旅居香港而未返回南京，就是因為不想在國民黨政府內任職，一直要到中國共產黨在一九四九年打敗國民黨之後才回到大陸。

對有興趣以國際法來追訴日本戰犯的中國人而言，東京審判無疑是一個最佳的學習案例，也是他們用來度量自己將舉行的乙丙級戰犯審判的樣板。東京審判中國檢調小組顧問倪徵噢就在他的回憶錄中指出：中國的官員對於東京審判所鼓吹的法理學完全沒有任何準備。倪徵噢於一九四五年到一九四六年間，前往美國及英國考察兩國所施行的法律制度並撰寫報告，一方面是為了讓中國準備好重新進入國際司法體系，另一方面也是為了讓其預備追訴日本戰犯並做出成功的判決。然而，倪徵噢卻以「樹欲靜而風不止」來形容當時的狀況。[40]他的意思是：中國人認為在戰後追溯日本的戰爭罪行已是既定事實，但實際情況卻不容整個過程順利進行。[41]

倪徵噢在一九四六年冬初結束考察回國，而當時中國的檢調小組已經明瞭中國司法制度內有關呈堂證據的那一套作法，跟運用在東京審判的英美法體系基本上格格不入。舉例來說，倪徵噢就在回憶中有些語帶保留地指出，紐倫堡大審的辯護律師團都是德國人，而沒有任何來自盟國的律師（他對這件事的描述並不準確，因為雖然大部分的辯護律師是德國人，但確實有少數幾位律師來自盟國）。在東京審判的部分，中國的法律代表成員對審判中辯方的強大感到十分訝異。倪徵噢寫道，中國人很難相信盟國的辯護律師會盡力幫日本戰犯辯護，但他也特別解釋他們（同盟國律師）確實這麼做了，而且每位日本戰犯至少分配到一名負責「協助他們」的同盟國律師。[42]

這些辯護律師體現了真正讓中國代表團困惑的問題：他們從一開始就誤以為東京審判只是勝利者對日本戰爭罪行發起的聲討，而不是「真正的審判」，所以並未為審判準備好合格的證據，也沒付出太多心思去釐清證據的出處或是研究如何蒐集證據，因此在審判開始的頭幾個月，中方所提出的證據漏洞百出，被辯護律師攻擊得體無完膚。[43]在由中國國民黨政府國防部軍政次長秦德純出庭作證的案件中，秦德純在法庭上誇張地指稱日軍在中國大地燒殺擄掠，全國沒有一處倖免，結果在辯方律師詰問之下卻左支右絀，幾乎引起全場訕笑而尷尬退場——這大大挫敗了中方的顏面。[44]秦德純當時也是國民黨政府國防部設立的戰爭罪行調查委員會主任委員，他待在東京的期間，曾經與麥克阿瑟將軍至少會面過三次，卻在毫無準備的情況下，當庭因誇張證詞遭嚴厲詰問而出糗。回到中國以後，倪徵噢曾經去拜訪他，兩人還談起中國代表團在東京審判上被盟軍律師窮追猛打的事。秦德純當時並未向倪徵噢隱藏他的挫敗感：「那個審判哪裡是我們審判他們，根本是他們在審判我們。」[45]秦德純在回憶錄中所敘述的情節與前文不盡相同，但確實也承認自己在東京審判庭上作證時「頗遇到一些困難」，因此每天晚上都很擔心，同時努力為第二天出庭做準備。[46]當時前往參加東京審判的中國官員，大體上都錯估了審判程序的進行方式，所以皆必須臨時重新調整，以免和審判步調脫節。檢察官向哲濬和他所帶領的小組於是趁著審判還在起步階段，匆匆趕回中國重整旗鼓，因此審判初始基本上都是美國檢調小組在運作。秦德純在與倪徵𣋉私下談話時承認，戰火正熱時，根本沒有人會想到要保存以後審判時用得到的證據，所以事後要花雙倍的努力去蒐集。

倪徵𣋉的回憶錄讓我們了解到，東京審判在追尋新式國際正義時採用的架構是多麼令中國人感到措手不及。可惜的是，當中國官員發現自己犯下錯誤，內戰的爆發卻阻礙了他們進一步蒐集證據，因而難以糾正錯誤。當倪徵𣋉和他所帶領的小組前往中國北方，試著努力蒐集更多有關日軍戰爭罪行的證據時，共產黨和國民黨軍隊之間的停火協議已經宣告破裂，國內的鐵路運輸也因而中斷。諷刺的是，當時中方卻有一起意想不到的法律事件可資參考：一位美軍士兵因為強暴北京大學女學生而在北京接受美方的軍法審判。[47]當時審判已經開始，但還在聽取證據的階段，倪徵𣋉和當時正密切關注本案進展的北大校長胡適每天都坐在一起聆訊。最後，倪徵𣋉承認中方在該案中根本沒有蒐集到所需的必要證據，但觀察該次由美方所主持的審判，讓中方更下定了決心，要竭盡全力追溯日本戰犯。[48]對倪徵𣋉而言，中方應該試圖解決以下三點難題：第一，必須針對辯方的攻勢發展出一套可行的應對策略，亦即提出對中方更為有利的問題並利用證據反駁。第二，中方已經了解到己方檢調小組本事不夠，所以決定請菲律賓籍檢察官佩德羅．羅培茲協助分進合擊，以減輕自身的工作量。[49]第三，則是由中國駐東京領事館進行交涉，要求允許同盟國審判部門中負責中國部分的小組能檢視不對外界開放的日本檔案，以利蒐集證據。由於中方在東京審判上的初步表現實在令人失望，因此，全世界當下都密切關注國民黨將如何處理自己將舉行的乙丙級戰犯審判。

梅汝璈一直對他參與東京審判一事不欲多言，而他為東京審判的中方觀點所寫下的評論也都是些不痛不癢的內容。梅汝璈也跟倪徵燠一樣，注意到每位日本被告都配有兩名律師：一名日本人、一名美國人。他回憶起這個情況時寫道：東京審判時，對控方和辯方的對等安排，多少體現了某種平等的正義。辯方律師的策略是盡量拖長審判的時間，同時減輕對被告的控罪，具體作法則是挑戰控方對被告的訊問以及證據的可靠性。梅汝璈表示最後的結果是「所有控方的可能破綻都被翻找出來了」，而辯方的這種戰術尤其惹惱了美方檢察官。其伎倆使得審判步履蹣跚，再加上法律問題盤根錯節、控罪冗長、被告人數眾多，又必須提供稱職的翻譯——凡此種種，都挑動著參與者的神經。梅汝璈特別指出，後來法庭取消了被認為持續干擾法庭程序的兩名美國律師的出庭資格，整個審判才變得比較順利，兩名律師中的一位是曾經擔任過法學院院長的歐文・康寧漢（Owen Cunningham）。[50]

梅汝璈根據分析，堅稱南京大屠殺的死者至少有三十萬人，同時也對國民黨政府的國防部頗有微言，認為他們在追訴犯下該起暴行的日籍戰犯時動作太過緩慢。舉例來說，國民黨官員是在群眾壓力之下，才聯繫美國在日本的占領當局，要求將日本皇軍將領谷壽夫引渡至中國受審。梅汝璈寫道，國民黨政府要求引渡谷壽夫時，他已經待在日本好幾個月了。有一天，盟軍駐日總部法律部門主管艾爾瓦．卡本特中尉突然造訪了梅汝璈在東京帝國飯店的下榻處，向他問起對當前情勢的看法。卡本特表明了懷疑谷壽夫在中國能否獲得公平審判，梅汝璈則告訴對方不必擔心，同時站在中國的立場指出，根據國際法及盟軍遠東戰犯處理委員會所做的決定，卡本特沒有權力拒絕希望自行審理乙丙級戰犯的受害國所提出的引渡要求。[51]梅汝璈指出，雖然「野獸般的日本軍人」所犯下的大部分屠殺罪行已經相當令人髮指，但最讓人震驚的，是日本士兵野田毅和向井敏明之間的「殺人比賽」（容後詳述）。倪徵燠此時並未如前引的回憶片段那樣提及中方沒準備好，而是將重點放在東京審判中較為情緒性的一面。在東京審判為南京大屠殺舉證的二十天期間，有一位外籍傳教士出庭作證，而他所提出的證詞深深打動在場人士的心弦，以致整個法庭陷入一片沉寂，倪徵燠寫道，就連那些一向表現得很堅毅的日本被告臉上也顯得晦暗而沮喪。[52]

中國駐日代表團

就某個意義上來說，東京審判原本是中國走上國際司法舞台中央的機會。因為許多被列為甲級戰犯起訴的日本軍人和政治領袖，同樣也名列中國國民黨和中國共產黨的戰犯名單之首。然而，美國並未引渡許多首要罪犯至中國，而是傾向透過東京審判體系或美方在日本主導的其他乙丙級戰犯法庭來伸張正義。結果，那些最後被引渡到中國的日本戰犯嫌疑人，大多較不具政治價值，至少就美國人的觀點來說，他們只是可有可無的消耗品和敷衍中國司法體系的工具。

參與東京審判的中國法官及為數不多的檢察人員並不是唯一參與追訴日本戰犯的中國人。起初，中國國民黨相當熱衷於在占領日本一事上扮演軍事方面的角色，同時承諾願意派出為數達三萬人的部隊參與。可惜的是，這項承諾很快便失去效力，因為中國國民黨領導層了解到其將無法維持與中國共產黨之間的和平，所以必須把部隊留在國內應付內戰。[53]雖然美國的麥克阿瑟將軍是盟國占領軍實質上的「幕府將軍」，但是在理論上，對日本的管理還是必須與其他戰勝國——包括英國、蘇聯、澳洲及中國——互相協調。[54]中國方面（指中國國民黨，一九四五年時是國際認可的中國代表）知道他們不可能將部隊送往日本，但還是在兩方面做出了努力。其中之一是派出一支優秀的外交使團前往日本，協助處理數以萬計原先具有日本皇民身分、現在卻突然轉換為中國公民者的需求，藉此也能重塑中日關係，以謀求中國在戰後的利益。於是，國民黨政府當時就在盟國占領下的日本成立了一個短小精悍的「中華民國駐日代表團」，這個代表團同時也負起了把東京審判訊息傳達回國內的任務，以滿足全國上下想要詳細知道正義如何獲得伸張的渴望。與此同時，駐日代表團當然也成了美國駐日占領軍與中國外交部之間的溝通橋梁，前者有逮捕前日本皇軍軍人的權力，後者則認為那些犯下戰爭罪行的日本人應該到中國軍事法庭受審，因此根據不同的情況，先後向美方提出不少引渡要求。另外，當時派到日本參與東京審判的中方檢察組及駐日代表團，並不希望在美國所主導的審判中，讓有關南京大屠殺證詞的光芒蓋過他們自己準備在中國大陸舉行的日本戰罪審判。

一九四六年的首任駐日代表團團長由朱世明中將出任。朱世明畢業於清華大學，後來曾經就讀美國維吉尼亞軍校。而他的繼任者則是商震，出身自富有的家庭，一九一一年辛亥革命時已是相當高階的軍人，根據曾在他手下做事的官員所說，商震衣著講究，皮鞋總是擦得光可鑑人。[55]而代表團的副團長，是當年畢業於東京帝國大學的沈覲鼎，當時他在中國外交部已經有傑出的成就。代表團的任務包括處理軍事相關事宜，即和東京的盟軍當局協調日本戰俘、平民以及戰爭罪犯嫌疑人的遣返事宜。除此之外，還有參加盟軍對甲級與乙丙級戰犯的審判並回報國內、將在中國法庭內被定罪的日本犯人遣送回東京的巢鴨監獄繼續服刑，以及密切注意日本人在戰後對中國人所採取的態度。[56]我們從沈覲鼎所發回的報告和他在戰後的回憶可以看出，國民黨的領導人物很在意國際社會看待他們處理日本戰犯審判的眼光，以及比較國民黨和其他國家所追索的正義。國民黨的領導階層對於自己會被拿來與其他政府比較一事相當有自覺。沈覲鼎當時是以中國駐日本代表團成員的身分出席東京審判，由於開庭的地點在東京市谷的前日本陸軍總部，許多戰前曾留學日本的中國國民黨成員對那裡都相當熟悉。市谷也曾經是日本軍官訓練學校所在地，沈覲鼎就在報告中寫道：那個地方讓他有一種異樣的感覺。[57]他回憶道，在審判正式進行時，只有占領軍人員可以從法院中央的正門出入，日本人則必須使用側門。[58]

跟在日本的澳洲、英國、美國占領軍不同的是，多數中國代表團成員都曾在日本大學或軍事學校就讀，因此都了解日本，也會說日文，跟日本人聯絡或交流時頗為自在。這種文化上的融合想必在當時看來相當有趣。一九四七年三月十四日，東京的中國協會——在日的海外華人社群——為代表團舉辦了一場盛大派對，請來了著名的日本影星李香蘭（她的日文名字是山口淑子）。選擇邀請李香蘭在派對上演唱，其實有點不尋常。她曾經在滿洲國與日本合作的無數電影中演出，因此被當成「漢奸」，但最後卻發現她其實是日籍。戰時那首風靡一時的〈夜來香〉，就是她唱出名的。[59]

幾位當時的代表團成員在日後的回憶錄中，都對美國軍人在日本人面前所表現出的倨傲不以為然，特別是和中國人自認對日本的寬大相較。有位中國武官就曾如此描述美國士兵談及日本女友或跟日本女人打情罵俏時的用詞：「你找到躺著的字典沒？」[60]鍾漢波是當年中國代表團的武官之一，他於回憶錄中留下了一些在戰後日本的經驗。他曾經出席過幾次東京審判庭訊，在回憶錄中寫道，每次進入法院大廳都要出示身分證件，法庭中不准攜入照相機或望遠鏡，所有的人都要經過搜身檢查。法庭內備有聽取翻譯的耳機，然而「不幸的是」，僅提供英文和日文之間的翻譯。[61]鍾漢波是被派遣前往與盟軍聯繫的海軍軍官，但同時代表國民黨治理下的中國政府。他一人身兼數職，包括出席東京審判及回報相關內容，也主責中國海軍在日本的涉外事務。他的其中一項任務是接收日本海軍當作「賠償品」所留下的尚堪使用的軍艦，並確認這些軍艦還可以駛回中國。一九四七年七月，就有八艘這樣的軍艦掛著日本投降的旗幟駛入上海的吳淞口。鍾漢波在報告中寫道：成千上萬的中國民眾聚集在碼頭，歡欣鼓舞地看著這些日本軍艦駛入港口。船隻停泊之後舉行了交接儀式，將旗幟換成國民黨黨旗①。另外一個與道歉和賠償相關的問題，是歸還清朝海軍當年戰敗之後被日本取去的船錨，這些船錨在一八九五年甲午戰爭結束後，就被日本當作戰利品展示在東京上野公園。

中國在日本戰犯審判中的棋局

尋找戰勝者的歷史總是相當容易，但戰敗方的敘事卻需要悉心挖掘，那往往是脆弱的歷史傷口，藏著會在戰後重建時被埋藏、抹除或遺忘的訊息。[62]這正是中國人在中國、臺灣和日本處理乙丙級日本戰爭罪行時呈現的情景。[63]使用法律工具向日本人討回公道，是根據盟國針對納粹戰犯舉行紐倫堡大審時立下的先例，並且藉此為解決帝國爭端建立新的趨勢。曾經獲得諾貝爾經濟學獎的印度思想家阿馬蒂亞・森（Amartya Sen）認為，追求正義有兩個途徑，即在過程中「強調建制的觀點」以及「強調實現的觀點」。前者的重點是建立起一個官僚體系，用來運作達成正義的機制，不管這個複雜的體系到底能不能達成目標，至少該體系本身便是一個「實際的展現，顯示出正義已獲得伸張」。這個架構很類似中國國民黨所希望達成的目標。至於過程中「強調實現的觀點」，就比較偏向中國共產黨的目標，他們著眼於法律機構帶來的實質成果，與是否能實現正義這個明確的最終目標。[64] 美國哈佛大學政治教授南西．羅森布倫（Nancy Rosenblum）就指出：程序正義和實質正義之間是有差異的，實質正義可以彰顯出所造成的實際傷害。但羅森布倫分析的重點是，對戰爭罪行進行國際性的追訴，是源自於「司法權普遍化」的概念。以中國方面來說，目標就是尋求正義並且讓「世界社群」觀看審判過程及後續的懲罰。[65] 因此，國際法的「國際性」不僅體現在應用，更表現在其被接受的程度。

我以森和羅森布倫的邏輯談論這個主題，並不意味著意圖貶抑中國國民黨的努力或讚揚中國共產黨——絕非如此。他們各自對「國際法」的見解讓我們得以認清，從一九四〇年代到一九五〇年代，這兩個中國政黨對日本戰爭罪犯進行審判時，即便是使用同一種法律工具及語言，追求的目標卻不盡相同。從日本帝國在東亞宣告終結開始，中國人對於未來的展望就分成中國國民黨與中國共產黨兩種互相競爭的觀點。從一九四六年到一九四九年，中國國民黨主持了多個審判日本戰爭罪犯的法庭，中國共產黨則在口頭上提出反對意見，但直到一九五六年才開始對日本戰犯進行審判。臺灣混亂的政治局勢使得情況更令人困惑，也阻礙了中國追求正義，這是因為當局者

① 審訂註：原文如此，但是此應為中華民國海軍艦艏旗，其款式同中國國民黨黨旗。

需要釐清怎樣的國籍與種族可以在法律上定義成「中國人」。

在中國進行的日本戰犯審判，碰到了幾個主要的問題：首先是認定那些可能因戰爭罪行而被起訴者的族群政治身分，其次是設立一個可持續的法庭體系進行起訴以取得證詞，另外還有通敵者的問題。中國國民黨政府得決定如何在法律上定義一個人是日本人或中國人，因為這會影響到嫌疑人能否被起訴。其必須明確擬定對待臺灣人的政策，特別是有關通敵的部分，同時他們還得擬出日本戰犯嫌疑人的名單，而其中有些在戰爭結束前就已經返回日本，甚至解甲歸田了。因此，在中國方面的審判開始之前，中方官員還需要取得美國占領軍的默許及協助，以逮捕那些日本戰犯嫌疑人，並將他們押解至中國。

另一個因素則是，日本人在面對中國及臺灣方面戰爭結束時所採取的應對態度。畢竟，在日本宣布投降之際，還有為數百萬的日本皇軍（更別說有多少平民）分布在各處，且並不是所有人都願意放下武器接受遣返。如何處理日本戰爭罪行的問題，與日本人民及政府的態度也息息相關，他們對於戰爭罪行有一套看法，但未必彼此一致。有些團體即使不承認看輕中國大陸在國際法方面的能力，也認為戰後為了「正義」追訴日本人的戰罪在法律上並不公平，因為他們認為美國及其盟邦不願檢視自己犯下的戰爭罪行，並且投入同等的心力調查自己人。這類問題並不只限於日本戰場，歐洲國家也一樣應受譴責，他們以拖泥帶水的態度追訴猶太人受到大屠殺、法西斯主義興起以及二次大戰所帶來的大混亂等事件的責任。就以戰後的義大利為例，他們的歷史失憶症似乎相當嚴重——對於過去的錯誤好像不太放在心上，也無心糾正。美國紐約大學歷史系教授東尼．賈德（Tony Judt）就指出：「（按：義大利）直到一九六〇年，六十四個行政區裡的六十二個還在法西斯官僚體系之下，另外，所有一百三十五個地方警察首長，也還都是法西斯主義者！」[66]可見這種甘於維持現狀的心態並非日本人所獨有。

當中國代表團正試著處理將日本戰犯遣送到中國受審、觀察東京審判進行情況等任務時，在中國對日本戰罪進行的追訴，以及中日媒體對該事件的反應，都代表著雙方政府在爭取國際認同的一場競爭。就日本來說，最初在盟軍占領的情況尚未明朗時，其企圖維持一種一切都還在自己掌控之下的態勢。在這種情況下，關鍵的問題是「中國在戰時與西方國家結盟，意味著和那些過去以不平等條約制約中國的外國勢力之間關係的**合法化**（相對於日本的單邊主義而言），因此中國的外交政策勢必將隨之大幅度調整」。[67]雖然蔣介石和毛澤東在戰時所發表的演說中，都強調中國的敵人是日本軍人而非平民，但他們在思考如何處理日本戰犯時依然有一些不同的想法，其間的分歧也不僅僅是國民黨與共產黨之間的分歧。一九四五年八月十日，中國國民黨就如何準備好處理日本投降相關事務，發出了一份備忘錄，其中特別指出，國民黨必須避免使用「俘虜」這個詞，而是要用「投降部隊」，因為「根據《日內瓦公約戰俘待遇公約》，如果他們是『戰俘』的話，我們就必須提供其所需的物資，但如果是『投降部隊』，他們就得自給自足，我們便可以避免這件事」。[68]當時，不僅日方在冗長戰爭之後必須節約度日，國民黨同樣沒有能力供應這麼龐大的日本投降士兵。[69]另外，不管日本軍人當時在法律上是如何歸類，根據盟軍總部所發出的指令，中國國民黨相當清楚，如果想要追訴日本軍人就必須蒐集足夠的戰爭罪行證據。[70]

一九四五年間一份中國國民黨內部備忘錄中寫道：「奸匪」——指中國共產黨及其同情者——會利用日本投降，一路接收從北京至上海的日軍武器，因此必須快速而有效率地跟美國人協調。[71]美國軍隊一直支持中國國民黨對抗日本，也派出海軍陸戰隊協助中國維持穩定，同時幫助國民黨取得優勢地位。不幸的是，美國派出陸戰隊前往中國是喬治．馬歇爾（George Catlett Marshall）奉命於一九四五年底使華計畫中的一部分，而馬歇爾主要的任務，就是調解戰後中國國民黨與共產黨之間的鬥爭。然而，這些陸戰隊員在中國經常酗酒鬧事，反而引起中國百姓極大反感。[72]在國共鬥爭的背景之下，中國國民黨意圖利用戰犯審判推動對內的政治宣傳，幫助他們統一中國，一起對付共產黨。目前還不清楚當時這個決定是否已進入實際執行的階段，但國民黨領導人確實已經設想要就戰犯審判舉行演講及討論會，並藉此動員更多的黨派及人民團結起來。國民黨會在某些城市張貼宣傳海報及大型公告宣傳戰爭審判事件，也在主要媒體上宣傳自己多麼致力於調查日本戰爭罪行。[73]

一九四五年十月二十四日，國民黨內負責日本戰俘問題的官員廖鳴歐指出，國民黨必須盡快建造戰俘營，因為日本軍人被遣送回國後將會協助建立一個和平的日本。廖鳴歐也很堅持要教育日本戰俘及殖民者，明治時期的軍國主義是一場錯誤。他相信那造成了日本人自大的心理，最終才導致日本帝國崩解，[74]而有關民主的教訓會讓日本人知道：戰爭的失敗並非終結，而是改革的開始。[75]廖鳴歐的意見並不是太奇怪的想法，因為那時國民黨已經為其他戰俘建造了戰俘營，其中包括了收容中國共產黨員的營區，但這些戰俘營的關押條件有著極大的差異。中國國民黨當時採取了兩面手法，一方面視日本人為可利用的對象，同時又對與他們對抗的共產黨相當不留情，這件事在歷史上有著深刻又諷刺的意義。當然，中國人和日本人對於如何處理戰爭終局談不上有共識，特別是在那些曾被日本高壓殖民統治的地區——例如臺灣。臺灣當年重回中國國民黨控制時還處於變動的狀態，就連當時的日本殖民者對下一步該怎麼做也都未統一意見。國民黨當時針對日本居民的意見做過一番調查，並且將其分為四大類。第一類人相信經過明治維新後，日本人（大和民族）是亞洲最進步的種族，因此自覺優越，但也因為戰敗而感到羞恥，渴望重建日本並恢復其在東亞的主導地位。第二類是行政官僚人員，他們因為薪資優渥而在臺灣過著相對舒適的生活。這些前殖民地官員知道一旦遭遣送回國，就意味著完全不一樣的未來，而且等著他們的很可能是更糟的生活，所以對於必須要離開臺灣感到相當失望。第三類是企業家、商人及小店主等在臺灣經營生意的人。他們彼此的意見有相當大的差異，其中包括了「那些自認為受害最深的小商家、生意人，因為他們必須交出辛苦經營了幾十年的生意，也無法為戰爭中所蒙受的損失爭取補償。他們可以把自己的不幸歸咎於日本政府窮兵黷武，不然就是取笑中國國民黨無法靠自己的力量贏得戰爭。因此，不管國民黨對他們多好，他們（那些要被遣送回國的日本商人）還是無法放下那些憤慨和輕蔑的情緒」。第四類則是對戰爭持反對態度的日本人，不過調查報告中指稱他們只占少數。[76]

日本宣布投降之後，最後一任臺灣總督安藤利吉還繼續掌權控制了數個月之久。一九四五年十月一日，他的辦公室就遣送回國的問題對居住在臺灣的日本人進行了調查，調查結果有大約十四萬人願意留在臺灣，另外則有十八萬人願意被遣返回日本，比例分別為百分之四十三及百分之五十七。[77]一方面，日本人對於投降及遣送回國的態度相當分歧；另一方面，中國期待看見臺灣對於「回歸祖國懷抱」的快樂，但等著他們的卻是矛盾的局勢。事實上，就算是先前被占領地區內的中國人，在看待「凱旋」的國民黨軍隊時也充滿了矛盾對立的情緒。美國戰時情報局（The United States Office of War Information, OWI）軍官葛拉翰．佩克（Graham Peck）於一九三〇年代至一九四〇年代間，曾經在中國花了約六年的時間四處旅行，他回憶當時中國大陸百姓前後不一的反應：一九四五年八月初，當國民黨軍隊乘坐美軍飛機進入上海時，上海人都欣喜若狂，然而到了十二月，他們卻表現得鬱悶消沉。[78]一九四八年早期，國民黨軍隊開始抵達曾受日本人控制、但當時已由國民黨接收的臺灣。軍隊率先抵達了比臺灣本島更接近大陸的小島金門。

金門當地居民回憶起國民黨軍隊抵達的情況，表示那相當慘不忍睹，有時看到的是五、六個兵員共用一支武器，許多根本連制服都沒有，腳上穿著草鞋，頭上戴著竹編的頭盔。那些軍人個個營養不良，伙食缺乏變化造成他們嚴重的消化問題。金門島上的公共廁所都屬於私人財產，擁有者有權將廁所內的糞便拿去作為肥料使用。這些廁所的「主人」回憶道，他們可以聽到那些軍人一邊使勁排便，一邊痛苦咒罵呻吟，「就像殺豬一樣」。[79]

有些時候，國民黨軍隊的行為和戰時的日本皇軍亦相去不遠。一九四九年國共戰爭期間發生了金門戰役，金門島被砲彈炸得百孔千瘡，當時百姓為躲避戰亂都不敢回家，但其中有一家人回家了，在家中煮麵條充飢時，國民黨軍隊卻衝進他們家中把食物都搶走。這家人憤怒地回憶道：「我們有一隻公雞、一隻母雞、三隻中型雞及一隻小豬，他們把這些全都搶走了。」[80]戰爭結束後的那幾年，人們的自我認同也較為流動，出生於一九二五年的張榮樹就是一個例子，可以窺見這些認同間模糊的界線。他在二戰後期以臺灣志願軍的身分加入日本海軍服役，但所服役的日本戰艦卻遭到美國潛艇發射的魚雷擊沉，在海上漂流了十四個小時後被救起。他於戰後所寫的回憶錄中提起，雖然戰時為日本打仗，但他也許該重新評估自己對中國人的評價，畢竟中國人打敗了日本人。戰爭結束後，張榮樹對國民黨軍隊抵達臺灣感到相當興奮，但在他第一次接觸國民黨軍官及士兵之後，失望的感受隨之萌生。當然，日本在戰時所做的宣傳可能仍縈繞在張榮樹的心中，造成他對國民黨的偏見，但真正讓他改變想法的，是把來自大陸的中國人的行為與以前在日本人統治下的經驗做了比較後。「首先，這些（中國大陸）人的教育水準相當低，許多人根本就是文盲，他們沒有行為上的道德準繩，還會騷擾本地的農民。其次，他們是從殖民管理者的視角看待我們，把曾經在日本軍隊裡服役的人稱為『漢奸』或者『叛國賊』。第三，他們相當腐敗。第四，我覺得他們沒有一個人愛國。」張的回憶錄中冷冷地這麼寫著。[81]

國民黨及共產黨在戰罪政策上彼此競爭

一九四五年十一月六日，國民黨提名秦德純為戰爭罪犯處理委員會主任委員。次月，委員會在上海、南京、北京、漢口、廣州、瀋陽、徐州、濟南、太原和臺北設置了辦公室——總共十處審理戰爭罪的中國軍事法庭。國民黨取用了東京審判所建立的法律先例，加上國際法、海牙軍事交戰規則（Hague Military Rules of Engagement）中最重要的幾個概念，再加入中國本土的法律，作為審理日本戰爭罪犯的依據。[82]

根據南開大學日本研究院教授宋志勇的說法，國民黨領導人認為讓日本皇軍離開中國的領土是戰後最急迫的任務之一。[83]這件事在今日看來也許不易理解，但即使在史達林（Joseph Stalin）於一九五三年過世之後，中國共產黨和蘇聯共產黨仍普遍擔心著日本軍事力量再起。然而中國國民黨的當務之急，是在先前遭日本占領的地區取得控制權，而非嚴厲追訴日本帝國的罪行。中國人對日本人所進行的戰爭罪行審判，並不像他們對付自己人那麼嚴厲，原因之一是內戰模糊了國民黨的焦點。另外一個根本的因素，與蔣介石在處理日本侵略者問題時所採取的獨特政策有關，他在日本宣告投降當天就很明確地宣布了「以德報怨」政策，清楚地向全國傳達一個訊息：「我們一貫聲言，只認日本黷武的軍閥為敵，不以日本的人民為敵……我們並不要企圖報復，更不可對無辜人民加以污辱。」[84]當時國民黨因抗日戰爭撤退到重慶，在蔣介石廣播後的第二天，重慶市的主要報紙也刊出社論，重複了同樣的訊息。撰文者評論道，在戰後維持和平是一項艱鉅的工作。社論中以假想的情境提出一番理論：如果中國對戰敗的日本過於嚴厲，雙方的關係就會陷入互相仇恨的困境，但如果太仁慈，又可能有助長日本「再度興起幻想」、重拾帝國主義的危險。社論的核心訊息是，一方面有必要摧毀日本的戰爭機器，同時也要引導戰敗的日本走向民主之路。這篇文章的結論相當樂觀：「我們現在已經達致了和平，接下來就是要完成整個過程。」[85]以當時日本人對中國的情緒而言，這項作法是需要勇氣才能完成的。一九四五年十二月，盟軍調查了住在北京的日本人對戰爭、東亞及日本的看法，結果發現大多數人仍然相信朝鮮還未發展到可以獨立的地步，也認為不該將臺灣交還給中國。絕大多數的受訪者甚至還相信日本人在東亞的優越性，認為如果中國人真正了解日本的目的，日本應該會贏得戰爭。[86]日本在戰時所做的宣傳，讓這些日本人認為現狀不會因為帝國的傾頹而一夕之間改變。

對於日本戰爭罪行以及通敵者的法律責任裁決，則成了中國國民黨與中國共產黨之間爭奪合法性的標竿。中國共產黨和蔣介石一樣，多少對日本人抱著寬大對待的心理，但較積極地追訴戰爭罪犯。從某個角度來說，這是中國共產黨經過算計之後的政治操作，為的是告訴中國百姓，共產黨認為國民黨違背了逮捕那些日本戰犯的承諾，這麼做也能增加此事在媒體上被關注的機會。如此一來，戰後對中國及臺灣管治權的爭議，成為兩個主要競爭者——中國國民黨和中國共產黨——之間的鬥爭，有時留下的日本人也會捲入其中。國民黨最初對戰罪審判一味拖延，但面對叛國者（漢奸）的議題卻毫不猶豫，這並不僅是先前被日本占領的地區才有的兩難。在中國大陸相對自由的地區，他們與日本人的關係經常涉及不同的層次，讓前述工作成為複雜的任務。[87]

即使當時在中國的兩位日本皇軍高階軍官岡村寧次和他的助手今井武夫，也都對日本與中國大陸間的和平相當不以為然，但岡村很快就意識到，他在蔣介石所標舉的寬大為懷政策下向國民黨軍隊投降，其實是件相當幸運的事。在中國，當國民黨於八月十五日發表政策之後，日本軍人沒有被當作「俘虜」對待，而是所謂的「徒手官兵」。這是當時發明的新詞，顧名思義，指將那些軍人納入行政體系內，同時也指他們在法律意義上不再持有武器。國民黨的這個文字遊戲，亦讓某些地區的日本軍人不必交出所有武器，而能保有小型的隨身武器。此外，日本的中國派遣軍總司令部也更名為「中國戰區日本官兵善後聯絡部」，這讓該單位能繼續發揮作用，功能雖然與原初創立的意圖大不相同，但是行政機能卻保存了下來。從一九四五年十二月起，岡村寧次被任命為聯絡部長官，成為蔣介石在戰後所成立的行政體系下的一員，當時經常還可以看到岡村與國民黨大員何應欽、湯恩伯、白崇禧、陳誠等將軍一起用餐。[88]透過這三個措施，國民黨得以在日本軍事指揮架構下維持一個完整的指揮鏈：他們將岡村任命為聯絡部長官、將日本戰俘重新命名為「國家非武裝人員」，以及更重要的，成立遍布中國的聯絡辦公室。這也是國民黨利用戰敗的日軍，在他們控制度稍差的地區來抵抗共產黨力量的主要作法。[89]正因為如此，中國共產黨當時還在媒體上針對此事不停大加撻伐。[90]

一九四五年九月初，日本在中國的正式投降行動已近尾聲，但由於中國及美國人手不足，許多地區的日常社會秩序管理仍維持原狀，總體來說，國民黨高層官員和日本皇軍軍官之間的關係相當良好，甚至遣送回日本的行動都已經開始之後，在中國大陸的日本士兵仍為數甚眾。一九四五年十二月二十一日，岡村寧次與何應欽舉行了會談，討論的重點是未來中日之間的合作及交接的程序。中日雙方一致的結論是，亞洲的情勢後來之所以會每況愈下是因為西方人介入，他們感嘆這場戰爭的結果是中日雙方都蒙受了損失，共產黨反而乘勢而起。[91]岡村在與何應欽會談的兩天之後又見了國民黨領導人蔣介石，討論如何在未來世代中建立更好的關係，也談論了他們的共識，亦即美國不樂見中日雙方關係親近。[92]當時連西方媒體都知道，岡村在戰後國民黨的圈子內有相當崇高的地位。他身為知名戰犯，卻過著優渥的生活，這種不協調到驚人的現象在西方媒體上引來評論。美國《時代》雜誌在一九四五年十二月就曾刊登特稿指出：「嚴格說來，戰犯岡村聽命於重慶，但他依然被拘留於南京一棟作為總部的、灰泥粉刷的舒適宅邸，那裡有法式庭園以及茶房。岡村出入皆乘坐黑色的美國別克轎車，並且透過無線電與他在城外的部隊保持直接通訊。在跟我們的通訊記者談話時，他的制服整齊得一絲不苟，雖然靴子已見磨損，卻擦得光可鑑人。」[93]

在日本軍人復員行動進行的當下，中國各式各樣的組織競相爭奪日本撤退後的控制權，也爭搶日軍留下的物資，相互傾軋。但在中國迅速陷入內戰前，他們對於維持和平一事至少還花了心思做個樣子。當時美國的馬歇爾將軍率領特使團來到中國，試著在中國共產黨和國民黨之間組織出和解方案，但雙方的領導人毛澤東和蔣介石都另有所圖。國民黨指控共產黨干擾交通運輸及通訊，乘機偷取日本軍隊的武器，以阻撓日本軍隊遣送回國，這樣的情形在中國東北尤其嚴重。[94]中國共產黨則抗議國民黨只想討好日本人，企圖把中國百姓置於新形式的東亞獨裁統治之下。

中國共產黨對國民黨及美國人緊迫盯人，認為他們將日本戰犯交付審判的動作太慢。一九四五年十二月十五日，共產黨的《解放日報》刊出了關於其所舉行的「懲罰日本戰犯」記者會相關報導。當時擔任中國解放區戰犯調查委員會主席的吳玉章在記者會上提出控訴，指戰爭結束後已經過了三個月，美國也占領了日本，而麥克阿瑟雖發出了對日本前總理大臣近衛文麿及其他罪責較輕的戰犯逮捕令，但戰犯的人數卻只有三百多人。這場記者會的弦外之音，是中國共產黨對於日本在中國造成了極大的傷害但遭逮捕的日本戰犯「人數卻少得可憐」一事相當不滿。[95]中國共產黨領導階層釋放出的訊息是：「為了確認日本不至於保有軍國主義東山再起的機會，必須更切實執行《波茨坦宣言》中有關投降的各項規定。」[96]中國共產黨的官員希望能說服中國人民，只有解放區內的共產黨是真正在追求那於受占領的日本一再被推遲的正義，而非國民黨。

中國國民黨則在追究和起訴日本戰犯時遇到重重阻礙，其中包括西方國家的吝於支持。英國和美國當時都繞過中國的法庭，毫不留情地審判對他們犯下罪行的日本人。從盟軍地面部隊東南亞總部發往英國陸軍部的一份英國機密備忘錄指出，由於美國在臺灣沒有司法管轄權，所以美國人就把在臺灣逮捕的戰犯嫌疑人送到上海去受審（雖然備忘錄中未詳細說明，但美國人在上海究竟有多大的司法管轄權其實是個問題）。不過，備忘錄中確實也提及盟軍必須先透過一些中國方面的正式管道來進行起訴。英國官員認為，如果想在前日本殖民地或是上海，針對向英國人犯下戰爭罪行的日本人追究責任，最好的方法就是透過剛剛恢復英國殖民地身分的香港法庭。[97]這個作法似乎有點極端，但那時的英國當局認為「只有在英國的法庭裡審理對英國主體犯下罪行的戰犯，才能充分維護大英帝國的尊嚴」。[98]值得注意的是，不僅是中國人想藉著奠基於國際法的軍事法庭維護自身在國際間的法律地位，前歐洲殖民勢力也渴望用同一套作法鞏固其於二戰開始後丟失在日本人手中、如今又重新取回的殖民領域。[99]茶園義男是深入研究乙丙級戰犯審判的首批日本歷史學家之一，他列出美國在上海主導審理的四十八名日本戰犯名單，並且指出審判於一九四六年四月十一日開始，直到一九四六年九月十六日結束，有六名日本人被判死刑、九人被判終身監禁，其中只有一名被告是平民，其他都是軍方相關人士。[100]在漢口附近擊落美國空軍飛行員的案件總共有十八名被告，是規模最大的案件之一，而更為著名的「杜立德案」卻僅有四名被告。[101]一九四六年三月，有幾名戰犯被控將「杜立德空襲」②中遭擊落的美國飛行員處以死刑。美方當時已在國民黨管轄的臺灣逮捕了這些戰犯，並將他們立即送往上海拘留。這件事清楚地顯示美國人似乎忘記他們已經廢除了在中國的治外法權，不過中國國民黨也不願意節外生枝得罪美國人，加上那些指控的內容是對美國人犯下的戰爭罪行，中方官員於是默認美國人的作法。不過，如果不是針對美國人的犯行，中方就不會接受美國人在中國召開自己的軍事法庭起訴其他案件。[102]一位日本記者曾經就美國人在中國主導的乙丙級戰犯審判寫了一本書，是極少數相關的日文著作之一。他在書中宣稱這些審判並不公正，日本戰俘都受到了虐待，但他並未對日本人本身的罪行提出任何實質分析。[103]

中國的司法當局則是且戰且走，即使審判還在進行，他們也持續調整審判程序。一九四六年六月十二日，戰爭罪犯處理委員會做出一項決定，亦即包括美籍罪犯在內，美國在中國境內逮捕及羈押的日本戰犯都必須與中國外交部協商並取得事前授權，才能進行裁決。這項新規定於當年七月開始正式實施，使得中國的地方當局不能再像以前一樣，只把戰爭罪犯交給美國之後就從懲處程序中抽手。美方官員的回應是，他們希望速戰速決，盡快結束審理程序，並表示中國內戰拖延已久，和平尚待建立，也因此美方有時必須在未得到中方認可的情況下採取行動。美國其實早就在中國做了逾越法律界線的事，除了日本戰犯審判以外，美國官員也在中國對幾個「德國國民」依戰爭罪行立案，這對那些試著更有效率地執行國內法律的中國官員而言相當棘手。

依照國民黨領導階層的評估，美國人的作法造成兩個嚴重的問題：首先，美國要在中國採取單邊行動、起訴日本戰犯之前，應該先徵詢中國外交部的同意。然而，美國人並未如此，這也證明了盟軍並沒有認真看待中國法律。其次，美國在中國境內設置特別軍事法庭審判日本戰犯，這樣的作法不符合國際法的精神，也侵犯了中國的主權。一九四六年九月二十五日，中國外交部發出「關於美國軍方在中國境內逮捕及運送戰犯的處理事項」備忘錄，其中提到美國在臺灣逮捕了數名虐待美國士兵的日本人，並且與中國當局協商，將他們送到美軍在上海設置的軍事法庭受審。當時美方從國民黨政府下某個未被點名的單位取得了臨時許可，認為如此便可以在中國的土地上召開法庭，逕自審判那些牽扯到美國軍人的案件。不過，後來中國政府決定不問先例（並不清楚這裡的「先例」所指為何），他們不同意美方未經由中方的管道就到臺灣逮捕日本軍官。中國外交部在內部文件中指出，讓美軍在中國的主權領土上設置法庭，不但牴觸國際先例，也使中國國內的法律失能。[104]

根據中方詮釋，美國之所以在中國速審日本戰犯及其他前軸心國戰犯，部分原因可能是美國總統羅斯福曾經宣告，戰犯應該在罪行發生地由該國審理。但美國在中國對罪犯進行審判，並不

②審訂註：空襲東京。

符合這項精神。美國大使館曾發出一份備忘錄，內容是一場會議的紀錄及其中譯，該會議推測於一九四六年八月十九日舉行，美方雖然措詞婉轉，但語氣堅定地批評了中國的司法制度：「美國陸軍司令部完全願意與中國文人政府合作，然而關於敵方戰犯之國籍，卻是在重慶與中國的軍方達成協議，再由數位組成中美委員會的非軍方部會代表行使同意權。」備忘錄中也指出：「中方代表在回覆中聲明，除非有來自大元帥（蔣介石）或其他經指定之軍方代表的命令，要求其將戰爭罪犯的管轄權由中國軍隊轉至其他中國的政府部門，否則根據現存的協議，戰犯相關問題就是軍事行動的一部分。」備忘錄的最後則是美國大使館的聲明，指出這並非正常情形，然而有鑑於在中國處理戰犯是「不正常的狀態」，所以這項程序必須繼續下去。備忘錄中並未詳細說明該狀態是如何「不正常」，但我們可以推斷，美國人對中國的法庭既不信任也不滿意。[105]實際上，中國境內也正面臨爭奪主權以裁決日本戰犯的權力競賽。在中國大陸進行的最初一批日本戰犯審判中，有些完全不是由中國人主導，而是由美國人速速執行，這個現象——特別是考慮到治外法權在一九四三年便已取消，讓中國政府可以於國內行使自己的司法權——無疑是對國民黨政府權力與尊嚴的一大打擊。同時，在東亞爭奪司法優位的不是只有美國人，許多曾在上海負責為大英帝國處理事務的人也加入了處理戰爭罪行的單位，當中有些人更認為美國人全面干預戰犯問題是在對他們炫示。而英國人也的確只要出了香港，就對審判戰犯使不上力。[106]

一九四六年九月二十七日，中國外交部組織了一場討論會，以進一步釐清相關政策，與會者有司法院的楊兆龍、王式成、國防部的彭明輝、外交部的劉鍇，還有來自各式各樣不知名部會的官員等。整場討論會最重要的一點，就是如何要求美國軍方交出日本戰犯，讓中方審判。令討論陷入膠著的癥結在於，美國人出於其自身的目的，也想審判同一批日本戰犯。這使得說服美國人盡快交出這些前帝國士兵成為至關重要的一點，因為其中有些帝國士兵已經被逮捕及關押了一年，中方卻一直無法審判他們。隨之而來的下一個爭辯重點，則是戰犯嫌疑人可否同時交由中美兩方的法庭審判，再根據判刑較重的一方量刑——但這項作法並不可行。簡而言之，國民黨在經由法律裁決日本戰犯的過程中，從一開始就面臨了三個主要的問題：逮捕戰犯、交付戰犯，以及這些審判本身。107

同時，中國國民黨處理日本戰犯的政策，似乎持續變動起伏和調整。一九四六年十月二十五日，其對處理日本戰犯一事又隨著情況改變而有了新的計畫，不再僅是追索正義以及與聯合國戰爭罪行委員會進行協調而已。當天在國防部長白崇禧的辦公室內舉行了一場會議，參加者有司法部長謝冠生、外交部長王世杰、軍事法庭審判長石美瑜、國防部戰爭罪行審判辦公室主任鄒任之，而這天也成立了新的國防部戰犯管理處。國民黨決策者原先的目標是採取更嚴謹的司法手段，但後來為了鞏固與日本的關係而做了些退讓，與會者的結論是：「我們不需要過於拘泥形式，而且我們的任務是讓司法程序盡快落幕。」該委員會總結道，「做出這項改變的原因是為了要與日本建立起明確的、可長可久的和平，我們必須展現出寬大的精神。有關那些惡行重大的日本戰犯，不論是在中國的土地上或是其他地方，我們都應該根據法治的原則予以懲罰，至於那些情節較輕者，我們也許應該考慮寬大一點的作法」。[108]國民黨不全面追訴日本戰犯背後最根本的原因，是中國幾乎沒有研習過國際法的人才，加上當時中國缺乏資源，在這種情況下進行審判很可能會招來國際批評。國民黨內部的一份評估報告也揭露了某些戰犯審判確實未遵循適當的程序，取得證據的方法也不符合標準。評估報告中亦指出，國民黨必須確保日本戰犯嫌疑人受到良好照顧、有足夠的衣物及醫藥，因為按照國民黨官員的說法，「我們不希望在自己的監管下，有人死於照顧不周或受到折磨，這可能會讓我們背上侵犯人權的責任」。[109]

日本戰犯的附加價值

治外法權最終取消之後，中國的領導階層必須很快地向外界證明自己有資格重新取得司法主權。此外，由於無論中國由國民黨或共產黨掌控，中日關係在東亞都會居於關鍵地位，因此中國在正式及非正式外交場合就這個重要問題跟日本人打交道的方式，也很自然地分支為早期的「國／共—日本」關係模式。且從一九四五年到一九四九年間，甚至直到一九五〇年代中期，國民黨與共產黨都在爭取日本的友誼之手。而冷戰開始時，情況已經有了大幅的轉變。美國愛荷華大學歷史系教授劉曉原指出，由於「國民黨和共產黨都無可否認地以各自的外交政策作為在中國爭奪權力的工具」，[110]因此雖然當時美國也涉入頗深，但真實的情況還是相當複雜。

當中國人還在摸索自己於處理日本戰爭罪行時的法律地位，美國駐日占領軍則嘗試重整曾經由不同族裔所組成的日本帝國人口。美國的目標是讓日本人回歸日本、朝鮮人回歸朝鮮，藉以將原先種族混雜的日本帝國打散，回復為族裔同質性較高的國家，他們認為這樣應該能穩定東亞的局勢。美國當時做出了決定，盟軍總部將把日本帝國範圍內的朝鮮人及臺灣人等歸類為「被解放的人民」——然而「在必要時」，仍可以將他們視為敵國人民。[111]當時接受遣返的人統一稱為「自願遣返亞洲人」，剛開始的遣返工作也十分成功。到了一九四五年十一月，已經有四十萬五千六百零二名朝鮮人自願返回朝鮮，一萬一千三百九十九名中國人返回中國大陸，沒有臺灣人接受遣返。不久之後，接受遣返的臺灣人開始增加，但盟軍總部的官員注意到，到了一九四五年十二月底，自願從日本遣返的亞洲各國人數急遽下降，離港的運送人員船隻都只載到半滿。[112]

戰爭結束之後，原有的民族主義及勢力範圍邊界立刻開始重整，而部分的戰犯（不全是日籍）也成了各方勢力運用的棋子。中國的末代皇帝溥儀就是一個令人震驚的案例。他受到各個「主人」的役使，幾乎參與了在東亞舉行的每一場戰犯審判庭。日本宣布投降之後，蘇聯軍隊在溥儀從前滿洲國首都長春出發、途經瀋陽時於機場將其攔下，當時還包括他的兄弟在內，一行共十人。③[113]一九四五年十一月，蘇聯把溥儀送到伯力（Khabarovsk），將他在該地關押了五年。一九四六年八月，蘇聯當局通知溥儀要把他送到東京出庭作證，於是他便在一九四六年八月十六日出席了東京審判，總共在證人席上待了八天，創下了單一證人出庭作證時間最長的紀錄。[114]中國國民黨曾經在一九四六年、一九四七年和一九四八年三度要求將溥儀送回中國，但都沒有成功。溥儀很顯然是日本帝國式傲慢的最佳範例與象徵，使當時所有強權都捨不得放棄。[115]蘇聯在一九四九年於伯力就日本生物戰舉行的戰罪審判，也用到了溥儀的證詞。[116]一九五〇年八月一日，就在蘇聯領導人史達林將大約一千名日本戰俘當作禮物送往中華人民共和國的數個月之後，溥儀也被送回中國交給共產黨當局。一九五六年，中國共產黨在中國大陸進行了一些戰犯審判，溥儀同樣被傳喚出庭作證，那是他第三度在重要的戰犯審判庭上作證，也是他最後一次在法庭上露面。

山西省的情況與白團

戰後對戰犯的追訴有一個相對弔詭的地方，亦即我們必須了解，不是所有的戰犯都獲得了平等對待。[117]為什麼有些日本士兵被逮捕，有些高階軍官卻可以逍遙法外？這牽涉到幕後的許多折衝。中國人內部的政治及經濟互鬥，減弱了戰犯法律追訴的力道。國民黨將領閻錫山在數十年前畢業於日本陸軍士官學校，盛產煤礦的山西實質上是他個人的勢力範圍，他在一九四五年八月日本宣布投降之後，收編了連同高級軍官、顧問在內數以千計的日本部隊。針對留在山西協助國民黨軍隊的日軍，日本國會於一九五〇年代曾就其戰後的方針進行過數次質詢，但這項事蹟一直到最近才比較為人所知。[118]日軍中將澄田賚四郎就宣稱，他在一九四五年秋天曾當面向閻錫山投降。然而閻的目標是要穩定戰後中國的動盪，那就意味著讓日本部隊以及隨軍的技術人員在山西省安定下來。[119]根據澄田在戰後所寫的回憶錄，他第一次和閻錫山會面時，對方並沒有帶太多隨從，而且在受降時表現得相當有禮。閻錫山還對他說，日本這次在軍事上的失敗是件不幸的事，但相信很快就會重新恢復在東亞的領導地位，而且中國未來的發展也要仰賴日本協助。澄田賚四郎還在回憶錄中寫道，由於擔心自己被當作戰犯起訴，他已經準備好氰化鉀藏在口袋裡，必要時用來自殺，但後來他發現不用擔這個心，因為閻錫山將日本帝國的敗亡視為利用滯華日軍強化國民黨政府的大好機會。[120]

先後經過國民黨及日本統治的山西省在中國一直具有某種程度的獨立性，最主要的原因是蘊藏豐富的煤礦、鐵礦等戰略物資。日本方面的打算是，如果戰後還能留一部分部隊在當地，可能就有東山再起的機會；閻錫山的算盤則是拉住日本帝國的部隊作為該地區的軍事同盟，可以讓他更容易控制山西，同時抵擋住共產黨部隊的入侵。[121]對許多日本軍人而言，留在中國是經過戰時宣傳洗禮之後的自然選擇，因為他們都深信繼續為中國人作戰是在實踐帝國日本所發動的偉業，

③審訂註：當時溥儀與其弟溥傑正打算經由瀋陽前往日本。

也就是幫助中國進行現代化及擺脫西方霸權。這些部隊有些是受命留在中國，有些則是依自主意願留下，因為他們了解到這是生存的唯一選擇。對他們而言，幸運的是當時的國民黨跟共產黨都亟需戰略人員、護士、醫師以及有能力的軍事技術人員。[122]對於那些在戰後願意合作的日本軍人及平民，中國共產黨都熱情以對，展開雙臂歡迎。同樣地，需人孔亟的共產黨領導層也歡迎無論在戰時效忠何方的中國人。毛澤東和朱德在戰爭後期即已下定決心寬大對待所有中國人：「我們不侮辱不批評偽軍，也不對他們進行搜身，並且為他們提供優先的醫療照顧。」[123]

二次大戰終結之時，日軍在山西的第一軍大約有五萬九千人，另外還有約四萬七千名平民。第一軍的司令官是澄田賚四郎中將，他的顧問是山西產業株式會社社長河本大作。河本是前日本皇軍軍官，稍後被中國共產黨控為戰犯。他是一九二八年中國軍閥張作霖刺殺事件的幕後主謀，也因此遭到降級處分，且招致了松井石根對他的不滿，希望將他交付軍法審判。[124]澄田賚四郎和河本大作兩人的助手皆為陸軍中尉城野宏，[125]他是一九六四年中國所釋放的最後三名日本戰犯之一。[126]閻錫山當年也仿效蔣介石玩弄文字遊戲，把所接收的日本軍人改稱為「技術員」，並在自軍中設置了新的「特務團」。所以原先駐紮在山西的日軍，嚴格說來並未投降，而是改頭換面將指揮權交給了閻錫山。閻錫山把所接收的日本士兵都直接晉升為軍官，這些前皇軍士兵都跟閻的部隊簽訂合約，可以把所賺的薪水寄回日本，也被鼓勵在中國就地娶妻生子。這支聯合部隊便在戰後開始對付共同的敵人，並於戰後的最初數個月內成功抵擋住共產黨軍隊，一直到美國的代表團於一九四六年三月抵達中國，企圖調停中國內戰為止。美國的官方代表團抵達山西省會太原市之後，對日本軍人還留在山西提出了強烈抗議，並要求將他們立即遣返日本。結果有許多人遭強制遣返，但主要的日本軍官都跑進山區躲藏，一年之內，原先留下來的大約一萬人，已經減成約兩千六百人。不過，雖然有日本人的幫忙，閻錫山的部隊還是無法擊敗共產黨部隊。後來他們想出在日本組織志願軍到中國作戰的計畫，由原先留在山西的日軍回到日本試圖組成次級團體，再回到中國協助閻錫山作戰。這些回到日本的軍人當年甚至晉見了內閣總理大臣片山哲，不過片山對前述的計畫並沒有興趣。一九四七年底，閻錫山已經感覺到苗頭不對，開始將他個人的財產先移往上海，然後移到臺灣。一九四八年十月，當時的中國國民黨政府國防部長徐永昌抵達太原，並與日本部隊的領導人今村方策上校晤面，雙方交換了資訊，並且擬訂計畫再招募五百名日本軍官，幫助蔣介石打敗共產黨。蔣介石隨後派出心腹前往日本，開始進行招募日本軍官的計畫，最後成立了「白團」（本書將在第五章深入討論「白團」）。[127]

一九四九年一月底，在與共同的敵人中國共產黨作戰數年之後，澄田賚四郎從閻錫山處獲知，上海的國民黨領導層將以戰犯罪名起訴他。閻錫山對澄田賚四郎表示，他會設法取消控罪，讓澄田跟河本大作可以遣返回日本。問題是，當時中國內戰已經進入尾聲，山西省會太原也已被共產黨軍隊包圍，澄田和河本只好苦思其他脫困的辦法。後來，有一架美國飛機飛抵太原進行緊急修護，閻錫山於是徵用了這架飛機，把澄田經由青島送到了上海。澄田當時也很清楚，他一走了之會留下大約一千名子弟兵成為中國共產黨的戰俘。閻錫山事前已經發信給上海市長，告知澄田即將抵達。澄田在一九四九年二月十七日使用假名登上一艘外國船隻離開上海，安全返抵日本。[128]他因此避開了戰犯起訴，繼續在戰後的日本與中國、臺灣的關係中發揮影響力。而河本大作選擇留在山西，最後被中國共產黨逮捕。閻錫山本人則在戰爭結束的最後一刻，從四川省的成都脫逃。當時他所乘坐的飛機因為載運了太多黃金，不得不在中途降落，為了抵達目的地，他命令幾位貼身侍衛下機以確保能載運所有隨身的黃金。[129]

從日本軍人和平民在中國大量而多樣的經歷看來，戰罪的審判並不是只有一種既定程序。就像地層板塊因為受到其下方向各異的強大力量推動而互相擠壓，當時的個人基於理念碰撞而產生的行為與中國司法的執行都是流動的。隨著國民黨在軍事上走向失利，以及公眾對正義的呼聲日益高漲，這當中的起伏也就逐漸增強。

第三章

具有彈性的帝國身分

管理戰後法理上的罪行

臺灣人發現歷史有很多漏洞。

——吳濁流

賴木根的苦難，可說是身處日本帝國邊緣的人們在戰爭末期的典型遭遇。他於一九二〇年代早期出生於臺灣，在島上替好幾間工廠工作，直到一九四〇年代初期抓住機會移居中國大陸，在南京為日軍擔任機械維修工。他在中國的生活頗為愜意，也還記得偶然聽見同排夥伴討論排幾個小時的隊去「慰安所」的事。賴木根說，他對那種「慰安」沒什麼興趣，他和其他朋友會一起到鎮上閒逛，可是閒逛卻不見得安全。那些在街上出沒的「便衣隊」（推測是國民黨軍人，或者是不穿軍服以混入人群的地下武裝部隊人員）常常逮到機會就殺害日本軍人，賴木根身為日本帝國的子民，也必須小心為上。在南京時，賴木根注意到與他一起工作的中國人似乎沒有什麼國家意識，也不曾聽過他們宣稱自己效忠國家，或因為身為中國公民而對國家懷有擁戴之情。他在戰後的一次訪問中表示：「對他們來說，所謂國家就只是一個收稅的政府，如果當局不隨便逮捕他們或殺害他們，那就算很好了，大概就是這樣。」賴木根對中國人的評價普遍而言並不高，他特別提到那些中國人不太注重個人衛生的習慣——隨地吐痰，以及由於住家沒有充足的衛浴管線，所以一大早就列成一排在街上刷牙洗臉。儘管賴木根對中國文化持保留態度，戰爭結束後，他還是失去了一切——他的存款、薪水，還有作為日本帝國一分子的社會地位。日本帝國的投降徹底毀了賴木根，他除了回憶，什麼也不剩。[1] 賴木根不幸的遭遇在當時相當普遍，也突顯出戰後初期的問題所在，因為精確地勾勒像賴木根這樣的人在戰後受到起訴的輪廓並非易事。他們是殖民地的受害者？中國的叛徒？投機分子？還是必須為協助帝國日本而負起責任的人？

中國官員在準備日本戰犯名單時最先碰到的問題之一，就是確認嫌疑人的族裔。從現在的角度想像起來，這似乎是件小事，要當成問題甚至都有點牽強，可是在一九四〇年代後半期，確認「中國國籍」是追訴日本戰爭罪行的過程中相當關鍵的要素。這個困境，也是日本帝國衰亡後所造成的諸多問題的縮影。從戰後開始，中國國民黨官員就必須處理棘手的臺灣問題，以及住在前日本帝國範圍內的臺灣人，他們是前日本帝國的子民，卻又住在東南亞、東京、上海、瀋陽、哈爾濱、北京等地，因此問題不只局限在臺灣這個小島。國民黨當時急於表現其統治比日本的殖民管理更恰當，且比中國共產黨更優越，這是他們諸多努力的核心目標。更重要的是，國民黨意圖用來贏取臺灣民心的作法，和其在中國大陸的作法其實相去不遠——皆為運用國際法伸張正義、對付通敵者，以及追訴日本戰犯。但臺灣過去是日本殖民地，事情因而變得更加複雜。日本帝國的終結並不僅是執行軍隊復員就完成了，而是更廣泛地牽涉到文化及政策層面。國民黨也不能僅著眼於揪出戰犯而已，其領導階層需要更加積極，並教育廣大群眾如何重新成為「中國人」。正是為了這個目的，國民黨當局對先前受到殖民的臺灣人民進行再教育，並推動宣傳活動，藉此也能告訴臺灣人民對已不存在的日本帝國應抱持什麼樣的態度。透過這些操作，我們可以窺見國民黨如何定位自己在戰後扮演的角色，特別是他們如何在重新獲得的領土上贏取政治及社會支持。

考量到臺灣的面積，及其不再被當作一個主權國家，臺灣的歷史角色似乎無足輕重，然而，在實際操作上卻又頗具重要性——用宋怡明（Michael Szonyi）的話來說，臺灣是一個「冷戰島嶼」。本質上，其歷史說明了東亞處於冷戰中的困境。臺灣是個複雜的地理實體，從來沒有在法律上完全被認可屬於日本帝國，[2]此一法律上的囿限在日本於一九四五年宣布投降後更劇烈提升。①臺灣的位置處於當時國民政府統治疆域的邊陲，因此在一開始，無論從政治及軍事管理來說，都不是中央政府的優先考量，這個現象一直要到進入冷戰後數年才有所轉變。臺灣交接給中國國民黨時——中方使用「光復」一詞——中國政權的計畫是予以「中國化」，讓殖民地回歸其中國根源。然而，日本殖民臺灣的近半個世紀內，一直把臺灣當作其國際殖民的先驅經營，使得中方的計畫推行不易。[3]這正是國民黨必須面臨的一大煩惱——他們得決定臺灣人的身分，若是中國人，他們就是漢奸；若是日本人，他們就是戰犯，或是袖手旁觀的帝國子民。

從一八九五年至今，臺灣人的身分認同在不同的統治之下已經三度更易，臺灣中央研究院近代史研究所研究員羅久蓉就指出：「在半世紀之內，臺灣人先後被置於清朝、日本而後是中華民國的統治之下。」[4]在政權反覆快速更迭的臺灣——特別是在戰爭結束之際——可以想見界定身分認同會相當困難。然而，日本人從十九世紀末到二十世紀中期統治臺灣，已經使得許多臺灣人感到理應支持日本帝國。在一九四五年夏末東亞地區戰爭結束後，必須平息的正是日本政府造成的這些影響。

① 審訂註：在日本的統治下，臺灣人雖擁有日本國籍，卻未能和日本人享有同等的法律待遇。

臺灣人的雙重身分是日本帝國的遺緒，然而當帝國宣告崩潰時，那原先支持著臺灣人在帝國內扮演其角色的身分也隨之崩解。身分問題在處理戰爭罪行時看似不那麼重要，但有三個原因能表明其重要性：第一，如果臺灣人只把自己視為國民黨嘗試糾正歷史結果的受害者，那麼國民政府想藉著再教育把臺灣島上的人民帶回祖國懷抱的努力，可能就不會成功。第二，如果國民黨不對臺灣人在日本戰爭罪行中所扮演的角色有所表示，大陸人民可能會群起責怪國民黨政府對這些背信棄義的日本帝國前子民過於寬厚。第三，一九四九年以後，國民黨撤退到臺灣，把臺灣當作最後一處避難所，身分認同問題成為臺灣人和從大陸撤退的上百萬人間的衝突來源而愈演愈烈。此時，任何相關政策都有導致災難的可能，而且如果這些政策皆失敗，那也等同於政治自殺。解決臺灣問題必須要有所作為、要有決斷力，而這個問題對於中國人如何界定日本帝國的界線也至關重要。隨著國民黨處理這些問題而來的政治難題，是要如何界定臺灣在日本帝國擴張中所扮演的歷史角色，以及如何在處理這件事的責任歸屬時，考量到未來的融合。日本皇軍內的臺灣兵分為自願及受徵召兩種，所從事的工作種類繁雜，但大多是擔任傳譯員或其他低階工作，而這類工作往往會讓臺灣兵待在前線，與當地的中國人或日本大東亞共榮圈範圍內的其他種族發生衝突。就如同羅久蓉所指出，當時的臺灣人基本上都擁有雙重認同。就種族而言，他們主要是華人（漢族），但在法律上，直到一九四五年底，他們都被記錄為日本國民。[5]臺灣人的另一分類是「原住民」，日本人當年有時也會把他們併入臺灣人的團體一起徵召入伍。這些人在戰後被貼上了戰犯的標籤，並被拉進了由盟軍所主導的審判體制當中。

檢視中國人、臺灣人（漢人或原住民）以及其他受到日本影響或支配的群體的困境，可以發現一件事：許多人在二次大戰被當作大局中的棋子支使，而他們在戰後的窘境，也能幫助我們了解日本帝國崩解的複雜過程。更重要的是，中國當局在日本投降後隨即陷入的混亂政局中用以追求正義的手段，是解開戰後複雜局勢的關鍵元素。在這一局勢中包括戰後權力移轉，中國人、日本人、臺灣人身分認同的組成，及其與中國和日本戰後外交關係之間的連結。[6]我們也許會假定這些身分的認同在戰前已經定型，事實卻是無論就地緣或安全利益考量，這些身分的變動性經常超乎我們的想像。國民黨在面對臺灣人與中國以及日本殖民者之間的矛盾關係時，必須做出重大的決定：追訴日本戰犯時要確認誰在法律意義上是「日本人」，以及如何詮釋與通敵者、臺灣人或朝鮮人相關的問題，這也包括了曾居住在前傀儡政權滿洲國的人。中國的各方領導人在先前日本於軍事及經濟上未能完全控制的各個地區追尋這類正義時，有時便會極盡所能地以各種手段操弄法律及社會。

對臺灣人來說，阻礙戰犯審判的兩個主要問題是：被告的種族及政治身分，以及通敵的問題。另外，還存在著第三個因素，就是日本人的反應方式。畢竟戰爭結束後，有數十萬日本軍人與殖民地居住者留在臺灣，對國民黨來說，避免將所有在臺灣的中國人都當作叛徒較符合其利益，但國民黨的領導人也不能任由犯下通敵這種惡行的人免於懲罰。因為臺灣擁有漫長的殖民歷史，所以那些與日本統治和文化切割的條件，在戰後初期很難立即形成。黃東潤（音譯Dongyoun Hwang）指出，懲罰那些中國通敵者，對於「重建國家紀律及尊嚴」相當重要。[7]中國人在戰後迅速採取行動，將汪精衛之妻陳璧君交付審判，藉以證明汪精衛在南京成立政權是違反國民黨利益的行動，且該政權具有叛國性質。[8]漢奸和戰犯的審判是分開進行的，要區分究竟誰是漢奸——或相反的——誰是戰犯，就必須對日本帝國的本質、臺灣的角色，以及更重要而且也許更困難的——中國人在日本帝國內的身分，進行開誠布公的討論。羅久蓉以一道問題概括了這個糾纏不清的情況：「臺灣人要如何說服中國人，儘管他們身穿日本服裝，吃日本食物，口說日本話，住在日本式的房子裡，足蹬日本木屐」，但他們內心還是一個中國人？[9]這是一個很重要的問題，而且至今迴盪不絕，其影響也不僅僅是在臺灣而已。萊登大學（Leiden University）的孔恩·休斯特（Koen De Ceuster）大膽地指出，同樣的情況也存在於其他前日本殖民地，「通敵在朝鮮本來就是原罪」。[10]

在日本投降前，國民黨內已經就如何處理臺灣展開討論。最有力的國民黨領導者在一九四四年時就有了共識，承認要把臺灣人重新引導（按照他們的說法）成中國人並非易事。國民黨的策略是在文化上讓臺灣與大陸重新連結，並根除日本殖民主義。這項作法早已於一九四四年四月十七日定調，那時國民黨成立了臺灣調查委員會，開始考慮臺灣可能回歸一事。成立委員會並不只是做做樣子而已，委員會主席陳儀對此事相當認真。他曾任福建省長，並在日本戰敗後出任臺灣省行政長官。陳儀的左右手是臺灣公共知識分子丘念台，他也是中國大陸臺灣兄弟會的主要代表。[11]陳儀一如蔣介石及其他許多國民黨官員那樣，曾長期待在日本學習軍事，嫻熟日語，也很了解日本。國民黨當局很早就認定，一旦回歸中國統治，陳儀便是治理戰後臺灣的不二人選——雖然他的妻子是日本人，但這並未阻礙他獲得這個機會。陳儀很清楚自己的使命，他聲明，只要日本殖民時期實施的政策有效，他就不會干涉，也不會停止工廠營運或製造混亂。他將專注於重新「祖國化」臺灣，也就是在文化、教育、語言上進行中國化。[12]

國民黨當局顯然相信只要稍加努力，臺灣人就會重拾中華文化，輕鬆地變回「中國人」，而且透過適當的教育，就可清洗掉曾經作為日本帝國子民的「污點」。一九四四年七月二十一日星期五，距離日本投降還很遙遠，日本皇軍當時進行著「一號作戰」軍事行動，重傷中國大陸心臟地帶，而國民黨官員則舉行了一場圓桌會議討論臺灣問題。根據臺灣調查委員會圓桌會議當時的會議紀錄，參加者為國民黨官員及自行流亡在外且具有不同背景的臺灣人。他們齊聚一堂，意圖打造一套管理戰後臺灣的政策。會議由蔣介石的心腹陳儀主持，他在開場白中就明確指出，根據一九四三年十二月一日發表的《開羅宣言》，日本一旦戰敗，臺灣將直接回歸國民黨手中，因此，「我們必須為戰後如何處理臺灣問題做出決定」。陳儀接著頗戲劇化地表示：「不用說，這並不僅僅是重新收回臺灣而已，我們必須在各方面都做好準備……。」[13]陳儀對與會者解釋，「我們都知道」日本帝國的軍隊和那些產業朋黨的目的是「剝削、壓迫我們的臺灣弟兄」，因此會對臺灣造成毀滅性的後果。但他接著嚴肅地補充道，日本人在臺灣已經做了許多出色的建設，運行良好且頗有助益。他承認自己於一九三五年前往臺灣訪問時，親眼見到在日本人管理下的臺灣，讓他非常欣賞。他認為自己得強調這點：「我認為無論在交通、農業及工業各方面，他們（臺灣人）都強過大陸。」陳儀宣告，因此一旦接收臺灣，他們必須牢記自己要做得比日本人更好，或者至少維持與日本人一樣的水準。[14]

當時也參加會議的國民黨外交人員代表——曾於戰前留學日本及美國的黃朝琴附議了陳儀的觀點。黃朝琴說明，臺灣和祖國已經分離了五十年之久，所有的習俗和教育制度都已大不相同，也許會需要一段轉換時期，但他們必須做好治理及管理的工作，否則日本人很可能會拿來作為反面宣傳。[15]對於國民黨而言，戰爭結束的這段時間是決定他們成敗的機會，而國際社會的關注也會持續增加。後來曾經擔任臺灣省行政長官公署參議的柯台山則表示，戰爭尚未結束，有很多未定的因素可能造成影響，因此討論前述事項似乎為時過早。舉例而言，他說道，美國可能基於戰略的考量決定在臺灣登陸（事實上，美國在一九四五年四月進行沖繩之戰時，確實考慮過這麼做），或是可能為了報復珍珠港遭到日本偷襲而摧毀臺灣的工業設施，若真是如此，將改變整個局面的本質，而國民黨得到的不過會是一團餘燼。[16]

在好與壞之間尋求平衡

中國的領導人固然希望追訴並懲罰日本戰犯及通敵者，但是趨於和緩的局勢卻使他們無法簡單地概括執行這個想法。很現實的是，中國人需要日本人留下來——特別是那些在中國大陸及臺灣主要工業領域內的日本人。中國國民黨和中國共產黨在戰後中國必須處理數量驚人的日本人——超過了兩百萬人，其中有一百多萬是具有軍人身分的戰俘，七十八萬是平民，且大約有五萬六千人被定義為朝鮮人，還要加上四萬名臺灣同胞。由於人數可觀，加上他們分散在不同位置，國民黨立即決定讓日本的鐵路員工全數留在原本的崗位上。許多戰前的中國鐵路線是由外國人管理，因此隨著日本投降，中國隨即面臨沒有足夠的中國人能夠管理各地鐵路的問題。一份報告中就寫道：「戰後初期，我們必須運用現有的物資及現在已經是『日俘工人』的日本技術人員修護鐵路。」[17]日本投降時仍位於重慶的國民黨政府也認為，保有運作良好的運輸系統有助於更快接收日本人交出的武器，也可以更有效率地安排遠在內陸的日本軍人遣返回國。

在一九四五年日本宣布投降之際，任何人——無論是中國人、臺灣人或日本人——都無法清楚預告未來會是什麼狀況。根據日本遣返人員（引揚者）回到日本之後的說法，臺灣人對從大陸來的中國政府行政人員及軍隊懷著矛盾的情緒，但這種說法也可能只是出於日本殖民者的自大。鹽見俊二曾經在臺灣的殖民政府中擔任多年的經濟專家，於一九四五年九月九日搭機從東京抵達臺北，奉命協助最後階段的交接手續。他在日記中詳細記錄其焦慮，不只是對交接程序本身，也對日方究竟想要保留什麼、又有意提供中國人什麼感到不確定。[18]許多日本人最初都很擔心會遭到惡毒的報復，但局勢較為平穩以後，這些前殖民者的心情也跟著放鬆下來，其中一些人甚至比較想留在臺灣。畢竟他們的薪資優渥，而那些特別受到新統治者歡迎的技術人員，也相信自己還有很多東西可以「教」中國人，幫助他們現代化。美國軍方其實在那時也覺察到其中微妙之處。位在重慶的美軍指揮部指揮官艾伯特・魏德邁將軍（General Albert Wedemeyer）就告訴何應欽，他希望所有日本人在一九四六年夏天前都離開中國，但在臺灣的日本人可以破例待到一九四七年一月。當時許多在臺日本人都希望留在臺灣，對此，美國採取默許態度，中國人也相信他們會需要日本技術人員。最後，有約七千名日本技術人員和其家眷（總共大約兩萬八千名日本人）戰後依然在臺灣逗留了數年。[19]

日本殖民統治結束時，帝國軍隊在書面上雖然已經投降，但實際上則是由國民黨及日本軍方一起統治臺灣——這是雙方最初希望採取的方式。臺灣最後一任日本總督安藤利吉在從臺灣發回日本的最後一份報告中就指出，他待在臺灣的最後幾個月（從一九四五年八月到一九四六年四月），主要忙於維持社會秩序及安排日本人遣返。許多日本人都津津樂道他們在五十年間對臺灣的現代化計畫，岡村寧次就是其一。臺灣在殖民統治下的發展讓這群日本人不大能理解他們竟然戰敗的事實。[20]縱然安藤利吉在戰後初期相當樂觀，仍於一九四六年四月十三日遭美國當局逮捕，關押在上海，最終自殺身亡。[21]

臺灣人和日本殖民統治者之間的關係也不全然融洽，投降這件事就提供了不少完美的報復機會，可以一筆算清舊帳。臺灣的惡棍流氓組成武裝團體，到全島各地的日本人聚居區去騷擾、鬧事。在日本投降後不久，臺北大稻埕北區就發生了日本特警遭殺害的事件。[22]臺灣當局竭盡全力阻止媒體報導這起案件，並且禁止人們向日本人提及任何攻擊事件的內容，正是因為擔心類似的新聞可能進一步激起眾人憤怒。在日本投降之後的那段時間，至少到一九四六年下半年，日本軍人和警察的人數確實都多過在臺灣的國民黨軍隊，[23]也因此，基於安全考量，在面對日本帝國崩解時需要較有彈性的作法。

當時的臺灣人顯然對於未來感到非常困惑，也不確定該視自己為日本人還是中國人。臺灣人應該為自己參與了日本的戰爭而有罪惡感嗎？關於戰爭罪行呢？臺灣人是受害者還是加害者？大約在臺灣被交還給中國的一個半星期之後，《臺灣新生報》在一九四五年十一月六日刊出一篇社論，揭露臺灣人雙重文化的問題。這份報紙在日本人統治期間名為《臺灣新報》，當時是發行量最大的報紙，也相當具有影響力。報社的老闆是曾經在中國大陸求學，後來在法國取得博士學位的李萬居。社論中指出，很多臺灣本地人似乎認為自己既不是日本人，也不是中國人。該份報紙採取了一個完美理性的立場，提議臺灣人應該保有自己所承襲的文化，但同時也重拾中國精神。

一九四五年十一月是一段充滿變動的時期，因為臺灣行政當局突然宣布，所有街道名稱及地名要在兩個月之內由日文改為中文；國民黨政府下令，臺灣人不得再以日本人的名字為地方命名以頌揚日本偉人；國民黨官員則宣稱，新的地名必須反映出「中國精神」。這些新措施在報紙上廣為宣傳，然而事起突然，造成了許多困惑。隨著地名改變，語言政策的方向也跟著改變。一九四六年二月十一日，當局發布的新政令直接撼動了出版界。一系列新的法條禁止媒體發表任何有關日本皇軍軍事成就、鼓勵參與大東亞戰爭、支持「皇民化」、傷及國民黨國家政策以及違背孫中山提倡之三民主義的內容。再往前一日的二月十日，日本影片則被禁止播映。路名、地名更改已經造成混亂，一九四六年三月一日，車輛的行駛方向又從日本統治時期的靠左改成靠右，更使得交通大亂。[24]事隔不到兩週，國民黨當局又於三月十日下令拆除所有的日本紀念碑，但可能是受限於經費，許多地方並未整個拆除，只是改個外觀或重新命名而已。[25]

國民黨的宣傳部門集結所有資源，倡議數個新措施以在臺灣推廣中文，但是卻碰到一些問題。不只文盲比例高、教師不足，中文教材在臺灣更是昂貴而不易取得。國民黨當局雖然想要愈快愈好，但也知道實際的情形不如所願，因此只好採取先在知識分子圈內推廣中文，然後逐漸取消日文的作法。到了一九四六年十月二十五日，臺灣交還給中國屆滿一年，報章雜誌內的日文專欄已經全部被禁止，這引發臺灣居民全體的不滿。一些歷史學家指出，後來所發生的社會動亂很可能與這些群眾不滿有關。當時在媒體上禁絕日文的作法遭到口誅筆伐，之所以衍生不滿，是因為臺灣在日本的統治下才剛忍受過完全相反的政策。日本人當年在臺灣耗費不少時日推動殖民政策，到了一九三七年，殖民當局立法禁止臺灣的日文媒體使用中文。滿腹委屈的臺灣人被迫接受了多年密集的日文訓練，最後卻又被告知他們成了戰爭的另一方，所以不能再使用日文。[26]

在日本皇軍中有很大一部分的臺灣人（朝鮮人也一樣）並非正規軍人，而是被僱用為警衛人員，遍布帝國內的戰俘設施。這些人被稱作「軍伕」，屬於較低階的一群，卻是直接與盟軍戰俘頻繁接觸的人，也因此，盟軍在戰後擬定戰犯名單時最容易記起他們。相反地，日本憲兵隊的人數雖然多過那些受徵召入伍的臺灣人，但在戰後的戰犯審判中遭定罪的比例卻比臺灣人低了很多。[27]日本在殖民地徵召的軍人往往在審判中面對更嚴厲的命運。外界對乙丙級戰犯審判的主要批評，就是針對把日本人及殖民地人民一同交付審判的這項作法。然而，山本真弓（山本まゆみ）提醒我們，日本帝國範圍內的一些朝鮮監獄警衛「每個月的薪水可以拿到五十日圓，而日本士兵的薪水每個月才七日圓，所以朝鮮人可以常常去餐廳吃飯、逛妓院，花起錢來比日本士兵大方得多」。[28]對於非日本族裔者在帝國內不同的地區過著什麼樣不同的生活、從事什麼樣的工作，我們應該有更多面向的觀點。

不管怎麼說，在盟軍的戰後追訴中，有一部分是針對那些來自朝鮮及臺灣的日本殖民地士兵，很可能是因為他們都是負責監管盟軍戰俘的人。這些來自殖民地的守衛只經過粗淺的訓練，囤積的補給稀少且大多相當年輕。但是盟軍戰俘在戰時是日本宣傳機器中重要的一環，日軍駐朝鮮軍區②的參謀長井原潤次郎在一九四二年十月十三日發出一份備忘錄，指出在轉運戰俘時經過朝鮮正是為了評估這種宣傳的影響力。臺灣也曾是許多盟軍戰俘的轉運地，我們可以假定那是基於同樣的理由。帝國的子民們會看到什麼，而這又會在他們心中留下什麼印象，都經過日軍精心計算。井原潤次郎在備忘錄中寫道：「他們（朝鮮人）可以嘲笑這些可悲的戰俘，看看這些西方人軟弱的意志力……這會強化日本皇軍戰勝他們（盟軍）的事實。」[29]但這確實不能充分解釋何以那些殖民地戰俘營的警衛會對盟軍戰俘如此不留情。日本東京大學法學部政治思想講座教授丸山真男就認為那是反向迫害的一種形式，由於臺灣人及朝鮮人在日本帝國內一直處於底層，因此藉著對盟軍戰俘的迫害得到優越感。[30]日本的軍事訓練讓這些殖民地士兵領悟到帝國軍事系統的鐵血無情，但他們同時也被指示要輕視西方士兵，尤其蔑視他們成為戰俘的事實，成為戰俘就是終極的羞辱。戰俘營警衛在日本軍隊中處於最下層，因此每天都直接與戰俘接觸，這也成了戰爭結束時這群警衛最受盟軍痛恨的原因。事實上，《波茨坦宣言》中特別列了一項條款，規定嚴厲制裁那些虐待盟軍戰俘的人。[31]

除了在亞洲被交付審判的五千七百名乙丙級日本戰犯，還有成千上萬的人遭逮捕，但未被進一步調查及起訴，難以認定確切的人數。與此同時，許多臺灣人在中國遭到逮捕，主要原因就是當時中國舉行了不少通敵者的審判。一九四五年到一九四七年間，有超過三萬人被控叛國，其中大約有六千人獲判無罪、一萬五千人有罪，且許多人被判處死刑。[32]國民黨過於積極地追訴通敵者，導致後來不得不限制證據的蒐集，一方面是因為法庭無法處理大量的資料，另一個原因則是國民黨政府想要花更大的心思專注於與共產黨的內戰。戰後對於臺灣人／中國人戰時行為的審判，在本質上仍不同於日本戰犯審判，但還是有兩個相似之處。第一，通敵者審判能讓國民黨展現自己才是統治全中國的合法政權——包括那些過去受占領而在新近才解放的地區；第二，國民黨必須與共產黨競爭中國大陸人民的支持，至於在臺灣，國民黨則必須說服曾受日本教育的本土臺灣人，他們會把這個地方管理得比日本帝國更好。所以相關審判的排場及儀節，都讓國民黨有了舞台，能夠展示自己是在國際法的大旗下根據一九四三年的《開羅宣言》合法地治理臺灣。

不論在臺灣或是中國大陸，直接被以戰爭罪行起訴的臺灣人並不是真的那麼多，但是在澳洲，卻有許多臺灣人被以向澳洲國民施暴的罪行遭到逮捕並起訴。除了在澳洲北部城市達爾文（Darwin）的幾起審判之外，大多數澳洲主持的審判都在其境外的領土進行，所以並未受到澳洲公眾的審視，也免於判刑過於寬大的輿論。[33]由於曾直接遭到日本軍隊攻擊並造成傷亡，加上有大批的澳洲士兵被俘，因此澳洲在追訴日本戰犯時態度尖銳且相當狂熱，在香港、馬來亞的納閩（Labuan）、新加坡、巴布亞紐幾內亞（Papua New Guinea）的韋瓦克（Wewak）、拉包爾（Rabaul）、印尼的摩羅泰島（Morotai）、安汶（Ambon）以及達爾文港（Port Darwin）都舉行了審判，最後一場審判則是在馬努斯島。其中拉包爾審判的規模最大，共有一百九十七筆案件、

② 審訂註：即大日本帝國陸軍第十七方面軍。

四百零八名被告接受審判。[34]拉包爾是巴布亞紐幾內亞新不列顛地方受澳洲法律管轄的一個市鎮。澳洲主持的戰犯審判牽涉到北婆羅州古晉（Kuching）及山打根（Sandakan）被盟國軍隊解放的戰俘營，是最大宗的臺灣籍戰犯案件。根據調查人員的說法，盟軍在前述日本人設置的戰俘營中逮捕了那些虐待戰俘的日本軍人，再把戰犯嫌疑人收容於現在屬於馬來西亞的納閩戰俘營。澳洲最終將起訴人數減少到一百四十六人，其中有一百零二人是戰俘營的臺灣警衛。而兩人被判絞刑，二十七人被判槍決，五人終身監禁，九十四人被判處其他刑期，後來七位原先被判死刑者獲得減刑。一九四六年二月二十八日，這些已定罪的判刑者從納閩被送往摩羅泰島，也就是判決中執行死刑的地點。[35]

一九四六年十月，陳水雲被逮捕並交付審判。他是最早在臺北遭逮捕的臺灣人之一，而後在臺灣的軍事法庭以戰犯身分受審並被判刑。曾經在臺北地區擔任警官的陳水雲是因非法逮捕、拷問及導致關押嫌犯死亡等罪名受審，那時臺北法庭審理了七起類似的案件，其中有五位嫌犯是警察或殖民當局的特警，一人隸屬憲兵隊，一人是憲兵隊助理人員。陳水雲當時被判處死刑，但最後是否行刑，我們不得而知。另外有一位原先來自中國、後來在宜蘭市擔任警察的臺灣人也受到軍法審判。他所涉及的罪名同樣是非法逮捕，以及發生在一九三七年十二月、導致兩名宜蘭市民死亡的舊案，他和他的日本同僚被判了數年的有期徒刑。[36]

叛徒？戰犯？

戰後東亞要面對的一個重要問題是，誰應該因叛國罪受審、誰又應該作為戰犯受審？這個問題至今仍相當重要。而剛開始並沒有一定的標準，各地區所接受的指示是可以自行決定如何審判叛徒及日本戰犯，但是必須秉公處理且遵循適當的司法程序。無論法庭或警方都獲告知「不能容忍任何歧視」，而叛徒應由各地最高等級法庭審理。這可不是一件小事，統計數據顯示，叛徒審判的案件數量遠遠多過日本戰犯的案件。中國方面的檔案記載，從一九四四年十一月至一九四七年十月，總共有大約四萬五千件通敵叛國案，最後有三萬件成案。[37]這些案件是由一般的中國法庭審理，而戰犯案件的審理則是交由特別設置的軍事法庭，另外也有為了從適當的國家——例如當時負責管理日本占領事宜的美國——引渡嫌疑人而實行的措施。

根據中文字典的定義，「漢奸」原本是指戰爭中失敗的一方轉而幫敵人工作者、漢族中墮落的敗類，或是仰賴入侵者施捨、接受外來報酬的人。這個意思後來引申為那些做的事不利於國家的人。[38]「漢奸」並不是一個法律名詞，而是一種污名印記，就如同戴維（David Atwill）所說，這個名詞也承載著其他意想不到的歷史定義。[39]和田英穗就指出，臺灣的戰爭罪犯問題有些特別的地方，即他們往往夾在戰犯或叛徒之間進退兩難，更尷尬的是，不管是哪一種，他們都無法全身而退。[40]尤其值得注意的一點是，中國人所理解的「漢奸」比起美國法律意義上的「叛國」

（treason）要更有彈性——雖然從另一方面看來，叛國的法定意涵中不包括種族的要件，但「漢奸」卻必須是中國人。美國是少數幾個在憲法中明白定義叛國罪的民主國家之一，但叛國是一種很難在法庭上確認並證明的行為，要讓這項罪名成立至少要有兩位證人，檢控方也必須證明被告有反叛的意圖，然而，中國人所謂的叛徒卻沒有這麼嚴謹的規定，許多案件只是起口角的雙方捕風捉影的指控，通敵指控也經常與戰時的不當行為無甚關聯。林秋萍指出，中國人對叛徒的傳統定義與戰後新法的定義不同之處在於，傳統的定義著重於行動，但二次大戰後，叛徒的定義不再是根據一個人的行為，而是依其職稱及職位決定。戰爭罪行的定義廣泛，諸如「謀殺、飢餓虐待、強制奴役勞動……販售毒品、施虐等等」。[41]至於叛徒，則是一個更含糊的範疇，在法律上就簡化為「在中國跟敵人合作的人」這樣模糊不清的一句話。[42]

在中國的抗日戰爭中，當個叛徒和被視為戰犯之間的界線含混不清。進一步來說，應該先審判哪一種人又是一項難題——是破壞國共之間脆弱連結的國內罪犯？還是可能東山再起、繼續占領中國的日本人？一九三八年八月八日，約莫在戰爭開始時，國民黨政府早已頒布了《修正懲治漢奸條例》，其中一部分寫道，提供消息給敵人或間諜，抑或參加左翼分子活動，都等同叛變，要面對死刑的懲罰。[43]國民黨戰後在這方面也許軟化了立場，但是絕對不可能明言。一九四五年十一月二十三日，國民黨接著頒布了《處理漢奸案件條例》，其中規定只要為日本人工作或跟日本人一起工作，都算是漢奸。一九四五年十二月六日，國民黨更進一步將叛徒的法律狀態定義為「參加或為傀儡組織或其相關團體辦理活動者、為敵人或傀儡組織工作者、令敵人獲益抑或讓國家蒙受損失者……」。至於什麼樣的行為屬於「令傀儡組織受益」，在最糟的情況下可能根本無法定義，即便好一點的情況中也是模糊不清。整個「漢奸」問題的本質，就是幾乎每個與敵人或由日本所控制的組織沾上任何一點邊的人，都能被影射為漢奸。[44]戰後臺灣顯然就面臨了這種困境（戰後的法屬印度支那及朝鮮都碰到同樣的難題——如何在日本帝國解體之後規範前述問題）。叛國活動的特徵是進行反對國家的計謀或破壞國家和平，這包括各式各樣從國家失序中獲利的黑市商人，例如販賣食物以及操弄金融商品等。[45]一位曾經在上海叛國審判庭上觀察的著名中國記者指出，沒有任何軍人被當作叛國者審判，而許多所謂的「經濟叛國者」都私下動了手腳，躲過制裁。原先在地方上占據較高職位的叛徒甚至能繼續保有村里中的官職，而職位較低的人卻遭到起訴。[46]而中國共產黨對於叛徒的定義更簡單，就是「人民的敵人」。

中國國民黨和中國共產黨一開始都努力想將「通敵」和「戰爭罪」區分為兩種不同的罪行，然而某些時候確實很難加以分別。中國共產黨媒體經常將「戰犯漢奸」當作固定的表達方式，這個詞指涉的對象包括日本敵人、汪精衛集團所領導「南京偽政府」內的官員，以及「偽滿洲國」傀儡政府中的日本和中國官僚。[47]一九四六年十月二十日，國民黨政府內負責監督其他四個部會的監察院發出一份備忘錄，內容包括丘念台談及是否應該把臺灣人當作漢奸，以及該如何對待臺灣人。丘念台判斷，過去五十年間，臺灣人在日本殖民主義統治下飽受剝削，並且與中國阻隔，因此戰後國民黨政府應該善待他們，為其創造出穩定的條件，使其安心回到中華文化的懷抱。重新建立對臺主權的正確方法，應該是讓中國所有省分都不計前嫌、平等對待臺灣人，這樣臺灣人才會真心希望回歸祖國。為了達成這個目的，丘念台建議中國沿海省分釋放所有被以戰犯及／或漢奸罪名起訴的臺灣同胞。他在備忘錄中寫道，中央政府已經明文訂定臺灣人不應被當作漢奸起訴，但如果證據確鑿，還是可以被視為戰犯起訴。[48]國民黨政府國防部長白崇禧隨後也發了一份備忘錄，支持丘念台的動議，並附議臺灣人應該被免於起訴這個意見，因為追訴臺灣人並不符合中國的最高利益。[49]臺灣人對「漢奸」問題則十分憂心，彼此間的討論未曾停止。一九四七年一月二十三日，廈門市臺灣同鄉會發了一份備忘錄給國民黨官員作為辯護，內容提到，臺灣當年是遭日本入侵、占領了五十年，所以臺灣人不應該被當作戰犯追訴，而且在對日本政權長年的反抗後，臺灣人很樂於重新獲得中國的公民身分與認同。這份備忘錄是直接送到國民黨總部，內容提到臺灣的法律地位問題，以及臺灣人是否可以被當作日本戰犯起訴，同時指出了其先前是殖民地子民、但在日本投降後身分一夕之間改變的事實。[50]

處置內奸

汪精衛是前國民黨官員，也是中國的變節分子。他與日本人來往密切，而後在南京建立起傀儡政府，因此歷史評價並不好。不過，他究竟是為了拯救中國免於喋血山河才與日本謀求和平，或是出賣了中國？這一直是個充滿爭議的問題。汪精衛於一九〇六年畢業於東京法政大學，屬於道格拉斯．雷諾斯（Douglas Reynolds）所稱中日關係「黃金時代」的那批人。[51]汪精衛絕非始終是崇日派，他曾被認為是堅定的中國改革者，在一九〇五年就已經開始為革命團體寫文章鼓吹，也在那時採用了「汪精衛」這個名字。精衛在中國文化中是一隻意圖用樹枝和石頭填平大海的鳥，牠沒有盡頭的薛佛西斯式努力，被用來類比想要改易僵化巨大的清帝國有多麼艱鉅。在戰前的中國，許多人在寫文章時都習慣使用多個不同的筆名，也有不少人一生中有許多稱呼。汪精衛年輕時就立志推翻滿清，於一九一〇年謀刺清朝攝政王失敗被捕，國民革命期間在監獄中待了一段時間，獲釋時則被尊為民族英雄。雖然汪精衛曾經是蔣介石的得力助手，卻也是他的競爭對手，但直到日本人確實在中國現身後，國民黨才真正開始分裂。國民黨政府逃離南京，撤退到重慶，並以重慶為基地抵抗推進戰線的日本，因此汪精衛於一九四〇年三月三十日在南京成立了新的國民政府。這個情況有點像法國的維琪政府。二次大戰時納粹德國攻占法國，戴高樂將軍率領部分自由法國政府撤退到英國，多數人則留下來，眼看著一戰英雄貝當元帥（Marshal Philippe Pétain）所主導的叛國政權分裂他們的國家。[52]日本官員當時透過成立新的國民政府刻意分化中國的領導階層，他們期望這個新政府既不反對日本，也願意放棄和中國共產黨的聯合陣線，讓日本人得以涉入中國內部的事務。然而，問題依然存在——這是中國領導者拯救中國的途徑還是通敵叛國？[53]汪精衛是一個跟日本人打交道的戰犯嗎？他的行為多少也反映了臺灣問題，以及許多中國人在戰爭期間所面臨的更大問題——是否還有其他選擇？

當時的中國也不僅只有汪精衛一個通敵政府，各地還有數種傀儡政府，包括有中國官員在其中運作的滿洲國。劉傑指出，一般而言，在日本及中國都曾視研究這類主題為禁忌，但現今潮流已改變，學者已經可以檢視汪精衛現象。根據劉傑分析，日本學者在這方面的意見也相當分歧，有些人認為汪精衛是直接聽命於蔣介石的代罪羔羊；有人則表示，汪精衛認為蔣介石愈來愈傾向獨裁，所以採取反蔣的立場。至關重要的一點是該如何解讀汪精衛——他是一名親日分子？或只是看到了統一中國的另一種方法？他像是貝當元帥？或更像挪威的通敵總理維德孔．吉斯林（Vidkun Quisling）？他是法西斯主義者還是諂媚者？這點至今未有定論。

在日本，汪精衛的形象發展出了不同的歷史層次；但在中國，沒有人會把汪精衛視為愛國人士，對中國人而言，此事非黑即白。他們將「對日抗戰」視為日本意圖消滅中國的一段時期，然而在日本的歷史裡卻不是那麼回事。劉傑的結論是，汪精衛在中國被視為典型的叛徒，這是因為中國歷史經常將英雄與反派區分得一清二楚，並以此交代整個故事。然而，南京大學歷史學院教授張生指出，中國歷史上的叛徒經常是長期暴政下所衍生的結果。雖然中國歷史悠久又多彩多姿，歷朝歷代卻也一直為缺少明君所苦。為了在這種朝代更迭的環境下生存，中國人必須不斷地轉型，而中國持續不斷的政治動盪，就催生了許許多多反叛者的敘事，也就是那些不願意接受下一個朝代統治的人。[54]劉傑認為這就是中國歷史上產生「叛逆文化」的原因。不過到了一九九〇年代，一些中國學者開始重新評估戰後歷史敘事，有些人甚至把汪精衛譽為「革命家」。

汪精衛從未能控制國民黨的軍隊，但他確實有這個企圖。日本官員也很清楚這樣的情況，連負責監督汪精衛在南京成立政府的日本高階軍官今井武夫，都覺得他並非想在南京成立敵對政權，而是想集結力量推動與日本之間的和平。汪精衛相信，唯有通過和平，才能拯救中國免於被摧毀。汪精衛臨時政府中的副手周佛海，力主不能讓日軍駐紮在南京城內或近郊，他是懷著這個目標加入汪精衛的核心圈。他和汪精衛都不特別在乎防禦，但兩人皆希望保護中國免於共產主義滲入，所以在政治宣傳中，他們大力推廣與日本人聯手的想法。[55]到了最後，國民黨針對這些人的叛國審判已經不僅關乎戰爭罪行，反而更是對國內權力的一場鬥爭。一九四五年九月八日，國民黨領袖從重慶抵達南京後的第一件事，就是逮捕汪精衛的妻子與家人，當時汪精衛則已經去世。而另一方面，在國民黨的政策中，很早就定調不追訴跟滿洲國或蒙古自治區有關的漢奸，因為當時這兩個區域的情況特殊。

帝國日本人的戰後身分難以界定

思考對臺灣人的審判，讓我們得以觸及問題的核心——身分認同、法律，以及日本帝國最後的衰亡。在政策與實際施行之間存在著落差，關鍵因素就落在戰後中國人對法律和正義的操作。其中一部分的核心問題是，戰爭剛結束時的中國法律是否被賦予了新意義上的國際正義？二次大戰後，所有的勝利者都想審判日本戰犯，但他們究竟想從追訴過程中得到什麼？另一個令人困惑的問題是要將誰當作戰犯起訴，光是為了判定誰是日本人、誰是中國人，就已經引發法律上的大混亂了。小熊英二指出，日本在一九四五年十二月宣布改變戶籍登記法，讓情況更加複雜，因為這次變動，使得大量日本公民的法律身分被改回臺灣人及朝鮮人，剝奪了他們原先身為日本人所擁有的權利。[56]一夕之間，這一大群被殖民者就在毫無預警的情況下遭到日本帝國放棄了。直到一九四七年，在日本的朝鮮人才得到「合法外國人」的身分，而後在一九五二年簽訂《舊金山和約》時，他們才得到外國人居留許可。[57]日本拋棄了帝國的附屬品，但並不代表朝鮮人和其他前日本殖民地人民就會被其他地方接受，他們甚至得不斷面對「法律」作為屏障阻撓，將他們排斥在外。

就在戰爭結束前，國民政府之下的國防部制定了明確的政策，提出與戰後日本互動的綱要，但臺灣問題的發展卻出乎意料，最後還是得仰賴日本的協助。前述的政策在各項議題上主張改變日本的天皇制度並修改明治憲法，達到真正的還政於民。這項政策的推行代表若要改變日本，就要消除會塑造出天皇崇拜社會的政治及教育制度，包括神道教及軍國主義社會。[58]然而，國民黨儘管可以鉅細靡遺地規劃對日本的外交政策，但面對臺灣島上的中國同胞時，卻難以做出同樣清晰的計畫。國民黨在一九四九年撤退到臺灣之前所主持的戰犯審判，經常都把臺灣人視為「日本人」處理。當時在東亞，大約有一百五十名臺灣人以乙丙級戰犯身分被送上軍事法庭，約有二十多人遭處決。有些幸運的臺灣人碰到了較寬容的法官，但在處理這些前殖民地人民時，其實並沒有一致的作法，他們被判處什麼刑期經常是因為機緣，而非根據政令。在第一批審理的案件中，就有一個不尋常的例子：有一位在武漢市報社工作的臺灣人莊泗川以通敵者的身分在湖北法庭受審，結果被判無罪。根據法官的說法，判決理由是莊泗川身為日本人，必須服從命令，所以不需要為自己的行為負責。[59]

至於日本人就這麼把曾經支持日本帝國的臺灣人扔開了，這些臺灣人是被拋棄的「棄民」。林三城的故事並不算特別——還有許多人碰到更糟的情況——但我們可以從中略知當時的情況。林三城原先是臺灣人，但在戰後的緊要關頭取得了日本公民身分，雖然自認是臺灣人或在族裔上是華人，但戰後他卻因為不會說中文而無法回中國。林三城只會說日語，這在與他同輩的人當中是司空見慣的。他在十六歲那年被送往婆羅洲擔任戰俘營的日本警衛，他說自己牢記日本軍官的命令——不必把戰俘（無論男女）當人看待。[60]戰爭結束後，由於林三城是被殖民者，故先被遣送回臺灣再送到日本，他在戰後失去了日本帝國人民的身分，卻又未取得明確的中國人身分，基本上就成了法律所定義的遊魂，或用臺灣小說家吳濁流的話來說，這樣的人陷入了「歷史漏洞」中。日本帝國在戰後輕率地解除了這些殖民地子民的身分，這更清楚地表現了其長久以來所代表的價值觀——一個以民族為中心構築的等級制度，他們重視的向來是日本民族的利益，外來者不在這個範圍之內。

國民黨統治臺灣的最初幾年是一段痛苦的調適期，臺灣人夾處於失去榮光的日本身分，以及強加於他們身上的中國身分之間。當時臺灣人和中國大陸人之間發生街頭鬥毆是常有的事。臺灣人會隨機強行攔查行人，用「要對方說日語或唱日本國歌」來判定是不是大陸人。[61] 如果他們會說日語，就代表是成長於日本殖民統治之下，因而這些生於本島、遭受過殖民統治的人也會接納他們。大多數的臺灣人或許對自身的命運並不滿意，但他們也別無選擇。一八九七年，允許他們前往中國大陸的兩年緩衝期失效後，臺灣人自動成為日本公民，隨著二次大戰結束，他們再次發現一個新身分——中華民國國民——被硬是推到自己身上。在日本以及其他前帝國範圍內，許多爭端隨著身分而來，加上政治權力的消長變化，這種種問題都刺激著可能發生的政治衝突。在這個已經相當不穩定的情況下，再以戰犯或漢奸的名義起訴他們，恐怕只會火上加油。

澀谷事件

日本帝國邊緣的臺灣人在戰後初期碰到了各種各樣的法律問題，而當時在日本所發生的一些事情，也讓這些前日本殖民地子民產生了罪犯的形象，甚至因此誘使日本人也認為他們是戰犯。

根據川島真的記述，一九四六年七月發生在東京的澀谷事件，就顯示出臺灣的去殖民化以及他所稱的「日本去帝國化」，都是令人飽受折磨的過程。與外來的國民黨政權強行指控臺灣人民犯下戰罪及通敵相似的是，臺灣的去殖民化並不是當地人民主動爭取，而是由外來的力量強加在他們身上。[62]前帝國子民和新近獲得的中國籍身分之間的衝突，最明顯的表徵出現在戰後盛行於日本各城市焦土間的大量黑市。[63]戰後的日本經濟一蹶不振，每個人手頭都沒有錢，進口陷於停頓。對大多數的日本人來說，每天能夠賺得足夠一天溫飽的收入就已經是艱鉅的挑戰。由於日本政府和占領當局都無法及時恢復貨品供應，因此這個結構上的缺口很快地便由第三方勢力填補起來。到了一九四五年秋天，單單東京一地，至少已經出現了四萬五千個露天市場攤位，其中許多都與協助管理的組織犯罪集團關係匪淺。[64]日本「極道」③組織在維持市場秩序上扮演了重要角色，但他們粗獷的作法卻與中國籍人士時有摩擦，後者雖然在當時甫獲得正式權利，然而直到不久前在實質上一直被視為次等公民。澀谷是東京市內三十五個行政區之一，前述雙方就是在澀谷的黑市起了一次主要的衝突。一九四六年七月十四日，日本黑道松田組成員刺傷了一位經過新橋町要返家的臺灣攤商。當時中國大陸人、臺灣人、朝鮮人和日本黑道都盡可能爭食著日漸縮小的經濟利益，彼此之間的關係本來就已劍拔弩張，[65]臺灣人不滿日本警方對該起事件的後續調查，於是

③審訂註：黑社會。

聚眾在澀谷警視廳前示威。澀谷和新橋兩地都是東京黑市攤販的集中地，臺灣人在兩處擁有數以千計的攤位，他們自認常常受到騷擾，但其他不遵守法律的人卻安然無事。最後的衝突造成數人死亡、多人受傷，且撕裂了後日本帝國時代的族群關係。澀谷事件是一次典型的衝突——中國籍人士在日本的法律地位改變了，卻對上心態尚未跳脫帝國思維的日本人。

我們不妨在此回顧一位前日本軍人親身的經驗，也許可以根據他在這種窘境中的自述，來理解何以爆發澀谷事件這樣的事情。大貫健一郎在戰爭末期成為神風特攻隊隊員，他在戰後寫下了自己的遭遇。他當時必須迫降海面，未能完成任務。然而，每一名神風特攻隊員在出任務前，當局就會事先向他的家人及長官宣告他已陣亡，所以這些存活下來的人反而成了沒人要的燙手山芋。在多數的情況下，他們會自行躲藏或者住進特別為其準備的宿舍，讓軍方有時間思考如何處置他們。最後，大貫被禁閉起來等待下一次任務，但戰爭卻結束了。他在戰後找不到任何工作，而且由於他的家人正好是在等待由殖民地遣返的在臺日人，所以他也無家可歸，只好流落街頭睡在火車站，直到一位朋友介紹他進入經營新橋黑市的松田組。他最後成為店家、阻街女郎等各種人物的保鏢。從他的經歷可以看出，在後帝國時代的日本社會，神一般的英雄（例如神風特攻隊駕駛員）多麼容易在一夕之間淪為替黑社會工作、生活拮据的打手。[66]

當時的駐日中國外交官沈覲鼎在戰後所寫的回憶錄中指稱，長期以來，中國人和朝鮮人都被日本人當作次等人，但隨著日本帝國瓦解，中國人突然變成頭等的「勝利者」，這個現象引起日本人的嫉妒。在帝國擴張時期，日本人對中國人的敵意尚有所克制，只在檯面下醞釀，但隨著日本戰敗，這股敵意也迅速地浮上檯面。一九四六年七月十九日，槍聲響起，日本警察趕抵現場企圖平息衝突，結果自己也捲入暴動之中。最後，這場發生在澀谷區的械鬥，本來只介於日本警察和剛剛在法律上獲得權利的中國人／臺灣人，但很快就升級為日本警察及武裝黑道對抗臺灣黑社會分子的混戰。中國代表團派員趕到現場呼籲群眾解散，但無功而返，日本警察則派出數百人增援，還有大約三百名日本平民加入戰局，在這大規模的暴動期間，日本報紙則在報導中指出先開槍的是臺灣人。[67]此次事件究竟造成多少傷亡，至今依然沒有具體數字，但據稱至少有四人死亡、二十餘人受傷，也有報導稱實際上有數百名傷者。[68]《朝日新聞》在當月二十一日刊出報導，標題是「警察和來自臺灣省的人發生槍戰，造成十六人傷亡」。[69]最初引發爭執的根本原因在於，許多臺灣人於戰爭期間是以帝國子民的身分來到日本居住，然而日本帝國潰敗之後，他們原先在日本的法律地位被降成了「外國人」——但他們在法律上又是屬於戰勝方的「中國人」。

臺灣人的帝國子民、前日本公民身分突然遭到剝奪，但卻從中在盟軍占領日本的前期得到了好處，得以不受日本法律的約束。一九四六年二月，盟軍總部正式宣布，聯合國會員國及占領國國民不受日本刑法、民法約束，日本當局無權拘留這些國家的人民，且因為他們並非日本籍，所以也無須向日本當局納稅。命令頒布之後，海外中國人在日本的地位立刻提升了——雖然這並不代表經濟狀況必然隨之好轉。[70]由此可知，日本帝國的崩解是某些法律問題的根源：臺灣人在中國所受的待遇與其他中國人不一樣，此外在日本，他們被認為是勝利者；但在帝國的邊緣地帶，他們卻又經常被當作日本人而控以戰爭罪行。因此，臺灣的困境清楚地反映了日本帝國崩解的方式所遺留的問題：在追訴前日本帝國子民涉及的戰爭罪行時並沒有統一的作法，通常都是根據各地統治者的喜好而定。許多臺灣人並不認為他們的日本人身分突然被剝奪會有好處，而這當然也不代表中國籍人士可以不受法律管轄，他們畢竟還是要受到盟軍總部所頒布的法律約束。到頭來，不管澀谷事件中究竟是誰先開槍，問題的癥結在於，日本警察對於臺灣罪犯已經不再有法律管轄權，因此日本帝國突然崩解引發了一場重大的次級法律衝突。儘管這個問題可能僅需數個月的時間即可在日本內部解決，但其實際上卻立刻升級為國際事務，產生了更深遠的影響。

澀谷事件之後，駐日盟軍總部發布命令禁止非日本人經營路邊攤，但這項作法也無助於解決臺灣人／中國人在日本社會中形成新的經濟階層，以及在犯罪方面所造成的種種問題。為了在法律上至少做到表面上的平衡，駐日盟軍總部遂決定，由美國軍方所設置的綜合法庭來審理牽涉到這些剛從日本帝國子民成為中國籍人士的案件。一九四六年九月二十九日，《朝日新聞》在報紙的下方刊登了一則小報導，指出來自臺灣的暴動「煽動者」已經因違反「占領目的」在盟軍總部的軍事法庭遭到起訴，總共有四十一名「臺灣省居民」成為被告。[71]雖然這些臺灣人並非「戰犯」，但還是在美方的軍法庭遭到起訴，原因就是日本的法律對他們已無管轄權。當這些違法分子的混合審判結束之後，一名被告遭判三年苦役，三十八人被判兩年強制勞役，其餘被告則遭到驅逐出境。[72]那次的審判在臺灣、香港及中國大陸都得到媒體的廣泛報導，也引起普遍的憤怒情緒，認為美國占領軍所進行的審判帶有偏見，而日本則是巴不得早早拋棄那些前殖民地的人民。美國政治人物葛超智（George Kerr）在分析戰爭剛結束時的臺灣政治及歷史時，則有稍微不同的見解。他承認，日本警察與剛獲得權利的中國籍人士之間確實發生了衝突，但這些臺灣人是來自「東京的黑社會組織」。葛超智宣稱國民黨領袖抓住澀谷事件大做文章，指出「這就證明美國企圖讓日本軍國主義復甦，而臺灣就很可能再被日本控制」。因此之故，國民黨當局也鼓勵臺灣人群起抗議他們在日本的「同胞」所遭受到的對待。[73]

許育銘對此則有不同的看法，他指出，澀谷事件和日本的去帝國化沒有多大關係，而跟臺灣人在一九四七年的二二八事件以後對國民黨在臺灣的專制統治日益反感密切相關。[74]二二八事件本身在一天之內就結束了，但接下來臺灣全島所發生的動亂卻持續了好幾個月。在那段動盪的期間，國民黨政府為平定動亂，據稱屠戮了數以萬計的臺灣人（也有人說其中包括不少日本人）。二二八事件一連串的暴動與「清鄉」軍事行動的源起，是國民政府企圖制止非法香菸販售，而販售私菸又正好是許多臺灣低下階層賴以為生的主要收入。這起事件在新臺灣的早期歷史中，是一場劃時代的悲劇。其遺緒反映出一道巨大的社會裂痕，兩端分別是日治時期在臺灣出生的人（本省人），和出生於中國大陸而在日本戰敗後才到臺灣的人（外省人）之間。這起事件同時更深刻地將另一個問題拉上檯面——在面對究竟該由誰統治戰後的臺灣及全中國的重大問題時，在中國內所想像的族群融合馬上出現了磨擦。這個現象在東亞地區又顯得別具意義，因其反映了其他亞洲國家的經歷。這些國家之中，有些在日本帝國的統治消失以後同樣陷入內戰；有些則遭到歐洲國家勢力重臨的拖累，例如馬來亞、印屬支那和印尼。那些帶有日本成長經驗「污點」的中國人，必須面對在中國大陸經過抗日戰爭嚴酷考驗的「正統」中國人，或者是那些披著國民黨統治外衣來到臺灣的人。許育銘的觀點是，澀谷事件和二二八事件皆涉及無法快速妥善處理在臺日人及在日臺人的遣返事宜，以避免待遣返人士和「當地人」發生政治或經濟衝突——這兩個國家的「當地人」都因為日本垮台之後所獲得的新身分而陷入貧困。[75]

中國大陸方面則到了一九四九年以後，依然將澀谷事件視為高傲的日本在占領監護之下仍無法按計畫確實進行「民主化」的例證。一九五〇年夏天，韓半島爆發戰爭，中國共產黨政府發動「反美扶日運動」，宣稱美國帝國主義圖謀利用日本作為在東亞反蘇、反共產黨的基地，因此意欲獨攬日本的占領權。一本在一九五一年出版的中國書籍中就指出：「中國人本以為日本人在戰後不可能再傷害中國人了，但現在看看澀谷事件中，我們臺灣同胞所受到的對待。」[76]書中也寫道，日本人當時很輕視臺灣人，並將他們稱作「第三國人」。此外，「在日本學習的中國學生常常受到欺壓」。作者之所以這麼寫，就是意圖把澀谷事件跟還住在前日本帝國的中國人聯繫起來——雖然「學生」跟這場暴動之間並沒有什麼必然的關聯。[77]

出了東京戰犯審判的範圍之外，國際社會在追訴戰爭罪行方面所採取的方法及程序，和國際上對正義的全新定義之間有時會有所歧異，然而日本人與像臺灣人這樣的前帝國子民應該要面對的是後者這樣的國際正義。不幸的是，參與追訴的各個要角比較關心的往往是當時的現實政治語境，反而不太注意多個倉促建立的相異法律體系在追溯粉碎的日本所遺留的大量罪行時所產生的實際矛盾。乙丙級戰犯審判對非日本人所採行的模糊邏輯、司法管轄權的界線不明，加上經常未明顯區分戰爭罪行與通敵行為，使得我們在研究東亞的這一段歷史時，必須繞開以美國人為中心的方法。由於中國人和日本人在處理戰犯與通敵者的同時，也得將國內穩定性的問題納入考量，因此正義雖然得以實現，卻並不代表害怕過度撼動平衡而採取的手段便於理有據。崔德孝（Deokhyo Choi）就指出，我們在檢驗日本帝國的去殖民化時，必須將之視為「重建都市及殖民社會的相互共建過程」。[78]日本帝國的終結在東亞造成的迴響，也以同樣的幅度反過來影響了日本自身。東亞國家的外交政策有其邏輯性，其所依據的理由也與歐洲及美國占領軍大異其趣。更重要的是，許多作為戰爭罪行審判基礎的法律及政治決定，都持續在日後構成了具備形塑力量的壓力，影響日本人在戰後如何經驗帝國毀滅，以及臺灣人和中國人如何思考自己戰後初期在東亞甫獲重構的地位。

第四章

追求屬於國民黨的正義

四個滿身傷痕的偉大戰勝國並未伸出復仇之手，
而是自願將擄獲的敵人交付法律審判，
這可說是強權對公理做出最有意義的貢獻之一。

——美國主檢控官羅伯．傑克森（Robert Jackson）
於紐倫堡大審的開庭陳述

中國所舉辦的戰犯審判中，臺灣問題的複雜性預示了把日本人送上法庭以追索正義將十分困難，而中國國民黨在實際審判中面對的技術性問題也是個重擔。國民黨當時意圖透過審判立足國際，讓中國人民看見其於國際間的存在，但此一方式最終卻捲入了國共間的衝突。當時對正義的追求也不僅僅是根據國際法而已，追訴戰犯、通敵者或叛國者可作為解決日本帝國崩解後階級翻轉的手段，並排解眾人的怨怒，同時也能透過要求犯下暴行者贖罪以尋求公義。國民黨採取這些行動可以讓當局擺出「正義」的架勢，對於獲得國內及國際的支持，都是至關重要的元素。冷戰初期，東亞國家開始重建其法律體制，日本也準備重新建立與鄰國的關係，這些都在冷戰初期重整日本帝國疆域之際扮演重要的角色。然而，我們也不能忽略現實政治的層面。簡言之，即使在日本投降後，中國國民黨的未來發展仍然仰賴其前任敵人的技術及軍事支持。這個情況跟當年英國所面臨的差不多，而法國當年在印度支那面對越南獨立同盟會（Viet Minh）及撫平殖民創傷時，也有類似的情形。一位英國軍人菲利普・馬林斯（Philip Malins）就在戰後懷疑自己「是否違反了《日內瓦協定》（Geneva Convention），因為他當時負責管理日本投降人員（Surrendered Personnel, JSP）時，還繼續讓他們攜帶武器作戰，而這些武器也用來重新裝備法國部隊，才保住西貢不致陷落。」[1]他當時負責指揮多達六萬九千名日軍俘虜，其中許多人受英國僱用以維持秩序，對付那些以為戰爭結束後就可脫離法國而獨立的越南人。日本投降後，盟軍訓令將印度支那（越南、柬埔寨、寮國）劃分成兩部分以利交接。北緯十六度線以北由中國接收日本部隊交出的武器，以南則由英國負責。[2]

由於日本帝國在臺灣及朝鮮都曾經進行長時間的殖民統治，也都曾經大量徵兵，以致在進行戰犯審判時，究竟誰是戰犯、誰是通敵者或叛國者的問題就變得複雜難解。雖然擊敗日本的目標終於完成了，但新的世代來臨時的現狀（status quo）卻遠稱不上穩定。建立國際法庭追訴東亞的戰犯是一段有目的的過程，旨在強調一個遭到忽略的問題：甫獲解放的東亞公民如何適應自己在國際舞台上已身為政治主體的概念。有史以來，中國人首度成了日本人過往政治及軍事上管理角色的繼承人。

中國國民黨對日本乙丙級戰犯的追訴，始於一九四六年四月的北京①，與東京審判開始審理甲級戰犯的時間相當接近，審判在中國主要的十個城市舉行，前後長達近三年。當時正值國民黨與共產黨內戰初期，所以乙丙級戰犯審判對其而言意義相當重大。至於世界上的其他國家，則正忙於在斷壁殘垣中重建。岩川隆評論了這個遭到國際忽視的現象，指出在聯合國戰罪委員會的檔案中有關遠東的部分，只有一例是中國的審判紀錄，亦即酒井隆中將的審判紀錄。除此之外，在聯合國的檔案與英語文獻中未見其他中國法庭的審判紀錄。[3]是什麼歷史性的力量使得中日關係間這麼重要的一段歷史如此隱諱？其背後的原因又是什麼？

由於有太多在中國舉行的日本戰犯審判個別案件值得細述，在此我僅專注於四個具代表性的案例。第一個案例是被起訴並受審的酒井隆。第二個案例是在日本被逮捕，再被引渡到中國的谷壽夫中將，他是少數幾位在中國因南京大屠殺而受審的日軍高階軍官之一，因為在當時，司法之雷主要落在處理甲級戰犯（例如松井石根大將）的東京大審上。第三個案例是最典型的日本部隊暴行，也就是惡名昭彰的「百人斬比賽」，為此接受審判的是野田毅少尉和向井敏明少尉兩人。第四個案例則是被稱為「頭號戰犯」的岡村寧次大將，他最後出人意料地無罪釋放。岡村寧次在中國的地位及權力不下於松井石根，但國民黨的軍事法庭最後判他「無罪」，並允許遣送回日本。我認為這四個案例，各自代表了一種國民黨處理日本戰犯時做出決定的過程。國民黨所主導的審判和中國共產黨在一九五六年所主導的審判（將於第七章詳述）有一個很大的差異——在中國國民黨主導的審判中，幾乎所有遭起訴的前帝國士兵都堅稱他們是無辜的。

起初，國民黨為了審判日本戰犯舉行了數百場政治集會及討論會，計劃大舉逮捕並在中國進行無以計數的審判。但由於檔案未經過徹底校勘整理，加上當時中國方面的統計數字和美方的數據頗有出入，所以相關紀錄並不完全清楚。其實，日本在戰後計算的戰犯人數和中方也有出入。根據日本的紀錄，在中國國民黨所主持的法庭受審的日本人約有八百八十三人，其中有五百零

①審訂註：此時該城市的名稱為「北平」，而原文使用「北京」是為了方便英語世界的讀者閱讀。北京在中國近代史上數度更名，先是於一九二八年北伐成功之後改名為北平，盧溝橋事變遭日本占領後又更名為北京，但是一九四五年八月孫連仲接收北京之後，再度更名為北平。

四人被定罪，中方的歷史紀錄卻顯示只有四百四十二人被定罪。[4]前面已經提及，雖然中國的面積及人口都大過日本攻擊過的所有地區，但其審判日本戰犯的規模比起美國審判乙丙級戰犯的規模其實小得多。美國所主導的乙丙級日本戰犯審判共有四百五十六起，受審者共一千四百五十三人。撇開這些數字不談，東京審判事實上反映的是日本人對西方人犯下的罪行，而中國主導的戰犯審判則聚焦於日本人對中國人犯下的罪行。大多數的指控不是有關領導或責任的甲級罪行，而是針對特定對象對中國人施暴的個人層次罪行，雖然其中也有些罪行和偷竊、掠奪、奴役有關。然而，日本歷史學家林博史指出，其他西方國家和歐洲勢力在意的是日本於一九四〇年以後橫掃了其殖民地，中國國民黨主持的日本戰犯審判卻十分不同，其中饒富趣味的一點是，這些審判中最後宣判無罪的人數相當多——大約百分之四十。造成這個數字的原因之一，無疑是中國的內戰當時打得如火如荼，讓國民黨無法專心處理日本戰犯。但另一個原因是就務實層面考量——既然對日抗戰已經結束，蔣介石的政策便傾向取得先機，改善與日本的關係。

日本近代史學者伊香俊哉指出，國民黨對日本戰犯的審判有兩個預設的目標：第一是在法律的架構下懲罰個別戰犯，第二則是給日本人一場政治教育。許多人會同意第一個目標有一部分成功了，但考慮到日本國內對乙丙級戰犯審判普遍反感，認為那不過就是戰勝者的正義，所以第二個目標不能算完成。[5]伊香俊哉也找到國民黨內部文件，顯示國民黨領導人早在一九四三年就已經知道，於戰後追究個人戰時所犯下的罪行並無前例可循，也無法律依據，然而一戰之後所簽訂的《凡爾賽條約》，卻給這類法律行動留下了法律漏洞。因此，從一九四三年末起，中國國民黨就開始編撰日本戰犯嫌疑人的名單，同時蒐集相關證據。一九四三年三月，國民政府的外交部開始在「日軍在華暴行調查表」中列出日本人戰爭罪行的相關資訊。國民黨試圖在這份紀錄中詳述地點、肇事者的姓名、罪行等資料，同時對已經發生的罪行展開調查。但伊香俊哉指出，國民黨的調查及蒐證不符合國際標準，這項弱點影響了許多中方提出的案件。一九四五年五月，二次大戰正要邁向醜惡的結局，國民政府外交部發表了一份報告，表示已經就兩千三百起案件蒐集了證據，然而其中大多未經過徹底調查，不然就是有所缺漏。[6]國民黨根據一戰後巴黎和會的預備會議中所羅列的罪名，列出了他們準備追訴的總共三十二種戰爭罪名。

一九四五年夏天的倫敦會議訂定出在國際法庭上追訴「違反和平罪」以及「違反人道罪」的計畫，中國人則據此展開他們的追訴。如前文所述，中國國民黨最初有意把日本天皇也列為戰犯，蔣介石當時向中國全國民眾廣播，呼籲對日本人寬大處理，儘管這為他贏取了不少國際讚譽，卻使其在國內面臨極大的公眾壓力——要求逮捕日本天皇並將其交付審判。甚至在國民黨的國會中還有一波動議，吵著要譴責日本天皇。[7]因此，國民黨根據這種情況，制定出利用審判為黨爭取利益、同時避免在公審時對日本人太過嚴厲的政策。國民黨設置了一套調查、逮捕、制裁的司法系統，用以起訴日本戰犯。然而，這些措施也未令其得以放過那些犯下叛國或通敵等類似罪行的中國人（他們並不像臺灣人受過日本殖民統治）。不管怎麼說，中國國民黨對日本戰犯的審判，當然引起日本政府及軍方的注意（美國及前歐洲殖民主也同樣關切），但總體來說，日本公眾並不擔心，甚至經常忽略日本以外的局勢。[8]其對此漠不關心固然有部分原因是美國占領軍的審查制度，但另一方面，戰後的日本大眾可能更關心帝國消失之後，自己該何去何從。[9]

國民黨對追訴日本戰爭罪行的立場做出具體的決定後，隨即在一九四五年九月十四日依法成立了戰爭罪行調查委員會。委員會迅速著手工作，他們知道自己的任務是要蒐集所有直接相關的資料，並且查明是否已發生確切的犯行、有哪些罪行、又涉及哪些人。對倪徵燠來說，這一切特別重要。他曾經提及中方在東京審判時的法律準備工作做得多麼不足，現在國際的目光都聚焦在中國的法官為國家追求正義並對抗日本時所展現出的專業水準——或者從中可見他們其實缺乏專業。這個目標在承平時期都不容易達到了，何況是在通敵者潛伏、充滿醜惡的貪婪及恐懼的戰時，在那種情況下，要避免道聽塗說或謠言被搬上法庭成為證詞，更是難上加難。雖然日本天皇已經宣布投降，然而戰爭結束時，日本軍隊在中國許多地區依然控制著交通和通訊，所以中國國民黨必須靠著人民寄信檢舉日本人的罪行，調查委員會才能依據這些信件內容執行逮捕或展開調查。此外中方還承受著另一個壓力，便是必須定時將最新進展告知位於倫敦的聯合國戰爭罪行最高專員。[10]

即使這般仔細地盯緊了法律上的細節，國民黨所主導的審判卻還是未能伸張正義，為此，他們免不了要面對嚴正的指責。另一件重要的事情是，幾個月前還願意為了天皇在一場不值得的戰爭中奉獻性命的日本軍人，現在卻忽然不那麼樂意為了帝國死在中國行刑隊的手上。日本囚犯會被遊街示眾，而後通常將他們帶到一個擠滿圍觀人群的廣場，接著行刑者會使用手槍朝已定罪的日本犯人後腦射擊。也有傳聞指出，有時戰犯會被五花大綁，由四名中國警衛架住遊街，繞城鎮一圈可能就要花上數小時，過程中還會有各式各樣的物品從圍觀人潮中扔過來，所以這些死刑犯抵達刑場時早就已經累得半死。有些人宣稱在行刑時，有時故意不一槍打中心臟或頭部，就是存心延長他們的痛苦。且關於國民黨官員貪污的指控層出不窮，犯人靠著花錢買通而得以出獄的流言也一樣氾濫。[11]

美國人高度關注日本人對日本戰犯在海外受審的態度，並翻譯了一份於一九四七年一月三十日發表的報告，該報告名為〈廣東地區戰犯審判調查報告（歸國者的報告）〉。報告中指出，從北印度支那遣返的日軍二十三軍及三十八軍，共有約八百人接受約談，其中包括日本人及臺灣人。這些被遣返者表示，所聽聞或親眼所見的戰犯法庭讓他們覺得「大體上都很情緒化，像是在報復，目標是政治及宣傳效果，並贏取公眾輿論支持。結果是整個過程都顯得很形式化，審判也十分片面，以法律程序或邏輯檢視，能看見諸多不合法或不合理的地方」。該份報告的結論則是法官對軍隊事務缺乏常識。[12]許多受訪者也提到，有很多認錯人以及證人未出庭的情況，但被告還是照樣被起訴並定罪。在某些例子中，證人出庭解釋檢方起訴的被告並非犯下罪行的人，但那人最終還是被定了罪。證詞即使缺少確鑿證據，法庭還是一樣接受，並且據之將被告定罪。戰後出版的一些回憶錄也都提及，中國監獄裡有虐待及毆打囚犯的情形。[13]

盟軍總部註記日期為一九四六年六月十五日的一份機密軍方情報報告就說明了許多事。當時盟軍總部欲探知日本人對占領軍所施行的各項政策及計畫的反應，在日本人對東京審判的反應這部分，報告中提到審判「激起相當強烈的負面評論」。這份軍方的分析寫道，人們固然對戰犯沒有什麼好話，但也認為他們至少該有為自己辯護的機會。這和岡田資在他的審判中所採用的邏輯十分相似（詳見第一章）。許多日本人認為，美國部隊在戰爭時也擊沉了醫療船並「做了各種勾當」，但卻只制裁日本戰犯，根本就是「雙面人」。美國占領軍和日本人雙方都極為重視戰後司法所引發的意見並精密算計。[14]《北國每日新聞》（金澤）採訪了約三千名遣返的士兵，指出其中有百分之九十一的人最感到吃驚的國內情況依序為百姓普遍沮喪、食物極度缺乏以及平民對當下局勢的冷淡，許多士兵也對日本城市遭到戰亂破壞的程度驚訝不已。其中一位就很明確地說出他的感受：「我相信所有從中國遭遣返的復員兵，都像我一樣痛恨家鄉的人。」他說：「我必須參與重建日本，幫助我們的國家從一無所有再起。這對我來說，可能是比作戰還艱難的任務。」有些人則不這麼悲觀，他們對未來還有些憧憬。從一些日本人自中國寄出而遭攔截檢查的信件中，經常可以看到他們對中國人寬大對待的感懷。許多人抱著迫不及待的心情等著被遣返，但未必為滯留中國感到痛苦——雖然他們之中許多人曾被中國小孩怒稱：「小日本！」有些人在信中寫道中國需要技術專家，所以日本專家未能獲准遣返，但獲得了特別照顧；還有一人表示「現在的薪水比在日本公司上班還要高」。在印度支那，日本人甚至更受優待，美國和中國軍隊都提供了豐盛的食物和良好待遇。[15]

日本一方面謹慎地評估公眾對戰犯審判各式各樣的意見，另一方面則積極部署，安排在海外遭定罪羈押的日本戰犯盡速遣返國內服刑。這樣做的原因很多，其中之一是，如果這些戰犯一直被關押在海外，盟軍就得為其飲食和住處買單，但盟軍並不想承擔這些花費。日本在中國的聯絡團體宣稱其負責為中國管轄區內的日本戰犯提供日常生活所需的食物、衣服與藥物等，但他們希望盟軍總部要求中方，當遣返行動結束後，中方能繼續關照留在中國的日本戰犯所需。日本中央聯絡辦公室總務主任朝海浩一郎就在一九四六年十一月二十二日透過盟軍總部官員要求中方加速審判，好讓那些被判無罪者能回國。與此同時，朝海也提出了相應的要求，希望被定罪者能被送回日本，在占領軍的監督下服完刑期。他指出這種作法有先例可循，確實有人在上海及關島接受美國舉行的審判，而後在巢鴨監獄服刑。[16]

一份未註明日期的機密備忘錄中提及，以嫌疑人身分被留在中國及關押在中國監獄的日本國民生活條件堪憐。大約有一百五十名日本人在北京、上海、南京、漢口、廣東、濟南以及臺北等地的聯絡辦公室內工作，負責為被關押的日本人提供生活所需。但有大量的投訴指出，當日本援助小組把食物送交獄方之後，大約只有三分之二會到囚犯手上。日本人抱怨道，如果不提供這些物資，那些囚犯就可能會營養不良或為低下的衛生條件所苦。[17]

另一份未註明日期、從盟軍總部送往美國參謀首長聯席會議的機密備忘錄揭露，許多日本戰犯嫌疑人或被羈押於中國者的信件遭截獲，信中「提及中國所主持的戰犯審判不公、司法誤判以及普遍讓人失望的審判執行狀態」，[18]來自不同地區的許多日本人在戰後的日記中都有相似的指控。日本外務省在戰爭剛結束時進行過一次調查，其中部分是根據訪談，訪談對象則為日本部隊中軍銜在少將以下的軍人，其皆從日本西端長崎的佐世保港歸國。這些歸國者當中，有些人曾在中國遭逮捕入獄，他們提及上海監獄的牢房又小又髒，一塊榻榻米大小的牢房住兩名囚犯是常見的事。上海物價高加上國民黨官員的貪腐，讓獄中伙食的品質也變得很差。這些受訪者表示，美國人管理的日本戰犯監獄就好得多。[19]

一九四六年九月，日本外務省設置了一個調查團檢視日本的戰爭罪行，以及日本人認為其他日本人非「善類」而出賣對方的情形，當時中國人應該與檢舉者訂下了交易條件。受遣返的日本人指出，在前滿洲國所舉行的審判看來嚴酷得多，中國的辯護律師在庭上幾乎不開口；也有人表示，審判的目的僅在於滿足中國人民「復仇的欲望」，至於嫌犯是否真的有罪似乎無關緊要。而後續的上訴確實縮短了某些判決的刑期，因此公平正義也並非蕩然無存。此外，整體來說，中國在滿洲國的戰犯關押設施算是相當不錯的。這份報告總結道，那些無辜的人只能獲得刑期縮減而非釋放是事實。[20]其中還有一個部分是上海警察單位對留在中國的日本戰犯所做的報告，讓人更進一步了解前日本軍人及戰俘在中國的經歷，其中還包括在不同城市遭到處決者的統計數字——

上海有十四人、廣東有四十五人、徐州有八人等等。報告中也表列出有多少日本人被判處徒刑，以及其刑期與服刑地點。國民黨政府為每位受刑人提供每月十五公斤的米及副食費。許多犯人都被關在田野間的監獄，所以他們也可以藉由耕作補充糧食，有些監獄裡還設有圖書館，但是冬天取暖的燃料卻一直是個難以解決的問題。[21]

國民黨的領導階層也很清楚將日本戰犯帶上法庭時會遇到政治上和軍事上的障礙，並且對此進行了討論。就中國國民黨在國內及國際的尊嚴而言，最令人不悅的干擾莫過於必須承認他們幾乎無法掌控希望起訴的主要戰犯。這是因為美國人通常傾向於在美國主導的法庭審判日本軍人，或者用他們當作東京審判等某些重要審判的證人。另外一個棘手的地方則是由於美國手上的這些戰犯嫌疑人，有的已經被逮捕並關押一年，卻還未能在中國進入司法程序，所以美國人想盡快移交這些人。然而由國民黨管理的中國國民政府承擔不起國際輿論的批評，或者技術及法律層面的能力不足，而無法以適當的法律程序有效率地進行審判。實際上，美國在自己主持的戰犯審判上也面臨類似的困境，這就是為什麼有不少遭到美國人逮捕的日本戰犯嫌疑人最後往往未經審判就被釋放了。

一般來說，中國人企圖把日本戰犯嫌疑人帶上法庭時，會面臨三個主要問題：調查犯罪行為以及尋找充足的證據或可信的證人；逮捕嫌犯，抑或向美國當局或嫌犯遭羈押地區的負責官員要求移送；自行處理審判的相關事宜。[22]在整個過程的起初幾個月中，愈來愈明顯的一點是，中國的司法在一定程度上得仰仗美國人施惠。這是因為許多高軍階的日本戰犯嫌疑人早已離開中國，有的在侵略戰爭還在進行時就已遣返，有的則在日本一宣布投降後就匆匆離開，所以無數的戰犯嫌疑人並不在中國的司法管轄範圍內。由於那時中國才剛廢止過往在不平等條約下的種種安排，以致就算有關於與他國間的引渡以及法律互助，也都極其模糊或曇花一現。

中國首次展現法律實力

雖然中國在北京展開的乙丙級日本戰犯審判已經進行了一個月，國民黨仍然想利用日本帝國在南京的暴行所引發的悲劇，將知名的日本軍事將領定罪，藉以展示其確實努力追求著正義。一九四六年五月三十日，第一場中國主導的戰犯審判——南京審判戰犯軍事法庭開庭。[23]法庭擠滿了旁聽者和記者，許多擠不進去的人就站在法庭外等著見證歷史。接受審判的是在中國被捕的日本皇軍中將酒井隆。當時居住於南京的岡村寧次在日記中提及，酒井隆於中日戰爭爆發前曾是日本駐北京大使館的武官，為國民黨將領何應欽和日軍中將梅津美治郎（日本天津駐衛軍司令）會晤時的日方隨員。為制止雙方敵意進一步惡化，何應欽和梅津美治郎於一九三五年六月達成被稱作《何梅協定》的祕密協議，是為一九三三年所簽訂的《塘沽協定》遭破壞、中日之間的敵意漸趨高漲而做的補救措施，並暫時阻止了日軍在華北的進襲。實際上，「《何梅協定》對中國而言是一個極大的屈辱，因為根據協定，河北省在長城以南五千平方公里的土地被劃作非軍事區，以致國民黨軍隊必須立即撤出」。[24]在那次會晤上，據稱何應欽和酒井隆互相在語言上激烈交鋒。岡村寧次寫道，謠傳何應欽在酒井隆受審時正好要赴美，所以法庭特別加速了審理過程。且岡村認為何應欽從那次會晤起就對酒井隆懷恨在心，所以酒井是他唯一提交的戰犯。[25]

酒井隆的案件是中國法庭所審理的日本戰犯案件中唯一留有英文紀錄的，所以在聯合國的出版資料裡還找得到簡單的摘要。[26]酒井隆被起訴的罪名是違反和平罪、違反人道罪。一些評論家事後指出酒井不應該被以「違反和平罪」起訴，因為他不是決策級的軍官，然而另外也有些人同意，有足夠的證據證明酒井犯下了一般戰爭罪及違反人道罪。出生於一八八七年的酒井隆有過很長的軍旅生涯，而且跟許多出生在明治時代中期的日本軍人一樣，大多都待在中國。一九三九年到一九四五年間，酒井在中國擔任司令官，不過在整個一九三〇年代，他已經多次派駐中國。跟其他許多主要戰犯不一樣的是，酒井隆是戰爭結束時在中國北方遭逮捕，因此得到了一個不光彩的頭銜——他是少數中國無須跟其他盟國爭搶或經過冗長引渡手續就能到手的主要戰犯。中國根據國內法的條款及違反國家內部安全為由，以前述三項戰犯罪名起訴酒井隆。中國軍事法庭表示，酒井於一九三一年至一九三九年間，在日軍侵華戰爭中扮演關鍵角色，並負責組織暗殺團，刺殺日本「不想要的」中國高層人士。戰爭期間，酒井是中國派遣軍第二十八步兵旅的團長。他被起訴的罪行如下：「一九四一年十一月至一九四三年三月，在關東州及海南有超過一百名平民遭屠殺，二十一名平民遭酷刑折磨，婦女在受到虐打後被淹死，其中一名懷孕婦女遭到酷刑折磨。兩名婦女遭強暴後肢解，日軍並將她們的屍體餵狗。日軍將居民趕出，放火燒了七百棟民宅。掠奪稻米、家禽家畜以及其他食物。」[27]南京軍事法庭也就一九二八年四月酒井隆還在濟南擔任武官時推動日本侵華戰爭一事予以起訴。當時酒井曾經發電報給他的上司表示，如果國民黨軍隊北上，濟南將會處於與外界隔絕的危險境地，為了保護當地的日本平民及帝國利益，日方應該動員軍隊。日軍後來派出了為數五千的軍隊前往中國青島。起訴狀中也提及，某次十三名日本人因販運鴉片被捕，酒井隆向東京發電報卻說成有三百名日本人被殺。當時日本外務省未採信酒井的報告，並且反對再增派部隊。中國特別軍事法庭指控酒井隆「蓄意」造成中日衝突，導致六千一百二十三名中國人死亡、一千七百名受傷，以及上百萬美元的財物損失。起訴狀的最後，有一部分是關於酒井隆強迫中方簽訂一九三五年的《何梅協定》，日本因此在管理華北方面獲得重要特權，最終得以在滿洲建立傀儡王國。[28]

其中相當重要的一點是，酒井隆乃唯一在香港犯下暴行而遭處決的日本官員。香港在戰時被日本占領之前是英國殖民地，後來也有幾位日本軍官遭到英方審判，但結果並不相同：一位被判無罪，兩位遭判徒刑，卻沒有人像酒井一樣遭處決。當英方領導人得知酒井隆被捕後便與中國政府聯繫，希望將他引渡到香港受審。中國雖曾考慮答應英國的要求，卻又認為酒井隆身為一名戰犯，重要性不下於東京審判中的甲級戰犯土肥原賢二和板垣征四郎。中方領導層宣稱，酒井隆因此應該留在中國，由中方的法庭審判較為適當。英國當局則順著中國的意思，退而求其次要求派幾位法官到中國法庭參與審判，但中國當局最後並未同意，並且堅持由中國法官獨立處理酒井隆的審判。[29]

酒井隆的審判一直進行到當年八月，他在庭上進行無罪抗辯，宣稱自己是根據日本政府的命令行事，不應該為違反和平及侵略戰爭負責，至於下屬的行為，由於他完全不知情，所以也無法負責。南京軍事法庭並沒有採信酒井隆的答辯，判決他「參與侵略戰爭」與「煽動或允許下屬進行謀殺」的罪名成立。法庭未接受他聽命於政府的辯詞，因為法官不認為這項藉口可以免除刑罰，並將他以參與侵略戰爭、殺害戰俘及無武裝平民、對人施以酷刑、損毀個人財產、盜取財物等罪名定罪。酒井隆最後以侵華戰爭策劃者的身分被判處死刑。中國是用本身有關戰爭罪行的法令來審判酒井隆，該法令的第一條就闡明，軍事法庭的主要依據是國際法，中國的刑事法典則是輔助。「違反和平罪」的概念最初是在一九四五年八月八日的倫敦協議上訂定，接著在《紐倫堡國際軍事法庭憲章》中被明確定義為「計劃、準備、發起或進行侵略戰爭，抑或違反國際條約、協定或保證的戰爭，或是參與計畫、共謀完成前述任何一種形式的戰爭」。[30]東京審判中對「違反和平罪」的定義幾乎一模一樣，但增加了計劃、準備或進行「已經宣告的或未經宣告的」侵略戰爭，抑或違反「國際」法的戰爭。一九四五年六月間，酒井隆向中國的審判長石美瑜提出一份文件，表示許多國家的大使館都設置了武官，而武官的工作並非特別為入侵中國做準備。酒井宣稱，他長久以來都在為增進中日友好關係而努力，自認並非戰犯，因此在戰爭結束之際也沒想過要逃離中國。他相信自己不是戰爭罪犯，所以也沒什麼需要害怕的。酒井一再堅持自己的工作目標就是要為中日關係建立更光明的未來，也否認曾經販售任何毒品和武器。基本上，他不承認自己曾在香港的事件中扮演任何角色，或在香港主持過任何形式的政府、帶領過任何特種部隊。[31] 酒井隆跟大多數在中國受審的日本戰犯一樣，竭盡所能地為自己辯護，在庭上說道：「這場審判太過牽強，證人很有問題，呈堂的文件只呈現單方意見，對於這麼一個大規模的國際事件來說，正義不可能獲得伸張。」[32] 當時的情況也的確很像法庭企圖把日本侵華的甲級戰爭罪行歸咎於一人。酒井隆因為參與了日本侵華戰爭而被判定違反和平罪，就法律上來說，這並不是令人滿意的論述。

中國外交部當時發出一張旁聽證給曾在東京審判就南京大屠殺部分出庭作證的美國傳教士路易斯．史邁提（Lewis Symthe）。史邁提在一九五一年以前於南京金陵大學社會學系擔任教職。那張旁聽證上很明確地告知聽審者，軍事法庭是在中國陸軍的指揮之下所成立的特別法庭，任務就是要審判日本戰犯。持有入場證者可以進入位於南京黃浦路上的法庭，在旁聽席上聽審。

旁聽證的背面印有十條旁聽者必須遵守的規則，一些是關於在法庭應該遵守的禮儀。醉漢、精神病患及意圖擾亂法庭秩序者均不得入場；旁聽者進入法庭時須脫帽；高階法庭人員入場時要全體起立；庭訊進行時不得交談、喧譁，吸菸、吐痰和飲食也都在禁止之列；旁聽者在庭訊進行時不得任意進出法庭或向其他人通報法庭狀況，休庭之後也不能任意逗留。

一九四六年九月十五日，美國軍方報紙《太平洋星條報》刊出報導，宣布「酒井隆中將在南京遭行刑者以左輪槍執行死刑」。報導並未透露太多細節，僅稱「酒井隆的遺體被綁在一根竹竿上，抬去一處草草挖掘的墳坑，而後就被隨便地扔了進去」。奇怪的是，美國官員似乎既未跟進美國媒體的報導，也沒有真的想了解中國正在發生的事。由於先前美方要求中方暫時推遲對酒井隆的判決，希望將酒井隆送回東京審判法庭作證，因此一九四六年九月十九日，東京的中國代表團發了一封信給盟軍總部對外聯絡部，在信中向美方解釋其確實轉達了美方的要求，但卻發現酒井隆其實在當年九月十三日就已經被槍決了。[33]曾經擔任日本第一航戰隊（航母作戰群）指揮官的和田秀穗就指出，中方當時並不知道自己急於起訴日本戰犯，在某些方面和美國的目標是有所衝突的。和田同時表示，中國的外交部和國防部在這方面也有過口頭爭論，前者認為審判及處決日本戰犯的事情應該盡量保持低調，以免引起不必要的困擾和尷尬；後者則認為無須杞人憂天，因為處決戰犯是天經地義的事。[34]酒井隆遭處決以後，中方通知了擔任日方聯絡官的岡村寧次大將。他要求將酒井的遺體送回日本，但遭到中方拒絕，美國的軍方報紙則刊出報導，指稱酒井隆被埋在南京近郊。[35]

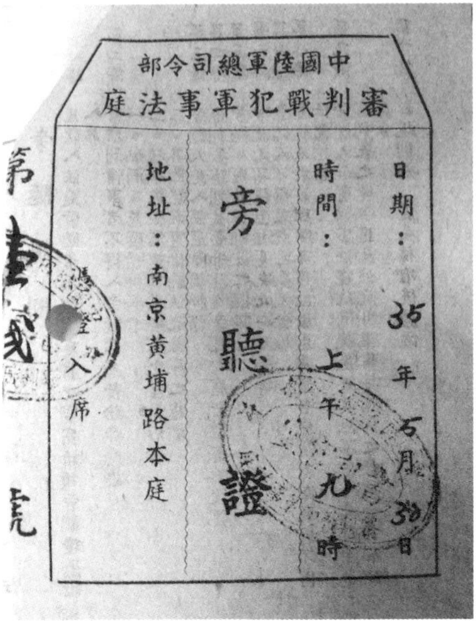

中國陸軍總司令部
審判戰犯軍事法庭

日期：35 年 5 月 30 日
時間：上午九時
旁聽證
地址：南京黃埔路本庭
憑證入席

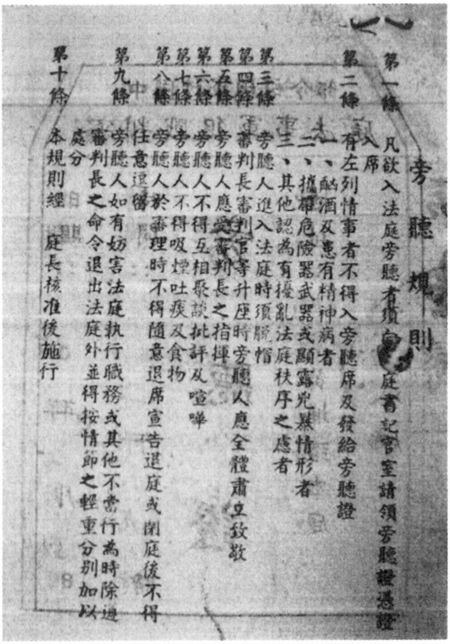

旁聽規則

第一條 凡欲入法庭旁聽者須向本庭書記官室請領旁聽證憑證入席
第二條 有左列情事者不得入旁聽席及發給旁聽證
一、酗酒及患有精神病者
二、攜帶危險器武器或顯露兇暴情形者
三、其他認為有擾亂法庭秩序之虞者
第三條 旁聽人進入法庭時須脫帽
第四條 審判長審判官等升座時旁聽人應全體肅立致敬
第五條 旁聽人應受審判長之指揮
第六條 旁聽人不得互相聚談批評及喧嘩
第七條 旁聽人不得吸煙吐痰及食物
第八條 旁聽人於審理時不得隨意退席宣告退庭或閉庭後不得任意逗留
第九條 旁聽人如有妨害法庭執行職務或其他不當行為時除遵審判長之命令退出法庭外並得按情節之輕重分別加以處分
第十條 本規則經 庭長核准後施行

酒井隆審判的旁聽證，1946 年。
（美國國家檔案館二館）

谷壽夫因南京大屠殺受審

南京處於中國的地理位置中心，因此與戰爭的記憶以及日本帝國的邪惡作為產生了錯綜複雜的關係，在國民黨設置的十個審判日本戰犯的特殊軍事法庭中，是眾所矚目的焦點。從一九二〇年代晚期開始，南京就是國民黨政府的首都所在地，一九三八年遷都重慶，也因此在日本投降後，南京的地位就象徵著國民黨重新取回權力，而南京大屠殺也成了東京審判中，中國檢控代表團追訴日本戰爭罪行的重點。南京大屠殺的審判對國民黨而言，亦有向世界展示其將國際正義帶到中國所付出的努力。事實上，當年日本皇軍在往南京前進的途中已經發生了許多屠殺，南京大屠殺並非一起獨立的事件，且至今仍無法得知確切的受害人數。當時在南京城外被殺害的人其實遠多於城內，整個屠殺過程長達四個月。一九三七年七月，日本在未宣告的情況下對中國發動戰爭。當年八月，戰事轉往上海並開始有海軍涉入。日軍在先前面對中國時，中國幾乎未曾抵抗，因此日軍對戰事深具信心，但後來攻取上海的戰役卻未如其所願。當時，日本皇軍被賦予相當大的任務，然而物資卻沒有相應的支援，因此使其士氣變得低落。擔任指揮官的松井石根在一九三七年十二月一日上級下令攻打南京前就先行進攻，而命令發布前有數支日本部隊早已開始攻擊。在日本皇軍犯下的眾多錯誤之中，最關鍵的一項是，日本參謀本部從來不曾真的制定大舉進攻中國全境的計畫。基本上，相信自己戰無不克的日本人心底深藏著一種心理學上的妄想，認定只要能戰略性地控制某些特定地區就可以統治中國。

日本人開始在戰場上獲勝之後，國民黨部隊隨即出現投降潮，但日軍對此毫無心理準備，因為所接收的命令使他們將投降視同恥辱。日本軍人所留下的日記中，記錄了中國降軍如何以恐怖的方式被「處置」。其中一個例子是，日本人非但未建造收容戰俘的營地，反而把一萬四千名戰俘全數殺害。[36]一九三七年十二月中，日軍以勝利之姿進入南京城，迎面遇上的是已經毫無鬥志又缺乏指揮系統的國民黨軍。同樣地，他們開槍處決了許多這樣的投降部隊。日軍第六十六兵團第一營得到特別指令——用刺刀刺殺中國降軍，這表示在大屠殺中，日軍的許多暴行是有組織的行為，而且是經由高層協調。當時許多中國軍隊丟棄制服、混入人群，日本人則持續在宣傳戰中攻擊他們。日本軍方也下達命令，密切注意並檢查年輕及成年男性，因為他們可能是偽裝成平民的軍人。攻擊南京以東戰線的日軍第十六師團長中島今朝吾中將就在日記中寫道，日本憲兵隊被告知不得接收任何俘虜，而是全數處決。當時中國人的屍體多到必須分成數百具一堆，再集體掩埋。[37]南京大屠殺之所以惡名昭彰，是因為日本軍人對無以計數的平民犯下可怕的罪行，包括大量的中國婦女遭到強姦，但僅有極少數的日本軍人受到軍法制裁。一九三八年二月，有一百零二名日本士兵因為強姦、謀殺或類似的犯行遭定罪，但以多達十萬名的皇軍士兵來說，這是非常小的數目。[38]日本軍事歷史學家藤原彰對當時的狀況總結得最為適切：「南京暴行就是日本對中國侵略戰爭的具體象徵。」[39]

在東京審判庭上，中方的檢控官就南京大屠殺這一部分帶上庭的證人最多，前後大約十二位；相較之下，按照其他部分審判案件的先例，最常見的作法就是靠紙本或可見的證據，再加上幾名證人而已。[40]夏威夷大學歷史系教授戶谷由麻指出，日本人的辯護小組面對控方呈堂的大量證據，並無一套有效的應對策略，他們只能努力挑戰證人的可信度，甚至指出國民黨也曾經在不同時期屠殺平民，以求脫罪。松井石根的辯護代表律師伊藤清就在庭上詰問中方的呈堂證人，中國部隊是否也有強姦婦女的情況。主審法官韋伯當時立即阻止伊藤清繼續這個辯護策略，並訓斥道：「我必須提醒你，強姦婦女和謀殺婦女的意義絕不止於報復。你的提問預設了日本人只是在報復中國人所做過的事情。」主審法官最終結束了那場抗辯：「不用再根據這個想法繼續交叉質問了。」[41]

一九三七年的南京大屠殺之後，谷壽夫於一九三八年初被調回日本，出任了幾個職務後就退休了。到了一九四五年八月十二日，他再度被召回軍中。一九四六年二月二日，在中國駐日代表團的要求下，美國憲兵逮捕了谷壽夫。當時，中方也提出了一份希望美國人移交的日本戰犯名單，但美方卻頗為躊躇。[42]從這點可以真正看到對於誰才「有權」將日本戰犯送上法庭的國際競爭。自戰爭結束的那一刻起，包括中國在內的盟國各方顯然都搶著營造自己才是正義追討者的氣氛，以及優於其他盟國的種種特權，這讓盟國之間開始滋生某種敵意。由於進展不如預期，中國官員於是和駐日代表團官員商震及梅汝璈聯繫，希望他們能對美方施加壓力，加快處理的腳步。

梅汝璈聯絡了盟軍總部法律部門主管艾爾瓦·卡本特，並直接要求美方將所逮捕的日本戰犯移交給中方。卡本特告訴梅汝璈，他相信這會是個好方法，也對中國的立場感到同情，但是麥克阿瑟將軍並不願意把日本戰犯交給中國。不過，美國占領軍的官員後來突然改變心意，將一些較低階的日本戰犯引渡到中國，谷壽夫就是首批中的一個。[43]

一九四六年六月，審判日本戰犯的南京軍事法庭在石美瑜的帶領下設置。同年八月的第一個星期，谷壽夫和其他十二名戰犯嫌疑人從東京巢鴨監獄被送往羽田機場，飛往上海，而後轉往南京。[44]一九四六年二月十五日，南京軍事法庭任命石美瑜為這些軍事審判的最高審判長。另外九個戰犯法庭隨後在中國各地開庭，但在南京開審的第一個案件，最具心理上及政治上的重大意義與代表性，因為南京曾經是國民黨政府的首都，也是日本皇軍對中國人做出最殘忍暴行的地方。特別軍事法庭隸屬國防部，由當時的國防部次長林蔚負責指揮，石美瑜屬下則另有五位常設法官。石美瑜當時在選擇谷壽夫的主審法官時頗費思量，最後選了年輕的法官葉在增。葉在增起初覺得自己太過年輕又欠缺經驗，因此建議另尋人選，石美瑜則告訴他，經驗不是最重要的，重要的是他是否希望「抹去中國所蒙受的國家恥辱」。[45]

國民黨政府當時要求協助逮捕日本前上海派遣軍司令官松井石根大將，並引渡到中國就南京大屠殺受審。[46]中方提出的名單共有五十九人，除松井石根之外，還包括另一位上海派遣軍司令朝香宮鳩彥等人。一九四六年六月六日，南京臨時委員會通過動議，要求盟軍總部引渡松井石根、谷壽夫、中島今朝吾，讓他們為在南京犯下的暴行負責。國民黨當時公開刊出名單並大肆宣揚，一時間，媒體上都是中方已向美國正式提出引渡要求的新聞。不過實際的情況卻有點尷尬，因為大家都知道松井石根當時已經在東京以甲級戰犯的身分受審，中島今朝吾也早在六個月前的一九四五年十月去世，而朝香宮鳩彥是日本皇室成員，鑑於盟軍總部當時正在推動不起訴日本天皇，國民黨政府最後也只好放棄起訴朝香宮鳩彥。日本歷史學家笠原十九司認為，造成當時這個現象的原因可能是某些檔案尚未被發現，但無法確定何以谷壽夫會被特別挑出，為日軍在南京所犯下的罪行受審。[47]中國當時有一股強大的公眾壓力，要求政府提供類似司法犧牲品的對象，為日本帝國在中國最大的一次屠殺事件負責，但無論中國人再怎麼努力想找出真正策劃這齣悲劇的人，也始終一無所獲。一九四六年七月二十九日，《中央日報》刊出一篇社論，宣稱在中國為南京大屠殺進行審判，是「象徵性地為這件事做一了結」。[48]

從某一方面來說，雖然這些審判代表中方並非一味想尋求報復，但當其提出引渡要求時，東京審判庭上已經開始為南京大屠殺作證了。顯然中方很清楚松井石根正處於東京審判半途，不可能被引渡到中國受審。松井在作證期間受嚴重腹瀉所苦，以至於需要住院，甚至因此錯過許多場審判庭上的聽證。[49]如果他真的被引渡到中國受審，就可能被當作象徵性的「最後一場戰役」，以滿足中方對正義的索求。笠原十九司指出，果真如此，中方可能就不需要審判野田毅和向井敏明兩人了。不管怎麼說，由於谷壽夫是日軍第六師團的司令官，顯然不是中方意欲起訴的南京大屠殺戰犯的第一人選。國民黨通過中國代表團提出要求之後，當年六十五歲的谷壽夫遂在東京遭到逮捕。根據起訴書，谷壽夫在南京陷落後讓他的部隊入城，並在其指揮下燒殺擄掠，一週之內，他的部隊屠殺了二十萬人。

一九四六年九月九日，中國外交部發出的一封電文中提及谷壽夫遭到逮捕，並摘要其首度受到詰問時的回應。谷壽夫在答詢時指出，日本人沒有抓中國人作戰俘，此外他的部隊是於一九三七年十二月十三日進入南京，當時全城遍布換穿便衣的中國士兵，和日軍的偵察排有小規模交戰。當被問及日軍是否設置了「慰安所」——也就是軍中妓院，強迫婦女在那裡充當性奴隸——的時候，谷壽夫回答日軍是與地方當局協商，並獲得妓女本人的同意，訂好價格以及相關待遇之後才設置了這樣的地方。[50]

一九四六年十月二日，正式的起訴程序在南京展開，中國大眾都目不轉睛地緊盯著事態發展。而後在一九四六年十月三日，《中央日報》記者為了滿足公眾求知的欲望，對谷壽夫這個「衣冠禽獸」做了詳盡的描述。

記者以谷壽夫和磯谷廉介中將兩人即將在南京接受戰犯審判為開頭，描述如下：

為了讓讀者能了解這兩個人是什麼樣的魔鬼，記者親自進入監獄採訪他們，時間恰巧是他們放風運動的時候。我和他們一起坐在監獄庭院的草地上，周圍還有一些犯人，我問他們獄中的生活如何？谷壽夫答道：「我們受到的待遇和其他犯人一樣。」當問起他家鄉的親人過得如何時，谷壽夫笑得有點尷尬：「我沒有兒子，但有兩個女兒，她們已經結婚了，兩個女婿都是軍人，不過現在都失業了。我的太太還在東京，我已經兩個多月沒她的消息，她現在肯定過得很拮据。」當我問他是否聽說酒井隆已經被處死了，他說他不知道。[51]

根據這位記者的報導，谷壽夫說他當然也在準備為自我辯護，只不過不解自己為何被逮捕。

當時對案件進行調查的有兩組人，一組由國民黨政府領導，另一組則由南京市政府管理。他們訪問了上千名經歷屠殺事件的人、挖開亂葬堆檢查及丈量，同時檢視那段時間國際媒體的相關報導。檢控組舉出大量證詞、圖表、照片，以及其他伴隨相關文件的證據，以證明谷壽夫必須為這些事件負責。為了釐清真相，法庭最初還舉行多次流動式預備起訴庭，甚至曾經在南京城牆外一處大屠殺實際發生的現場開庭。

在那場審判中，磯谷廉介中將也扮演著重要角色，因為他在日本占領香港期間擔任香港總督，犯下了一連串駭人的罪行，所以英國人一心一意要制裁他。[52]一九四六年九月十三日，南京的英國大使館發出一封信函，是由會址設在南京中國外交部的聯合國戰爭罪行委員會遠東及太平洋小委員會送出，英國代表蘭姆（LH Lamb）具名寄予分會祕書長王化增（應為王寵惠之誤），表示希望能「協助安排英國檢控人員參與對磯谷廉介的審判，就我們的了解，這項審判可能很快就要在中國舉行」。[53]根據英方的看法，磯谷廉介在香港前後擔任了數年的總督，因此必須為他任期數年內「中國人及香港居民所遭受的殘忍對待負起責任」。[54]由於中方顯然無意讓磯谷被引渡到香港受審，所以英國當局提出要求，希望中方允許他們參與審判以便準確掌握進程。當時英國曾經獲得其口頭允諾，但看來中方後來是忘了。一九四七年七月九日，中國外交部的黃正銘收到了一封信件，來自南京英國大使館的布萊恩（HD Bryan），將這次中方失信一事訴諸文字：「我們自然是多少感到訝異和失望，因為看到今天早上的報導我們才得知，審判顯然從昨天就已經開始了，大使館卻未收到任何通知。不過，我們假定這次事件是不幸的一時不察，確信中國當局會因為這次疏失感到惋惜。」[55]磯谷廉介後來罪名成立，被判無期徒刑，而後遭遣送回日繼續服刑，但由於國民政府和日本簽訂和平條約，而在一九五二年獲釋出獄。[56]

要讓這場審判得以成立，最重要的似乎是建立起南京大屠殺的法律敘事。一九四六年十月十九日，谷壽夫正式被帶上法庭，到了十月二十八日，國民黨的意圖已相當清楚，他們把谷壽夫的審判當成激起輿論關注的手段，來營造出自己已經掌控一切的假象，同時讓公眾意見集中在向日本人追索正義，也讓中國平民有機會說出他們在日本人支配下所承受的痛苦。我們應該在此釐清一件事：國民黨用什麼方式來追討正義，都不會否定南京大屠殺這件事本身或其規模。而我在此則聚焦於國民政府追究和起訴這些暴行的方法。當時南京審判戰犯軍事法庭在整個南京市及周邊地區都立起公告牌並張貼標語，公告牌上寫著：「成立軍事法庭是為了審判戰犯谷壽夫，他是日軍前第六師團司令，其部隊從杭州發起攻擊而在一九三七年十二月十三日進入南京城。」此外也解釋中國國民黨無法單獨完成調查，所以需要公眾的協助，如果有任何人曾經受過日軍諸如搶劫、強暴、掠奪等暴行，都可以向法庭呈交報告提出申訴。[57]谷壽夫在法庭休庭——甚至在開始審理之前——就已經被貼上「戰犯」的標籤，但他本人和後來的幾位歷史學家都認為他只是代罪羔羊——然而，他是嗎？檢控小組是在十二月間準備起訴他，同時面談了幾百位證人。一九四六年十二月三十一日，特別法庭正式起訴谷壽夫，指控他指揮一個排殺死一百二十二人、殺傷三百三十四人、用刺刀刺殺十四人，另外還有其他罪名，包括眾多暗殺與強暴。庭審進行到一九四七年一月中旬，谷壽夫在庭上提出無罪抗辯。

當年一月二十五日至二十七日，檢控方在南京城外的雨花台舉行臨時聽證庭，聽取日軍暴行受害者的證詞。雨花台是南京市一處具有歷史意義的重要地點，但也是執行死刑與曾經發生過屠殺的地方。在石美瑜的主持下，相關官員亦檢視了現場附近中國受害者的屍骨。[58]東京審判的檢控方很明確地指出谷壽夫的行動違反了海牙軍事交戰規則，日本皇軍入侵南京也違反了《國際聯盟公約》（Covenant of the League of Nations）第二十條，同時違犯了中國本身的刑法。

一九四七年二月六日至八日，位於南京的勵志社禮堂②舉行了真正對公眾開放的檢控庭，開庭首日湧進數千名旁聽者，谷壽夫則當庭否認做過任何錯事。他也請求庭上聽取一名日本士兵的證詞，該名士兵指出，大多數的濫殺事件都是日軍第十六師團所為，而非谷壽夫帶領的六師團。谷壽夫也宣稱，發生在中華門的日軍暴行事件，應該由該地區的指揮官柳川平助負責。不過，旁聽者當時關注的焦點，應該是放置在法官桌上的受害者頭骨，而非證人的證詞。負責這場審判的法官是年輕的葉在增，他注意到谷壽夫的穿著活脫便是刻板印象中的「武士」，引來了旁聽者憤怒的目光。每當他被兩名警察護送上法庭時，旁聽席上都會響起「打倒日本帝國主義！」、「血債血還！」的怒吼。[59]

開庭第一件事就是高聲朗讀起訴書。一位作家描述當時的情景：谷壽夫筆直站立，「漠然地」聽完所有指控。接著葉在增就請證人一一上前提供證詞，這些證人上台時都狠狠瞪著谷壽夫，把他當成了妖魔鬼怪。[60]葉在增當時也請了《陷都血淚錄》作者郭岐上庭作證。郭岐在戰前是中央軍事學校官員，來不及在日軍抵達南京城之前脫身，而隱身在尋常百姓中達三個月之久，因此親自經歷了日軍攻陷南京及隨後在城中的燒殺過程。郭岐在書中詳述了自己的經驗，當天在庭上朗讀與案情相關章節，前後歷時一小時之久，現場旁聽者則是愈聽愈氣憤。當天法庭外也有大批群眾透過擴音器旁聽。郭岐作證之後，其他證人也輪流上前作證，但谷壽夫從頭到尾僅堅稱他當時只是指揮部隊維持秩序，並未見到什麼特別需要擔心的狀況。當谷壽夫說出這些話時，旁聽席上爆出了不滿的喧譁，但他依然堅決否認自己知道任何相關暴行，也否認是暴行的共謀。[61]

谷壽夫在聽取證人的證詞時表現得很有禮貌，也承認如果證詞屬實，那確實相當駭人。但他仍堅稱自己從來沒聽說過那樣的事，他所指揮的部隊也從未做出類似的犯行。檢控方當時在法庭內架起螢幕，當庭放映南京大屠殺事發時所拍攝的影片作為證據，也舉出英國《衛報》所刊登的有關大屠殺細節的報導。一九四七年三月三日，谷壽夫在辯方舉證的最後一天親自坐上證人席為自己辯護。他指出，雖然他當時是日軍的指揮官，但不可能為整起屠殺事件負責，對他的指控十分荒謬。控方的回應則是：即使如此，谷壽夫也是共謀。[62]證據庭在一九四七年三月十日告一段落之後，石美瑜在庭上諭知谷壽夫，他殺害戰俘及平民、強暴、掠奪等罪名全部成立，法庭將他判處死刑。那份起訴書很長，但在庭上仍全文朗讀完畢。法庭也特別說明做出判決的依據是海牙軍事交戰規則、戰犯處理協議、戰爭罪行法條以及刑事法條。[63]法庭宣布對谷壽夫的判決後，旁聽席上一時歡聲雷動。一九四七年三月十八日，軍事法庭把判決送往國民黨請求批准執行。

一九四七年四月二十六日上午十一時，谷壽夫從國防部戰犯監獄被帶往雨花台執行死刑，現場共有萬餘人圍觀。檢控人員再一次朗讀谷壽夫的起訴書及判決書，同時詢問他是否承認自己的罪行。谷壽夫嘆了一口氣，同時拿出一個白色的小包交給檢控人員，他說裡頭裝了他的頭髮、幾片剪下來的指甲和他寫的一首詩（根據日本的佛教喪葬習俗，埋葬時要放上屬於死者的一些東

②審訂註：勵志社即為蔣介石於一九二九年所創立之黃埔同學會勵志社，旨在培養忠實信奉三民主義的黨員與模範軍人。

西，如毛髮、骨頭或其他部分）。谷壽夫也將自己在東京的地址告訴對方，希望他們能夠把那個白色小包寄回去，讓他的靈魂可以回到家鄉。他還寫了一份遺言，說道他雖然在錯誤的情況下被中國人處死，但一直努力做一個好日本男兒、為國家效力，相信總有一天會有人證明他的清白。他也對家人及妻子表達了愛意，並且向妻子永別。[64]臨刑前一刻，谷壽夫的雙腿顯然已經不聽使喚，所以是由人架上刑場。行刑者對著他的後腦射了一槍。[65]

美國《生活》雜誌所刊登中國公開處決戰犯的新聞圖片，顯然對國民黨的形象無所助益，而我們也有理由相信，共產黨從國民黨所犯的此類錯誤中汲取了教訓。《生活》雜誌在一九四七年七月號刊登了一組露骨的照片，內容是日軍江陰憲兵隊軍曹「江陰之虎」下田次郎和常熟憲兵隊隊長「常熟之狼」米村春喜被押解離開上海監獄、綁赴刑場。他們兩人的雙手被反綁，背後插著寫有各自姓名的木板條，由押解人員帶上大卡車遊街，然後到一處擠滿鼓譟著等待觀刑民眾的野外執行死刑。《生活》雜誌在圖片說明中寫道：「卡車載著這兩名死囚，在酷熱的上海街道上遊街示眾，前後足足兩個多小時，估計有上百萬民眾沿街圍觀，對他們盡情嘲笑，也對他們即將伏法鼓掌歡呼。」這組照片讓外國讀者及在日本的美國官員大為震驚。國民黨官員後來也發現了負面影響，於是懲戒了當時負責的指揮官。[66]

這些照片使得本來就對中國人處理戰犯審判抱持懷疑的美國人，更加質疑中國所採取的正義標準。美方官員先前曾經表示：「這些圖片跟所截聽到的（日本遣送回國人員的說法），並不構

谷壽夫受處決。（《中央日報》，1947 年 4 月 27 日）

THROUGH HUGE CROWD JAPANESE WAR-CRIMES PRISONERS EMERGE IN TRUCK FROM WARD ROAD JAIL, WHERE JAPS TORTURED AMERICANS AND CHINESE DURING WAR

TENSED FOR DEATH, prisoners kneel as soldiers raise Mauser automatics to fire. A few minutes earlier Captain Yonemura (*nearest to camera*) grinned sardonically as the Chinese pushed crowd back. Sergeant Shimota was impassive. Prisoners were not blindfolded. Swordlike placards tied to their backs are traditional Chinese "death warrants."

MOMENT AFTER SHOOTING the two prisoners sprawl on the Kiangwan Naval Range execution grounds. Shimota twisted and fell on his back. Before execution both men wrote several farewell letters. To his mother in Japan, young Shimota quoted a patriotic poem, "For the sake of the emperor, we sacrifice, advancing straight ahead."

《生活》雜誌於1947年7月間，刊登了國民黨人於中國處決日本戰犯的照片。這些圖像讓盟軍占領日本地區的美國領導者有所遲疑，考慮是否要答應中方要求，將前日本軍人引渡至中國大陸。（《生活》，1947年7月15日）

成足夠的理由來挑戰中國政府在處決戰犯時所使用的方法及程序。」當時美國內部對中方所主持的戰犯審判頗有微言，同時質疑美國是否該同意將戰犯引渡至中國。盟軍總部法律部門答覆了這些提出質疑的單位：如果他們想解決這個問題，最好直接和參謀長聯席會議對話。不過他們也在備忘錄中指出：「這樣做的壞處是等於告訴中方，我們對他們沒信心，或者是讓對方覺得我們不願意引渡那些戰犯嫌疑人，是因為他們屬於高階軍官。如此一來，中方就可以振振有詞地指責盟軍總部並無意懲罰高階日本戰犯，而且希望將他們的實力保留下來。」[67]

「百人斬」比賽

對於中國的百姓而言，南京大屠殺固然是場前所未聞的歷史悲劇，但對犯下罪行的日本軍人進行審判，也同樣具有悲劇性質。審判日本戰犯在本質上確實有值得討論之處，卻很清楚地代表了中國於戰後意欲糾正日本人在過去所犯下的錯誤。中方主審判長石美瑜就在一次戰後的訪問中堅稱「國民政府其實只在上百萬入侵中國的日軍中審判了兩千人，處決的更是僅有幾十人。殺人比賽實際上具體地代表了整個南京大屠殺事件……」，他接著指出：「南京大屠殺的規模世所罕見，我們處決了這些人，完全是為了讓你們（日本人）理解整個事件對我們的意義。」[68]「百人斬比賽」在中國歷史上是個無法磨滅的標記，不僅僅出現在現代學校的教科書中，也具有那個時代學術上的重要意義，包括南京大學歷史教授張憲文有關中華民國時期的四部歷史著作。[69]

「百人斬比賽」牽涉到兩名日軍陸軍少佐——向井敏明和野田毅。日本媒體在一九三七年十二月刊出報導，指稱兩人在進軍南京途中進行了一場血腥的比賽，看誰能用配刀砍倒一百名中國人。該報導中指出，向井敏明砍了一百零六人，而野田毅則砍了一百零五人。不過關於此事，當時的新聞報導以及事後的歷史調查在內容上都有出入，例如至今仍不清楚這些殺戮究竟是發生在日本部隊進軍南京途中，還是發生在南京城外的紫金山。總而言之，由於許多細節一直有所爭議——例如日本新聞報導的用語、野田毅和向井敏明兩人在皇軍的實際階級、日本軍刀是否真能一次砍殺這麼多人——以及其他令人毛骨悚然的理由，因此各種描述的真實性長期以來備受質疑。[70]

不管怎麼說，有一件事是毫無疑義的：一九三七年十二月，日本部隊一路打向南京，而日本大眾每天都在期待著描述日軍武力強大、中國人都是懦夫、皇軍勢如破竹的新聞報導。前述「殺人比賽」的新聞當然在日本引起了廣泛的注意，但中國方面是從一份英文報章《日本廣告報》（*Japan Advertiser*）於一九三七年十二月七日所刊登的報導上得知這場「競賽」。那則報導的標題是「少佐爭砍百名中國人，比賽結果不分上下」。英國《衛報》記者田伯烈（H. J. Timperley）在一九三八年出版了一本名為《何謂戰爭？》（*What War Means*）的書，向廣大的全球讀者揭露南京發生的事件以及前述的殺人競賽。[71]當時有眾多外文及日文媒體都對這場競賽做了報導，而在相關報導進入高峰期時，就發生了所謂的南京大屠殺。媒體旋風中的這兩起事件，具體象徵皇軍戰術的侵略本質以及對中國人的憎恨。

甚至在南京陷落之後，「百人斬」的新聞熱度還持續延燒，一直到一九三八年，日本媒體都把野田毅及向井敏明當作英雄人物報導。野田毅的家鄉在鹿兒島，當地的報紙大肆宣揚此事，而他擔任校長的父親也是一見到人就高談闊論自己孩子的「豐功偉績」。這起事件因此在一開始的新聞報導之後，逐漸發展為自成一格的歷史，象徵了日本帝國真正的意圖，或至少代表了他們心目中戰爭的樣貌。谷壽夫和酒井隆的審判大致上已被人丟入了歷史的垃圾桶，但「百人斬比賽」卻不一樣，在歷史上仍然鮮活無比。對殺人競賽的審判與南京大屠殺有著全面性的緊密連結，也因為南京戰犯審判而帶有法律先例的影子，同時，中國的學術界和媒體只要提及帝國日本戰時的行為，也都會提到這場「競賽」。[72]現代的中國教科書中仍然有對該事件的描述，且持續強調那是真實發生過的事，並非日本在戰時的宣傳伎倆。正因為這場「比賽」當時受到媒體大量報導，所以這件事在中國所舉行的戰犯審判中成為了重要的法律事實，也在中國的歷史上占據了十分關鍵的地位。相較之下，日本的教科書通常不會以任何形式提及此事。

由於教育的緣故，這起事件持續烙印在中國學童的記憶中，但在日本卻激起了截然不同的公眾情緒。二〇〇三年，野田毅和向井敏明的後代對幾家出版社及日本記者本多勝一提出了毀謗名譽訴訟。本多勝一當年曾經採訪了在「百人斬」現場的中國人，並於戰後首度將這個「比賽殺人」的始末帶上輿論第一線。[73]二〇〇六年，法庭駁回原告的告訴，指出儘管他們對於有關家庭成員的故事感到不舒服，甚至許多人也相信「百人斬」的故事至少有一部分是日本新聞媒體所捏造的，卻未能證明該事件從未發生過。法庭的這個決定其實頗令人困惑，但也突顯出一項事實，亦即日本法庭的分析並非針對該事件是否為歷史事實，而把重點放在兩位被執行死刑的日本少佐的名譽是否遭到毀謗。根據笠原十九司的見解，兩位少佐當年對於事件的發生或相關報導似乎不以為意，也未對報導中所提及的見證有任何譴責的意思，所以說他們受到毀謗，在法律上並無立足點。笠原十九司本人則認為，該起事件很可能根本不曾發生，但由於有些相關問題至今都未解決，所以我們無法很明確地說「百人斬」的報導純屬虛構。[74]

雖然「百人斬」事件在戰後持續引起爭論，但中國人顯然深信野田毅和向井敏明兩人的死刑判決一點都不冤枉。當時野田和向井兩人就和許多其他的戰犯嫌疑人一樣，早已被遣送回日本，所以中國駐日代表團便在東京向盟軍總部提出引渡要求。中方指出兩人涉案的證據，是其他日本軍人的口頭證詞以及《東京日日新聞》的報導。一九四七年十二月十八日，中國法院正式的起訴僅限於殺人競賽，且似乎認定其發生在紫金山，起訴的材料則來自在場的英國《衛報》記者田伯烈已在東京審判中提供的報導，以及相關的日本媒體報導。法庭也提出日本報紙上所刊登的野田毅和向井敏明拄刀站立的合照，作為兩人犯下戰爭罪行的證據，該張新聞照片的圖片說明中讚揚他們的「殺人比賽」為英雄行徑。法庭也指出：《東京日日新聞》作為一信譽卓著的媒體，絕不至於像被告所稱會假造出這樣的新聞。兩名被告藉口該事件乃為順利於軍中升遷而捏造，向井敏明甚至辯稱是想要藉機討老婆，所以才配合媒體虛構故事，但法庭不接受這些辯解，直斥荒誕不經。野田毅聲稱最早披露「百人斬」的淺海一男是為了贏得日本國內的某個獎項才編造故事，向井敏明則完全否認有過那樣的事，堅稱「百人斬」根本全屬假造。法官則在法庭上向他們出示一九三七年十二月《東京日日新聞》所刊登的那張照片，並問他們照片來自何處。辯方表示，那張照片看起來是在夏天拍攝，但日本對南京發動攻擊時卻是冬天，因此雖然確實是兩人的合照，但跟所謂的暴行一點關係都沒有。法官則指出，當時兩人可能是一時感覺熱而脫下外套，不能就此證明照片是在某個特定季節所拍攝。法庭同時宣布，殺害戰俘違反了海牙公約，謀殺非武裝平民也構成了違反文明罪。[75]

對於野田毅和向井敏明兩人的審判，始於一九四七年十二月十八日，地點和審判谷壽夫一樣是在勵志社大禮堂。國民黨的《中央日報》在審判前的十二月十一日當天刊出數則相關報導，其中有篇報導指出，調查人員還在詰問兩名嫌疑人，但他們的態度「既粗魯又無禮」且「面目猙獰」，也完全否認所有罪名。《中央日報》還在報導中指出，兩名前日本軍人表示所謂的「百人斬」事發之時，他們根本就不在現場，「甚至說（日本的）新聞報導是假的，完全是捏造而非事實」。[76]只不過，當時的中國根本沒人相信他們的說法。

重要的是，當年這起所謂「百人斬」事件發生之際，包括《東京日日新聞》及《大阪每日新聞》在內的日本報紙都曾大肆報導，且將其視為舉國同慶的事件，也讓日本人得以藉此重溫皇軍從上海直達南京的血腥征途。野田毅和向井敏明都在庭上宣稱有不在場證明，也否認曾經接受日本報社記者的訪問——因為新聞報導他們殘殺中國人的時候，他們並不在南京。向井敏明出示了一張入院證明，指稱他那時因傷住院，然而日軍師部的官方登記中並無他住院的紀錄，且他在接受其他媒體訪問時還說過自己不曾住院。[77]

當時跟野田毅及向井敏明同時受審的，還有因殺害了三百名中國人而遭到起訴的田中軍吉少校③。他是在日本被捕，然後於一九四七年四月下旬被引渡到中國，五月下旬在南京開始接受調查。田中軍吉也否認所有的起訴罪名，但法庭出示了一張他正在將一名中國人斬首的照片，同時問道：「東京的報紙都刊登了你的照片，而且宣稱你是一位非常勇敢的戰士，難道你也否認這張照片的真實性嗎？」田中軍吉答道，照片裡的人確實很像他，但卻不是他。檢控官隨即拿出山中峰太郎所著《皇兵》一書，書中有吹捧田中軍吉用特製軍刀砍殺三百名中國人的故事。田中軍吉承認那則故事中所說的人就是他，但他只在戰鬥時殺人，而且人數絕沒有三百人那麼多。[78]一九四七年九月二十日，中國法庭以田中軍吉在第六師團司令官谷壽夫的指令下參與南京的濫殺予以正式起訴。一九四七年十二月十八日，南京軍事法庭將野田毅、向井敏明、田中軍吉三人一起交付審判，而三人都否認所有控罪。田中軍吉跟其他人一樣只承認在作戰時殺人，也堅稱照片中的他穿的是輕薄的衣服，而日軍進攻南京時已是當年十二月，所以檢方所提出的證據自相矛盾。他並表示照片只能證明他砍了一個人的頭，絕對不能當成證據說他殺了三百個人。主審法官之一龍鐘煜認為田中軍吉等三人的辯詞不值一駁：「被告的辯詞似是而非。」[79]

一九四八年一月二十七日，國民黨政府在南京城裡四處張貼前述三人遭定罪的大型海報，指稱法庭的呈堂證據證明三人殺害戰俘及無武裝平民無誤，因此將其判處死刑。死刑判決由蔣介石親自批准，於一月二十八日正午在南京城外的雨花台執行。[80]向井敏明當時在庭上做了如下發言：他尊重中國國防部法官所做的判決，希望中日雙方能擁有永久的和平。[81]他在遺言中寫下「日本萬歲」和「中國萬歲」，否認曾經殺害平民戰俘，也否認參與了南京大屠殺，同時宣稱他死後，靈魂將會成為日本的守護神。[82]曾經對此一具警示意味的主題做過廣泛研究和許多訪談的笠原十九司則以反詰的口吻提出了質疑，認為如果日本人及其他學者已經證明像「百人斬比賽」這樣的案例大致上為虛構，那麼為什麼中國人無視於自己所提出的證據及文字資料存在許多疑點，還要堅持那樣的事情確實發生過？為何中國人（及臺灣人）還要將這起事件當作歷史事實收錄在教科書中？笠原十九司和其他歷史學家並非認為野田毅和向井敏明沒有殺中國人，或是否認兩人曾經參與了日軍暴行，而是強調他們確實懷疑當時日本媒體報導的真實性，以及「百人斬」在實際執行上的可能性。事實上，許多中國的歷史學家也自相矛盾，他們一方面批評日本媒體在報導上的偏見，指稱其針對二次大戰的相關新聞很多都不符事實，但同時又堅信他們心目中這些

③譯註：田中軍吉當時軍階應為上尉。

「不值得信任的消息來源」裡有關「百人斬」的報導千真萬確。說來有點諷刺，中國人基本上不相信日本媒體的宣傳，卻又拿其所刊出的報導來作為戰犯審判的證據，這無疑是啟人疑竇的雙重標準。[83]笠原十九司表示，中國人這種矛盾的想法，恰恰說明了這起事件及其餘波對中日關係造成的影響，讓中國人相信日本人不只是想殖民中國，而是要逼中國屈服、徹底摧毀中國。此外，由於其並非日本軍隊在戰場的行動，而是在城鎮的街道上針對中國平民，因此許多中國人只要明白有多少同胞可能因此被殺害，就會相信這些事件根本代表了「日本鬼子」真正的目的。[84]

一九三七年十二月事發之時，向井敏明二十六歲，野田毅二十五歲。審判時，大部分的證詞都圍繞著令人不適的細節，例如日本軍刀究竟是用來殺人或者只是儀式性的軍人配刀，以及日本軍刀是否確實能砍下這麼多首級。審判中有證詞指稱，這兩位嫌疑人也許根本就沒有配刀，或者不可能一直隨身攜帶那樣的軍刀。另外，日本皇軍在一九四三年後開始撤退時，日本媒體也曾發出大量的假新聞，那麼中國的法庭為何堅信一九三七年的報導必定屬實？日本歷史修正主義學者鈴木明就在他所著有關南京大屠殺的書中指出，像南京大屠殺這一類的故事都是戰時所編造，因此，野田毅和向井敏明的起訴與死刑皆不公正。野田和向井對於事件的辯解一直出現在這類型的媒體報導中，也一再於中國法庭上提出，以致反而諷刺地變成否認南京大屠殺的人所尊奉的主要說詞。另外一些歷史修正主義者則指出，正因為缺少確鑿的證據，所以東京審判才未起訴野田毅和向井敏明。不過，歷史學家若林正卻提出了另一種分析，認為美國在東京所設立的軍事法庭之所以未起訴兩位嫌疑人，是因為「他們不是以甲級戰犯的身分被起訴，所以不在遠東國際軍事法庭管轄範圍之內。將他們送往南京面對乙丙級戰犯審判可說是恰當的作法」。[85]

笠原十九司則認為，「百人斬」的故事之所以深植中國人的內心，是因為中國國民黨宣傳部編撰了那本《日軍暴行目擊記》。國民黨從那些被迫害、偷搶、打成殘廢或親眼目睹的人口中取得各種各樣證詞，經討論後製成內部參考書，後來則公開發行讓民眾傳閱。[86]笠原十九司相信，除了那張「百人斬比賽」照片是部分捏造的宣傳品，中國人在將各種宣傳翻譯成英文時，也刻意把日軍對中方軍隊的戰鬥移花接木成攻擊「中國平民」，把戰場上的「徒手肉搏」改成單純的「殺人」。這種偷天換日的手法，加上由國民黨出面發行，便讓一般大眾更容易相信並接受。

事實上，中國人為了宣傳而假造日本「皇家」文件並非沒有前例，《田中奏摺》即是其中一例。這份仿造日本帝國內上奏給天皇的奏摺，有很長一段時間都被國際當成日本帝國意圖征服東亞的依據。日本國際政治學者服部龍二指出，雖然奏摺已經被證明是假的，但中國仍有許多人信以為真。《田中奏摺》應該是一九二七年七月二十五日，由一九二九年去世的田中義一上奏給天皇。田中義一是當時權傾一時的知名人物，先是擔任過陸軍大臣，也是戰前日本第一個政黨「立憲政友會（政友會）」成員，而後在一九二七年至一九二九年間出任首相兼外交部長。這份假造的《田中奏摺》之所以有些許可信度，不僅僅因為它看似出自前述國民黨宣傳機關的巧手，另一個原因是，就在一九二七年，奏摺出現的幾個月前，田中義一在東京舉行的東方會議上確實提出了一份草案計畫，提及日本應該如何與中國往來。只不過這份大綱無關乎主導世界，只是份一般性的政策文件。後來出現的假奏摺主題則變成日本在東亞的擴張野心，用服部龍二的說法就是「象徵了中日之間在歷史意識上的歷史性隔閡」。[87]《田中奏摺》的內容有幾項重大的歷史謬誤，清楚地證明是經過偽造的，但其中所包含的訊息又確實和日本想要在軍事上壓制中國的一般性目標有所重疊，這點與其他地區相信奏摺為真的人的想法不謀而合。美國在戰時所製作的宣傳片裡便經常提及《田中奏摺》，且在東京審判的過程中——至少在初期——這份奏摺似乎就是控方起訴被告的動機之一。英國官員從一開始就認定《田中奏摺》是假的，但蘇聯的歷史學家則傾向相信其屬實。中國國民黨有關日本人在中國行動的宣傳，當然會強調日本應該負起戰爭責任，但如何展現一些特殊的問題或事件，則攸關日本皇軍在中國的公眾形象。值得注意的是，假造的奏摺和笠原十九司有關「百人斬比賽」含糊的說詞連結在一起時，便不免讓人聯想到中國國民黨的宣傳機構是否也在其中動了手腳。一九二九年夏天，《田中奏摺》首度以小冊子的形式出現在中國，不久之後，英文版在美國現身。服部龍二認為，有關《田中奏摺》真實性的辯論，很大程度上可以測試出日本與個別國家的外交關係究竟如何。雖然《田中奏摺》已經被證明是假的，但在臺灣和中國大陸還是有很多關於其出處的說法。[88]這個現象跟圍繞著南京大屠殺的辯論也頗有類似之處，譬如一九八〇年代時，中日雙方曾經為教科書中有關南京大屠殺的部分起了摩擦。當時中方官員嚴詞批評日本文部省讓修正主義者的史觀進入歷史教科書，刻意淡化日本帝國主義的歷史及其暴行。他們也經常舉《田中奏摺》為例，指出日本人就是要壓制中國人，而這段歷史卻遭人遺忘了。[89]笠原十九司則把前述這類宣傳及誤解和乙丙級戰犯受審一事連結起來，因為「南京審判中有關『百人斬比賽』的部分，基本上是在國民黨政府國防部主持之下所進行。所以，為日本戰犯找回正義就更顯重要了」。[90]

另類的正義——岡村寧次受審

打從一開始，當時還窩居在中國西北延安基地的共產黨領袖，就宣告日本中國派遣軍司令岡村寧次大將為頭號戰犯，排名在戰時內閣總理大臣東條英機及裕仁天皇之前。但長久以來岡村寧次一直安然無事、逍遙法外，以致國民黨政府接到許多抱怨。最後，國民黨還是對這位前日本皇軍領導人發起了無可避免的審判。一九四八年七月七日，中國外交部對岡村發出了傳票。然而一些中方的消息來源指稱，何應欽派出的特使曹士澂少將在與岡村見面時很明確地告訴對方：蔣介石和何應欽對岡村在日本宣布投降之後所提供的協助都很滿意，因此審判只是做個樣子。[91]岡村寧次的審判在一九四九年一月二十六日結束，國民黨的特別軍事法庭判處其「無罪」。岡村在日本於一九四五年八月投降後，總共在南京待了三年半，於政治及法律上的狀態始終隱晦不明，但就在前述審判結束的幾天後，他便搭上一艘美國船隻，以自由之身返回日本。

如前所述，岡村寧次之所以惡名昭彰，除了因為他是日本中國派遣軍總指揮，也由於他是「三光政策」的總策劃。所謂「三光政策」，就是以「殺光、搶光、燒光」三個手法徹底摧毀中國的抵抗。[92]岡村也是最初幾位提出用「慰安婦」來穩定軍心的日軍高級將領之一。此外，由於許多國民黨將領都曾與岡村在同一所軍校求學④，因此戰後這段期間岡村也與這些將領過從甚密。蔣介石便曾經短暫就讀過軍校，而湯恩伯、何應欽和其他幾位將軍都曾是日本的軍校生，或曾在類似的預備學校受訓。[93]除了與日本軍方菁英有共同的教育背景及訓練之外，國民黨在戰後也需要利用日本軍官及部隊維持許多地區的秩序，以免那些地方落入共產黨手中。正因為於先前由日本控制的地區有這種特殊狀況，所以相較在美國控制下的前帝國邊境投降的高階軍官（例如在菲律賓的山下奉文大將），岡村寧次享有更多的自由。當岡村手下的低階軍官開始受審時，他本人所受到的待遇卻大不不相同。他和蔣介石時有接觸，討論著強大的新中國需要武器、軍事專業知識以及協助。對岡村來說，日本戰敗且向蔣介石的部隊投降當然是極大的諷刺，然而國民黨領導人和其他人對實際結果的評估與他完全不同（雖然他們的詮釋受到後來的歷史書籍挑戰）。日本在南太平洋及本土都被美國人擊敗了，但在中國卻另有文章。前日本皇軍軍官都認為，日軍在中國戰敗的情境完全是另一回事。美國軍方從一開始就反對讓岡村寧次在戰後的中國擔任任何主要聯絡角色，但據稱何應欽為中方做出的決定辯護，指稱：「雖然岡村在戰時是我們的敵人，但現在戰爭已經結束，我們相信他可以成為一個值得信賴的朋友。」[94]盟軍總部的檔案也顯示，美國當局曾多次要求國民黨將岡村送回日本、到東京審判法庭作證，但都遭到國民黨以岡村生病無法長途跋涉為由拒絕。[95]

中國和日本的交換條件

國民黨對審判某些特別的日本戰犯確實表現得很積極，也試著努力要找出「漢奸」，但對岡村寧次卻特別寬大。[96]戰後的頭幾年，岡村的問題常常被提出討論，對於是否應該以戰犯來起訴他，在國民黨內部也引發多次辯論。當時曾經參與討論的曹士澂等人指出，國民黨政府在岡村受審之前曾經開過一個專案會議，由司法部、外交部及軍方派員參加。幾乎每一位與會者都認為岡村有罪，應該判處終身監禁，只有曹士澂一人挺身為岡村說話，認為應該釋放他。[97]

一九四七年，美國的占領軍開始在日本推動所謂的「轉向」政策，也就是從促進日本民主化轉為扶持其經濟，使其成為反共堡壘，中國共產黨的領導人則開始擔憂美國可能想重新武裝日本軍隊。一九四七年十月十日，毛澤東宣布中國共產黨反對一切外部力量扶植日本再起，因為其已察覺美國支持國民黨及日本，其實是企圖摧毀共產中國的大戰略的一部分。[98]同一天，中國共產

④ 審訂註：日本陸軍士官學校。

黨也宣布要「逮捕、審判、懲罰以蔣介石為首的內戰戰犯」。[99]故對日本戰犯的審判以及爭奪戰後正義的主導權，至此已經轉化為爭奪中國大陸的內部政治及軍事鬥爭。一九四八年十二月二十五日，中國共產黨公布了另一份更長的戰犯名單，其中包括何應欽、閻錫山等國民黨軍方大員。

根據中國軍事法庭大法官石美瑜的說法，對岡村的軍事審判有點異乎尋常，也有所謂「袋鼠法庭」（kangaroo court）的味道⑤。石美瑜告訴其他法官，當時岡村的審判已經暫時休庭，但國防部下令他重新開庭。由於第二次開庭是在國防部的要求之下，因此顯得有些倉促，但所有法官都認為岡村有罪。石美瑜隨後召集法官闢室密商，同時出示了兩份電報，一份來自代總統李宗仁，另一份來自湯恩伯。兩份電報都強調岡村寧次對中國國民黨未來的前途有重要價值，同時明確指出「岡村寧次對國家還有用處，請判他無罪」。石美瑜接著從一疊文件中抽出一張紙，上面寫著「無罪」的判決，而且已經蓋好了新任國防部長徐永昌的官章。也就是說，案件早在未知會司法單位的情況下做出了決定。[100]無論實際上是誰從中協助岡村寧次，他在中國當局高層當中確實有著強而有力的支持者。「無罪」判決的幾天之後，國民黨就開始討論將日本戰犯遣返日本的問題。原先有個應該屬於機密事項的計畫，是將在中國法庭內判刑確定的日本戰犯送回日本，讓他們在東京巢鴨監獄服完刑期。中國駐東京代表團的聯絡武官鍾漢波海軍少校就是處理此事的負責人之一。他當時在中國港口接收業經判刑的日本戰犯，然後在美國的監督之下陪伴戰犯回到日本，進入巢鴨監獄服刑。[101]

鍾漢波本人在回憶錄中指出，他被告知共有大約兩百六十名遭國民黨法庭判為戰犯的日本人跟岡村寧次一起被遣返。當時沒有汽車可用，卡車也大多被徵用於跟共產黨作戰，轉送戰犯唯一的辦法就是要求他們從監獄步行到碼頭。最後經過交涉，國民黨獲准使用美軍的巴士。一九四九年一月三十日，日本戰犯搭上巴士前往上海的六號碼頭。[102]鍾漢波用一份附有相片供對照的名單，仔細比對每一名上船的戰犯，再把他們交給美方，出發前往日本。上船的日本戰犯都必須全身噴灑DDT消毒，然後進入所分配的艙房。這艘名為「約翰・威克斯」（John Weeks）的美國驅逐艦於當天早上十點離港，幾天之後抵達日本橫濱。

美國奧本大學翟強教授指出，當時麥克阿瑟將軍的辦公室曾經對國民黨施加壓力，要求釋放岡村寧次，不過這個說法缺乏強而有力的證據。翟強引用的是一九四九年二月四日一份中國共產黨內部備忘錄，該備忘錄譴責了麥克阿瑟將軍的作為，同時要求其將岡村寧次及其他遭遣返的日本戰犯引渡給人民解放軍或中國共產黨官員，讓他們面對「人民的正義」。[103]中國共產黨重申他們保留制裁岡村寧次及其他日本戰犯的權力，同時譴責麥克阿瑟「擅自釋放」這些戰犯。[104]岡村的釋放事出突然，當時尚不知情的中國共產黨還從北京發電文給在南京的國民黨政府代總統李宗仁，要求將岡村寧次交給共產黨審判，這才被告知岡村已經離開中國、返回日本了。據稱中國共

⑤審訂註：意指不公平的審判或是裁決。

產黨隨後又發了電文給中國駐東京代表團的商震，要求把岡村送回北京面對「真正的審判」，然而國民黨以及美國官員都未加理會。一九四九年一月二十六日，就在國民黨法庭宣判岡村無罪之後，中國共產黨喉舌新華社又發表了第二份戰犯名單。105

雖然中國共產黨在處理戰犯的問題上，亟欲把中國國民黨描繪成有虧職守，但實情並非全然如此。國民黨政府試圖在國內及國際上形塑一種輿論，即中國人和其他人對東亞地區審判日本戰犯的看法。其於撤退到臺灣的前夕，將一份文件收進外交部的檔案庫，這份文件很大程度上反映出日本人在戰後看待戰犯審判的態度。此文件名為「日人對審判戰犯觀感之調查」，是一九四九年七月間由中國駐日代表團發給南京的中央政府。報告一開始就闡明：幾乎所有日本人都不再關注戰犯審判了。在東京審判開始時，日本人確實極為關注，也認為那些必須為戰爭負責的相關人等付出了代價，然而審判結束之後，隨著時間流逝，「日本人的情緒漸漸冷卻，現在幾乎已經提不起什麼興趣了」。106

報告中還指出，關於那些較次級的戰犯審判，日本人就更沒興趣了。到了一九四八年十一月，七名甲級戰犯已經被判定有罪，等待死刑執行，日本大眾基本上同意他們罪有應得，但同時也認為乙丙級戰犯審判的時機已經過去了。報告中寫道，乙丙級戰犯審判固然可以讓日本人進一步自省，但日本已然戰敗，「他們還能再反省什麼呢？」，再說，一般人也不太能理解諸如國防、陰謀、政治等大問題。報告的結論中反問道：為什麼東京審判的教訓無法進入一般日本老百姓心中？根據代表團的分析，最大的原因乃是展開戰犯審判之際，也正值蘇聯與美國之間開始衝突。國民黨的推論則是，冷戰的開始使日本人對待戰犯審判的態度陷入了精神分裂狀態。審判在他們心中的目的已不再是「警惕戰爭販子，消除侵略戰爭，建立世界和平」，反而導致他們認識到，在國際現實政治未改變的狀況下，日本對於自己的處境幾乎沒有控制權，因此從一開始，戰犯審判的本意就遭到了曲解。[107]其實這種想法也並非完全無理。

中國共產黨批評國民黨對於日本戰犯的審判過於草率，無預警把日本戰犯遣送回國，更是令人難以忍受，這些批評都引起相當程度的公眾迴響。最初，位在南京的美國大使館收到中國共產黨的訊息，指稱共產黨領導人希望美方把已回到日本的岡村寧次送回中國。此訊息先被轉往美國國務院，再轉往東京的盟軍總部。這其實是個相當微妙複雜的國際司法問題，中國共產黨顯然是從情緒上去理解，卻無法抓住其在法律上的重點。中國駐日代表團和美國占領軍政府G－3部門在一九四九年一月二十一日簽訂了一份協議備忘錄，載明一旦被遣返的日本戰犯上了船就屬於盟軍總部的管轄，中國不再有控制他們的權力。中國共產黨則表示無法接受，因為其認為從一九四九年初開始，他們就已經是中國的合法代表，當時的中國駐日代表團無權簽訂協議。

根據一份一九四九年一月三十一日的美方備忘錄，中國駐日代表團對盟軍總部針對從中國遣返日本戰犯所發出的新聞稿頗有微詞。中方認為美方發出的新聞稿遣詞用句，讓人覺得中國國民黨「耍了小技巧，目的是要避開中國共產黨所提出的要求」，才請求盟軍總部同意遣返日本戰犯。[108]中國共產黨當年與國民黨的談判條件之一，就是要求交出日本戰犯。這兩個政黨當時都企圖利用戰後對日本戰犯的追訴，我認為其採取的形式可以稱為審判日本戰爭罪行的表演。而與遣返戰犯相關的這一連串事務，正顯示了其於這場競逐中的重要性。美國方面顯然相當擔心日本戰犯落到共產黨手上後可能的下場。一九四九年一月，盟軍總部與日本西沿的「舞鶴遣返歸國中心」合作進行調查後，提出了名為「日本戰俘在蘇聯被灌輸共產主義及其反制措施」的機密報告。一份關於該報告的內部備忘錄中寫道：舞鶴遣返歸國中心的指揮官表示，蘇聯「在日本戰俘被遣返回國之前，無所不用其極地將他們公社化」。這份分析報告也指稱，蘇聯的這項作法相當成功。盟軍總部則建議「迫切需要在遣返歸國中心選出特定的日本戰俘進行反宣傳或再教育，以研究並設計適當的方法讓這些被遣返者脫離共產思想，且向他們灌輸有關日本現況以及美軍占領的事實」。[109]

從某些角度來說，岡村寧次的案子實際上讓所有人都不滿意。最初，美國在戰爭結束時根本就不想讓中國進行自己的日本戰犯審判，且當時美國人已經開始在上海就日本軍人處決遭擊落美軍轟炸機駕駛員一事進行審判。[110]後來，中國審判日本戰犯成為既成事實，但美國也不認為由共產黨來審判會比國民黨更好。前述的備忘錄中寫道：「中國共產黨明顯是為了政治上的目的而煽動此事，假如我們讓這些已獲判無罪的人在中國共產黨的要求之下被當作政治足球，盟軍總部將會難以自圓其說。」那時在中國已經出現一些謠言，聲稱盟軍總部計劃利用日本部隊，而岡村寧次也會再度被起用。美國其實也很清楚這種說法潛在的政治後果。因為閻錫山就曾經在山西利用日本部隊對抗共產黨部隊，所以如果共產黨懷疑盟軍總部也有同樣的策略，這並非空穴來風。[111]一九四九年二月二日，當媒體記者提問有關中國遣返日本戰犯究竟根據什麼法律基礎時，盟軍總部法律顧問艾爾瓦・卡本特答道，那是麥克阿瑟將軍本人做的決定，而且可能是「基於人道及政治的理由」。卡本特也進一步引述了麥克阿瑟的說法：「如果日本戰犯落入中國共產黨手裡，可能會受到不適當的對待，共產黨也可能會為宣傳的目的而對他們採取令人不快的措施，例如放他們自由」。卡本特接著承認，這項決定也許並無任何真正的法律基礎，「但菲律賓政府去年也做過類似的要求，欲遣返日本戰犯，因此這確實有前例可循」。[112]

盟軍總部外交部門主管威廉・希伯德（William J. Sebald）在一九四九年二月二十六日發出一份機密備忘錄，指出將岡村寧次及其他戰犯遣回日本之事，並沒有想像中那麼尷尬。

> 基本上，從中國轉移日本戰犯的問題之所以產生，是因為中國政府透過駐日代表團提出了請求。當盟軍總部和中國駐日代表團達成協議後，美方就派出船隻到上海接運戰犯，而當時上海的中國當局臨時要求同時遣返岡村寧次和其他八名獲判無罪的日本人。遣送船隻的負責官員當場透過無線電向相關單位請示，結果獲得許可，所以也同意將岡村寧次及其他獲判無罪的同伴一併遣返日本。[113]

該備忘錄中也特別回應了中國共產黨所提出的要求：

如果我們因為對方讓更高當局檢視法庭判決的說詞而接受溯及既往的要求，將岡村寧次及其他業已獲判無罪之人送回中國司法當局手上，讓中國的法律原則取消以正當程序召開的法庭所做出的無罪判決，我們相信這將造成嚴重的不公義。[114]

岡村寧次的審判，顯然跟當時中國脆弱的政治情勢有關。共產黨軍隊那時已開始向國民黨固守的重要據點推進。一九四九年四月二十三日，中國共產黨軍隊占領了南京，可見岡村寧次的審判確實是國民黨在最後一刻匆匆舉行，更在緊要關頭把他和其他戰犯遣送回日本。國民黨的想法顯然是他們已經向日本人實現了正義，所以不讓共產黨重開法庭。

收尾

一九四〇年代晚期，不僅中國國民黨開始為自己所舉行的日本戰犯審判收尾，在日本的盟軍總部也開始檢討，如果繼續按照原訂計畫舉行像東京審判那樣規模的戰犯審判，將會帶來多大的麻煩。一九四七年三月，麥克阿瑟要求美國海威福特學院日本歷史學家休・波頓（Hugh

Borton）研擬一份對日本的和平條約，並且交代這份和約必須反映出《波茨坦宣言》的精神，也要包含維持戰犯判決的條款。[115]日本政治學者日暮吉延則發現，麥克阿瑟似乎在戰犯的問題上碰到了麻煩。盟軍原先計劃舉行一系列的甲級戰犯審判，但第一個東京審判就已曠日費時，到了一九四七年五月十二日，麥克阿瑟了解到，等待受審的日本戰犯已經開始為占領軍帶來麻煩，繼續羈押他們並不符合占領的初衷——這牴觸了民主正義的原則。其實中國共產黨也面臨同樣的問題，只不過他們的目的和盟軍完全不同，所以共產黨領導人並不像麥克阿瑟這麼在意。[116]

到了一九四七年夏天，美軍和美國國務院都已無意順著紐倫堡大審及東京審判的模式繼續審判戰犯。首先，這並不意味著不再追訴戰犯，只是要討論所採取的模式。同時，日本外務省也開始診視戰犯的問題，並且在一九四七年六月為此成立了一個調查委員會。另一方面，美方檢控官約瑟夫·基南（Joseph Keenan）則擔心審判拖得太久可能會引起日本大眾的反美情緒。[117]至於中國方面，國民黨因為和共產黨的戰事而停止了對日本戰犯的追訴，不過西方盟國在這方面的表現並沒有比較好。由十一個國家組成、負責主導日本占領事宜的遠東委員會在一九四九年初決定「不應再發起任何對日本戰犯的審判」，東京審判於是成了第一個、也是最後一個針對日本甲級戰犯的國際審判庭。委員會也宣布，乙丙級戰犯審判應該在一九四九年六月以前完成所有調查，並在同年九月完成審判。不過這只是委員會的建議，其實並無任何強制力。[118]

一九五〇年五月十五日，中國共產黨政府的外交部長周恩來發布了一份宣言，譴責麥克阿瑟過早釋放日本戰犯（而這只是稍後一連串類似宣言的第一份），聲稱這樣的作法違反了國際法的精神以及戰後的協議。[119]一九五〇年九月三日，中共機關報《人民日報》在社論中指出，當天已經是世界擊敗法西斯的五週年紀念日，然而有關日本帝國的圖謀卻尚未在歷史上得到解決，且日本再起的能力也未完全清除，同時美國又取代了日本成為東亞的帝國霸權，將日本變為其殖民地以及軍事基地。《人民日報》指出，日本必須與美國分離，而與其他亞洲國家團結在一起。這項說法倒是和日本在戰時的宣傳不謀而合，只是敘述的方式有異而已。[120]一九五一年九月六日，中共最高法院大法官沈鈞儒在一項國際勞工法的會議上發表演說，主題是違反人道罪及違反和平罪。他在演說中指出，相信美國是在利用日本戰犯準備另一場戰爭。[121]

一九五〇年夏天，韓半島戰爭爆發前夕，中國共產黨已經因為不當追訴日本戰犯而陷入孤立，美國的作為則對東亞的和平造成一定程度的扭曲。在韓戰開始之前，甫於一九四九年十月一日見告成立的中華人民共和國已經發起了「反美扶日」運動。中國共產黨的宣傳喉舌大肆抨擊美國帝國主義企圖利用日本作為在東亞反制蘇聯及共產黨的平台，而且獨霸了占領日本的特權。此外，由於中國在日本的侵略戰爭中受害最深，所以許多百姓認為中國理應在戰後的《舊金山和約》決議中擁有較大的發言權，但中國國民黨和中國共產黨在一九五一年卻都未能成為《舊金山和約》的簽約代表。[122]中國共產黨領袖主張有關東亞未來的計畫應該「徹底剷除日本反動力量，同時保證中國生存的權利」。共產中國很明確地表示希望在和平進程中有平等的話語權。[123]然而，中國共產黨要在好幾年以後才能夠舉行他們自己的戰犯審判，同時在戰犯審判的議題上與其他國家具有同樣的影響力——這正是共產黨的領導人過去朝思暮想的成果。

第五章

臺灣

政治上的權宜之計與來自日本帝國的協助

來吧，聽我唱沃納．馮．布朗（Wernher von Braun），忠誠隨情勢而
變的男子，
你說他是納粹，他眉頭也不會皺一下，沃納．馮．布朗說：「納粹？
有多粹？」
只要懂得火箭發射的歸零倒數，你也可以成為大英雄，
沃納．馮．布朗說：「我知道怎麼用德語、英語倒數，而現在我在學
中文。」

——湯姆．雷勒（Tom Lehrer）

美國政府基於冷戰時期對科技的緊急需求，經常與前敵方的技術人員共謀，並僱用他們為自己做事，[1]像前述的納粹科學家為美國所用的故事就盡人皆知。如果我們了解上述的情況之後，再去看國民黨對待過去的敵人日本人所表現出的表裡不一的愛國主義時，就不會覺得奇怪了。[2]美國當年啟動特別計畫「迴紋針行動」（Operation Paperclip）招募前納粹科學家，不僅僅是為了改善自身的科技，也是為了搶先一步防止這些人被蘇聯或英國所用。[3]中國國民黨雖然熱衷於找尋可以提供戰略協助的日本軍人，卻沒有足以發動美國那種龐大計畫的能力。[4]

一九四九年初，國民黨最後一輪審判日本戰犯的軍事法庭宣布前日本皇軍大將岡村寧次無罪，戰後的東亞進入了勢力重整的階段。此時國民黨的領導階層非常明確地理解到日本戰犯還有其他用途。國民黨當時藉著日本戰犯向外界宣傳其落實國際法的能力，但並非所有的戰犯都能這樣利用。岡村寧次和前日本帝國皇軍究竟如何直接影響國民黨將臺灣當成據點，還有待更全面的討論，但在此已隱約可見敘事的雛形。[5]相較於追訴日本戰犯的戰爭罪行，國民黨利用前日本軍人對抗步步逼近的共產黨，才是出於現實考量的策略，似乎也是較好的選擇。岡村於一九四九年初期回到日本之後幾個月，中國國民黨的軍事高層就前往醫院探望尚在休養的他，並徵詢他是否願意參加一項不尋常的計畫，幫助先前的敵人。國民黨的軍事及政治領袖希望岡村能幫忙抵擋、甚至推回共產主義的浪潮，協助蔣介石重新奪回中國大陸。[6]雖然岡村當時的健康狀況很糟，但他還是一口答應了，隨後便和其他幾位前日本軍官組成了「白團」。那時日本還被盟軍占領，日本人出國旅行應屬非法，遑論是前日本皇軍的軍官。但從一九四九年秋天開始，白團的成員即祕密地來往日本及臺灣兩地，目的就是要重組、重新武裝及重新訓練國民黨軍隊，使其最終能對中國大陸展開攻擊，打敗共產黨。[7]當時白團大約有八十名前日本皇軍軍官，負責訓練一萬至兩萬名（端看讀的是誰的回憶錄）的國民黨部隊，而白團的活動一直持續到一九六九年才終止。

岡村寧次的審判也許在國防部的指示下倉促地舉行，但所有法官都強烈認為岡村有罪。雖然岡村最後被判無罪的法律基礎相當薄弱，但真正令人訝異的是，美國早就在某種程度上知道國民黨和日本軍方準備和解。雖然日本人一直以為他們騙過了西方國家，但英國駐日代表處首席軍事顧問在一九四九年十二月二十八日所發出的一份備忘錄，證實英國以及駐日盟軍總部早就對日本人在中國大陸及臺灣的行動有一定程度的了解。英國准將佛格森（AK Ferguson）在備忘錄中詳細記錄了他和駐日盟軍總部G-2部門副參謀長查爾斯．威勒比少將的談話，內容是關於日本軍官為中國內戰的雙方工作。威勒比證實了佛格森的懷疑，但也指出就他所知，沒有任何真正身居高位的日本軍官與中國國民黨合作，而且日本人大多以團體的形式獨立參與，因為中國人並不願意在他們手下工作。英國官員想知道就日本人離開日本去幫助中國國民黨一事，美方是否給予了「道德上的支持」。威勒比「明確地回答：『不，我們不支持，那樣太危險。』」不過他同時暗示，如果有些日本人當真去幫助國民黨，美國也不會太在意。換句話說，美國人看在眼裡，卻視而不見。[8]一九五〇年三月，就在韓戰爆發前幾個月，麥克阿瑟將軍可能曾向岡村寧次提出警告，他若前往臺灣訓練部隊人員對抗共產黨便是違反法律，美國如果發現將會予以制裁。最後看來，這番話純粹是做個樣子罷了，因為占領軍當局從來不曾就這類事件調查或起訴任何人。[9]

一九四九年夏末，美國的對臺政策走到了十字路口，如果不是韓戰在一九五〇年夏天爆發，臺灣大概就不會引起美國軍方最終給予的高度關注。[10]由於當時國民黨不確定美國對其未來將統治臺灣抱持什麼樣的態度，因此蔣介石政權顯然得尋求來自其他方面穩固的支持。在這種情況下，前日本帝國的軍人就填補了這個潛在的權力真空。此外，當時國民黨正從中國大陸撤退，政治的控制權一點一滴被迫讓給由毛澤東所率領的共產黨，這更加深其對充滿未知的將來所懷的恐懼，也意味著國民黨必須持續嘗試各式各樣的手段以確保能夠達成目標。白團並非國民黨政府在戰後所召募的第一個日本軍事專家團體。國民黨官員文強在一九四六年十月便帶著屬下跟一些日本人進入中國東北的長白山區，說服還未正式投降的日軍放下武器，也曾經設法使一些尚未判刑的日本戰犯嫌疑人獲釋，以便讓他們幫國民黨工作。這些人當中包括了石原莞爾中將的崇拜者辻政信大佐。[11]國民黨也在東京組織了一群日本軍人成立「東方文化研究協會」，當作戰後中國對日本的門面，主要工作便是促進和日本的關係，但後來因為國民黨軍隊在中國大陸潰敗，這項計畫也就無疾而終。[12]白團因此算是一個受僱於國民黨政府，並為其對抗共產黨的組織。日本在一九五二年與控制臺灣的國民黨政府重建邦交，時任日本內閣總理大臣的吉田茂甚至親自擬訂計畫，協助美國對抗中國共產黨的情報活動。[13]

經過修復的戰後中日關係提供了前日本皇軍回報蔣介石的明確管道。一九四五年八月，昭和天皇通過廣播宣布日本無條件投降，幾乎同一時間，蔣介石也透過全國廣播宣布「以德報怨」政策，要求中國民眾寬大對待日本人，亦不尋求對方做出戰爭賠償。「以德報怨」出自儒家的《論語》，意思是以善意和善行回報他人的惡意或傷害，這跟蔣介石信仰的基督教中所說「有人打你的右臉，就連左臉也轉過來由他打」[14]顯然互不牴觸。蔣介石將儒家倫理和基督教的訓誡結合，加上精明的政治操作，形成了針對剛被擊敗的日本人一項有效的政策。[15]蔣介石在廣播中宣布「不念舊惡」，因為中國的敵人是日本軍事派系，而不是日本人民。[16]國民黨在戰時曾採取善待日本戰俘以使他們轉頭對付自己帝國的手法，當時這套政策一定程度上算是成功，所以戰後沒有道理不故技重施。[17]國民黨那時的最高原則是先求團結，但對日本戰俘的再教育也是重點之一。國民黨緊接著進行內部討論，計劃派出輔導員到戰俘營內「指導」日本戰俘，教授孫中山的「三民主義」。[18]值得注意的是，蔣介石對日本所表現出的氣度，其實和盟軍的普遍意見格格不入。以美國來說，截至一九四四年十二月，有百分之三十三的人希望將日本這個國家斬草除根，百分之十三的人希望日本人全部死去。至於如何處理日本人？有人提出的建議包括把他們全部交給中國人（因為許多美國人認為中國的法律比較嚴格，然而這是當時普遍的錯誤認知）、讓他們在酷刑折磨下緩慢痛苦地死去、把日本領導人放在散兵坑中後對他們丟炸彈，還有其他各種各樣暴力的方法，[19]只有百分之四的美國人贊成依照國際法將日本領導人交付審判。

就中國大陸在戰後所面臨危急的政治及經濟情況而言，國民黨領導者沒辦法像美國急於報復珍珠港遭日本「偷襲」那樣，一頭栽入報仇的衝動中。事實上，一九四九年初，對日抗戰的記憶似乎早就被國民黨高層拋諸腦後，取而代之的是與中國共產黨的抗爭。岡村寧次當年曾和國民黨將軍何世禮有過一次談話，當話題轉向二次大戰時，何世禮說道：「過去的就讓它過去吧。」許多國民黨官員希望集中注意力在眼前的危機——國民黨希望打敗共產黨，重新奪回中國大陸。[20]為了達到這個目的，曹士澂在一九四九年七月帶領了幾位中華民國外交代表前往日本，和岡村寧次及其他幾位前日本皇軍高階軍官見面，希望對方能組織日本軍官團隊幫助國民黨對付共產黨。曹士澂帶去一封蔣介石的信函，內容表示國民黨在內戰中的情勢不太好，軍方及政治領袖正計劃撤退到臺灣，並且在臺灣重整旗鼓，為將來反攻做準備。在準備反攻的同時，蔣介石希望過去的皇軍「老夥伴」能幫忙——他指的是戰前在日本軍事學校和中國留學生一起訓練與學習的那些日本軍人。[21]有幾位前任白團的成員表示，岡村寧次得以在中國的審判下從一連串重罪中無罪釋放，就是因為他們向蔣介石承諾組織白團這樣的團隊作為交換條件，以賦予岡村寧次自由之身並讓其回到日本。無論當初確切的情況究竟如何，結果是四名日本皇軍軍官——包括岡村寧次大將、小笠原清中佐、澄田賚四郎大將、十川次郎中將——聯手尋找其他前皇軍軍官組成了白團。為了隱瞞美國占領軍，參加白團的人都使用中國化名，至於白團之名，則取自富田直亮的化名「白鴻亮」的姓氏。富田直亮是白團首任領導者，也是前日本皇軍大將。選擇白團作為名稱的另一個理由，則是「白」與代表共產黨的「紅」字相對。[22]

白團的任務是重新訓練國民黨軍隊，並協助重新組織有朝一日將對中國大陸發動的大規模攻擊。根據既有的記載，這項安排確實提升了國民黨軍隊急需改善的軍事專業，也提供了前日本皇軍在赤貧時期的收入。不少加入白團的前日本軍官是出於意識型態上的熱情，有些則是為了防止前殖民地落入共產黨手中，這也是日本帝國本來就有的政策。白團設立了軍事教育課程，訓練地點靠近北投這個殖民時期日本人喜愛的溫泉勝地。蔣介石經常到訓練地點巡視，有時候他的兒子——即臺灣後來的領導者蔣經國也會去。根據日本人的回憶，當時的美國軍事顧問雖然也會在臺灣與白團的人接觸，但他們或許沒看出有日本人採用中國化名，不然就是對這種情況毫無意識。

參與金門戰役①的日本人堅信國民黨軍隊在金門戰役中得以消滅兩支來犯的共軍，正是因為日本人的訓練。[23]對此，中國大陸的資料來源相對沉默得多，而美國中央情報局的紀錄則暗示日本人的貢獻不大。美國占領日本時也成立過類似的組織，這些組織由占領軍查爾斯·威勒比少將的團隊直接資助經費，但其蒐集情報的能力很差，參與的前日本軍人通常充其量就是負責一些見不得光的非法行動。此外，如果考慮到國民黨還想反攻大陸，「從美國的觀點來看，臺灣方面的運作並未變得更好」。[24]參加白團的日本人之所以自我評價甚高，應是由於他們對自己能與國民黨統治下的臺灣維持戰後的「特殊關係」感覺良好，因為這肯定了日本在二次大戰時的終極目標並未失敗。蔣介石的目標是自身的利益，他是否會以同樣的觀點看待日本的帝國目標，十分令人存疑。這一切都導致了戰後中國與日本在利益上有所交集，加上日本皇軍的高階軍官在戰後所受到的待遇，皆豐富了原本非黑即白的敘事。

白團的事蹟讓我們進一步了解中日之間的合流，招募日本皇軍與中國外交政策設定的目標在此產生了交集。雖然這部分的討論在中國國民黨及中國共產黨這段時期的官方歷史中都極為隱諱，卻是一段相當重要的插曲，描繪了中國國民黨與日本為了對付共同的敵人共產黨而和解。相對於美國人視戰後的日本只是一個潰敗又毫無價值的國家，被征服的日本軍方卻受理論上打敗他們的國民黨軍隊招募——這意味著什麼呢？中國國民黨領導階層只在乎實用面向，並未貶低被擊敗的日本軍隊，反而把他們視作對抗共產黨威脅的軍事同盟。歷史學家張宏波指出，美國及西方國家戰後接管地區的日本軍官或領導人所受到的對待，與在中國大陸的情形大相逕庭，在中國大陸的日本軍方領導者都受到了良好對待，也都能與原本應該接受他們投降的中方領導人維持較長期的關係。[25]日本在中國領土雖然戰敗，但投降並不意味著其與中國的關係就此告終，因此得以實質上和平地迎接戰敗。白團所展現的就是這種延續性，雙方的關係從戰時一直持續到戰後，[26]事實上他們共同對抗共產主義的立場，更突顯了日本軍方與國民黨關係間所延續的一致性。[27]

①審訂註：指古寧頭戰役。

戰後日本帝國的救贖之路？

在日本投降前，蔣介石十分關切大批日軍留在中國一事，初步估計大約要花費五至十年才能將這些日本士兵全數遣返回日本。即使後來確實很快遣返了上百萬人，但還有數以萬計的日本部隊困在緊接而來的內戰之中。日本的需求與中國國民黨的目標產生了交集，特別是從一九四八年晚期開始，國民黨部隊在內戰中趨於劣勢，且冷戰開始後，兩國在經濟上也有了緊密的關聯。[28] 在那樣的情況下，雖然岡村寧次屬於已解散的日本軍隊，但一貫堅決反對共產主義的立場使他得以扮演特殊且核心的角色。對國民政府來說，中國大陸的局勢與在歐美控制區投降的日本人所面對的情況大不相同。國民黨政府一再拒絕把岡村送到東京審判庭作證，顯示出其早有建立白團這類組織的想法，甚至可能早於岡村被遣送回日本之時。

對於國民黨企圖拉攏前日本帝國主義者推翻共產黨在大陸的勢力一事，中華民國駐日代表團基本上一直被排除在外。[29] 與白團相關的通訊來往大多維持在個人的層次，特別是雙方關係最穩固的軍方對軍方之間。駐日代表團的規模雖然不大，卻包含了駐外武官曹士澂將軍，這一點對岡村和其他前日本皇軍軍官來說倒是預料之外的好消息。但在曹士澂安排祕密日本顧問團體前往臺灣前，駐日代表團曾經被牽扯進日本皇軍中將根本博的鬧劇中——他企圖以一己之力協助國民黨對抗共產黨在中國大陸發動的猛烈攻擊。

當幾位前日本皇軍將領齊聚在岡村寧次病榻前，研商如何幫助國民黨政府時，根本博和一小批人企圖偷渡臺灣而被捕的消息，則在日本及國際媒體上成為喧騰一時的大新聞。當時美國占領軍方面曾經發函給中華民國駐日代表團團長朱世明，要求中方解釋根本博事件的細節。完全不知情的朱世明對這一切顯得措手不及，但在和曹士澂商量後，他很快地回覆美方，表示根本博的事件與中華民國駐日代表團完全無關。[30]事實上，這是一群與白團無關的前日本皇軍軍人，在代表團渾然不覺的情況下祕密組成的。

根本博一行及戰後日本提供協助的形式

身為勝利者的國民黨政府要招募戰敗的日本皇軍幫忙打仗，從現在來看似乎無比荒謬，但當年幾乎同時發生了好幾起類似的事件，都是前日本皇軍軍官為了阻止共產黨奪去整個中國大陸，而自願幫助才剛擊敗他們的敵人。根本博就是這種信念的追隨者之一，而他所經歷的事件可說是日本人在戰後支持當地民族主義團體的例證，相似的狀況也發生在前法屬印度支那、荷屬印度尼西亞等地。[31]

根本博是湯恩伯的顧問，實際上與白團之間沒有直接的關係，[32]至於他是否真的在防衛臺灣及扭轉軍事局勢上起了作用，至今爭論不休。

對日本本土四個主要島嶼而言，二次大戰結束已是無庸置疑，但對日本先前所控制的其他地區——特別是蒙古、華北地區、山西省以及滿洲沿蘇聯管理區域的部分——日本投降不過就是一紙降書。這些地區的日本軍隊在戰爭結束時收到了內容相互衝突的命令，以致有些人乾脆逃跑，確保自己能搭上第一艘遣返船隻回日本；另外像是根本博或那些在戰後仍如「英雄」般作戰的人，他們掌控了內蒙古的北中國駐軍，以及周遭靠近蘇聯和北中國邊界的地區，並且協助組織了數以萬計的日本平民，讓他們能井然有序地被安全遣送回日本。同時，根本博麾下的軍隊還繼續在河北省的張家口與蘇聯軍隊零星戰鬥。[33]

戰後初期，中國國民黨軍隊與共產黨的內戰硝煙又起，國民黨領導人當時可能向根本博暗示過國民黨需要日本的協助，中國才能成功發動遏制國際共產主義的戰役。根本博一直是反共戰爭的信徒，所以在五十六歲那年決定前往臺灣幫助國民黨。[34]根本博曾經在一九四五年十二月十七日見過蔣介石，那時蔣介石到北京與投降的日軍將領會晤，而根本博是該地區的最高領導者。由於蔣介石不主張對日報復，並認為日本應該保留許多軍人相信能保護重要「國體」的天皇體制，據說根本博因而對這位國民黨領導者相當有好感。蔣介石解釋道，促進亞洲和平的唯一途徑，就是和日本共同努力。[35]這個「不念舊惡」的政策，也因此很快就在戰後贏得了日本軍事專家的幫助作為回報。

一九四六年六月二十六日，根本博趁著夜色抵達位於九州宮崎縣東岸的延岡市，從港口搭上一艘小漁船向臺灣前進。他使用了「林保源」這個中文化名，同行的還有幾個志同道合的人——包括一名曾在上海待過幾年的日文翻譯員，以及幾位應和國民黨關係密切的臺灣人。他們循著一條古老航線前進，幾個世紀以來，貿易商都使用這條海路於日本西部島嶼、臺灣、沖繩以及中國東南部往來運送商品及人口。這並不是根本博第一次前往臺灣，但有些傳記似乎不願多提他是如何與美國占領當局交手，另一些傳記則描述成他似乎全憑一己之力抵達臺灣。無論如何，根本博一行人究竟怎麼抵達臺灣，至今仍是個謎。其中一個說法是，根本博第一次企圖離開九州時曾被美國軍方人員拘留訊問，但他說服對方自己是要去幫蔣介石的忙，對方還護送他們上了一艘船，只是這艘船在半途遇上暴風雨，他們又被美國海軍救起，送到沖繩再次遭到訊問，能言善道的根本博又把他的計畫解釋了一遍，美軍接受了他的說法，而且一路非法護送他們到基隆港。[36]

另有一說指稱根本博等人從九州直接出發前往臺灣，一路航程相當艱苦，駕著小船用「跳島」的方式往南轉西航行，被迫不吃不喝數日，終於在啟程後十四天抵達基隆港。當時是一九四九年七月中旬，一行人才剛踏上臺灣即被扔進監獄，根本博和他的隨行翻譯費盡口舌解釋他們是專程來幫蔣介石對付共產黨，而不是從中國大陸逃來，更不是走私客。不過，根本博及其翻譯也很快就發現，原來最初和他們接觸並提出協助國民黨任務的臺灣人，與實際的軍事計畫毫無關聯，而是另有目的的騙子。幸好他們的運氣不錯，國民黨高層不久後就聽到風聲，說是有位名叫根本博的日本人被關在牢裡。當年根本博在中國戰場上的表現讓他頗負盛名，國民黨高層於是下令釋放並將他帶到臺北。一九四九年八月一日，根本博抵達臺北，巧合的是，美國政府在同月五日發表了對中國白皮書，這意味著國民黨失去了來自美國的軍事支援，這個時機對根本博而言再有利不過了。[37]他們舒適地被安置在溫泉勝地北投附近，大約一星期之後，湯恩伯親自前往探望。曾經在日本留學的湯恩伯說得一口流利日語，雖然他與根本博素未謀面，但都曾耳聞對方的大名，不久之後，湯恩伯就帶著根本博到北臺灣的草山與蔣介石見面。[38]

然而又有另一個相似的版本提及，根本博出其不意抵臺時並未碰上什麼大陣仗，而是被關了長達一個月。當時正值盛夏，監牢中的日子特別難熬，除了令人無法忍受的高溫外，獄中的條件也很差。直到某天，他突然被通知可以洗澡、刮鬍子、換上新衣物——原來他的身分及抵臺目的傳到了當時的臺灣省主席陳誠耳裡，兩人這才見了面。[39]在經歷入獄的插曲後，蔣介石下令給根本博一行人在日本的家屬一筆錢，並立即派遣他到金門協助湯恩伯，幫忙設計對付共產黨的防衛措施。雖然根本博原本希望抵達臺灣一事能保密，但香港的一份報紙卻將這件事公諸於世。東亞國家的新聞機構也跟著報導，指臺灣正在招募日本軍人，根本博就是為此被送抵臺灣。[40]

姑且不論根本博抵臺的確切路線以及究竟是誰先釋放他，被共產黨打得七零八落的國民黨軍隊似乎真的因為他的抵達而士氣大振。此外，根本博最終加入了湯恩伯的顧問團，更進一步接觸到何應欽。根本博和湯恩伯日後發展出密切的關係，甚至在其返日之際，湯恩伯還特地做了一首詩送行，感謝他對中國國民黨的貢獻。[41]當初可能是蔣介石本人提議讓根本博加入湯恩伯的部隊，因為湯恩伯當時敗給了共產黨軍隊，正從廈門南部撤退。無論如何，湯恩伯是先將根本博帶到福建省廈門，然後才前往距廈門十四英里外的金門，並向根本博討教如何抵禦與共軍無可避免的一戰。至此，浮現了一個依然沒有定論的問題——根本博是否在一九四九年十月國民黨軍擊敗共軍的古寧頭戰役中發揮了作用？或是他如聖徒般的事蹟不過是白團神話的副產品？[42]蔣介石在一九四九年九月二至三日的日記中，倒是透露根本博抵達臺灣這件事應該為後來日本人和中華民國的合作埋下了種子，他本人也與根本博談到利用前日本軍人發展對抗中國共產黨軍隊的武力。由於美國已經切斷對中華民國的支援並退出這場戰爭的舞台，國民黨軍隊又面臨不斷推進的共產黨武力且節節敗退，因此這時候的蔣介石顯然不會放過任何採取行動的機會。[43]

至於根本博是否在金門一役發揮了扭轉戰局的功用，相關證據顯得彼此矛盾。根本博的傳記作者就想要宣揚他以一人之力幫助國民黨抵禦共軍的貢獻。[44]一九四九年十月的大規模戰役發生在金門島北邊名為古寧頭的村莊，按照根本博所擬定的戰術，國民黨部隊應該先迫使共軍撤退，再夾擊後撤的部隊，造成其重大傷亡。儘管最終的統計數字還存有爭議，但這場戰役明顯是國共內戰中國民黨一方少數獲得的勝利之一。共產黨軍隊大約有四千人陣亡、五千人被俘，國民黨的損失則為一千人左右。[45]此戰對一路敗退的國民黨軍隊而言，在精神上有莫大的意義，也讓共產黨了解要奪下臺灣並非他們所想的那麼容易。[46]古寧頭戰役並未使任何一方放棄宣稱有朝一日將統治全中國，但確實標誌了一場軍事對峙，預示了在地理位置如此接近的情況下，雙方可以維持防衛姿態僵持多久。根本博宣稱，在國民黨難得擊潰共產黨的這一戰後，他便被尊為「戰神」，而其戰功還包括傳言共產黨以美金五萬元懸賞他的人頭。[47]這些事蹟早已在媒體上大肆宣揚。一九五〇年二月，一名日本記者報導了根本博在中國的活動，並以宛如緬懷昔日偉業的手法呈現。雖然日本當時幾乎已遭戰爭摧毀，但許多日本人仍然嚮往戰場，因為那讓他們有機會重溫自己身為帝國戰士時曾經相信過的一切。[48]

白團的成員事後回顧，當根本博的事蹟在日本媒體間傳開了之後，反而讓白團的非法活動得到了意想不到的掩護，特別是在早期。美國人跟英國人也都知道根本博的行動，這件事證明西方國家一直相當關心前日本皇軍在臺灣的「祕密」活動。一九五〇年十一月二十五日，英國駐淡水領事館發電報回英國外交部，提及一位美國武官在軍事演習時與根本博會了面，雙方曾短暫地交談，但對話很快就被國民黨軍官打斷，因為他們不希望外界知道當時有三十五名前日本軍官正負責訓練國民黨部隊。據稱根本博曾經向他的同僚表示，即使有日本人的幫助，國民黨部隊仍舊「沒什麼改善」。[49]一九五二年六月二十五日，根本博帶著當年留在小船上的那根釣竿，靜悄悄地回到了日本，卻沒料到又引起媒體轟動。[50]根本博不過離開了三年，但日本在這段時間內卻經歷了巨變——美國已結束占領，日本開始重建工程，臺灣則成為美國維護其在東亞「美利堅和平」的一環，藉以對抗共產主義。幾年之後，蔣介石特別送了一只中國花瓶給根本博，表達國民政府對他的感謝。[51]

白團

根本博可以說是一匹孤狼，但白團則是一個頗具規模的行動，兩者都是出自中國國民黨與前日本皇軍軍人在軍事上的相互需求。曹士澂當年畢業於日本軍事學校，在戰後所負責的工作是協助日本軍民遣返，同時收繳武器。這項工作約在一九四八年告一段落，之後曹士澂便到國民黨參謀部，在湯恩伯手下任事。一九四九年四月，曹士澂奉命前往東京，在中華民國駐日代表團軍事組（第一組）擔任組長。[52]一九四九年對國民黨來說是慘澹的一年，蔣介石在對共軍作戰中幾乎一無所獲，政治方面也在苦苦掙扎的境況下下野，由李宗仁出任代總統。即使檯面上處於「受限」的狀態，蔣介石還是保有相當的權力。在曹士澂赴東京之前，兩人進行了整整三日的深談，討論利用日本軍人幫助國民黨軍隊打國共內戰的種種可能。兩人在一幢位於臺南的避暑別墅內會晤，曹士澂建議蔣介石應該組織反共國際軍隊，尋求美國、菲律賓及其他類似理念國家的協助。蔣介石很支持這個想法，但是這項計畫後來並未付諸實行，[53]取而代之的是招募前日本皇軍專家協助國民黨重新奪回中國大陸。而將曹士澂送到日本的原因在當時便已相當明確，就是要跟日本方面的人選接觸，例如當時已解散的日本皇軍中支持國民黨對抗中共的軍人。曹士澂相當了解日本，會說流利日語，又有蔣介石的支持，而他自己與岡村寧次也有說得上話的交情。為了完成招募日本人的任務，曹士澂一抵達東京就立刻前往醫院探望正在養病的岡村寧次，這對他而言也是任務的一部分。[54]與岡村寧次共事過的人對他的印象都是對軍事一心一意、帶著禪悟般的虔誠，對於金錢及政治則不屑一顧。戰後許多官員對岡村的中國專長頗有興趣，以他在中國廣大的人脈，原本大可以在日本國會的上議院過著簡單舒適的日子，但他卻選擇放棄這樣的生活。岡村寧次曾經對他的下屬表示自己「只需要一個榻榻米大小的屋子。（在我死後）只要每年到我墳上放一束花」。想來岡村應是相當厭惡奢華鋪張。[55]

岡村寧次和曹士澂第一次會晤後，成立白團的計畫就已有了雛形，在澄田賚四郎的協助下，兩人開始找尋能擔任教官的前皇軍軍人。[56]雖然澄田賚四郎在日本投降後仍狂熱於日本皇軍繼續對抗共產黨軍隊的想法，但在真正付諸實行後，他的熱情卻似乎未能延續。戰後，澄田帶領日本皇軍第一師團留在山西省幫助國民黨將領閻錫山抵擋共軍，但在最後一刻，他卻設法離開了中國大陸，拋下自己帶領的數千部隊，讓他們成為共產黨八路軍的俘虜。[57]

岡村寧次之所以有些自相矛盾地與國民黨開啟合作關係，可以從兩方面理解，其一是他多年來都是日本皇軍內的中國專家；其二則是他個人的聲望與權力在戰後急遽下降。一九四五年九月九日，日本皇軍在中國正式投降，岡村寧次當日在日記中悲痛地寫道，他從十六歲進入軍校就讀後就一直待在軍中，曾經遍歷世界，去過美國及歐洲各一次、中國九次，軍旅生涯中獲得無數次升遷，也一直自認是為了國家才到處探訪，怎料突然間「一切都淪為一場空」。他哀傷地反思：「（除了軍事技能之外）我沒有其他技能，將如何度此餘生？」他在當天的日記結尾中告訴自己，過去三十年來他都在深耕與中國相關的經驗，因此不太想從事任何與中國無關的工作。[58]對於如何適應一個軍隊已經失去效用且逐漸邁向民主化的新日本，岡村寧次感到非常焦慮。[59]像岡村這樣的日本人都反對共產主義，但他們大部分經濟拮据，而白團則有可能提供不錯的待遇。白團的成立讓許多陷入相同困境的前日本皇軍軍官可以繼續投入反共戰爭，又能緩解財務困難，更讓他們相信日本參加二戰所追求的諸如世界和平、解放亞洲等價值，依然值得他們去奮鬥。[60]

一九四九年十月，白團在東京高輪的一間日式旅館舉行了第一次正式集會，與會者都收到將來到臺灣與國民黨官員接觸時所需的通關密碼。在盟軍占領日本期間，日本人不被允許出國，所以必須掩蓋這些活動。至少在一九五二年四月占領結束前，他們都得透過飛機、船隻等不同的交通方式偷渡到臺灣。岡村寧次本人因為生病及其他因素，從未以白團成員的身分到過臺灣，不過他在一九六一年確實有到臺灣的公開行程。白團成員分批祕密前往臺灣，第一批成員先到神戶領取假造的中國船員證件，然後上船直駛基隆港。團長富田直亮一抵達就直接與蔣介石取得聯繫，兩人共同協商國民黨軍隊在中國大陸的戰略，但那已屬國民黨在中國大陸的最後掙扎。[61]

白團成員抵達基隆後，不像根本博抵臺後那般混亂，通關密碼使他們能面晤國民黨官員，接著就被送往北投安置。白團成員明白，他們的行動必須避開美國占領軍，並且瞞住中華民國駐日代表團。曹士澂在他回憶錄中提及，駐日代表團那時已經被中國共產黨及其同情者滲透。[62]這麼大批的人在日本與臺灣之間祕密往來，對美國占領軍隊邊界管制而言並不罕見，但就像根本博的例子，如果美國官員判斷日本人的行動有利於美國阻止國際共產主義擴張，那麼美國占領軍有時可能就會睜一隻眼閉一隻眼，或者放寬邊境巡邏。[63]

一九五〇年夏天，蔣介石在圓山建立了訓練學校，由白團訓練國民黨軍官。在日本人的回憶錄中自認取得了勝利，宣稱國民黨軍人從日式軍事教育、訓練到鼓舞士氣的方法都獲益良多。國民黨雖然在前述的金門古寧頭戰役取勝，但從未能將中國共產黨從中國大陸驅逐，然而這項事實似乎並未影響其領導層和白團成員宣傳自己歷史功業的興致。白團將國民黨軍隊的第三十二師打造為範本，由張柏亭將軍擔任師長，並在每一個團部都派任一位白團教官。白團的另一個目標，則是在陽明山黨員訓練學校內設立應用軍事訓練學校②。[64]白團的講師在講堂上都使用日文，每人配置一名翻譯。大多數的成員都被吹捧為「中國專家」，但其實只有一位前軍官的中文能力足以用於教學——他們要不是待在中國的時間不夠長，就是太過依賴軍事成就所帶來的名聲。[65]根據日本教官的說法，他們和學員間都建立起相當不錯的革命情誼，每逢有班級修業完都會舉行派對。問題是，國民黨士兵每次向日本教官敬酒時都按照中國習慣「乾杯」，一口氣喝掉整杯酒以展示男子氣概，即使是較年長的日本教官也難以抵抗這種場合的社會壓力，得跟隨這套習俗喝酒。一位日本教官就說：「那可不是宿醉一天，而是一醉三、四天啊。」[66]

我們也許可以理解日本皇軍擔任國民黨軍教官的動機——金錢以及帝國對共產主義的憎恨，但為什麼蔣介石要私下招募日本人來訓練國民黨軍隊，而不是採用美國的軍事教育？歷史學者翁有為指出，蔣介石本人的性格發展時期是以軍學生的身分在日本接受軍事教育，而且他相當看重那段經驗，對美式訓練則是感到不自在。[67]前白團成員也指出，在國共內戰之際，國民黨最重要的軍事學府黃埔軍校已經不再有效發揮訓練中心的作用，且其課程主要提供給較高階的軍官、核心官員，並不是以訓練一般士兵為目標。[68]成員提及蔣介石曾經告訴他們，他運用美國所提供的金錢及物資，但採用日式教育訓練，是因為美式的技能訓練策略在富裕國家才有實行的基礎。對蔣介石來說，問題核心在於被共產黨趕到臺灣後，國民黨缺人、缺錢、缺物資，而日本的戰略是以物資匱乏但求勝意志強烈的國家角度出發，這就很適合國民黨當時的狀況。他們沒有條件施行需要大量科技開銷的美式軍事計畫，[69]而白團所提供的訓練，本質上與美國專長的物資消耗戰大不相同。日本給國民黨砲兵的軍事教範，就是每一發砲彈都不能浪費，必須正中目標，也教導士兵如何利用天然竹林、樹林做掩護。白團完全採用舊日本帝國皇軍的那一套教育國民黨軍隊，[70]然而國民黨也學習美國軍隊的攻擊方式，這或許延續了蔣介石早年為國民黨定下的政策，亦即借鏡任何能學習或獲得支援的來源，因此德國、蘇聯亦曾是國民黨討教的對象。[71]

②審訂註：即革命實踐研究院。

盟軍總部是否知悉白團的活動？

一九四九年底，國民黨在中國大陸的失敗已成定局，當時東海沿岸流言四起，暗指許多前日本皇軍士兵都偷偷潛遁到臺灣，協助對抗國際共產主義。由於香港、日本及中國報紙對根本博事件的推波助瀾，使各地謠傳的事蹟無疑有加油添醋的成分，另外有些謠言則滿足了日本媒體對於日本軍力將於某處再起的好奇。由於占領當局會檢查日本本國以及國際新聞，前述的事蹟也就更加引起日本大眾矚目，助長了日本人在投降後仍醞釀著帝國得以存續的期待。[72]日本大眾的這些耳語也並非毫無來由，因為日本本土以外許多地區的皇軍事實上仍以帝國的名義作戰，但經常是處在亞洲當地民族主義的大旗下。這一點在一系列擔憂法國殖民地局勢的報導中可以看得更明確，報導的主題是一九四六年初日本部隊留在印度支那協助越盟獨立。其中一篇詳述一名日本部隊指揮官詢問部隊要遵循天皇詔書還是要繼續作戰，不僅如此，內文也提到許多日本人早就與越盟共謀推翻法國殖民當局，另外還有一篇報導刊登了幾張日本「逃兵」屍體的黑白照片。所謂「逃兵」，指的是那些在日本投降之後並未被遣返，而是選擇和越盟一起對法國人作戰的日本軍人。[73]越南史專家克里斯多佛・高夏（Christopher Goscha）指出，日本軍官「在一九四五年至一九四七年之間，直接參與了越盟對抗法國的軍事行動」。當時至少有一個由日本皇軍軍官志田重男（Shida Shigeo）③率領的小組「協助訓練了三批年輕的越南戰士，共五百五十人」，此外還有一些日本軍人設立軍事學校，提供當地越南人一般的軍事訓練。[74]

從通訊紀錄中也可以發現，美國官員曾警覺到戰後中日之間可能有類似的聯繫。美國駐南京大使館就在一份未註明日期、名為「中國境內日本祕密結社」的備忘錄中，列舉出許多在日本投降後開始於中國全境內活動的日本地下社團：

> 許多因素都影響著日本人規避遣返行動。例如，中日之間的種族聯繫關係、中國人的仇外情緒、中國國民黨軍隊和日本皇軍在某些想法上的相近性，以及日本人長時間下來所建立的緊密關係——這些關係主要是透過在中國軍隊所培養的傀儡人物和其他經濟通敵者所累積的。而這些曾經為日本人做事的傀儡與通敵者，後來大部分都受國民黨留任，繼續在日本人統治時就得到的崗位上工作，而他們對於戰後中國的重建也有所貢獻——即便這些成就是日本人在中國時就已經達成的。[75]

這份備忘錄中的分析下了相當令人信服的結論——某些日本團體另有目的，且刻意「加大國民黨與共產黨之間的裂痕」，同時「破壞美國在中國的地位」。[76] 雖然陰謀論以及反美主義的相

③審訂註：該檔案原文為英文，但此人的姓名漢字已不可考，故此處以該日文姓名的常用漢字呈現。

關內容可能有部分言過其實，但這份報告中有關戰後日本皇軍的軍事目標與中國國民黨的政治目標，卻未悖離事實太遠。

前日本皇軍中佐小笠原清是協助設立白團的四位軍官之一，他就曾語帶輕蔑地寫道，在臺灣的美國官員甚至分不清日本兵跟中國兵。[77]儘管事後證明這顯然是個錯誤的觀察，但關於美國是否關注著日本人祕密活動一事，既有紀錄都模糊其詞，這是因為美國在臺灣及其他地方也有自己祕密的日本團體幫忙做類似的工作。[78]白團在臺灣活動了數年之後，美軍蔡斯少將（William C. Chase）與當時的國民黨政府副參謀總長彭孟緝通信，討論日本軍事顧問幫助臺灣國民黨軍一事。蔡斯對彭孟緝的回答並不滿意，於是向更上級的國防部長俞大維提出一連串質問。蔡斯在信中嚴厲地表示美國要求臺灣立即停止日本軍事顧問的活動，因為「日本的政治軍事教育對於我們雙方已經同意的計畫有負面的影響，該計畫旨在促進**中華民國**接受並採用美國的軍事教範」。[79]而部分當代的中國大陸學者則認為在表面的機緣巧合之下藏有陰謀，他們相信「國民黨政府是在美國的唆使之下，才利用前日本皇軍軍人成立了『白團』」。中國共產黨領導人也認為許多白團的教官都參與了一九三一年的滿洲事件④，因此都算犯下了戰爭罪行，「不能夠輕易放過他們」。[80]

白團的意義究竟何在？

參與白團工作的日本人對於其在戰後與中華民國的「特殊關係」頗為得意，因為對他們來說，這證明了帝國日本原先的目標仍然可以繼續發揚。一九五〇年夏天韓戰爆發之後，美國在臺灣的軍事人員開始增加，白團在這種情況下不得不縮減在臺成員，但和臺灣當局仍維繫著緊密的關係。蔣介石本人每年必和白團聚宴一次，每次都重申他的目標就是重新奪回中國大陸。

白團以及兩個中國在戰後都想獲得日本人的支持，這跟歐美國家的對日政策相比，更能彰顯東亞政治的局勢。雖然日本戰敗了，但其所能提供的支持無論在政治、軍事還是經濟上，於東亞仍有極大影響力。除了日本在二戰前後（對東亞）持續的影響力和日本帝國與共產黨的對立之外，戰前日本的亞洲主義也有其遺緒。蔣介石和他的精神導師孫中山一樣，一直都是親日派，或者說相當擁護日本帝國的意識型態，信奉的程度使他甚至以家父長式的觀點思考如何治理中國、擘劃未來，並且在亞洲的鄰國中尋找彼此的共通性，以對抗美國在東亞的霸權。[81]而另一個問題則是於戰後被隱藏且懸置：日本雖然已經無條件投降，卻是重整戰後東亞秩序必不可少的軍事要素。國民黨軍政府和日本帝國在戰後的軍事意識型態下共同認可亞細亞價值，這一點從一八九四

④ 審訂註：即九一八事變。

年到一八九五年的第一次中日戰爭開始就顯現端倪。日本中央大學教授深町英夫指出，蔣介石和閻錫山都在一九〇〇年代初期留學日本時，經歷了影響他們日後觀念的重要經驗。對閻錫山來說，那是目睹日本士兵在船上勤奮地完成任務；對蔣介石來說，讓他印象深刻的則是清潔的廁所和廚房——他相信那種紀律提供了建立革新精神的基礎，而這種革新精神對於中國從專制走向共和體制而言不可或缺。[82]事實上，直到一九三七年都還有中國的軍人到日本軍事學校接受訓練，反共的信念讓蔣介石與岡村寧次之間產生了連結，這兩位曾經的敵對者為「敵人的敵人就是朋友」這句不變的真理注入了新的意義。最後，國民黨冒險一試，決定讓前日本皇軍站在自己這一邊，因為對蔣介石政權而言，這樣的決定比讓前日本皇軍成為不受拘束的武力，或是轉而幫助共產黨要來得好。這樣的問題也不僅僅是中國才有，法國在印度支那、英國在東南亞也都面臨到同樣的難題——當其企圖再次於二戰中被日本奪去的殖民地行使自身的帝國權力時。[83]

國民黨將領曹士澂多年之後曾正面評價祕密組織白團。在被問及為何中華民國要徵召戰敗國的軍官時，他回答，白團在三個方面造成了改變：「提振了國民黨軍隊的士氣，幫助國民黨軍隊獲得信心。國民黨部隊從（中國）革命時開始就幾乎一直在作戰，沒有機會得到良好的訓練，而『白團』給了他們這樣的機會，也加強了國民黨軍隊的戰力。」[84]一名日本白團成員將白團的成就——得到中國人、蔣介石、國民黨軍以及國民黨官僚、商界和其他人的信任——描述為國際關係中成功聯合的典範。這類「成就」很少包括明確的軍事成果，主要不過是讓這些前日本皇軍

「感覺良好」，使他們在面對複雜的戰後中日關係時，得以將其中大部分的問題拋諸腦後。[85]

戰爭結束的方式，以及敵對各方在日本投降後的特殊情勢下立即重整勢力的種種作法，都遺留了許多未解的問題。許多人對二次大戰的起源做了大量的研究，卻鮮少有人研究戰爭如何結束，及戰爭對戰後世代造成什麼樣的衝擊，而有關這些問題的東亞研究更是嚴重不足。[86]白團和岡村寧次其實都留下了深層的影響，且並不僅止於中華民國和日本的關係。[87]一九五二年春天，美國結束對日本的占領，日本也恢復了行使國家主權的權利，日本人在社會上、政治上對戰爭罪行所抱持的態度開始浮現，而這樣的發展也確實與白團的存在有關。就在美國結束占領前，「戰爭受刑者世話會」於一九五二年三月成立，即將出任內閣總理大臣的岸信介（曾以戰犯的身分被捕，但未被起訴而後獲釋）是執行委員會的成員，其他戰時的軍、政要員如岡村寧次、緒方竹虎、重光葵、有田八郎、鮎川義介也都是世話會執行委員。緒方竹虎在戰時是《朝日新聞》總裁，之後在吉田茂首相兩屆內閣裡出任國務大臣；重光葵曾因戰爭罪行遭定罪，後來出任外務大臣；有田八郎在戰時是外務大臣；鮎川義介是戰前相當成功的實業家，在滿洲國有良好的商界關係，戰後則遭逮捕並被關押在巢鴨監獄，但並未被帶上法庭，此後在「戰爭受刑者世話會」擔任執行總監，也是國會上議院議員；[88]而岡村寧次則是建立白團的關鍵人物。

「戰爭受刑者世話會」的目標是「對那些因為戰爭罪被定罪或被判死刑者、家屬以及受影響的親人提供協助，也對遭死刑執行者的家屬提供財務支援，並為那些殉難的靈魂祈禱」。其在一九五二年四月發表的宣言中，清楚地說明了協會在整個戰爭罪行中的立場。由於東京審判是所謂「勝利者的正義」，所以戰犯在戰後的東亞並不存在，而中國國民黨政府利用英勇的前日本皇軍為世界和平而戰（暗指白團及其他類似的行動），則是日本始終為東亞和平穩定奮戰的表現。戰時的宣傳就這樣不著痕跡地融入戰後時期。「戰爭受刑者世話會」也公開指出，「對於戰爭罪行雖然有各種不同意見，但這些人只是為了國家而依命行事，由於國家淪為戰敗的一方，這些人也因此成為犧牲者」。[89]

雖然白團確實很有影響力，但我們也不應就此輕信前日本皇軍軍人和在臺灣的中國人齊心協力的說法。其中一件值得玩味的事情是前日本皇軍軍官都用日本口語教學，但他們無法理解這對中國人而言有何冒犯之處。在日本軍隊中，長官和部屬之間的階級十分鮮明，也很習慣粗暴對待下屬。對日本軍官來說，侮辱或咒罵他的下屬兵員是相當稀鬆平常的事，而中國及前日本殖民地的當地民眾當然也都經歷過日本軍隊的這種粗魯對待。日本戰敗投降後，再也沒有人需要容忍這些粗暴行為，但日本軍人的積習卻難以在短時間內改變。許多軍人習慣用日語「ba ka」（ばか）來彼此辱罵，這在日語中指的是「笨蛋」或「蠢蛋」。日本帝國時期，日本人常常用這個帶有貶意的詞辱罵被殖民者，因此日本前殖民地或占領區的人民都把「ba ka」當作是受壓迫的一種象徵，對這個詞的記憶深深烙印在他們心中。問題是「ba ka」這個音節也會出現在不相關、亦沒有侮辱意味的日語裡，譬如原意是「只有」的「ba ka ri」（ばかり）。但是聽在中國人耳裡，感覺就像日本教官又在譏笑他們，彷彿回到了戰時。雖然他們和日本教官一樣堅決要跟共同敵人共產黨作戰，但如果教官在言語中用到任何聽起來像「ba ka」的字眼，國民黨軍學員就會馬上被激怒。有一位學員便回憶道：「聽到的人立刻就變臉了。」而且不僅是「ba ka」這個字眼而已，還有——意指愚蠢或無知行徑的——「ba ka ba ka shi i」（ばかばかしい）或「ba ka ra shi i」（ばからしい），日本教官如果用了，同樣也會引起激烈反應。白團的翻譯就曾經對日本教官說：「不管我怎麼解釋，那些中國學員就是不聽，所以請盡可能避免那些字眼。」[90]然而，很多教官完全無法理解為什麼這樣的字眼會讓中國人如此反感。

白團的存在，說明了不能只在日本本身的歷史架構中探討日本人的戰後行為，而是要一併考慮日本和中國大陸及臺灣之間的互動。冷戰初期，日本和最靠近的東亞鄰國之間的關係無疑錯綜複雜，也讓日本人不覺得自己被打敗，尤其是中國國民黨政府還要求他們的軍事協助。在中國對日本戰犯所進行的審判，必須跟中國國內犯下各種程度與類型通敵罪的審判競爭曝光度，加上中國內戰這個迫切的問題，都迅速改變了戰敗日本人的形象。在混亂的戰後東亞追求穩定，絕不只是在勝利者與受害者之間畫出黑白分明的界線，讓他們各自落入清晰的法律範疇內那麼簡單。

前日本皇軍軍人在戰後——特別是充滿焦慮的一九五〇年代的臺灣——所扮演的角色持續深陷在曖昧不明的狀態，介於模糊混亂的個人記憶以及清晰但抹去諸多事實的官方檔案之間。本章所敘述的這些插曲，也證明了日本與整個區域所背負的殖民時代政治包袱有多麼沉重，甚且延續至今。許多書寫這個主題的當代臺灣人都支持臺灣獨立，他們樂於剖析白團的存在，因為這揭露了蔣介石多麼表裡不一。蔣介石經常宣揚自己在二戰期間的反日立場，但白團這段新出土的歷史卻讓他站不住腳。與此同時，這段歷史也與臺灣的政治角力產生了聯繫，這場角力的其中一方推動著臺灣獨立，另一方則是主張與中國大陸統一，其中包括各種不同的統一方式。批評者指出，如果國民黨成員無法說清楚他們自己在戰後初期與前日本皇軍軍官間的關係，就沒有立場去攻擊像蘇進強這樣的臺灣獨立領導人物——蘇進強曾在二〇〇五年參拜日本靖國神社。[91]國民黨政府長時間透過白團和日本軍方有所牽連，說明其內部存在一些不為人知的操作。從這個角度來說，歷史糾葛從未自臺灣的政治戰場上消聲匿跡，直到最近，國民黨還是不太願意深入討論其與前日本帝國軍隊間的關係，而臺獨陣營中較活躍的成員則指責蔣介石利用日本協助的兩面手法，[92]另一方面，他們也利用日本對臺灣的治理，強調臺灣在殖民時期已經發展出有別於中國的臺灣文化——國民黨當然反對這種論調。在這層意義上，戰後的日本歷史其實是和中國及臺灣的政治操作緊密結合的。在日本歷史戰後的泥淖之中，二次大戰以及國家認同背後的意涵，最終仍無法脫離日本和前殖民地、占領地與帝國疆域內其他地區之間的關係。[93]

第六章

無法盡如人意的和平

對於戰爭罪行態度的轉變

好好享受戰爭吧，和平是件可怕的事。

——戰時流行的德國笑話

對戰爭的分析和對戰罪的審判可以算是一項指標，從中能看出日本對於帝國終結的反應及如何參與戰後和平措施。藉由調查日本人在追訴戰爭罪行的過程中所表現的態度——例如積極採集證據但對於促成實際審判卻相對消極——我們可以估算戰後的日本人致力實現東亞和平的意願——儘管那是一種特殊意義的和平。如果從中國人的角度來看同一件事，我們可以發現（中國國民黨及中國共產黨）對審判所抱持的不同觀點，如何促成中國人和日本人之間建立起特殊的冷戰政治態度，這也讓我們得以更深入了解戰爭對兩國人民的意義。冷戰時期與戰犯審判有關的記憶仍存有二次大戰戰時宣傳的印記，而宣傳中的語言修辭，則延續到日本遭占領時期及重獲主權的戰後歷史中。在漫長（long durée）的戰後時期，亞洲地區舉行了無數場針對日本戰犯的審判，而且直到一九六〇年代中期還有日本戰犯從亞洲各地遣返日本，這些事實都使得如何合法評斷日本帝國終結以及亞洲發生的戰爭，充斥著各種相互衝突的意見，繼而導致一九四五年八月十五日這個代表戰爭結束標記的日期逐步喪失了重要性，因為戰罪的遺緒轉變成了另一個影響深遠的潛在政治問題。

戰爭結束後的一九五〇年代，對日本和中國（中國大陸和臺灣）而言都是一個騷動混亂的階段。中國共產黨在國共內戰中獲得勝利，但在建立可存續且有實質功能的政府時則面臨了困難。大約在中共宣布成立新國家的一年之後韓戰爆發，中國在韓半島與美國陷入了消耗戰，與此同時，日本並未捲入這場混戰，而是專注於挽救國內岌岌可危的經濟、重新取回主權，並重建其與二戰盟國陣營及鄰國之間的和平。韓戰結束後不久，日本於一九五五年在萬隆會議首度重登國際舞台。在這場重要的會議上，毛澤東領導的中華人民共和國也嶄露頭角，並且揭示其不欲涉入美蘇冷戰角力的國家發展關係原則。這一切都在很短的時間內倉促發生，也難怪日本人似乎能將自身帝國崩解的事實迅速拋諸腦後——當時他們一心向前展望。這時剛在韓半島與強大的美國武力對抗的中華人民共和國還在努力站穩腳步，並不是很確定自己能否以領袖地位立足於共產世界，但又下定決心證明自身參與日本戰爭罪行法律追訴的能力（將在第七章詳述）。國民黨方面則在一九五二年與日本談判達成個別的和平協議①，從戰爭罪行的爭議中脫身，但問題並未就此消失。重要的是，中國國民黨對日本戰犯的審判幾乎完全不影響日本對這場戰爭或帝國的想法，然而，一九五〇年代初期從共產中國遣返的日本人卻對「帝國」與「戰爭」有著相異的看法。儘管日本竭盡所能想把戰犯的問題置諸腦後，但這個根本的難題卻始終等著他們面對。日本希望先前的交戰國能不再糾結於帝國的作為和戰後時期的問題，但其前殖民地及占領區並不這麼想，對他們而言，要接受這種想法必須先經歷心理層面的革命性轉化——但此時這種轉化尚未發生。另一方面，美國占領當局的媒體審查阻礙了溝通討論，加上以戰爭審判受害者角度詳述的戰後日記大量曝光，因此部分較積極發聲的日本團體對於中國不懈地追訴日本戰犯懷著相當程度的敵意。即使以最開明的立場而言，當時茁壯的左翼雖然重新在日本興起，但他們也傾向將焦點放在反軍國主義及反戰運動，而非戰爭罪行及戰犯審判。

一九五〇年代初期雖然爆發了韓戰，但由於日本人試著建立不致對中國太過疏離的外交政策，因此雖然美國方面嘗試阻撓，中國大陸和日本此時也已經準備互相修補關係。一九五一年一月，美國派出特使約翰·福斯特·杜勒斯（John Foster Dulles）前往日本，要求當時的日本首相吉田茂重整軍備，但遭到吉田拒絕。五百旗頭真認為，岸信介、重光葵、鳩山一郎等幾位早期戰後首相都可能會接受美方建議，徹底改變日本的戰後外交政策。在戰後日本的政治清算——尤其是那些關乎戰犯審判的清算——很大程度上影響了日本國內的政治環境，也對中日關係氛圍及遠東安全問題造成同樣重要的影響。雖然吉田茂並未贏得日本在戰後所舉行的第一次大選，但由於美國拉下了勝選的鳩山一郎，所以吉田仍然在一九四六年四月登上內閣總理大臣大位②。從一九五〇年十月開始（就在韓戰開始後不久）到一九五一年八月，大約有十萬名先前遭到褫奪公權者（約占總數的一半）被允許再度回到政治圈，其中便包括了鳩山一郎和岸信介。當時吉田茂不願讓位給鳩山一郎，於是鳩山在一九五二年自組派系靜待時機，直到美軍結束占領之後才得以再出任首相。[1]

① 審訂註：即中華民國與日本國間和平條約（中日和約）。

② 審訂註：雖然由鳩山所領導的日本自由黨在選舉中成為日本第一大黨，但是美國卻將鳩山放入公職追放的名單內，使得鳩山無法擔任首相。

有幾位中國歷史學家把韓戰稱為「中國版的『被遺忘的戰爭』」。[2]那是中國共產黨首度在境外與強敵作戰，也是中華人民共和國首次參與的**現代**戰爭，亦即可能動用核武的國際戰爭，當時也有些人相信美軍使用了細菌生化武器。[3]日本在韓戰中置身事外，也未在戰爭期間將陸軍與海軍提升至警戒狀態——事實上，當時的日本在美國占領軍管制下，已經沒有自己的正式作戰部隊。一九五〇年的那個夏日，是日本軍隊一世紀以來首次未在亞洲的戰爭中扮演任何決定性的角色。五十嵐武士認為，冷戰（許多歷史學者主張即起自韓戰）實際上是超級強權企圖根據自己的意願重整去殖民後的亞洲秩序，而日本在當時的環境裡屬於重要但被動的角色，與過往呼風喚雨的地位截然不同。[4]御廚貴則認為，韓戰不該被當作另一場戰爭的起源、甚至視之為第三次世界大戰，因為韓戰實際上延續了日本帝國對抗西方及中國所發動的戰爭，也就是另一種形式的二次大戰。[5]但跟二次大戰時盟軍徹底擊敗日本不同的是，韓半島的這場戰爭以「僵局」告終。韓戰在日本投降後不久爆發，宣告短暫的和平劃下句點，隨之而來的社會動員乃是以重新調整中國及日本大眾的關注焦點為目的，將其目標轉為面對接續而來的冷戰。

當時的局勢是戰後的焦慮氛圍瀰漫、兩個中國都向日本表達進一步貿易的意圖，而中華人民共和國則始終擔心日本可能很快地再軍事化，甚至進犯朝鮮或中國本土。中華人民共和國在一九五〇年與蘇聯簽署條約，外交政策開始轉向與蘇聯緊密合作。一九五〇年二月所簽署的《中蘇友好同盟互助條約》中就特別提及了日本，顯然決策層級對於二戰時期的記憶猶新，因而直接在其中明言，簽訂條約就是要「制止日本或其他直接間接在侵略行為上與日本相勾結的任何國家之重新侵略與破壞和平」。[6]而毛澤東也宣布了中華人民共和國的「一邊倒」外交政策，宣告與蘇聯的同盟關係，以及中共外交政策據以建構的偏好。[7]當時莫斯科、平壤及北京這三個共產國家的首都都擔心美國一旦從南韓撤軍，南韓總統李承晚可能會在日本的協助下進攻北方。蘇聯領導人史達林深信南韓會揮軍北上，因此接受了朝鮮領導人金日成認為應該先發制人的意見。美國於一九四九年從南韓撤軍並未使情況有所改善。蘇聯對朝鮮提供大量援助，毛澤東則預期南韓可能會北上，而將到中國協助中共打內戰的三個朝鮮義勇軍師團中的兩個放回。[8]衝突一觸即發，時機已然成熟。毛澤東當時視共產中國為東亞的革命先鋒國家，當麥克阿瑟指揮美軍於一九五〇年九月登陸仁川時，他相信如果中國不介入韓戰，共產革命就將面臨失敗的命運。[9]

與此同時，中國國民黨必須當機立斷減少損失、縮減對日本戰犯的追溯，並與日本皇軍這個先前的敵人達成浮士德式的交易，一同面對眼前更大的威脅，亦即他們共同的敵人——（也正面臨艱鉅挑戰的）中國共產黨。一九四九年十月，中國共產黨在內戰中獲勝，建立共產政權領導的中華人民共和國，毛澤東和他的外交部長周恩來總攬國內大權，而美國政府也開始對這個新生的國家施加政治及軍事壓力。即使如此，還是有一些周旋的空間，因為雖然美國人對共產主義可能吞下東亞存有極大戒心，但歐洲人及日本人卻對其他作法保有彈性。[10]然而，就在中國共產黨得以折衷的新作法追訴日本戰犯之前，韓戰這場意識型態兼外交對決卻很快地迫使美國和中國大陸陷入針鋒相對。中國共產黨面對日本問題的立場，與中國國民黨在戰後對日本人採取的作法大相逕庭。中共政府遽然改變對新盟友美國的態度，棄絕了雙方在戰時的友好關係。

對於新中國來說，一九五〇年代是相當艱困的時期。根據翟強的說法，從一九四九年到一九五〇年代中期，中華人民共和國一直給予越南人員及物資的援助，其當時同時維持了三個戰線，除了越南之外，另外兩個便是朝鮮及臺灣。對中華人民共和國而言，朝鮮跟蘇聯一樣都是兄弟之邦，臺灣則是中國不可分割的一部分，只不過被國民黨篡奪了。中國人本就認為越南在歷史上是中國的衛星國，而因為當時北越又在信奉共產主義的胡志明領導之下，於是更覺親密。此外，中華人民共和國亦認為中越邊境是較易受到外國干涉的區域，加上內戰後也有國民黨軍隊遁入這些地區並造成懸而未決的問題，因此其領導人也為如何防止這些地區的反叛力量而焦慮不已。[11]中華人民共和國一直自認肩負著國際共產革命先驅的歷史責任，其領導階層對越南及朝鮮所發生的戰事無法置身事外。[12]

戰爭席捲朝鮮之際，美國占領軍也在日本開始了政治清算，剷除政府機構中的共產黨員官僚。這個舉動激怒了曾經在一九四五年把美國當作解放者的日本共產黨，於是該黨指責美國才是帝國主義和霸權行為的罪魁禍首，這些作為是將日本及東亞置於殖民統治之下。為了因應這番情勢，日本共產黨便將被許多人視為東亞政治自由新象徵的共產中國當成新的英雄。隨著美軍占領結束、冷戰興起，許多日本人開始相信他們必須強化本土的民族主義以保護家園，從美國帝國主義手下拯救自己的國家。如此一來，日本人就更沒有心力探究他們在戰時依循著具侵略性的帝國主義所表現出的真正樣貌。在這個脈絡下，外國土地上進行的日本乙丙級戰犯審判的嫌疑人，愈來愈被普遍視為「報復」心態下的受害者，是扭曲的正義之產物，而這些審判有時甚至直接被忽視了。結果導致日本人發展出強烈的「被殖民」認同，並進一步宣稱其受害於美國霸權主義，因此與中國和朝鮮共同擁有相似的戰後遭遇。對日本而言，韓半島的局勢之所以重要，不僅是因為他們能藉以忘掉自己的帝國歷史，也是因為朝鮮的不穩定促使戰後的日本相信自己是一個由同質的日本種族所組成的國家，不再是戰前那個包含臺灣人、朝鮮人、中國人以及其他民族的帝國。許多日本人相信，日本在脫離這些帝國累贅後，看來就不必再費心擺脫自身背負的帝國包袱，因此得以變得更為安全。

在這些聯盟、和平條約、政治清算與舊政治菁英重新掌權的漩渦中，美國開始擔心韓戰中的美國戰俘可能已經變節，並且會在韓戰逐步加溫以及盟軍面臨猛烈攻擊後，進一步引發政治上的焦慮。隨著這種擔憂益發強烈，日本又表現出同時與兩個中國結盟的可能，使得未來更是充滿變數。值得注意的一點是，韓戰進行的時候，中國和北韓都羈押了數以千計美國及聯合國部隊的戰俘，與此同時，由於中國共產黨想要贏取日本戰犯嫌疑人的信任，因而不惜斥資讓這些日本戰犯過得安穩舒適。[13]中華人民共和國與美國之間有關釋放或交換戰俘的僵局也影響到韓戰，使得戰爭延長了數年。美國康乃爾大學中美關係史講座教授陳兼指出，中國為了在戰爭中占據優勢而發動了密集的宣傳攻勢，指稱美國在朝鮮戰場上使用了生化武器。他表示，當時戰場上的中方指揮官相信他們已經成為生化武器瞄準的目標，但卻沒有證據進一步顯示美國真的採取了這種戰術。這場宣傳戰是針對美方提議戰俘遣返地點與方法的反制手段。[14]韓戰期間，中美雙方有關交換戰俘的問題一直相當棘手，也是導致雙方無法達成和平的最大障礙。截至一九五一年秋天，美國共有一萬零六百二十四名參加韓戰的美軍被列為「失蹤戰鬥人員」（missing in action），其中大約半數可能淪為戰俘。相對地，美方所擄獲的共產黨戰俘則有大約十三萬人，雙方的差距不僅僅在數目，更是因為美國不授權交還那些不願被遣返的戰俘。美國的戰時宣傳大肆渲染己方戰俘所受到的惡意對待，公眾及政治人物也都在螢幕前疾呼改善美國戰俘的待遇，但他們對共產黨戰俘所受到的待遇卻沒什麼興趣。共軍的戰俘大多被拘押在條件甚為惡劣的巨濟島戰俘營，其中光是死於結核病和痢疾的就有六千人。美國當局似乎為了某些理由不願遣返所有戰俘，但又希望個別訪談每位戰俘，確認每個人返鄉的意願作為某種自我宣傳伎倆。美軍的這項作法獲得總統杜魯門背書，而共產黨則對美方的這個新政策感到十分驚訝。美方此舉有效地拖延了戰俘問題的談判，直到戰爭結束。[15]

與此同時，隨著中國共產黨逐漸確認要與其眼中飛揚跋扈的美國對抗，於是也開始尋求改善與日本的關係。具體的作為包括雙方在一九五〇年代初期建立了貿易管道，使中方得以賺取外匯、獲得新技術，並擺脫完全倚賴蘇聯的困境。美方指揮官深知中日雙方貿易有助於日本重建，對此戒慎以待，擔心這種關係可能使日本被拉向共產陣營。[16]因此，日本在一九五〇年代想要與中國大陸貿易的意圖，就成為美日關係緊張的因素之一。一九五二年六月正值韓戰高峰時，三名日本國會成員在北京簽訂第一份價值高達六千萬英鎊的非官方貿易合約，而雙方用英鎊計價，就是因為中國共產黨在當時痛恨一切有關美國的事物。一九五〇年代初期是中國有機會發展法治民主的開端——或至少看起來是如此。其於一九五三年啟動了第一個五年經濟計畫，並在同一年的年底舉行第一次全國人民代表大會選舉。[17]儘管冷戰已經開始，中日雙方都積極推動貿易成長——根據麥克·沙勒（Michael Schaller）的研究指出，「一九五二年到一九五八年間，中日雙方利用學者、商業組織、工會以及日本國會成員作為談判中介，完成了四項商業協定」。[18]截至一九五六年，日本與中華人民共和國間的貿易占了日本對外雙向貿易的百分之二，這個數字雖然不是特別可觀，但考慮到當時疲弱的東亞市場，還是意義重大，也是未來更大規模貿易的前兆。正如當時的日本內閣總理大臣吉田茂那句名言：「不管中國是紅的還是綠的，它是一個自然的市場，而且已經成為日本必須考慮的市場。」[19]

其實，韓戰並非促成中國進行社會動員並暫時擱置日本戰犯審判的唯一因素。一九四九年之後，共產中國致力於改造自己的國家，並且將這段過程當作建立勞工階級社會主義烏托邦的一部分。毛澤東和他的幹部領導著一個革命型的政府，想要根除反革命分子、前國民黨間諜、右翼人士以及那些反對共產黨計畫的人。一九五〇年代初始，中國與日本間的經濟關係也許很重要，追訴日本所犯下的戰爭罪行與中共清理自家門戶相較，就顯得沒那麼急迫了。正如近代史學家朱莉（Julia Strauss）的評論：「韓戰期間中國所定義的國家敵人，諸如破壞者、第五縱隊、顛覆國家認同者，這些名詞與定義也被運用在一九五〇年代的國內鬥爭當中。」[20]這是重大的社會改造工程，但大部分都以極其專橫的方式完成，且並不依循國際法。迄今我們仍不清楚究竟有多少人在這場政治清算中遭到處決，據估計從七、八十萬人到兩百萬人都有可能，遠遠超過任何對日本人追求「正義」的數目。[21]

究竟誰在「和平」中獲利？

雖然一九五二年時韓戰才進行到一半，對日本來說卻是前景看好。在《舊金山和約》成功簽訂後次年，日本已經準備重新行使主權。一九五二年四月二十八日，《朝日新聞》發表社論，大肆宣揚《舊金山和約》的簽訂：「今天，四月二十八日，日本走出六年八個月以來遭占領的狀態，沉浸在重生為獨立國家的喜悅中。」為了慶祝重新成為主權國家並取回對法務部的司法自治權，日本政府起草了計畫，特赦多種罪犯。獲得特赦者多為輕罪犯，例如觸犯投票法、違反整肅令、逃稅等等。[22]

當時的狀況對於被國民黨政府判刑的日本戰犯而言也是個好預兆。前帝國皇軍將領岡村寧次就在日記中寫道，他從「不只是親日而根本就是熱愛日本」的國民黨將領湯恩伯口中得知，蔣介石計劃在臺灣與日本簽訂和平條約後，讓所有的日本戰犯得到假釋或釋放。[23]一九五〇年九月，當時已經安頓在臺灣的蔣介石得知日本已與美國進行和平談判，便立刻召集了前行政院長張群、當時的行政院長陳誠以及外交部長葉公超到辦公室，討論國民黨該如何因應。至於日本所面臨的困難，則是究竟應該跟哪個中國簽訂和約。這個問題日本已在一九四五年經歷過一次，但進入一九五〇年代就更明顯了。兩個中國很快地都開始採取政治攻勢，國民黨政府駐美大使顧維鈞對美方施壓，中華人民共和國外交部長周恩來則發布無數語帶威脅的新聞稿，表示如果中國共產黨不能成為《舊金山和約》的簽約國，該份和約就沒有任何價值，甚至是違法的。日本政府先是與國民黨政府簽約，直到一九七〇年代才和中華人民共和國簽約——雖然最終成功地分別與兩方簽訂和平條約，但談判過程並不是很順利。首先，日本官員極擔心得罪中國大陸，畢竟中國大陸對日本而言十分重要，而許多日本人也認為不應盲目跟隨美國的政策。另一方面，中華民國當時是國際認定的美國盟友，並享受不少隨之而來的特權。這讓國民黨的外交部長葉公超得以警告日本：與中國大陸簽約可能使日本無法進入聯合國。國民黨手中握著一張政治王牌，就是其於二戰期間參加了雅爾達會議，且一直站在盟軍的一邊，中國共產黨則無此優勢。這也意味著國民黨在聯合國安全理事會的常任理事國中占有一席。蔣介石對日本的搖擺不定心生怒意並終究爆發了，他表示日本對國民黨戰後寬大為懷的政策不知感恩，並質疑日本是否有一起對抗共產主義的誠意。[24]

和約談判上進行得不很順利，但在經過六十七天的談判後，雙方還是在一九五二年四月二十八日讓和約生效③。根據翁有為等人的說法，國民黨政府認為，日本此舉總算是回報了中方戰後所實施的同情政策，但日本顯然也很快就忘記其帝國戰敗的事實。[25] 一九五二年八月五日，根據國民黨和日方所簽訂的和約條款，先前在國民黨軍事法庭被定罪並關押在巢鴨監獄的日本戰犯獲得釋放，而這件事在當天的《朝日新聞》晚報上也被和善而簡要地提及。岡村寧次表示其與獲釋戰犯的家屬一起前往迎接他們返家，此外，在岡村的指令下，所有獲釋者皆須前往位於東京的中國駐日代表處向特使張群致謝。[26]

戰後關係中的詭辯以及日本社會普遍對次級戰犯持續遭羈押的不滿，讓「和平」一詞在戰後蒙上陰影，也使得真正的問題被埋藏在當時所實行的和解之下。[27] 在甫重建的日本，一切都不是那麼順遂，有股無奈的情緒在邊緣徘徊。日本當時尚未跟朝鮮、南韓、中國大陸及蘇聯簽訂和平條約——根據竹前榮治的說法，那是一種「分裂的和平」。[28] 隨著日本迎向和平，一般的罪犯獲得特赦，戰犯卻仍然在獄中受苦，大眾益發尖銳的聲浪開始質疑日本在戰後得到的究竟是什麼樣的和平。《舊金山和約》第十一條有明確針對日本戰犯審判裁決的具體規定：

> 日本接受遠東國際軍事法庭以及其他日本國內外盟國所舉行的審判庭結果，而遭判刑的日本國民將依判決刑期於日本國內服刑。除非在日本政府建議下獲得做出判決的相

關政府同意，否則日本政府沒有權力給予前述罪犯赦免、減刑、假釋。遠東國際軍事法庭所做出的判決，必須由日本政府提出建議並由參與審判國家多數通過，才能給予赦免、減刑、假釋。[29]

日本簽署和平條約，意味著在法律上承認所有由盟國舉行的戰犯審判中的判決屬實。與此同時，日本政府也同意以同意權的形式將減刑及赦免的權力交付給最初做出各個判決的各國政府。就各方面而言，至少在國際法的層面上，日本已經完全恢復了主權行使，但由於還無法獨立處理任何被判為戰犯的日本公民，顯示出日本的自治權力仍然受到一定程度的限制。這樣的規約讓戰爭罪犯、其支持者以及愈來愈多的日本大眾難以接受，他們認為日本得到的是扭曲的戰後和平。

幾乎是在日本重新回復主權獨立的同時，日本政府及民間開始真誠地著手處理對「所謂」戰犯或「日本犯人」日益升高的憤慨。日本的外務省、厚生省（負責處理日本軍人遣返及復員工作）以及法務省成立了工作小組，開始蒐集資料，整理日本乙丙級戰犯在國際法庭受審事宜及掌握概況。這個工作小組也與日本境內的許多「協助團體」建立起聯絡管道，這些「協助團體」在幫助戰犯的名義下集結成各式各樣的聯盟。事實上，在實行和平條約之前，日本民間早已大規模

③審訂註：事實上，四月二十八日僅為雙方在臺北賓館簽署，中日和約要直到八月五日經雙方換文章後才生效。

重新檢視戰犯審判。一九五一年十月，東京家庭協會代表今村久子寫了一封著眼於戰犯問題的信，表達日本大眾對和平條約的看法。她向外交聯繫團體指出，和平條約固然是眾所期待的結果，也是日本繼續向前邁進的重要一步，但其中的第十一條條款逼迫日本司法部必須獲得外國政府的同意，才能寬赦或假釋已遭定罪判刑的乙丙級戰犯，這是剝奪了日本的法律主權。當時許多戰犯都誤以為和平條約會讓他們獲得減刑或假釋，人們——尤其是西方國家——對日本的深痛惡絕也會隨著和約簽訂而劃下句點。[30]甚至可以說，和平對大部分的日本人而言幾乎等同於抹去他們身上的戰爭罪行污名。

今村久子在一九四八年加入了一個專門協助戰犯家屬的團體，隨後的幾年一直在這方面十分活躍。一九四九年十月二十七日，她在東京築地的本願寺主持了「全國遺眷協議會」（留守家族全国協議会）的集會。她的丈夫今村均大將正是一名戰犯。[31]「全國遺眷協議會」後來遭禁，但仍然在日本鄉間繼續各種工作。[32]日本政府內部聯絡處在一九五〇年二月十三日發出一份最高機密文件，內容說明在被占領期間，愈來愈多日本大眾對戰犯表達支持的背景因素。根據該份文件顯示，就是因為國內各處成立了類似遺眷協會這樣的團體，使得日本民眾願意發揮同情心了解戰犯家屬所面臨的困難。日本外務省對於這個現象擔心到展開了調查，其研究部門指出，這些協會往往彼此支援，而整個運動產生的原因有一部分是戰犯遺眷面臨經濟困境，除此之外，極端民族主義的情緒也是其中一些團體背後的動力。調查人員發現，如果這些團體持續運作，不但無法達成原本設定的目標，反而會帶來反效果，更無法幫助戰爭罪犯。這些團體最想要的就是取消戰犯的死刑判決，並讓在外國服刑的戰犯回到日本服刑。[33]中國國民黨對日本戰犯的寬大為懷政策幾乎未得到政治回報，也說明了日本大眾對所謂「戰後正義」的看法有多麼地一面倒。

雖然韓半島戰場的戰火近在咫尺，但是當時的日本人一心一意只想解決國內的困境，帝國的思考方式則完全被塵封在久遠的記憶中。根據一九五二年《舊金山和約》條款，日本接管了十三名甲級戰犯及五百七十八名乙丙級戰犯，並且重獲對他們的法律管理權力。在這些戰犯中，有些人在法律上已不再是日本人，他們在戰後被剝奪日本公民身分，並且回復臺灣（中華民國）或大韓民國的公民身分。日本的戰犯「問題」涉及的層面並不僅限於國內，因此很快成為一項國際問題。日本在戰後尋求與中國之間的和平，刻意將努力的重點放在戰犯問題上，然而這種努力卻蘊含了某種張力，與日本國內下列兩種思想間的張力如出一轍：一方是針對建立新型法律程序所需的調整而提出的政治意見，另一方則是基於國際法及國際正義的理想建立和平的渴望。一九五二年九月初，當時日本公眾對所謂「和平」已經怨聲載道了數個月，美聯社記者威廉·巴納德（William Barnard）在巢鴨監獄參加了一場「史無前例的新聞發布會」。當時日本當局已經從美國占領軍手中接管了巢鴨監獄。這座監獄是東京關押戰犯的主要設施，裡面關著少數幾名甲級戰犯以及乙丙級戰犯（包括嫌疑人、已被起訴者、已被定罪者以及那些從未被審判的人），還有在國外遭到判刑而後被遣返回日本服刑的人。[34]

和平條約簽訂之後，有三百一十八名戰犯聲稱他們是遭到非法羈押。其主要發言人前日本皇軍少將福地春男就在新聞發布會上表示，日本重新獨立行使主權之後，被羈押的戰犯都應該獲得釋放。前日本皇軍少尉小野武一也宣稱，他們所受的審判都是出自政治考量，因此皆屬非法。福地春男提到：「日本必須為已造成的損害做出物質賠償，這點大概無可避免。但我們認為隨著和平條約簽訂，應該終止對日本人的精神懲罰了。」[35]戰時的日本財政部長賀屋興宣以甲級戰犯身分遭判刑二十年，關押在巢鴨監獄，他表示只希望能早日獲得釋放，回家含飴弄孫。賀屋興宣後來也確實獲得提前釋放，並在一九五七年到一九六〇年間出任岸信介內閣的法務大臣。[36]當天參加新聞發布會的威廉·巴納德全神貫注地聆聽他們的發言，他觀察入微地發現，當被關押的戰犯對於自己的境遇表示不滿時，「完全沒有任何內疚或懊悔的口吻」，也未能把他們的遭遇放進更大的歷史脈絡中。[37]

日本外務省則積極地了解歐洲戰場類似的戰犯所受到的待遇，以合理化日本戰犯在亞洲也應該獲得同等對待。一九五二年九月十七日，日本官員與德國總理兼任外交部長的康拉德·阿登納（Konrad Adenauer）會晤時，後者為日方回答了德國戰犯的狀況，以及他們後來獲釋的種種問題。阿登納表示，法國人在一千一百四十名遭判刑的德國戰犯當中釋放了七百八十四名；英國人已經讓三百八十名還在英國監獄服刑的德國戰犯中的兩百四十八名假釋出獄；至於在美國人管轄之下的六百六十四名德國戰犯，則已有三百二十七名獲釋。[38]到了一九五三年八月，兩名日本國會下議院議員——前外務省大臣有田八郎及日本戰後首批女性國會議員之一的山下春江——呼籲日本在處置當時尚未受審的乙丙級戰犯時，不應淪為外國法律的附庸。兩人參加了聯合國有關戰犯處理的特別會議，並且遞出請願書，內容明白陳述日本雖然已經簽署了和平條約，但是舉國期盼日本戰犯獲得釋放的願望卻一直無法實現。他們表示，「就國際友誼的層面來說，這無疑是件令人感到遺憾的事」，同時表達了此事能盡快解決的期望。他們所提出的陳情中，隻字未提戰事本身以及戰犯有罪與否，整個陳情的架構皆奠基於「日本是受害者」的意識型態上。[39]事實上，許多日本人確實自認是和平條約的受害者而非受益者。對當時的日本而言，將戰爭罪行自「後和約時期」對日本帝國的重新評估中移除，比戰後的穩定及民主更為重要。

戰後用來審判日本戰犯的法律是一項複雜的新產物。戰犯本身甚至也開始相信，對他們的追訴與關押不僅是因為其於戰場上的作為。這種身為受害者的觀點反映了許多日本大眾戰後的態度，而由此發展出的信念，讓他們根深柢固地相信日本軍人是受到戰爭「陷害」。這種情緒在當年一部有關乙丙級戰犯的日本電視劇《我想成為貝殼》中被深刻地描繪了出來。雖然這齣電視劇的名稱用了水中生物「貝殼」一詞，但更確切的解釋應該是「我想獨自一人」。此劇在一九五八年十月三十一日到同年十二月二十一日間播出，由知名導演黑澤明的專屬編劇橋本忍編寫執導，內容極其深刻動人，廣受日本大眾歡迎，也獲得日本文部省頒發獎項。日本政治學者石田雄指出，影片中所呈現的自憐自艾，將日本人描繪成在個人無力改變的情勢下被以戰犯罪名定罪，而

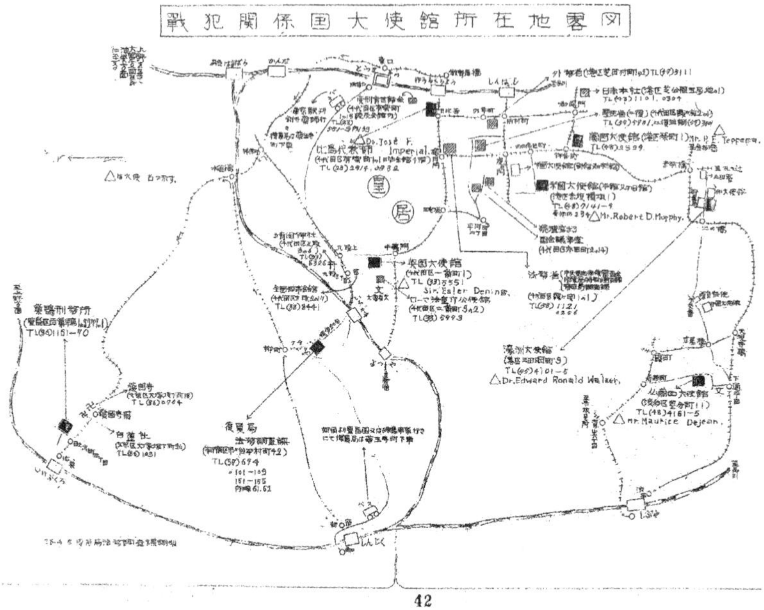

日本外務省的一張地圖，畫出了東京所有的外國使館。這份地圖的用意在協助代表團爭取日本戰犯獲釋事宜。（日本國立公文書館）

後成為日本和平運動及戰後推卸責任的基礎。[40]另一位學者松並潤也指出，這類的理解方式大多以負面的角度描繪日本被占領一事，即使在那段過程中他們非自願地接受了一些附帶的好處。戰後乙丙級戰犯審判為那些不幸受審的靈魂帶來災難性的結果，並成為施加在他們身上的懲罰。[41]

戰爭罪行和影視娛樂

一九五二年十月號的《世界》雜誌發表了一名戰犯所撰寫的匿名公開信，信中寫道：「我們不願成為日本重新軍事化的藉口或王牌。」（後來證實匿名信的作者為加藤哲太郎，他宣稱電視劇《我想成為貝殼》就是半虛構地根據他的創作改編。）[42]加藤哲太郎在匿名信中表示，「釋放戰犯運動」在《舊金山和約》簽訂前就已展開，而他並不希望這項運動成功——甚至正好相反，他認為「那場運動對我們並沒有幫助，事實上，我覺得我們被利用了」。加藤質疑：如果和約中包含了關於戰犯的條款，怎麼能算是基於雙方真正互信而產生的和平條約？如果那是人們呼籲釋放戰犯的原因，那他同意這個看法，只是真相卻並非如此。事實是，這場運動是完全獨立的，與日本的歷史並無關聯。[43]加藤哲太郎在匿名信中提出質疑——所以，到底是什麼原因引發了這場運動？它的緣起背後潛藏著什麼祕密？加藤的那封信很長，但他簡明扼要地表達出作者——一位關押在巢鴨監獄內的戰犯——並不認為日本大眾應該同情戰爭罪犯。他坦承戰爭期間確實發生了令人無法接受的暴行，但戰爭本身畢竟就是正常狀態的終結。他也不同意人們認為戰犯在獄中為自身的罪行懺悔就應該獲得原諒，那並非正確的作法：「從一開始，我們就不認為自己是『罪犯』，所以對所推動的釋放運動感到不太自在。我們不僅無法接受眾人的好意，甚至還因為他們的行動而感到被厭棄。」加藤哲太郎寫作的語氣與其他對戰後審判提出批評的人十分相似，他們的論調都是戰爭本身就是非人道的，因此在過程中必然會發生「暴行」，假設有人要批評非人道的行為，那麼勢必不能忽視盟軍也做過的事。

加藤哲太郎那封影響廣泛的匿名信顯然相當貼近時事，他推斷美國特使杜勒斯和日本首相吉田茂的討論具有交換條件的性質。吉田茂負責推動某種形式的重整軍備，並且讓日本大眾接受這件事，與此同時，雙方也為釋放戰犯留下了方便之門。匿名信中針對前述的狀況寫道：「我們不希望成為收錢載人橫渡死亡之河的船夫。」信中表示，戰犯所要的是沒有任何其他目的的釋放：「我們不希望在死亡販子的交易條件下獲得釋放，我們想看到的是國家重建和平，與先前的敵人建立起友好關係，並且能夠受到先前遭受我們殖民、如今已獨立者的寬容對待，原諒我們因為投入戰爭而犯下的『道德上的罪』。我們希望能回到日本同胞溫暖的懷抱，幫助保衛國家的和平及獨立，成為愛好和平之國的一分子。」[44]

加藤哲太郎的匿名信激起日本大眾對戰犯困境的激烈討論，一位出版商甚至前往巢鴨監獄，要求被關押的戰犯以個人名義寫信詳述他們的處境。其並非請求戰犯書寫理性的或法律的解釋，而是請他們傾吐「可以跟家庭主婦或學生訴說」的感人故事。這位出版商其實就是加藤哲太郎的父親，這也使得整個情況變得更加複雜，但這件事直到後來才因為一場關於剽竊的官司而被揭露出來。加藤哲太郎的父親所蒐集的信件在一九五三年二月編撰成書出版，書名是《戰後七年——受徵召學生戰犯的獄中信》，書中還收錄了一封信（由加藤哲太郎用化名所寫），標題為「一名被判死刑的狂熱戰犯」，內容則和《我想成為貝殼》劇中的對話離奇地相似。而另一篇名為〈戰爭不是罪嗎？〉的文章，也在後來被發現出自加藤之手（用了另一個名字發表）。[45]

這一切正如岡田資在法庭上所做的抗辯，日本人一直企圖以「個人無法為自己控制不了的行動負責」為由規避責任，卻未思考人們也可以為自己的行為負責而不諉責他人。這個母題一直圍繞在戰後的日本，無論民間或軍中皆然。加藤哲太郎在一九五二年所發表的匿名公開信中，猛烈抨擊那些不質疑「只想幫助人出獄」的支持團體懷著什麼動機及目的的人，同時指責日本國會議員讓和平條約中的第十一條輕易在國會過關。[46]最後，日本媒體也因為將戰犯描繪成不人道的形象而遭到他的攻擊。《我想成為貝殼》這齣大受好評的原創電視劇於一九五九年改拍成電影，大致上根據加藤哲太郎的遭遇創作，但與其經歷不同的是，電影中的主人翁最後遭到處決。而加藤和電影中的角色另一個相異之處是，他並非一般的受徵召入伍者。加藤畢業於著名的慶應大學，隨後以學生入伍者的身分直接被徵召進入日本帝國陸軍，在中國服役。由於能力出眾，他很快就被拔擢在日本的一些戰俘營中負責較高階的管理工作，也正因如此，盟軍方面才對他略有所知。

加藤哲太郎在戰後逃亡規避追捕，但最終還是在一九四八年被捕、受審並被判處死刑。加藤的家人等人出面干預，懇求麥克阿瑟重新考量，他因此獲得再審的機會，最後盟軍總部讓他免於死刑。他也和許多其他遭判刑的日本戰犯一樣，在一九五八年重獲自由。[47]

《我想成為貝殼》電影版的主題，是關於一場次級戰爭罪行審判，這部電影在日本風行長達數十年。在一九五〇年代晚期，《我想成為貝殼》不僅止是一部電影，而成為了一種特殊現象，甚至因為感動者眾，「我想成為貝殼」這句話還被選為一九五八年的年度最受歡迎金句。多年以後，東京電視台在二〇〇七年把原始的電視劇製作成紀錄片；東寶電影公司則在二〇〇八年根據一九五九年的電影版本重拍新作。此一遭受不公義對待而被定罪的乙丙級戰犯形象，顯然深深引起日本大眾共鳴。經過了那麼長的時間，這個形象無論是經由書寫或電影詮釋，都仍吸引日本大眾的興趣，由此可見一斑。[48]人們往往會同情那些原本平靜而認真地過活、卻被捲入戰爭而帶來痛苦的角色。《我想成為貝殼》上映的時間點正好觸動了所有人的心弦，其以電影的形式強調身不由己被捲入戰爭者的遭遇，因此很容易觸動人心。許多人可能會認為這是一部反戰電影，因為主角——理髮師清水豐松到頭來認清了自己不想身為人類，因為那只會帶來悲慘。在原著電影中，清水豐松是一位和藹可親、經營著小理髮店的鄉下人，這個角色由同樣親切可愛的演員弗蘭克堺飾演。清水只有小學畢業，所以讀寫的能力不好——隨著劇情推展，觀眾會知道他是個出身貧困的普通人，卻努力工作、學習謀生技能。電影開場便是充滿鄉野趣味的日本小村落，村子裡的人都喜歡去清水的小理髮店，坐下來聊天、抽菸，偶爾讓他理個頭。然而，清水一直擔心的那一刻終究來到，軍中送來紅色的信件——他被徵召了，這件事也讓他的太太驚惶失措。清水不太能適應日本軍隊中的嚴酷生活。在一次空襲行動中，幾架美國軍機遭擊落，清水所屬的師部受命去「處理」那些美軍飛行員。他們趕到後發現大部分的美軍飛行員都已死亡，只有兩名還活著但昏迷不醒。帶隊的軍官挑出兩名平時最膽小的士兵打算測試他們的膽量，其中一名就是單純的清水豐松。軍官命令他們在槍上裝上刺刀，拿被綁在樹上的兩名美軍練習刺槍術。一開始，清水和他的同伴往目標衝去，卻又雙雙停在兩名美軍的跟前，兩人被長官訓斥了一頓，再次受命刺殺飛行員。這一幕就結束在他們眼看便要往美軍身上刺下去的那一刻。

戰爭結束後，清水豐松在輕快的爵士樂中回到他的小理髮店，妻子開心不已，一切似乎都相當美好。直到有一天，美國占領軍憲兵突然走進理髮店，以戰犯嫌疑人為名逮捕了清水。在法庭場景中，清水的直屬長官皆宣稱自己無須負責，清水則因為實際從事犯行而被認定有罪，判處絞刑。對此，他既震驚又絕望，在獄中等待行刑的日子裡，他的心境在幸福、無聊及悲傷間擺盪。此時他的前指揮官矢野前來探視，承認自己才是應該負責的人，並告訴清水他會在法庭上說出真相。清水欣喜若狂，相信法庭會明白真相，自由近在眼前。時間一天一天過去，有人開始談論和平條約，眾人為此歡欣鼓舞，都期待隨著和平條約簽訂，戰犯將獲得釋放。然而某一天，獄警突然來到清水的牢房，告訴他將要轉到另一處監舍。清水以為這是因為他即將被釋放，因此當被告知第二天就要執行死刑時驚駭不已。一位和善的佛教教誨師前來試著安慰他，還給了他一些酒、陪他說話，但他的心情已非絕望足以形容。這位教誨師說道，我們只能把希望寄託來世，並問清水：「如果轉世投胎，你想變成什麼？」接著便帶出了這部電影知名的悲劇結局。

清水先是說道，他出身貧困，成長的過程很不快樂，所以希望下輩子是個有錢人。此時鏡頭切換到正愉快地為理髮店添增新設備的清水之妻身上，她還不知道自己的丈夫就要被處決了。場景回到清水這邊，他緩慢而悲傷地走向通往絞刑執行室的第十三號門，背景音樂隨著他的步伐逐漸加強，清水的獨白益發痛苦：「如果我能再活一次，我不要再做日本人。不，我甚至不希望再生為人。我也不要生為牛馬，因為牠們同樣受到人類欺凌。如果有來世，我想要成為貝殼。貝殼附著在海底深處的岩石上，無憂無慮，因為它們什麼都不知道，既不悲傷，也不快樂，不知痛苦為何物。」[49]電影就隨著這段知名的台詞劃下句點。在這幾個賺人熱淚的場景中，並置了清水的妻子滿心盼望他歸來，與清水因為並不確鑿的罪行而被處死的事實，將這樣的對比深深留在觀眾心中。這強而有力的結尾，在人們對於戰後正義及戰爭本身記憶猶新的一九五〇年代，感受當然就更加強烈。

《我想成為貝殼》的故事創造了一則不朽的神話，呈現乙丙級戰犯審判錯誤地追求正義。終其一生都在研究全球各地日本乙丙級戰犯審判的林博史就直言：電視劇《我想成為貝殼》以及日後改編的電影，對日本人關於乙丙級戰犯的觀念產生相當大的影響，也使其深深相信這些審判非理性的本質。雖然電視劇及電影確實能影響公眾意見，甚至常常是度量現實的標準，但我們不能忽視它們本身其實是虛構的。在這部虛構的電影裡，主角是一位乖巧的青年，被徵召入伍當二等兵，受命用被擊落的美軍飛行員作為練習刺刀術的靶子。[50]身為觀眾，我們並未看到主角以刺刀刺入被捆綁的美軍身體的鏡頭，但他卻在戰後身陷追訴日本戰犯的歷史漩渦並被判處死刑，觀眾也因此對他不幸的遭遇流下同情的淚水。但林博史的研究卻告訴我們：其實在對於日本乙丙級戰犯的審判中，並沒有任何二等兵被判死刑。即便當時確實有一等兵遭判死刑，也是因為其個人行為，全都不是因為受命行事。當時美國人在橫濱舉行的戰犯審判中（前述電視劇及電影皆有部分取材於此），確實曾有二等兵被判死刑，但隨後都經過重新審理，改判為有期徒刑。[51]

日本不僅在面對自身帝國的過去時表現出失憶的現象，更重要的是，其有意識地徹底移轉了公眾對軍方的看法。在正式宣布投降之前，日本軍方所採取的策略及宣傳，都在吹噓自己的士兵會奮戰到死，絕不放棄。他們認為所謂的戰鬥只會有兩個結果——戰勝或戰死。從這個角度來說，日本大眾對軍人所面對的命運，其實也並不是那麼關心。然而，這種態度在戰後卻改變了，幾乎舉國都在努力讓遭定罪者不致被執行死刑或監禁，甚至不希望他們被貼上戰犯這個不名譽的標籤。這種突然的轉變究竟是如何發生的？又為什麼發生？難道是帝國夢想戛然而止，使得日本人失去了分析自身矛盾觀點的能力？

《舊金山和約》簽訂後幾年，為了更深入了解戰犯審判（例如受審的人員及判刑結果），日本法務省開始自行蒐集資料並進行調查，目的並非在追訴尚未受到起訴的人，而是要重新評估那些已由外國政府主持過的審判。較令人覺得諷刺的是，日本政府選了橫溝光暉與前日本海軍軍官原忠一擔任諮詢專家，豐田隈雄和井上忠男出任顧問。[52]豐田隈雄正是前述那位極力阻撓盟軍追訴日本戰犯的海軍軍官；橫溝光暉則是日本帝國主義的支持者，也是戰時日本極具影響力的內閣情報部部長，他的主要工作就是政治宣傳及部會協調。橫溝在日本宣布投降之前，曾經多次在不同的場合對日本民眾宣告：「為達成特定目標，要散布具有可信度的事實，創造出大眾對事件有所了解與產生共鳴的條件。」[53]而選擇前述幾人本身就是件饒富興味的事。橫溝光暉曾經是岡山縣的行政首長，之後出任厚生勞動省社會局長，戰後則擔任內閣檔案處的顧問，管理有關戰犯審判的檔案。原忠一是在關島美軍軍事法庭中被定罪的戰犯，並在巢鴨監獄服完六年刑期，正是因為在巢鴨監獄遇到了許多比他更不幸的人，才讓他決定發起一個支持戰犯的政治行動團體。日本當局選擇一位在戰時負責組織宣傳者與一位前戰犯來蒐集、整理有關戰犯審判的資料，其中的政治意涵已不言而喻。根本上來說，日本政府面對戰犯審判的立場較為偏頗。

日本政府設置了一個相當繁複又彼此連結的資料蒐集體系，開始大量準備文件為乙丙級戰犯審判描繪出更加清楚完整的圖像，但同時也是為了建立批評審判的證據基礎，博取各界對日方觀點的支持。《舊金山和約》生效之後，日本接收了巢鴨監獄以及其他類似的場所，亦接收了有關審判及各復員機構的所有檔案。日本政府於是編列預算，在一九五五年開始積極處理這方面的問題。[54]然而奇怪的是，雖然戰犯審判都是公開的，而且國際媒體（特別是中國媒體）也都逐日報導，但日本厚生勞動省和法務省接收大量檔案之後，由於部會間的意見紛爭及「保護隱私」的口實，令這些檔案從此未見天日。對此議題有興趣的記者曾透過外務省向外界索取相關文件的原件或副本，卻遭遇許多困難，主要原因是日本和許多審判國並無外交關係，例如中華人民共和國、蘇聯、當年的法屬印度支那④等等。日本並不是唯一在這段歷史上公開失憶的國家，法國對其乙丙級戰犯審判也有同樣的表現。

鍥而不捨的日本政府

美國人和中國人所關心的，是在追訴及羈押戰犯時所遇到的困難，但這恰恰是激起日本人負面反應的原因。隨著日本在戰後的經濟狀況逐漸改善，日本人質疑戰犯審判的聲浪也逐漸升高，甚至有意識地把戰後和平及正義的議題國際化。豐田隈雄就在一九五二年六月二日一份有關釋放「所謂戰犯」及減刑的備忘錄中寫道，《舊金山和約》生效之後留下的唯一一個燙手山芋，就是戰犯問題，但和約中的第十一條條款又讓這項問題變得十分棘手。豐田特別指出，日本在解決戰

④ 譯註：大部分的中南半島。

犯問題上所遇到的最大阻礙，就是幾乎沒有任何關於乙丙級戰犯審判的資料，所以也沒有可依循的證據來要求為他們減刑。他指稱，基於以下三個重要的理由，日本應試圖推動解決方案：罪行是在戰爭期間發生，既然和平條約已經生效，就應該根據國際法釋放先前已被定罪者；戰犯已經被關押了很長的時間，因此糾正戰爭罪行的目的已然達成；戰犯審判出於單邊，因此並不公正。審判期間有不少呈堂證據的證詞是用強制、威脅甚至施加酷刑的方式取得，所以豐田隈雄的部分說法也並非全無根據。他指出，有些案例採用的根本是假造的證據，但被告仍然被判罪甚至執行死刑。當時軍事法庭對被告的辯護小組有諸多限制，在日本本土以外的審判尤其如此，被告通常無法得到具水準的辯護，從這個角度來說，當時的審判確實有瑕疵，畢竟許多證詞是在事發多年後，根據可能並不準確的記憶所取得。豐田隈雄認為由於缺乏律師的協助，日本軍人經常必須為自己辯護，而且他們是戰後才在溯及既往的情況下，被判定戰時的行為是「戰爭罪行」。判刑方面也沒有一定的標準，通常是法官自由心證，有些法官原本曾是戰俘，更增加了產生偏見的可能。此外很多時候也有翻譯人手不足的問題。[55]

一九五二年十月一日，日本第二復員省宣布開始蒐集資料，以求為戰犯爭取釋放或減刑。[56]到了次年九月一日，巢鴨監獄管理委員會起草「釋放戰犯計畫」，一方面將事件政治化，藉以敦促政治人物採取行動，另一方面則訴諸公眾輿論，同時提出利用媒體引起各方注意的建議。豐田指出，臨近一九五三年之際，日本戰犯從澳洲及其他地方開始被遣回日本，這也意味著日本公眾的注意力再次聚焦在這個問題上。前述的計畫強調，戰犯減刑及釋放計畫之所以不連貫，一定程度上是因為大家不太了解甲級戰犯和乙丙級戰犯之間的區別。有些人認為一旦被法庭定罪，被告就肯定是真正犯下了罪行，也有人誤以為幫戰犯爭取減刑或釋放是「右翼人士」的運動，所以不太願意參與。[57]為了爭取更多的公眾支持，並讓大家了解許多乙丙級戰犯只是「龐大戰爭機器裡的小齒輪」，前述的「釋放戰犯計畫」也指出，有些戰爭罪行確實發生了，但卻屬於必然會發生的「戰場犯罪」範疇，不應被當作戰爭罪來處理。這就表示日本政府認為那些行為並不該被新的國際法視為「戰爭罪」，因為那是在戰場上發生的，不應該由個人來承擔。[58]

值得注意的是，日本戰犯也了解到自冷戰開始之後，他們的命運已經和原先「追求正義」的法律行動脫鉤，如今成為日本國內和國際政治角力中的棋子。不同於一九四五年早秋，正義與冷戰此時被認為是互斥的。日本戰犯對於本身所處的法律地位頗為反感，甚至覺得自己的不幸都是國家造成的，因而心生厭倦。巢鴨監獄管理委員會就在報告中寫道：「國家徵召並動員我們參戰；國家為了成功結束戰爭，把我們出賣給盟軍；國家為了達成和平協議犧牲我們，接受了對我們極不利的第十一條條款，讓我們繼續被羈押。我們當然認為這個國家有責任補償我們所承受的身心傷害。」[59]只不過，近代日本歷史只專注於強調日本是受害者，對於戰犯的憤怒卻輕描淡寫，並未特別當一回事。事實上，日本戰犯也把日本帝國視為他們的苦難根源。

日本政府在一九五三年十月發出一份名為「戰犯問題觀察」的內部報告，指出「朝鮮事件」

（韓戰）爆發後，戰犯及日本公眾都發現戰犯問題突然間已不再是媒體關注的焦點。這份報告的作者寫道：「我開始懷疑盟軍在公義及人道大旗下對日本戰犯的追訴，並不僅是基於『追求公義』。」[60]在日本政府前述引導公眾對戰犯寄予同情的努力之下，日本媒體開始把戰犯視為受害者而非加害者，與此同時，將他們釋放或者寬大對待的呼聲也日益升高。在這種氛圍下，類似「受刑者世話會」這樣的援助受刑者團體紛紛在日本境內成立，為日本戰犯在戰後所受到的待遇及相關法律事務開啟了新篇章。[61]恢復和平之後，許多日本人表示認清了日本乙丙級戰犯確實受到不公正的對待，也相信「戰犯問題被利用來有效地阻礙日本重建及改善國內及國際上的發展」。[62]此份報告亦針對「如何解決戰爭罪行問題」提出若干行動策略，其中一項是建立由厚生勞動省、外務省、財務省、法務省官員組成的跨部會委員會，以加強及聯合所有處理戰犯問題的機構，並對戰犯家屬提供協助。此外報告中也建議：「我們應該全力推動戰犯釋放，並把其當作外交上的當務之急，同時努力讓鄰國的政治菁英了解我國戰犯真正承受的苦難。」並進一步指出：「我們必須積極就戰爭罪行問題運用媒體及日本公眾輿論，在海外造成反響，加深國際上對這個問題的認識。」短期的目標是強調日本人遭受勝利者單方面強加正義，以爭取鄰邦的同情。如果這樣做仍無法奏效，「對於那些還不能明確回應何時釋放日本戰犯的國家，可否至少找出一項方法讓他們對我國這方面的國家情緒寄予同情？」報告中建議要強調許多戰犯已經被關押長達八年的事實，而在和平條約簽訂之後，他們依舊繼續遭到關押將會阻礙日本的和諧發展及世界和平。另外，這份報告亦提出警告：若試圖利用日本人對這項問題的不滿，可能會在內部造成嚴重的民眾暴動。[63]日本內部在這個問題上的分歧，也說明了為何日本人看來對戰犯從中國遣回一事毫無心理準備，同時對中國共產黨意欲審判日本戰犯感到不以為然。當時國民黨已經讓日本戰犯重獲自由，中國共產黨卻在戰爭結束長達十年之後，才要對日本戰犯進行審判。然而與此同時，日本人早認為戰犯審判已經是過去式了。看起來，這兩個國家不但處於不同的時序，行進的方向也南轅北轍。

簽訂《舊金山和約》後，日本為戰犯問題所做的準備

日本各部會所蒐集的戰犯審判資料，大體上都是日本公眾對戰犯審判所表達的不滿，主要的癥結在於，他們認為審判偏向勝利者而只針對日本，忽視了盟軍其實也犯下了同樣的罪行。戶谷由麻就提到，日方的辯護小組企圖指出這個偏向一方的瑕疵但並未成功，主要原因就是這種辯解也許有其道德上的支撐點，但在法律上卻毫無意義。換句話說，就算美國人或其他同盟國犯下了同樣的罪行，也不代表日本就可以免除刑責，亦即日方在戰後處理其帝國軍事行為及戰犯審判時，把道德及法律事務混為一談了。

該份報告的最後一個重點，指稱許多日本的戰爭罪行——特別是牽涉到個人遭起訴的部分，

那些嫌疑人都是聽命行事。論點是這些行動本身不像一般的犯罪，因此不應該算是個人的罪行。這種論述至今在日本仍然引起各界反響，普遍的看法是戰爭就如同煉獄，因此戰爭行為自然不脫殘忍野蠻。基於這種觀點，戰犯是因為個人的不幸遭遇才被徵召入伍，所以他們也是受害者，而真正該負責任的是國家、社會以及整個軍方。尤有甚者，報告中還指出：「在戰爭的極端情況之下，戰鬥或其手段常常是基於某種愛國心，這種行為並無犯罪的意圖。」[64]這樣的思考模式其實只是合理化戰犯行為的藉口，並非要真正提出解釋或道歉。許多日本的調查人員都認為日本戰犯的判刑過重，或至少在判刑時應該把日本軍隊的結構列入考量，畢竟士兵的行動都是受命行事，不必然是自願的。

報告中也提到，盟軍占領期間的日本沒有完整的言論自由，所以一般人對戰犯審判並沒有多大興趣。然而隨著盟軍在一九五二年春天結束占領，日本重獲獨立且新聞自由的尺度放寬，公眾才逐漸了解有關國際軍事法庭審理日本戰犯的情況。由於在押戰犯的命運與日本新生的和平之間產生了某種情感上的連結，因此當時日本全國要求釋放戰犯的陳情書連署人數膨脹到了一千五百萬人。許多日本公民都接受了一個觀念：要重建日本，就必須去除戰爭罪行所帶來的污點。[65]日本公眾及政府都希望盡快將戰爭及其遺緒拋諸腦後，邁步前行。在結束占領之前，美國政府經由盟軍總部採取了減輕日本戰犯刑期的第一步，於一九五〇年三月七日頒布新的政策，讓在押的日本戰犯可以因在獄中表現良好而累積點數，獲得縮減刑期的待遇。[66]一九五一年一月，杜勒斯以美國特使的身分抵達日本，與日方就韓日和平條約進行磋商。根據官方對該次訪問的內部簡報，杜勒斯於一九五一年四月六日回國之後，雙方已經達成默契，亦即只要日本當局及盟軍總部都同意，在押的日本戰犯就可以獲得寬赦或減刑。[67]盟軍占領結束之時，便在一九五五年根據前述政策，在獄中表現良好及已服刑期都可累積點數，作為計算假釋的依據。日本方面也在參戰退伍軍人養老金的法律上做了類似的調整，對於這些老兵的家庭而言可說至關重要。為了博取戰犯及其家屬的支持，從一九五三年到一九九五年之間，這項法令前後改動達五十六次之多。法蘭西斯卡·索芬（Franziska Seraphim）指出：「最重要的改變發生在一九五五年，被定罪的戰犯家屬得以獲得養老金，而遭處死的戰犯則視為『因執行任務而陣亡』。」[68]

針對日本政府為爭取釋放戰犯所做的努力，戰後所提出的一份報告也提供如下建議：

> 解決戰犯問題的一條捷徑是，讓主持戰犯審判國家的一般大眾了解真實的情況。如此一來，我們也許可以扭轉這些民眾目前的情緒，特別是假使可以告訴他們，他們自己的國家在戰時及戰後也犯下了類似的罪行——就從在日本投下原子彈說起——因而同樣罪無可逭。[69]

該報告的次章是「在和平條約之下處理戰犯問題的目標」，其中主要的觀點就是「和平條約的頒布便意味著戰爭徹底結束」，或者可說是日方官員如此期盼。

報告中建議，關在獄中還未受審的戰犯應該立即根據《舊金山和約》的精神予以釋放，至於被判處死刑但尚未執行者則暫緩實施。這份摘要性質的政府報告在後半段針對推動解決戰犯問題提出了幾個草案，如不斷向相關國家指出對日戰犯的審判不公、說明審判情形和軍方處境，以及訴諸該等國家的輿論以爭取同情。不過報告中也特別指出，制定相關計畫時必須小心謹慎。這些草案的制定者深知必須充分考量相關國家的處境及國際情勢，譬如德國戰犯的遭遇等。報告的結論是，如果無法取得特赦，則仍應以爭取減刑為目標。[70]

到了一九五二年晚期，支持釋放戰犯的運動已經擴散至定居日本的外國人圈子。一九五二年十一月七日，日本基督教協會會長查爾斯・伊格哈特（Charles Iglehart）發出一封日文信，陳述了支持釋放戰犯的常見論述：他們是在完成軍隊職責的過程中犯罪，如今在日本卻淪為政治操作的棋子。這封信也表達了希望各國政府釋放日本戰犯的心願。查爾斯・伊格哈特在信中敘述了日本在一九〇四年到一九〇五年的日俄戰爭與一次大戰時軍隊的表現，特別是在確實根據交戰守則對待戰俘方面所獲得的讚譽。[71]他認為日本人已經反省了他們所犯的錯誤，也決心不重蹈覆轍，並並把責任歸咎於「戰時的宣傳」而非個人，主張當時的軍事行動乃是受宣傳影響而盲目擴張，並不是基於任何個人的決策——然而他的說法顯然難以服人。他直接挑明地認定包括戰犯在內的戰時日人都受到了欺騙：「當時人們都被某種狹窄而病態的愛國主義所迷惑，失卻了武士道精神跟正常的心智。大多數人都長時間被政府以同仇敵愾的煽動性訊息誤導。」他的結論是，似乎「整個日本都被某種病毒感染了」。[72]伊格哈特認為，戰爭結束近七年之後，這種「戰時疾病」在日本人身邊形成的帷幕才逐漸被揭開，因此才有愈來愈多人開始同情那些所謂的「戰犯」。這是因為許多日本人覺得自己也應該負起責任，認為戰犯是被特別挑出來為了整個國家所犯的錯誤受罰，對於他們的審判也都帶有偏見，而這正是二次大戰後烽火又起之際，只有日本人被當作戰犯受審的原因。

日本法務省轄下的「保護局特別調查會」於一九五五年七月發行了一份名為《釋放戰犯審判中被定罪者》的小冊子，進一步宣稱《波茨坦宣言》中對戰犯審判的相關條款含糊不清，直接導致了戰後相關問題所引起的麻煩，因為雖然日本投降了，但整體狀況並不明朗。這樣的大動作是為了避談以下的事實：無條件投降就是指沒有任何條件。小冊子中也指出有關戰爭罪的法條是在罪行於戰爭期間發生後才訂定的，因此與國際法的本質有所牴觸，甚至不符合法律的基本精神：如果犯罪行為發生時並沒有相關的制裁法條，則罪行就不成立。[73]而包括這本小冊子所列舉的內容，以及相關部會為評估海外戰犯審判歷程及國內公眾反應所蒐集的意見，都是未來檢視戰犯審判時的參考。

愛之像、戰犯及中國監獄

釋放戰犯運動展開不久後，日本人就已經開始討論如何紀念軍人的犧牲，特別是那些被當作戰犯的人。一九五五年之際，經過東京鐵路及地鐵總站的旅人與乘客都會注意到一個獨特的地標，即是位於車站南側出口的一尊銅像，高數公尺，獨自坐落於廣場的巨大石基上。其名稱為「Agape」，一般人所熟知的稱呼則是「愛的雕像」或「愛之像」，因為「Agape」在希臘文裡的意思就是「愛」。[74]「愛之像」是一名肌肉結實的裸體青年，以運動員的姿態將雙臂直伸天空，祈求和平。其並非傳統上用以紀念愛情的藝術作品，而是象徵帶有宗教色彩理想的愛，一種人類彼此間應該具備的情感。這座雕像的主要催生者是巢鴨監獄的佛教教誨師田嶋隆純。田嶋於一九四九年六月九日開始在巢鴨監獄內擔任駐獄教誨師，主要工作是為死刑犯提供心靈輔導，設法替他們爭取減刑或提供慰藉。田嶋隆純也是東京大正大學的教授，對於盟軍積極追求戰後正義一事自有其頗帶哲理的看法。

他認為，在戰爭結束後窮追猛打地追求正義及和平只會產生反效果，也就是導致社會永遠難以尋求和平。田嶋在以巢鴨監獄教誨師的身分所寫的回憶錄中指稱：「二次大戰結束之際，就已經浮現了下一場世界大戰無可避免的徵兆。那些努力達成『正義及和平』的國家，實際上是透過這些舉動把世界推向自我毀滅的懸崖。如果要對此貼上標籤，那麼這就是一個絕大的矛盾。」[75]

他希望能讓世人了解，日本戰犯不過是冷戰超級強權政治棋局下的受害者。日本在一九五二年四月重獲主權後，田嶋在其他知名佛教界人士協助下，開始推動為戰犯請願的運動，甚至經由廣播節目高聲呼籲民眾對戰犯寄予同情。為了肯定田嶋的努力，日本法務大臣還特地在一九五二年七月頒發傑出服務獎給他。[76]田嶋隆純相信那些戰犯所寫下的最後遺言都是最真誠的，赤裸裸地顯露出他們的想法與情緒，使他們因此在某種意義上成為真正的男子漢——在田嶋的心目中，他們在生命中最後的一刻都是值得敬重的。[77]由於他是巢鴨監獄的駐獄教誨師，因此一般人不太會質疑其動機，但也有許多人不見得贊同他的看法，其論點對戰犯的關切似乎更勝於受害者，甚至勝過他們的罪行本身，彷彿只要戰犯死去，一切的罪行就可以隨之煙消雲散。

田嶋隆純熱切地相信，人們（特別是日本人）可以把戰爭帶來的逆境轉化為從頭改造社會的契機。為了達成這樣的目標，就必須找尋人心中對其他人類的愛，而這樣的愛，恰恰是盟軍法庭判處日本戰犯死刑時所缺乏的。他堅信日本戰犯是世俗間尋求所謂正義時所引發的衝突的附加產物，然而他們在死於非命的前一刻，卻為世界留下了有關生命與愛的遺訓。

當美國在日本境內主導的乙丙級戰犯審判告一段落時，田嶋隆純協助出版了《世紀遺書》（世紀の遺書）一書，內容彙編了許多關押在日本及海外（包括中國）戰犯所寫的遺書及遺囑，這些戰犯中有些無疑受到錯誤的定罪，當然也有人是罪有應得。《世紀遺書》發行後立刻成為熱門暢銷書，銷售獲利則和募款所得一起用來鑄造「愛之像」。[78]田嶋隆純的行為動機顯然充滿佛教的熱情。他在《世紀遺書》的序文中寫道：「我們可以從許多角度來看待那些戰犯，但廣義來說，他們其實是矛盾的產物。大約一千人受到最嚴厲的懲罰，被迫等待死刑判決長達數月甚至數年。他們的生命最終被迫草草終結，這種情況是史無前例的。」田嶋也詳述了他的觀點，希望幫助讀者明瞭日本軍人戰時行為背後的動機。根據他的說法，「戰爭的目的就是要致敵人於死，而為了達成這個目的，我們也變得視死如歸。日本人從這當中學習到，死亡就是靈魂所能達致的最神聖的成就」。[79]日本大眾文化研究學者鶴見俊輔指出，日本戰犯的問題並未得到大眾充分的理解，因此也未受到公眾意見的重視。他引用了一則對《世紀遺書》中對七百零一位遭處決的乙丙級戰犯遺書的分析，指出歷史學家作田啟一將戰犯之死分為四類：一、作為獻身者而死；二、對已死者表示團結而死；三、為贖罪而死；四、自然死亡。[80]

《世紀遺書》第一章收錄的是在中國被處決的日本戰犯所留下的遺書，包括因「百人斬比賽」被定罪處死的野田毅中尉。他們在最終的書信及遺書中都表達了不願白白犧牲的心願。野田毅便在遺書中表示日本於東亞戰爭中的目標完全是建立和平：「我希望我們的死能成為中國和日本聯合的契機，而我們則成為促成東亞和平的祭品。如果是這樣，我將會為世界和平即將到來感到欣慰。不管怎麼說，我只祈求自己不要死得像條狗一樣毫無價值。中國萬歲！日本萬歲！天皇萬歲！」[81]

田嶋隆純深信這些戰犯的記憶不應該在戰後的和解中被遺忘，因而積極將自己的想法付諸行

東京車站前的「愛之像」。（《讀賣新聞》晚報版，1955 年 10 月 11 日）

動，四處奔走為委員會籌款，並為那些戰犯的亡魂建立「愛之像」。[82]他盼望所有人帶著愛心懷念他們，而不是把他們當作戰爭與憎恨的代表——唯有這種愛心才能幫助日本未來的世代找到真正通往成就與互相理解的道路。這本《世紀遺書》也放置在東京車站「愛之像」的石製底座，田嶋隆純本人則在底座上寫了「愛」這個字，並鐫刻其上。

我發現「愛之像」除了正面有中文及希臘文的「愛」字之外，整座雕像並未說明其遠大的理想與含意，這也顯示日本人對戰後東亞的乙丙級戰犯歷史確實不甚了解。「愛之像」上缺少具體說明，意味著日本人的歷史失憶，或是他們認為乙丙級戰犯的歷史在日本遭到戰爭徹底摧毀後，應該昇華融入重建及重塑的敘事中。這樣的信念不但受到日本大眾的某種支持，也反映在一九五六年日本所發表的經濟政策白皮書中——其中有著「我們已然度過戰後時代」這樣的句子，以顯示日本已經走出了帝國時期的歷史。「愛之像」在類似的意義上也隱然與依神道教建立的靖國神社有所連結，其以對來世的希望與信仰來撫慰入祀的乙丙級戰犯。

曖昧不明的英雄

「愛之像」及類似的戰爭紀念場址的公共藝術，持續引發日本大眾對設置這類戰爭紀念物的激辯，而這又涉及了在道德上更為矛盾的問題：戰爭罪犯代表什麼？日本人應該把他們當作受害者或加害者？在巢鴨監獄遺址立起的小型紀念碑就為這些歷史爭議提供了另一種價值觀。在舉辦一九六四年的東京奧運之後，一九七〇年代的日本便是一個達到高速經濟發展與大規模都市化計畫的社會，當年巢鴨監獄周邊的地區成了東京主要的都市重劃區，這個位於池袋區的地段後來被稱作「太陽城」，當地的發展委員會本想在當年七名甲級戰犯遭執行絞刑的行刑室建立紀念碑，但那塊政府不想處置的空間已經被劃入公園，反對者則表示希望建立和平紀念碑，而非戰犯紀念碑。雙方為此對於當代正義的意義展開了冗長繁瑣的法律攻防，無論是激進派或保守派都想要在公園內擁有某種形式的「記憶所繫之地」（lieu de mémoire）。[83]

最後雙方終於都同意在公園主要廣場建立一座中型紀念石碑。紀念碑的正面以日文刻著「祈求永久和平」的字樣，若要看見背面的碑文就必須彎著腰站在紀念碑後面的泥土地上，那是一個相對不舒服的姿勢，但只有從這個角度才讀得到饒富趣味的題詞。大部分經過的人都不會讀到背後的日文碑文，上面其實寫著：「二次大戰結束後，遠東軍事法庭及其他盟軍軍事法庭在此處審理戰爭罪行並執行死刑。為了不重蹈戰爭的悲劇，我們將這個地點獻給那段記憶，並設置此紀念碑。」在這段紀念碑文中，日本人被動地承受了狂熱的盟軍「正義」，因為日本大眾似乎是被強加罪疚與責任。考慮到大眾與政府在戰後從不曾追訴任何其本身的戰爭罪犯，這些關於戰爭的「正義」似乎都是由占領方及盟軍主導，再由上而下地強加於他們身上。

進步分子和修正主義者之間無止境的反覆爭論，顯示出日本內部亦面對著關於帝國歷史相互競爭觀點的表述空間，這裡列出的只是其中兩個例子：其一是如同「愛之像」的形式，以曖昧的擬人化形象表現，但又不以文字解釋真正的含意。其次則是把先前惡名昭彰的監獄改建為繁榮的商業區，並以曾經是死刑執行場所的地方作為紀念地點，再以「祈求永久和平」這樣模糊不清的說法帶過。乙丙級戰犯及其審判一直是當代日本歷史中充滿爭議的問題，反映出應如何建立戰爭紀念碑以記憶戰爭罪行而導致的社會分歧。日本戰犯是受害者，如同被形塑成「愛之像」般，他們同時也是為這個國家而犧牲的英雄，並且在靖國神社中被神格化為典範。

靖國神社和乙丙級戰犯

一九七八年之際，外界發現日本靖國神社裡供奉著經歷較為人所知的甲級戰犯，因而引起國際上的軒然大波。相形之下，日本推動也將乙丙級戰犯入祀一事，卻未在國內或其他地方引起什麼反響。[84]這個問題牽涉到日本人在宗教和哲學上對於生命和死亡的深刻自省，也關乎日本的外交政策及國際關係。如果乙丙級戰犯是為了國家而戰、最後卻遭到處死，那麼他們和其他在戰時死亡的人有什麼區別？如果日本未曾戰敗，這些人應該都會獲頒榮譽勳章（這是一些歷史修正主義者的看法，卻完全忽略了日本確實戰敗的事實）。更重要的是，這種單方面的辯解規避了分析戰爭罪行本身這個核心議題，彷彿戰爭罪行的本質只依戰後的標準而定。如同日本政府的一份摘要中所說，這些戰犯只是「不巧被強加『戰犯』標籤的污名，所以和一般戰死沙場的士兵有所區別」，如果他們無法入祀靖國神社，將成為在混沌中遊蕩的無主幽魂。[85]這個邏輯扭曲了根本的問題焦點，也規避了在戰時對行為做出自主的是非判斷——這項議題無關乎由誰來追溯戰爭罪行。一九六五年十二月二日，《朝日新聞》刊出名為〈這些戰犯的靈魂何時才能入祀靖國神社？〉的專欄文章。神社住持池田在文章中宣稱，這件事無涉於制度性的偏見，而是因為戰爭中有太多人應該入祀，靖國神社已經在當年十月完成了所有工作。池田表示，一一處理所有人的入祀事宜相當費時，這才是造成延遲的主要原因。[86]靖國神社當時入祀了三波乙丙級戰犯：一九五九年四月六日有三百四十六名；一九五九年十月十七日有四百七十九名；最後一批入祀的則是在一九六六年十月十八日，共有一百一十四名。因此到了一九六六年，所有遭處決的次級戰犯都已完成入祀。[87]

巢鴨那位滿腹同情的僧侶田嶋隆純，固然希望幫助日本大眾回想起日方對於戰罪這個複雜的歷史問題的立場，卻也損害了相關受害者（包括受日本帝國蹂躪地區的人民，其中也包含因戰爭而導致家破人亡的日本人）的記憶——他們沒有聲音，也沒有家人的記憶或神社的祭祀，只有刻在火車站前或公園紀念碑上的追憶。這部分的故事是對乙丙級戰犯審判嚴厲卻也痛苦的提醒，儘管這些審判經常有程序瑕疵或遭到誤導，其原本的目標依然追求正義甚過報復或懲罰。雖然日方與中方可以、也應該仔細爭辯每個案件中無數繁複的法律細節，但如果不用法律來取代報復行為，許多相關的歷史可能早已湮滅。乙丙級戰犯審判的原意是要在日本、中國及臺灣建立全國性的新行為準則，也就是運用法律治理取代基於軍事力量的武斷決定。然而事實是，盟軍單方面施行這樣的法律，就法律程序而言便顯示出不公之處，但即使缺少對盟軍戰爭罪行的檢視，依然不能抹滅日本戰爭罪行存在的事實。

釋放戰犯運動進行的方式很快地政治化，且避談日本戰時行為的本質，轉向了有關日本受害的討論。這樣的發展顯示日本人本身也未能在戰後對其帝國本質的分析中思考他們自身的法律責任。這個現象絕不僅存在於亞洲，只不過日本從沒有機會像許多歐洲國家一樣，於二戰結束後迅速與戰勝的盟國站到同一邊。根據東尼．賈德的說法，戰爭即將結束之際，「所有人都希望跟勝利者站在一起」，而由於戰時抵抗勢力對狀況調查的草率以及歐洲的通敵現象，使許多加害者都能輕易轉換角色成為勝利者。但對日本而言，種族和語言上的差異使得這樣的機會減少許多，此番局勢從亞洲各處的戰犯審判來看就更加清楚。不過，賈德並未輕易放過前法國維琪政府及戰後的歐洲社會，他指出：「法國從來沒有批准一九六八年和一九七五年的國際及歐洲公約，這使得戰爭罪行無法可束。結果是在法國現行法律下，只有某人所為觸犯了具有限制性又定義模糊的『違反人道罪』，才可能因為戰時行為被起訴。」[88]

《舊金山和約》未能達成原本簽訂的目標，反而引起了中國人和日本人對於戰罪刑事訴訟的不滿，其中部分的原因是其雖名為和平條約，內容卻反映出盟國方面並未誠懇對待日本及兩個中國。[89]卜正民（Timothy Brook）對此做出輓歌般哀傷的陳述，指出最初的意圖與戰後戰犯審判進行的情形不必然相符，這個現象也就進一步僵化後續的和平進程，使之難以推動。他解釋道，在「根據自由主義政治實體的主流法律文化中，法庭不是基於社群基本價值觀生成自然判決的神諭所，而是各種敘事在其中辯論、爭取法庭認可的競技場」。[90]就東亞而言，我們已經看到有關乙丙級戰爭罪行在合法性及正當性上的各種敘事競逐。我的意見是，儘管考慮到許多訴訟過程帶有表演性質，但不經流血而解決紛爭的意圖依然是崇高的，只是這些審判的政治化卻快速將其化為冷戰政治宣傳戰場上的素材。在最後的分析中，這一點剝奪了這些審判在戰後時期發揮更大法律價值的潛力。

第七章

社會主義式的寬宏大量

中國共產黨的審判

江山易改，本性難移。

——中國諺語

中國共產黨處理日本戰犯的目的不同於中國國民黨只在尋求正義。根據犯人、中國警衛及北京官員的說法，其目的是要讓戰犯反省他們的罪行，並將他們「從鬼變回人」。在國民黨的特別軍事法庭及其他地方舉行的乙丙級戰犯審判中，很少有日本軍人認罪；但中國共產黨在一九五六年所主持的審判庭上，每一名受審的日本軍人都不可思議地認罪了。鈴木啟久在中國共產黨的監獄中並不算模範犯人，但他在遭囚禁的數年間，仔細研究並思量了自己的罪行，最後終於在法庭上公開認錯。鈴木的悔罪，象徵了中國共產黨的成果。他在法庭上承認：「在這約有七年的時間裡我所犯的罪行，和剛才公訴人所講的完全一樣。實施了『三光政策』，這實在是沒有辦法謝罪的事情。正如剛才公訴人所講的一樣，在這期間，殺害中國和平居民的方法，是非常殘酷而滅絕人性的，而其中每一樁事情都是中國人民永遠不能忘記的。我非常慚愧。」鈴木進一步解釋：「我是犯了這樣的嚴重罪行的罪犯，本來早就應該被嚴懲，但是，六年來我在中國人民的寬大政策的感召下，得到了反省的機會。」雖然鈴木啟久在遭囚禁期間已經寫下證詞並練習了法庭陳述，但他在法官面前當庭陳述時，仍然經歷了某種宗教性頓悟。受審日本戰犯的當庭懺悔可能是事先安排的，但根據做出類似證詞的戰犯在獲釋及遣送回日本後的舉動看來，似乎難以否認他們從帝國侵略者轉變為虛心悔罪的戰犯一事。鈴木啟久甚至在庭上哭喊：「保證我的生活和健康的人們，換一句話說，就是保證我生命的人們是誰呢？就是曾經被我毫無理由地加以殺害，並被我破壞了和平生活的人們，也就是我的被害者們。想到這一點，我的心好像要碎裂似的難過。」此段文字紀錄接著註記了這位曾在戰時全心相信自身使命的前日本帝國軍官開始在法庭上啜泣。[1]

中華人民共和國在一九五六年間所主持的日本戰犯審判，跟中國國民黨以及盟軍所主持過的那類審判完全不同。首先，其自行逮捕可供審判的日本戰犯人數並不多。他們最初起訴了大約一百四十人，這些人是在一九四九年解放軍於內戰結束時占領了山西省省會太原之際被捕，其皆受僱於國民黨，並且「自願」在澄田賚四郎率領下與國民黨軍並肩作戰，一起對抗共產黨的威脅。這些為國民黨所用的人之中還有另外數百名也遭逮捕，但不是被關押在太原，而是在該省邊境以東的河北省西陵。當時這批日本軍人大部分跟他們的指揮官澄田賚四郎一樣，在中國內戰失利前夕逃過被逮捕的命運，但有些人卻沒那麼幸運。[2]中國共產黨在山西省太原市及遼寧省瀋陽市舉行正式審判，但在前滿洲及周邊地區也有很多非官方的「人民審判」，導致不少日本軍人及平民遭到集體處決。根據各種估計，推測大約有三千五百人受到這種非官方審判，但由於相關紀錄稀少或無法取得，所以這個數字也很難確認。[3]

中國國民黨在一九四九年一月就已經遣返了所有被關押及定罪的日本戰犯，因此共產黨從一開始就不可能舉行大規模的日本戰犯審判。此外，國民黨在一九五二年與日本簽訂和平協議後，片面允許釋放巢鴨監獄內所有已定罪的戰犯。毛澤東領導的新中國當時才剛建立，中國共產黨處於不甚有利的地位，難以向國際展示他們這方的戰後正義能免於國民黨式正義的腐化——這所謂的腐化正是他們對國民黨的指責。中華人民共和國在一九四九年十月宣布成立時，只受到十一個國家承認，這個新生的國家必須做點什麼好讓其他國家認識，尤其是將國家和其政策與待在臺灣的國民黨政府區隔開來，並在自己的政治傾向與美國間製造矛盾。

儘管雙方已經互相為敵超過十年，且日本曾經造成中國無以計數的人命傷亡與經濟損失，但中國共產黨深知，改變策略並擴大對日貿易是件很重要的事。共產黨官員知道在臺灣的國民政府也面臨同樣困境。即使日本帝國曾經肆虐東亞並帶來極大傷害，但至少在冷戰初期，東亞乃至於東南亞國家如果不跟日本貿易，根本無法獨立生存下去。根據美國耶魯大學政治學者麥可・韓特（Michael Hunt）的說法，即使中國的財政狀況已經有所改善，但面臨的國家預算壓力依然非常龐大。「一九五一年韓戰開始後的一整年，中國的國防開支占國家預算的百分之四十六（前一年是百分之三十八），只有百分之三十可以用來發展經濟。不過到了一九五二年，整體的軍事開支降到百分之三十二，經濟建設的預算則提升到可觀的百分之五十二。」[4]

中國之所以開始積極地推動舉辦對日本人的戰爭罪行審判，部分似乎是因為美國人對關押在日本的戰犯過於寬容，讓中國驚愕不已。中國官方媒體新華社在一九四九年一月五日發表評論反對美國釋放日本戰犯，表示「美國帝國主義者早已不顧蘇聯和其他盟國人民的正義輿論」，因為「他們對日本戰犯始終採取了袒護、包庇的政策」。[5]但美國不僅僅在這個問題上積極採取接觸政策，似乎還要慢慢地把日本建立成盟軍對抗共產主義的堡壘之一，這項作法當然會引起中國的強烈反應。

董必武是中國軍事法庭的最高法官，也是中國在戰爭前後最主要的法律學者之一，他在一九五〇年代發表了一次著名演說，說明當時的中國為了要進入國際體制，必須建立起自己的一套法律體系。而中國官員想利用這層法律外衣包裹他們的行政機關，為的就是對日本戰犯進行審判。對中國而言，這意味著以一個文明國家的身分躍上國際舞台。[6]董必武在演說中強調，「我們的法律」「都是依靠群眾運動」，而「不是現有的法律才搞起來的」，所以中國需要實行一個更穩定的法律體制。在中國於一九五〇年代晚期所推行的大躍進幾乎廢止了法治前，董必武曾發表過一段頗有洞見的談話，認為即使在沒有法律約制的情況下，社會也可以靠著人民的力量改變並向前邁進，然而這樣的改變進程並不可靠，因為由人民力量推動的這種作法過度缺乏穩定性。[7]他接著反問，中國需要施行的究竟是什麼樣的法律？法律能從許多面向定義，但董必武相信，好的法律不是天生的，而是「在一個國家裡面，包括社會的組織，大家都要遵守一定的秩序」。他指出，就這個角度而言，法律是一種造物，被創造出來協助維持國家穩定以及國際關係，而非自然發生的現象。[8]二十世紀初期的中國政治人物，特別是孫中山及蔣介石，都曾經企圖建立這樣的法律體系，但就如同馮兆基（Edmund S. K. Fung）所說：「對於中華民國的體制建構而言，要建立一個現代國家是遙不可及的艱鉅任務。民國初年充其量是一場政治實驗，說難聽點，就是一個眾軍國主義者交替統治的劣質政治結構。」[9]

新中國面對的日本戰犯問題

截至一九五〇年初期，關於日本戰犯的功用，蘇聯領袖史達林與毛澤東的想法十分近似，這點對毛澤東所領導的中國而言可說是相當幸運。一九四五年戰爭結束的數天前，蘇聯軍隊火速橫掃中國北方，攻陷日本傀儡政府滿洲國，同時歡欣鼓舞地重新奪回近半世紀前在日俄戰爭中失去的土地。蘇聯部隊快速擄獲了近六十萬名日軍，並將其中絕大多數的人送往西伯利亞，在極度惡劣的環境下勞動，有些人就這樣生活了近十年。一九四九年十二月底，蘇聯對十二名日本戰犯舉行了自己國內的審判，但這些審判大多是在伯力祕密進行。案情主要聚焦於日軍在滿洲進行的生物及化學戰。[10]這些戰犯的遭遇在戰後日本成為轟動一時的事件，也成為日本在戰後由盟國掌握的國際環境中身為受害者的明確事例。蘇聯對於其拘留的對象及原因一直閃爍其詞且說法反覆，但由於這些人皆被迫勞動，所以國際上大多稱其為「滯留者」（抑留者）或「俘虜」（捕虜），而非戰爭罪犯。

至於中國共產黨方面，揭露他們找到日本戰犯的過程並分析其所進行的審判，則可同時揭露至今未明的中共冷戰初期外交政策的部分面向——特別是針對日本的外交政策。日本當時正式與在臺灣的國民黨政府簽訂和約，卻將中國大陸排除在外，直到一九七〇年代才與中國大陸建立正式的外交關係。共產中國當年不惜花費珍貴的財務資源及時間善待日本戰犯，又派出上百萬最精銳的年輕戰士到朝鮮戰爭的前線與美國及其他盟國作戰，都說明了其外交政策的重點所在。慶應義塾大學特別研究員大澤武司指出，與東京審判甚至是中國國民黨所主持的戰後日本戰犯審判相較，中國共產黨的審判簡直是以德報怨的典範。大多數遭拘押者最後都獲得釋放，且沒有任何人被處決。[11]我們可以簡化地說這些戰犯之所以獲得寬大對待，是因為他們已在蘇聯被囚多年，這件事省去了中國政府裁決其最終命運的時間。

對中國共產黨而言，審判日本戰犯的目的有二：除了向世界證明日本確實進行了侵略戰爭並犯下種種暴行，同樣重要的是，希望這些被羈押的日本犯人能被「轉化」。對於這些曾經掌管貪婪帝國的「日本鬼子」，中國共產黨要藉由再教育及公開認罪，讓他們親口承認理解了自己的罪過並要求寬恕。這種政策是中國共產黨對「正義」的概念中的本質要素，其目標顯然與盟國及國民黨的法律訴求大相逕庭，但對於這個新生的社會主義中國——中華人民共和國——而言卻相當重要。西方和國民黨的戰犯審判著眼於定罪日本戰犯，共產黨領導階層則始終聚焦在改造戰犯。實際上，中國共產黨在制定善待日本人政策的二十年前就已經有這種概念的雛形了。[12]即便如此，其內部起初對於處理日本戰犯的作法仍有些分歧。周恩來總理最初表示，審理日本戰犯並不屬於國際法範疇，而是中國內部軍事法庭的事。這是因為中華人民共和國既與日本無外交關係，雙方也未簽訂和平協議，因而仍處於交戰狀態。[13]

中國共產黨關押並改造日本戰犯的過程有重大的意義。因為這表現出中國外交政策在當時的重大轉變，也迫使我們思考，在日本投降後的時期，那樣的政策在終止暴力的循環上可能發揮了什麼潛在的作用，否則中國大陸或許還會陷在冤冤相報的困境裡。雖然中國共產黨在一九四九年十月以前於軍事上擊敗了國民黨，但反革命運動仍然存在，新的政府也欠缺面對國際事務及管理大國的經驗，更別說是一個過去二十年間都處在戰爭狀態的國家。因此甚至連共產黨的支持者都不確定在國民黨撤退到臺灣後，接下來會發生什麼事。在這種情況下，審判日本的戰爭罪行絕不會是中國新政府的首要考量——當務之急是盡快證明他們的反對者是錯的。當時的美國正費力於自己國內叛國罪的審判，又要擔心共產黨席捲東亞，而中國共產黨則必須解決眼前看似無法克服的內部問題。中華人民共和國成立之後的頭幾年，主要專注於清除反革命分子、加強共產主義意識型態，並在鄉間建立起領導體制。這些方針的具體措施通常是土地改革審判，以及從既得利益者手中奪取權力，因此往往伴隨著暴力。中國共產黨追溯日本戰犯的決心依然堅定，卻對進行的形式和時機苦惱不已。另外一個問題是，大多數的戰犯都已經在共產黨攫取中國大陸前就被國民黨審判或釋放，或者已經遣返回日本了。

共產黨控制地區的人民開始得知日本人的暴行，中國共產黨也對這些案件採取行動並予以追訴，甚至早在內戰結束之前，中國國民黨和共產黨就都已經開始推行公眾教育宣傳。一本於一九四八年出版以協助大眾了解戰犯本質的著作，將戰犯解釋為一種特殊的罪犯，不是所有法庭都能審理。還進一步指出，法庭必須仔細思考如何處理戰犯審判，因為他們不能僵固地援引前例，且必須將公眾的意見納入考量。[14]此外，不只國民黨的審判遭人抨擊為劣質，連美國及其他盟國在東京審判中所做出的檢控，也被批評不如共產黨。中國共產黨公開譴責美國管理之下的巢鴨監獄釋放了疑似黑社會中的重要人物，包括兒玉譽士夫、笹川良一，及其他以甲級戰犯身分受押卻從未受審的人。這種作法正證明了中國共產黨的論點，即東京審判對於追求正義並不那麼在意，反倒更像戰後美國在日本施行霸權的例證，受審的人數甚至也成了宣傳的材料。中國共產黨抱怨東京審判中只有二十五名日本被告以戰犯的身分經歷整場審判，因此為了阻止日本軍國主義再起，「並且給野蠻的行徑致命一擊，維護人權正義」，中國自稱身負歷史義務建立屬於他們自身的體制，用以追訴及審判日本戰犯，並祭出嚴厲的懲罰。中國共產黨宣布其審判的對象包括已經被列為甲級戰犯但尚未受審者，以及那些尚未被起訴的乙丙級戰犯嫌疑人。[15]

華德案引發中國與美國的磨擦

儘管中國共產黨把追求正義喊得震天價響，但由於安格斯・華德（Angus Ward）案帶來的影響，國際上並不相信中共心口一致。華德是美國派駐瀋陽的領事，美國政府的官方代表。瀋陽先前是日本皇軍的重要據點，舊稱奉天，滿文名則是「盛京」。中國共產黨軍隊於一九四八年十一月入城之後，身為外交官的華德拒絕交出美國領事館的電報機，而被共產黨指控為間諜。一九四九年初，中國共產黨決定不再承認國民政府所認可的外交官員與其所施行的相關政策——不幸地，這當然也包括駐在各地的美國外交使節。陳兼就指出，中國共產黨在看待自己新生國家的角色時，缺少恰當的遠見為未來做準備：「大多數的共產黨地方及省級幹部都出自鄉間，對於外交事務幾無經驗。隨著其在內戰中獲勝而成為執政黨，各級官員在外交上若有任何行事不當，即使只是發生在地方層級，都會影響整體外交政策的形成，甚至可能使蘇聯等國家感到不安。」[16]中國的中央官員不僅希望華德及其他美國外交人員離開瀋陽——即使並非出於需要，也想藉由華德的案件建立有力的先例。一九四九年六月十九日，中國共產黨當局起訴華德，罪名是為美國擔任駐中間諜。[17]更重要的一點是，這項舉動主要的目的是煽動反美情緒，同時也是向蘇聯老大哥表態，表示中國堅決反對帝國主義。[18]共產黨官員很快將華德關押，時間長達近一年，並在一九四九年十一月將他交付審判後驅逐出境。中國逮捕美國駐華外交官，並以捏造的間諜罪名讓他接受羞辱性的審判，無疑是造成雙方磨擦的導火線——即使未必是實質的，卻也有其象徵意義。[19]

中國共產黨在整個過程中根本無視於美國的威脅，不但未允許華德為自己辯護，法庭也未傳喚任何證人或原告。[20]根據陳兼的論點，中國是要藉華德案向蘇聯證明自己值得其支持——我們應該想想，一九五〇年夏天，蘇聯在華德案發生之後旋即把關押達五年之久的一千名日本戰俘移交給中國共產黨，是否意在為此等輸誠提供某種外交獎賞？不只是華德案，早在韓戰爆發之前，美國幫助日本重整軍備並協助其再軍事化一事，就已經激怒了中國共產黨。[21]華德也並不是唯一在中國無故受審的美國人。美國學者艾林・瑞克特（Allyn Rickett）以及他的妻子在中國剛「解放」之際也曾落入類似令人不快的處境，新的共產法律體系可說一視同仁地蔑視他們。瑞克特從一九五一年一直被關押到一九五五年。[22]這起案件並未激起太大的外交風波，但中國共產黨還是得小心翼翼——臺灣的國民黨政府和美國都派遣了間諜前往中國，企圖動搖其政權，但收效甚微。[23]

共產黨的汲營算計

在開始保護中國邊界並杜絕不受歡迎的因素之前①，中國共產黨就已經密切關注著國民黨管理日本戰犯的方式，以及美國在日本起訴戰犯的狀況。一九四七年十月十日，中國共產黨宣布要「逮捕、審判並懲辦以蔣介石為首的內戰罪犯」。到了一九四八年十二月二十五日則再度擴大名單，囊括了何應欽、閻錫山與其他國民黨軍政大員。[24]一九四九年二月四日，新華社社論將國民黨遣返岡村寧次與其他數百名日本戰犯之舉痛斥為「賣國」。[25]一九四九年九月一日，正是中國共產黨取得內戰勝利前夕，其官方傳聲筒新華社公布了數個口號，紀念對日抗戰十二週年。這些口號之所以意義重大，是因為顯示出中國共產黨看見自己有聯合日本對抗美國以主導東亞的潛在可能，並對此懷有強烈的熱忱。其中一個口號是：「中日兩國人民聯合起來，反對美國長期占領日本。」另一個則是：「迅速按照波茨坦協定，締結對日和約！」[26]中國總理周恩來本人則就一九五〇年春天日本戰犯獲釋一事，對盟軍在日本的最高統帥麥克阿瑟發出公開聲明。當年三月七日，麥克阿瑟宣布有意讓部分戰犯提前假釋，周恩來在聲明中強烈回應，指麥克阿瑟的作法違反國際法，也非法逾越了盟軍總部在一九四六年四月對占領當局所做的限制。周恩來在聲明中指出，麥克阿瑟「傲慢」的行為，嚴重傷害了中國人民，也破壞了中國阻止日本法西斯再起所做的努力。[27]

中國律師沈鈞儒戰前曾於東京研習法律，後來在一九五三年出任中央人民政府最高人民法院院長及人民代表大會常務委員會副委員長，他在一九五一年撰寫了一份報告，內容是「關於戰爭罪犯的檢舉與懲罰」。這份報告由「國際民主法律工作者協會」發表，當中大力抨擊美國帝國主義霸權以證據不足為由提早釋放或根本不起訴日本戰犯。沈鈞儒指出，美國採取這種姿態是因為其領導階層意圖利用日本戰犯在下一次戰爭中對付中國（但這項說法未免顯得虛矯，因為提出此說的政黨——也就是中共——在內戰期間，分明同樣利用日本軍人及技術人員對付國民黨軍隊）。沈鈞儒在報告中強調他確切知道美國可能正窩藏著哪些日本戰犯，刻意提到的名單中包括了戰時日本宣傳機構內閣情報局總裁天羽英二、日本天皇以及其他數人。沈對當時的國際情勢頗有了解也足夠敏銳，所以特別提到蘇聯在伯力所舉行的戰犯審判，因為那場審判的重點是日

① 審訂註：諸如美軍、反革命分子以及間諜等。

本使用了化學及生物武器，而這些罪行在東京審判上完全被忽略。沈鈞儒指出，主持駭人實驗的醫學怪物、惡名昭彰的日本七三一部隊長石井四郎中將，以及人們奉其名而進行這些實驗的日本天皇，都一直過著逍遙法外、無憂無慮的生活。其暗指美國利用石井四郎為他們製造新的化學武器，在韓戰期間的政治宣傳中，中國共產黨持續散布著這項說法，直至今天都堅稱確有其事。[28]在報告的最後，沈鈞儒指出他所謂的「美帝」，不僅將納粹及日本戰犯當成其權力根基，甚至很可能在韓戰中使用了化學武器，使他們自己也成了使用未經許可武器的一群新戰犯。[29]美國涉足韓半島與讓日本戰犯重獲自由，這兩件事都讓中國當局相當惱火。一九五〇年十一月十一日，麥克阿瑟又批准假釋了三十九名戰犯，其中包括日本帝國前外相、甲級戰犯重光葵。

轉變中的情勢

中國共產黨手中的日本戰犯分成三組，分別位在山西省太原、河北省西陵、遼寧省撫順。太原的那一批戰犯主要於一九四五年後留在中國協助國民黨軍隊作戰，後來在該省被攻陷後落入共產黨手中，而遭囚禁在西陵的日本戰俘也是同樣的情形，至於撫順所關押的日本戰俘，則是蘇聯送給中國共產黨的「禮物」。一九五〇年七月，蘇聯送交了九百六十九名日本戰俘給中國審判，因此在一九五〇年代初期，中國共產黨手上的日本戰俘約有一千一百零九名，其中四十七名在關押期間死亡，加上中方不同來源的數據有些微差異，因此大致上是一千多名。來自撫順的日本戰俘大多跟管理前滿洲國有關，但也有些負責管理與蒙古之間的關係。蘇聯並非隨意挑選一批戰俘送交中國，而是另有深意——他們刻意挑選日本帝國的管理階層，如此一來，新中國可以展示他們已有能力掌握國際法，也能表現出滿洲地區的權力現在掌握在他們手中。這些戰俘中包括了前滿洲國立法及司法機構成員、軍人、警察、南滿鐵路警察、日本憲兵和其他相關附屬單位的成員。[30]為了展現中國的善意，這些戰俘大多數在服刑期滿後獲得釋放。第一批約四百一十九名於一九五四年八月自西陵釋放，一九五六年自撫順和太原也釋放了數批，其中大多數為軍人。至於交付審判的日本俘虜則僅有四十五人，都判了較長的刑期，有些一直被關押到一九六四年。[31]

一般來說，經過密集調查之後，中國共產黨政府或出於寬大為懷，或認為其於被羈押期間已經有所悔悟並「學到教訓」，因此選擇不予起訴，而釋放了絕大部分的日本戰俘。總之，中共當年所費不貲，但真正起訴的戰犯卻只有來自不同群體的少數人。其對日本戰犯的第一場審判，於一九五六年六月在瀋陽市由特別軍事法庭開審，接著也有數名日本戰犯在太原受審，定罪後再送往瀋陽入監服刑。而中共釋放日本戰俘的時機也都經過仔細計算。

二次大戰結束後，日本曾經成為「政治孤兒」，但這個現象後來有所改變。日本在一九五二年四月重新行使主權，因此得以逐漸重登世界政治舞台，再明顯不過的證據就是參加了一九五五年四月在印尼舉行的萬隆會議。日本參加這場會議也向國際成員展示了其不再以美國的外交政策馬首是瞻，而要走出自己的路。萬隆會議本身就是要彰顯非洲及亞洲都意欲對抗殖民主義及南北關係的不平衡，但卻被國際政治體系忽略。一九四五年二月的雅爾達會議，也許為二次大戰後的和平定了調，但問題卻仍然存在——《雅爾達密約》究竟是根據誰的利益而定？二次大戰後接踵而來的冷戰，以及蘇聯和美國的意識型態之爭，讓整個世界都左右為難。[32]萬隆會議對這些國家而言是塊試金石，顯示其嘗試在益發針鋒相對的美蘇之爭中，小心翼翼地精算出中立的位置。[33]同時，這場會議也表現出與會者決心對抗美國將日本及其他東南亞國家捲入其部屬中的意圖。當時所謂的「第三世界國家」指出，國際社會在戰後對待非超級強權國家以及新成立的去殖民化國家並不公平，另外，雖然同盟國在二次大戰中是戰勝的一方，但維持現狀對這些國家而言並非有利的作法。[34]萬隆會議也象徵了第三世界興起，並引起美國的焦慮。馬休·瓊斯（Matthew Jones）就寫道：「萬隆會議未邀請任何白種人國家參加，使得一些西方媒體頗表憂心。」[35]土耳其麻馬拉大學國際關係學者卡格達斯·安格爾（Cagdas Ungor）則指出，中華人民共和國利用萬隆會議「告訴世界，中國正透過諸多雙邊關係尋求穩定及和平」。[36]就國際意義來說，萬隆會議是中國宣布其和平共處五原則的最佳時機。[37]

由於日本政府方面有些顧慮，當時的首相鳩山一郎並未出席萬隆會議，但東京確實派出了代表團以觀察員的身分出席。經過重重的內部討論，最後選定內閣府特命擔當大臣（經濟財政政策擔當）高碕達之助擔任首席代表。高碕達之助是一名商人，嚴格來說並非外交官，東京選他作為首席代表，而不派遣較高層級的外交人員，顯然是極力想避免爭端。[38]高碕在會議上曾與周恩來會晤數小時，並對周恩來表示，日本希望與中華人民共和國建立起更好的關係，周恩來則建議日本應該派遣貿易代表團到中國訪問。兩人也討論了日本戰俘遣返的問題，不過並未達成具體結論。[39]看起來，當時許多中國共產黨官員都支持在主要審判進行之前特赦少數日本戰犯，但又不希望在一九五五年周恩來參加萬隆會議之前就實施。中國官員認為，中國貿易代表團到日本進行談判的時間與宣布特赦的時間若重疊，對中國而言沒有好處。[40]鳩山一郎的內閣於一九五四年十二月組成，承諾將與共產鄰國建立更良好的關係。一九五五年二月，共產黨就何時釋放日本戰犯進行審議，其中一項考慮的重點是，要在國際關係上產生正面效果。中國共產黨政府小心翼翼地確保釋放戰犯的日期不會太過接近鳩山一郎接任首相之時，因為在外界看來那可能會像中華人民共和國在恭賀他，因此釋放日本戰犯較恰當的時機應該要在萬隆會議之後。[41]共產黨檢察官辦公室的一份報告更明確指出：「按照這批戰犯對我國人民所犯的嚴重罪行，均應予以嚴厲的懲處。但處理戰犯不僅是法律問題，而是有關國際鬥爭的政治問題。根據目前國際形勢和我國對日本的外交政策，我們認為應採取懲辦少數、寬赦多數的方針。我們的初步意見，擬將在押的一千零六十九名戰犯中罪大惡極的三十名首要分子分別判罪（內有三名患重病），其餘一千零三十九名均擬宣布罪行後寬赦釋放。」[42]

獲致日本戰犯

我們不應該忘記，雖然蘇聯和中華人民共和國理論上是意識型態的兄弟之邦，但雙方都無意與對方過於親密。史達林在中國內戰結束之前長年支持毛澤東的對手蔣介石，而且蘇聯最初曾因為在日本投降後支持國民黨而得到不少好處。蘇聯與國民政府的《中蘇友好同盟條約》（於一九四五年八月十四日簽訂）確立了外蒙古獨立、雙方共管長春鐵路三十年、共同使用旅順港，同時將大連設為自由港。基本上，國民黨政府為蘇聯恢復了俄國在沙皇時代於中國占有的利益。[43]一九四九年末，毛澤東終於首次到莫斯科訪問，與他的共產同志史達林相見，但雙方並不十分融洽，毛澤東向蘇聯官方通訊機構塔斯社（TASS）的記者表示，他可能會留在蘇聯幾個星期，設法撫平雙方的關係。當時陪毛澤東前往的是他俄語流利的祕書陳伯達。他們當時與蘇聯起了爭執，就是為了取回其認為在滿洲被國民黨簽約出讓的鐵路與港口。[44]一九五〇年代，中國陷入深深的挫折中，一方面與意識型態上的大哥關係欠佳，另一方面又因未能順利取得亟需的經濟發展與政治地位聲望而深感焦慮。

戰後日本記者新井利男指出，我們無法得知毛澤東訪問蘇聯和史達林進行會談時，是誰先提起轉移日本戰俘的事。新井訪問了幾位參與會談的人，其中一位撫順檔案局負責人紀敏曾經檢視過中國外交部的檔案。新井表示，毛澤東訪蘇期間，蘇聯外交部長安德烈·維辛斯基（Andrey

Vishinsky）曾四度前往莫斯科郊區的毛澤東下榻處拜訪，討論日本戰俘的相關問題。據傳蘇維埃如此主動對中國示好，是因為史達林對於先前支持國民黨心存愧疚，但俄羅斯方面的檔案卻顯示蘇維埃似乎早已有此計畫。新井利男也訪問了為毛澤東工作長達十八年的俄文翻譯師哲，但其回憶錄中卻透露毛澤東和史達林兩人並未直接談及日本戰俘的事。師哲表示自己是從塔斯社得知戰俘轉移一事。根據俄羅斯的文件，蘇聯內政部在一九四八年四月十二日發布命令，於同年五月至十一月間遣返十七萬五千名蘇聯負責的日本戰俘，但卻另有一份名單列出不少被排除在遣返人員之外的名字，其中包括了滿洲地區的戰犯。這道機密的命令指出：「符合遣返條件的是將軍、軍官、士官、士兵，但不包含：情報部及反情報機關、警察機關、日本懲戒機構（軍事代表團、警察機關、憲兵、獄政、軍營、特別勤務、「研究機構」、無線電情報人員、參謀本部及關東軍本部所有人員）、諜報與破壞學校之指揮人員、教學人員、軍校生。諜報與破壞單位人員、間諜、破壞及恐怖行動人員、政府機構領導、滿洲國機構人員及日本皇室人員。」[45]一九四九年十二月二十一日，蘇聯內政部戰俘及遭羈押人員管理室就「遣返日本戰俘進程」進一步規定：「由軍事法庭審理二千八百八十三名受指控對蘇聯犯下戰爭罪行的日本戰犯，同時批准將九百七十一名在中國領土內犯下戰爭罪行的日本戰俘交給中華人民共和國。」[46]

史達林對毛澤東領導下的中國政府大為讚賞，希望公開在國際上表達他的支持。一如蘇聯所推測的，世界各國都緊盯著這場發生在中國的全新實驗——他們能存活嗎？還是會失敗？沒有人可以確定。在那種情況下，蘇聯將大批日本戰俘交由中華人民共和國起訴，正足以顯示他們不但在國際上、也在法律事務上支持對方。[47]但並非只有蘇聯採取這種利用戰俘的作法。一九三〇年代開始，中國共產黨及中國國民黨便都曾在戰時運用投降的日本軍人作為宣傳武器。[48]在戰後利用投降的軍人、來不及撤退而自願留華對抗共軍的日本軍人以及戰犯來協助引介新的法律標準，並讓這些標準廣為國際接受，可說是採用稍微不同的手段達成類似於戰時的目標——中止與日本的戰爭，並實現公正的和平。

一九五〇年三月，周恩來及毛澤東在北京要求司法部法官史良推動有關戰犯的政策。史良於一九二七年自大學畢業，是一位頗受敬重的共產黨員及嫻熟法律的官僚。後來成為關押許多日本戰俘的撫順戰犯管理所助理所長的曲初表示，在一九五〇年代初他與史良的閒談中，後者表示史達林之所以把日本戰犯交給中國審判，「是要幫助中國提升國際地位，彰顯中國的司法主權，以及深化中蘇關係」。為了達成這些目標，共產黨高層同意接收日本戰俘，並且開始將計畫付諸行動，把所接收的戰俘關在瀋陽附近的管理所。[49]史良含糊地回應毛澤東的要求，並且表示如果那些日本戰俘尚未因戰爭罪行被定罪，那她管轄的司法部就無權處理，因此對他們的管轄權就移交給了公安部。當時的公安部長是羅瑞卿，他在二次大戰期間是延安抗日軍政大學的副校長，[50]中華人民共和國成立後，他也負責早期協調受關押者的再教育等相關政策與計畫。[51]

撫順戰犯管理所

撫順在日本帝國管理時期，是一個規模相當龐大的煤礦市鎮，也是日本在一九〇五年擊敗俄羅斯之後於滿洲拿下的重要據點。撫順戰犯管理所原建於一九三六年，共由七棟建築組成，可容納一千五百名囚犯，是相對現代的設施。基於中國的寬大政策，撫順戰犯管理所的日本戰犯都既長壽又健康，其中許多人在戰後獲釋之後都參加了某個團體，向日本社會教育日本帝國主義的恐怖，並致力於協助改善中日關係。雖然受中國共產黨審判的日本軍人及政治人物為數極少，但是中國共產黨善待日本戰俘的作法對於戰後日本社會的改變則有重大影響。相較於大批自一九四六年到一九四九年受國民黨審判及在爭議下接受其他乙丙級戰犯審判的人，這一小群日本士兵造成的影響要大得多。那些曾經被中國共產黨關押過的日本戰俘，一回國就組成了名為「中國歸還者聯絡會」（簡稱中歸聯）的遊說暨教育團體，成了最早把日軍的戰爭暴行以文字方式出版的團體之一。[52]此外，也有一些中國人所寫的回憶錄使我們能更完整地了解這個情況，特別是撫順戰犯管理所裡負責教育的典獄長，譬如金源。[53]金源在許多日本戰俘的悔悟過程中起了關鍵作用，對戰犯堅定不移的支援，使他可能是戰犯歷史上少數幾位屢次受前任敵人邀請、前往對方家鄉訪問的監獄管理人員之一。

金源在戰時日本壓迫的鐵蹄下成長，解放後成為中國人民解放軍戰士，從一九五〇年開始的二十五年間，在撫順戰犯管理所中的職位日益高升，最後升任為典獄長。他在一九九八年撰寫回憶錄時，已經高齡七十三，以此推算，負責管理日本戰俘時應該是三十歲上下。他當時總共管理九百六十九名日本俘虜，其中六十一名來自滿洲國，除了日本戰俘之外，他還負責管理三百多名國民黨俘虜。金源與他手下的人員管理戰犯的情形頗受共產黨讚揚，但他後來與法官梅汝璈一樣在戰後面臨了不幸的遭遇。金源在一九六四年還曾因為善待日本戰俘而受到褒揚，但不過兩年後，一九六六年文化大革命爆發，他就陷入了政治清算鬥爭的漩渦之中。當年中國共產黨高層在他們主持日本戰犯審判時選擇追溯正義的作法，在一九六〇年代中期到一九七〇年代中期的動盪中，反而諷刺地被視為資產階級的謊言。中國當初對日本戰犯寬大為懷的立場，正是文化大革命期間紅衛兵批鬥的目標。那麼，誰應當為讓日本人在戰後「舒適度日」負起責任呢？不就是像金源這樣的獄政管理人員嗎？金源遭公開羞辱不下百次，最後被「下放」到偏遠鄉村進行改造，和農民一起做苦工。當時許多撫順戰犯管理所內的國民黨囚犯在文化大革命期間重新審訊的過程中死亡，相較之下，日本戰俘就幸運得多，因為他們那時絕大多數都已獲釋。金源最後是在周恩來親自介入之下，才在下放兩年之後回到城市工作。54

一九五〇年七月十四日，毛澤東第一次出國訪問蘇聯並簽訂友好條約回國後數個月，中國東北的安全單位發出了命令，要求撫順戰犯管理所為日本戰俘抵達做好準備，撫順戰犯管理所便立刻組成工作小組因應。這些日本戰俘當時並非被當作戰犯「嫌疑人」——至少在最初時，對中國共產黨領導層而言，這些人參與日本皇軍或曾在滿洲國政府任職的事實本身就使他們有罪了。撫順戰犯管理所當時組成大約一百人的工作小組來接應日本戰俘。一九五〇年七月十六日晚間，中國接收日本戰俘的人員搭乘火車，從瀋陽前往黑龍江省東南邊與蘇聯交界處的綏芬河。

一位前西伯利亞日本戰俘金井貞直回憶道，一九五〇年七月中旬，他和其他一些遭羈押的日本「關押者」，突然被送到伯力附近一處空曠的火車站，並且被擠入一列貨車。但這些日本人完全不知道是怎麼回事。前滿洲國高層官員古海忠之則回憶道，當時蘇聯人員告知他們將會被送回家鄉，但他並不相信，因為俄羅斯人「老是說謊」。[55]運送日本戰俘的火車車窗全被遮起，還裝設了有刺的鐵絲網，當時正值西伯利亞盛夏，車廂內悶熱難耐。幾天之後，火車抵達中蘇邊界，並在下午到達綏芬河的車站。車上的日本戰俘按照字母順序被一一唱名，轉至中方的火車，過程中仍沒有人向他們做出任何解釋。中方的火車是南滿鐵路公司的三等列車，車廂內的窗戶都用報紙貼滿，無法從內部看出去，當然，從外面也看不見裡面的狀況。車廂內的桌上備有廣口的罐裝熱飲及一些糖果，三名護士穿梭其間，用中文探詢是否有任何人生病，接著又來了一位能說流利日語的軍人宣讀規定：「不准騷亂、不准吸菸、未得允許不得離座、不得向外張望、不能有兩人以上同時進入廁所……。」火車先開往哈爾濱，然後往南，在車上可以吃白米飯及白麵包讓日本戰俘非常開心，他們在蘇聯受羈押期間從未獲得這樣奢侈的待遇。儘管中方人員宣稱可以盡情享用這些食物，但他們心中還是籠罩著陰影，因為沒人知道自己為何處於當下這個不明的狀況，也不清楚接下來要去什麼地方。[56]

金源所記得的則稍有不同。根據他的回憶，中方在七月十九日晚上為蘇聯人員舉辦了一場盛宴，第二天就開始正式轉移日本戰俘的程序。蘇方負責人告訴金源：「這些日本戰犯在中國犯下了滔天罪行，是不可狡猾的一群惡棍，今天把這些壞蛋交給中國政府。」[57]許多日本戰俘都在不見天日的火車上待了許多天，下車的時候也都因為未知的命運而面露驚惶。中國原先預計接收一千名日俘，但最後確定的人數為九百六十九名。有些說法則指出有幾名日俘在途中脫逃。金源在回憶錄中寫道，日俘在中方的列車上被指派到各自的座位，中方為其準備了麵包、鴨蛋等食物，他們幾乎都狼吞虎嚥地搶食。晚餐則是每人一大碗米飯、豬肉、炒蛋及一碗湯，許多人在吃光第一份後還要求再加一份。金源猜想，這些日本戰俘被關押在蘇聯的五年間可能從事大量勞動卻幾乎不曾飽餐一頓，但讓他最感憂慮的是，許多日俘都以為他們要被遣送回家，而那不過是蘇方人員為維持秩序而捏造的說詞。當火車逐漸接近目的地時，許多人互相探問「這裡是撫順嗎？」很多日本軍人對中國北方都相當熟悉，尤其因為日本在滿洲地界興建了許多日本帝國式的建築。從中蘇邊界開始，火車繼續行駛了三天，行經綏芬河、牡丹江、長春，最後抵達目的地瀋陽。[58]

金井貞直的囚犯編號是三一二，他發現撫順戰犯管理所是日本在建立滿洲國時，由日本帝國建築師設計建造、用於關押朝鮮囚犯的地方。日本帝國控制中國東北期間，瀋陽市附近還有另一所用來關押日本犯人的監獄。這種種族上的區分在戰後已無意義，因此監獄的一半用來關押日本

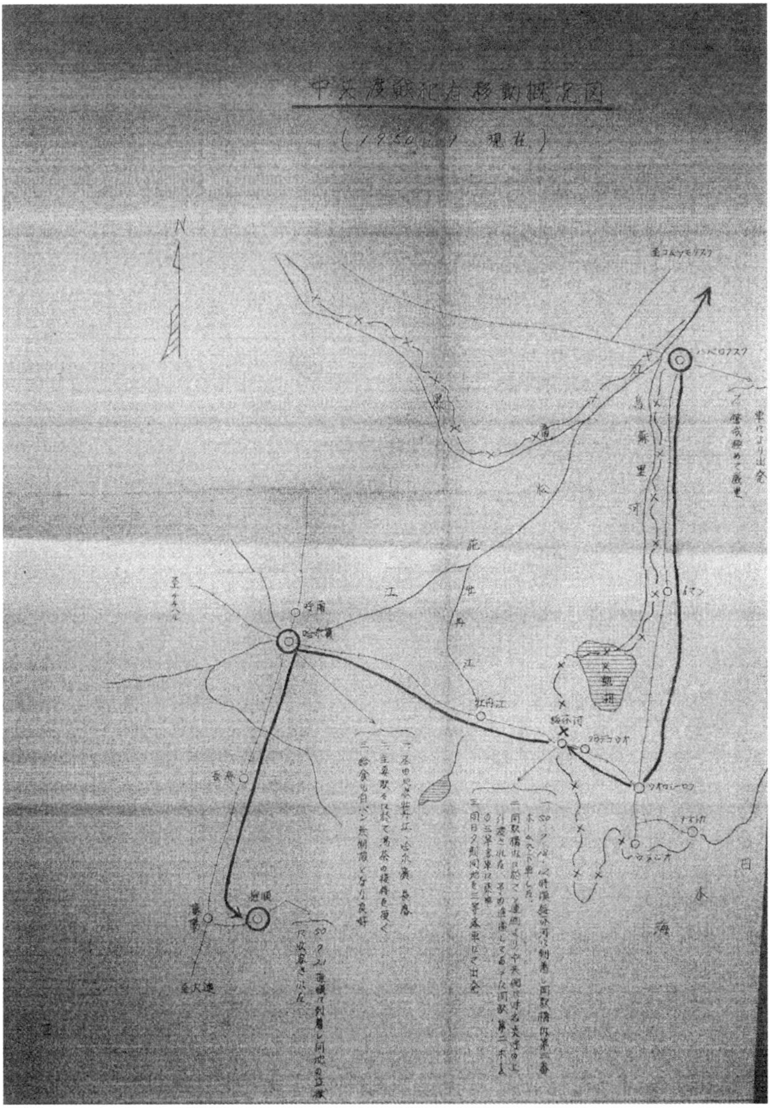

從蘇聯到中國的路線圖，來自一份有關撫順監獄內日本囚犯處境的日文報告。6693，〈撫順戦犯のソ・中移管の経緯と収容所内の概況〉，1956 年 7 月 7 日。（東洋文庫）

犯人，另一半則是一般中國犯人。值得注意的是，普遍而言中國共產黨對日本戰俘確實十分不同。特別是相比之下，在他們用於關押政治犯及「反革命分子」——更別說那些在內戰中被俘擄的國民黨軍人——的勞動改造營體制中，犯人都會被要求強制勞動。[59]從蘇聯移送到中國的日本戰俘包含各種身分，但基本上都是曾在滿洲服務過的人。剛開始的時候，金井貞直跟其他十七名戰俘共處一室，每個人擁有三分之二個榻榻米大小的空間，房間內是泥土地，睡覺的床是用桌子在房間中央拼成的平台，此外還吊掛著一只燈泡提供日夜間照明。房子的一邊有個大約半個榻榻米寬的洗浴空間，一天清理兩次。在放風運動的時間，囚犯也可以到其他的設施如廁。根據遣返者的說法，日本戰俘在撫順戰犯管理所裡的一切作息都有規定，包括何時起床、何時就寢、穿什麼衣服、吃什麼餐點等，如同在監獄一般。[60]撫順戰犯管理所的日常作息規定得相當嚴格：早上五點半起床，七點吃早餐，八點半到十一點四十分從事各種學習，十二點吃午餐，下午一點至五點半是文化、體育活動時間，六點吃晚餐，之後到九點則是自由及散步時間，九點半就寢。且伙食的品質也相當不錯，通常是白米稀飯，午餐另有配菜，晚餐則有肉食，每星期有三到四次雞肉，豬肉及牛肉各一次。[61]

中國共產黨十分看重日本戰俘的問題，因此是由周恩來親自總管，直接交由公安部控制。雖然整體來說，日本戰俘所受的待遇頗佳，但金井貞直也表示，他記得有些獄卒仍將戰俘視為敵人。中國當局的主要目標是再教育日本戰俘，他們十分了解想要讓日本戰犯對戰時的行為痛切反省，就要以文明的方式對待他們。金源透過中國人如何教化日本人這類富含寓意但真實性存疑的故事，來解釋中國處理日本戰犯的原則，或至少可以說是中國共產黨對待日本戰犯背後的理論：有一天，日本戰俘在獄中玩棒球時突然傳出了玻璃破碎的聲音，獄警詢問戰俘：「手沒有傷著吧？」戰俘答道：「手是沒有受傷著，但玻璃破了。」獄警又說：「玻璃破已經不能復原，只要手沒有傷著就好了。」[62]金井在回憶錄中寫道，日本戰俘抵達撫順戰犯管理所的十天之後，獄方發給他們紙張及書寫工具，要求他們寫下自己的經歷以及在中國究竟做了些什麼事。戰俘剛到時是混居在牢房，監獄當局隨後又依階級將他們分配到不同的牢房，伙食也按照不同階級分成三種。中國當局還告訴他們，這一切都是比照中國內部的作法。獄中的伙食一天有三餐，日本戰犯都能吃到他們想吃的分量，所以體力也恢復得很快。

日本戰俘是在一段時間以後才知道自己是以戰犯的身分被蘇聯移交給中國，這項發現頗讓他們沮喪，因為許多人先前都堅持自己是戰俘而非戰犯，所以應該獲得釋放，但在得知自身的處境後，有些人失去了活下去的意志，認為自己將永遠無法返回日本。同時，就在其抵達中國後不久，韓戰爆發又使得情況產生了變化。根據金源的回憶，撫順獄方在一九五〇年十月十八日接獲電報，要求將所有日本戰俘轉往遠離中朝邊界的哈爾濱。[63]出於安全顧慮而轉移戰俘，證明了中國共產黨確實把日本戰俘當成可資利用的政治資本。金井貞直在回憶錄中寫道，到達撫順三個月之後，戰俘在某天被要求打包被褥並被送往火車站，如同上次，火車車廂的窗戶都漆成黑色或用報紙貼住。日本戰俘這回是被移往哈爾濱以北二十五公里處的呼蘭監獄，許多人都以為他們是被送到那裡執行死刑。但實情是，中國當局推測，如果撫順落入盟軍手中而這些日本戰俘再度被盟軍俘擄，將會造成嚴重的國際問題。另外，包括清朝皇帝溥儀等人在內，被視為反革命分子及通敵者的中國人也都被移往哈爾濱市內的道外監獄。[64]

呼蘭監獄建於清朝，環境相當擁擠，牢房角落的一個小坑就是廁所，完全沒有遮蔽，當有人要如廁時就大聲說「我要用廁所了」，眾人就會不約而同別過頭去，算是聊勝於無的一點隱私。此外在哈爾濱每天僅提供兩餐。戰俘轉移後不久的一九五〇年十月二十五日，中國人民志願軍參與韓戰，向南跨過鴨綠江進入北朝鮮。到了十二月，監獄裡開始傳閱中國報紙，獄中的擴音器也告知囚犯中國人民志願軍在朝鮮戰場獲勝的消息。與此同時，獄中的學習亦未中斷，他們首先研讀的是列寧所著的《帝國主義是資本主義的最高階段》（*Imperialism – The Highest Stage of Capitalism*）。日本戰俘學習的許多教材都是由日本共產黨編撰的，但捐贈這些教材的動機是否就是要供戰俘學習卻不得而知。被關在河北省西陵的日本戰俘也可以在獄中閱讀，他們所閱讀的材料包括戰前日本小說家小林多喜二所寫的《蟹工船》。這本書以陰鬱的筆調描述日本勞工遭剝削的故事，一出版就遭到當局查禁。[65]隨著韓戰局勢日益加溫，更多的報紙被送到監獄，擴音器也不時廣播美軍對朝鮮百姓的暴行，包括無差別轟炸平民以及其他恐怖的行為。一九五一年二月一日，聯合國投票認定中國為「入侵者」，並在投票中公開譴責中國。同年三月，盟軍重新奪回漢城。在日本戰俘被轉往哈爾濱的五個月之後，至少有六百名較低階者再次被送回撫順，而軍官、士官、前滿洲國官員及體弱者則繼續留在哈爾濱。[66]

再教育的過程

中國監獄的教育典獄長金源認為，正是由於中國共產黨善待日本戰俘，才有效地幫助他們進行了改造。到了一九五二年春天，周恩來下令各地監獄協助日本戰俘徹底認識其所犯下的罪行，同時幫助他們痛改前非。這個過程就是推動日本戰俘進行「具有教育意義的情緒轉化」，特別是讓他們體驗心理上的啟蒙，導正過去的帝國思維。但中國當局當時也不是很清楚究竟要怎麼做才能讓日本戰俘承認自己所犯下的錯誤。韓戰吸引了近乎全球媒體的關注，但中國共產黨還是希望世界能注意到中國處理日本戰俘的方式，進而使其發揮宣傳上的價值。因此，中國當局在一九五二年十二月一日，突然宣布手中握有日本戰犯，同時大約有三萬名日本人還住在中國。中方表示，這些日本人如果想回家也沒有關係，只是中國不會負擔費用，但也不會趕他們走。日本紅十字會、日中友好協會以及日本和平聯絡會於是通力合作，安排了好幾次大批遣返的行動。在臺灣的國民黨政府則大表震驚，擔心中國大陸的作法會對國民黨政府與日本的關係造成威脅，於是立即下令加強對日宣傳工作，同時研究、分析為何中國共產黨決定將日本戰俘遣返。[67]日本人對於這種遲來的大規模遣返行動則有兩種看法，但兩種都不算太正面。日本官員認為被遣返的人大致分為兩類：「第一類是高齡者跟病人，因為他們生活無法自理，只會增加共產黨的負擔。第二類是好戰的共產主義宣揚者，打從他們一下船，日本政府就得密切監視。」[68]

協助遣返工作的團體與中國紅十字會互相合作，負責統籌的是在日本成長的中國政治人物廖承志。廖承志能說流利的日語，也是一九五〇年代中日之間互動的高階核心人物。到了一九五三年二月，雙方就遣返之事在北京的會談有了進展；三月底，中國內戰時陷身於共產黨戰線之後的日本開始遣返。從三月份到十月，遣返船隊往返了七次，共遣返了大約兩萬六千人。[69]日中友好協會在雙方關係上傾力奔走，也在英國里茲大學中國史教授亞當・凱斯卡特（Adam Cathcart）等人所稱毛澤東跟周恩來的「人民外交」上起了關鍵作用。當時，共產中國和日本其實並無正式的國與國關係，卻還是在缺乏官方外交管道的情況下完成了這次遣返。大規模遣返日本人以及隨之而來的於一九五〇年代的種種外交努力，都在中國對外關係上影響深遠，「從一九五五年一月到一九五六年六月，中華人民共和國總共對五十二個國家派出了兩千多個文化、藝術訪問團」。[70]

關於從蘇聯接收的日本戰犯以及在中國內戰末期有日本戰犯被關押在山西一事，不只在中國，甚至在日本都廣為人知。這是因為有些日本人在哈爾濱與罪名較輕的反革命分子團體關在一起，當這些人被遣返回日本後，便得以吐露那些留在中國的日本人的故事。[71]中國共產黨政府允許成千上萬日本平民遣返，但對於面對日本時該採取什麼作法卻仍搖擺不定。《人民日報》在一九五三年十月三十日發表的社論中指出，日本在投降後本有糾正其與中國關係的機會，然而戰後的日本「反革命政府」卻選擇向美國帝國主義低頭，正因如此，中日關係才無法恢復，而現在日本成為美國的「附庸」，雙方關係的前景就更加黯淡了。中國當局完全清楚日本是美軍在韓戰中的基地，並且在社論中提及了這一點，同時指出，唯有日本不再作為美國帝國主義的堡壘，也不再企圖軍事化或允許法西斯主義再起，才有可能在東亞發展和平。[72]顯然向世界展示中國共產黨的司法寬大對待日本戰犯，是中共宣傳伎倆中很重要的一部分，他們想藉此引誘日本背離美國。

至於中國如何推展再教育日本戰俘？金源在回憶錄中寫道，他閱讀了大量有關戰犯心理學的書籍，並且每月與同事一起學習、討論。金源指出，戰犯的心理重建就如同醫生治療病症一樣，需要對症下藥。曾經在一九五〇年代早期坐過幾年中國共產黨監牢的美國賓州大學歷史教授艾林・瑞克特認為，共產黨式的正義不只是要改造而已，「對中國人而言，在審判過程中認罪及懺悔具備重要地位與意義，在傳統及現代的司法制度裡皆然」。[73]毛澤東也曾指出日本的問題就在於其軍國主義教育，所以戰俘監獄的工作人員必須特別檢視這個問題。金源寫道，中方警衛以人道方式對待日本戰俘，可以慢慢引導他們看清日本帝國行為上的謬誤，也能讓日本戰俘認識中國人在面對逆境時不屈不撓的精神，並藉此讓他們回到現實。監獄裡為數大約一千人的日本戰俘可以說是日本的縮影，其中包括軍官、軍國主義者、知識分子、工人、農夫等各式各樣背景的人，有些人受過教育，且絕大多數都對天皇忠心不二，也對自己的種族抱持優越感，而相當鄙夷中國人。金源進一步解釋，這些人的背景相去甚遠，所以獄方也就因人施教。中國獄方的工作人員會向較低層的日本戰俘說明，他們是受到上層的壓迫被迫參與了以帝國為中心的侵略戰爭。此外中方管理人員也會要求日本戰俘對日本的過去——特別是其經濟歷史——進行反省，藉以批判日本的軍國主義。[74]金源指出，大約百分之六十的日本軍人來自較貧困的階層，所以從一開始就不是那麼固執，而傾向於接受中方要求他們改造自己的訊息。這些人很渴望回家，中方人員也經常探詢他們的家人和日本的狀況，幫助他們暫時忘卻自己身在獄中。

金源寫道，中方獄政人員就日本帝國在中國的歷史以及日本天皇等主題對日本戰俘進行再教育，是為了讓他們認識自己國家及政治體系的剝削本質，而他們的盲目效忠和行為助長了災難性的軍國主義統治。中方特別開設歷史課程，講述共軍在內戰中以寡擊眾、打垮國民黨軍隊，且在韓戰中痛擊美國。當日本戰俘開始平靜檢視自己過去時，也會被要求針對下列問題進行反省：

一、是誰把你們推上戰場？是誰讓你們陷入今天的困境？
二、你們直到現在還在效忠的天皇，為日本人民帶來了什麼好處？
三、你現在該做什麼才能展開新生活？[75]

中方人員也對日本戰俘解釋了中國共產黨的相關政策，例如何謂「只恨罪行而不憎惡本人」、「改過就有出路」。金源寫道，改變人的想法需要一段過程，不可能一夜之間或僅經歷幾次教育便奏效，而是要經過長時間循序漸進的發展。金源在他的團體教育課程中清楚表明，中國共產黨的目的並非報復，而是根除國際軍國主義。他寫道，這些關於戰爭與日本戰爭罪行的課程與研討，大約在兩年之後見到成效：總共有約百分之八十的戰俘承認了自己的錯誤，詳細記錄下自己的作為，並且對所作所為深刻反省。

在大約一千名日本戰俘當中，一小部分是將軍階級、兩百多位是軍官，剩下的七百多人則分屬不同階級。對許多中國共產黨員而言，那些較低層的日本戰俘本身也是他們自身帝國的受害者，在年輕時無法受到良好教育而誤入歧途。另外，中國共產黨一向善於利用劇場進行宣傳或灌輸大眾思想，所以他們也根據戰俘的自白製作出一齣短劇並且表演給他們看。短劇的開場有三名日本兵，在聽說中共八路軍於附近出沒後，便持槍闖入尋常農民家中逼問八路軍藏身何處，農民答稱他只是窮苦的老百姓，什麼也不知道。日本兵來來回回檢視了一番，最後相信了農民的說詞，但他們不能冒險讓他去尋求八路軍的保護，所以還是不講理地把農民殺了。農民的妻子淒厲大喊：「你們這些魔鬼！」接著，三名日本兵審問農民的妻子有關八路軍的消息。他們起了激烈的爭執，農民妻子則對日本士兵大聲哭喊。此時隨著一聲槍響，舞台陷入黑暗中。這齣短劇裡，演員和觀眾都是沒有表演經驗的日本囚犯，但都將自己在戰爭中的個人經歷帶上了舞台。

其中一批日本囚犯來自廣島，切身遭受到原子彈席捲一切所造成的影響。他們也演了一齣戲給同是囚犯的同胞觀賞。簾幕揭開，迎面而來的景象和音樂滿是日本風情，根據金源的說法，這一幕讓許多思鄉的囚犯潸然淚下，無法自已。然而舞台上的風景驟然一變，轉為飽受戰爭摧殘的場景，傷殘的人們在地上苦苦掙扎。舞台上的人哭喊著問道：「是誰造成這場戰爭的？」台下的日本觀眾則情不自禁地大喊：「打倒軍國主義！」「不要再有戰爭了！」雖然表演結束後有少數囚犯離席，大多數的人卻都呆坐在座位上沉思，回想著方才在表演中目睹的一切，以及自己在那些事件中扮演了什麼角色。[76]算起來，日本戰犯協力完成了約一百齣戲劇。

低階士兵或許有意願探究自己在戰爭中的動機和行動，但高階囚犯則沒那麼容易接受這種轉化。這些將領和軍官也參加了相同的課程，卻鮮少表現出類似的態度，多數堅持他們的行動合法。這群成員的典型，恐怕就是前滿洲國國務會總務長官武部六藏這樣的人。打從一開始，武部六藏就堅持他所做的一切都是出於維護滿洲國的利益，[77]而其他高階軍官的說法則與佐佐真之助中將相去不遠。佐佐告訴他的審訊官，戰爭是雙向的傷害，日本人或許殺害、虐待了許多中國人，但中國人又對日本人做了些什麼？雖然佐佐的暴行在這些人之中又特別凶殘，但他這句提問仍深深嵌入金源的記憶中，揮之不去。[78]

金源回憶道，前滿洲國總務廳次長古海忠之是高階日本戰俘中比較順從的一位。戰爭期間，古海在鴉片銷售中發揮了關鍵作用，並以此支撐了滿洲國的財政，戰後所發現的紀錄也證實了這一點。[79]雖然古海忠之是滿洲國的高層領導，但認罪悔過的態度相當積極，只不過他在事後所寫的回憶錄中似乎有點貶低認罪這個想法。古海忠之對其他戰俘而言相當有影響力，所以他的認罪被當成其他戰俘仿效的範本。金源在回憶錄中指出，古海不僅提供書面形式的懺悔，還曾公開在舞台上下跪，哭求原諒且不肯起身，直到獄卒上台將他扶起，護送他回座位。[80]但在日本戰俘金井貞直的記憶中，古海忠之公開懺悔的情況則沒那麼戲劇化。某次獄方把所有日本戰俘召集起來聆聽公開懺悔，金井寫道，古海忠之站在大家面前說道：「我是一名戰犯，我願意向中國人民道歉。」[81]不過，藤原彰認為口頭證詞及書面懺悔縱然有其重要性，但在引用時還是應該謹慎：「這些自白都是戰俘長時間被羈押在特殊環境下後給出的，他們面對充滿不確定性的審判，有可能為了求得較輕刑罰而迎合他們認為中方人員希望聽到的說法。」古海忠之獲得釋放後態度上有所轉變，在一定程度上與此也有關係。在獄中，古海懇求中方人員的原諒，但一回到日本，他就表示自己的所作所為都是為了幫助日本把滿洲建立成一個烏托邦。[82]然而，由於這些證詞與悔罪內容以第一人稱書寫且鉅細靡遺，因此更能清楚描繪日本帝國的種種行為，在這一點上，其他可得的乙丙級戰犯審判紀錄很少能與之相比。[83]

古海忠之在戰後回憶從前，提到當他被送往撫順戰犯管理所時，一股怪異的感覺充塞在心中，因為撫順戰犯管理所是日本帝國出資興建的。他還用有些諷刺的語氣表示，如果日本當局知道自己幾年後會淪落到這個設施，當初可能會把它建得更好一些。[84]中國共產黨把撫順戰犯管理所重新粉刷，加裝了暖氣和日式的洗浴設備，還設置了理髮廳及醫務所——跟之前日本人管理時相較，簡直稱得上是度假中心。[85]不過，根據事後的採訪可知，中國共產黨在那些年針對日本戰俘獄中生活所發布的消息還是有所隱匿。獄方雖然將重點放在再教育，但戰俘某部分仍處在勞動改造的體系中，會被奴役或以奴隸那般低的薪資受僱於周遭的公司，協助建造共產中國當時還相當薄弱的基礎建設。[86]

古海忠之在舞台上的激情告白，對第五及第六監舍的戰犯領導人產生了極大影響。他們當時都已被關押長達四年之久，但絕少談及自己的過去，更別說所犯下的罪行，而古海忠之的表演使他們敞開了心房。[87]原先頑冥不化的鈴木啟久就是受古海忠之影響的人之一。鈴木曾經在中國河北省參與過幾次屠村暴行，在被羈押期間，他對中方人員企圖讓日本戰俘承認錯誤的努力一直嗤之以鼻，也不認為自己所犯下的罪行會獲得中國人原諒。最初，即便獄方以更豐盛的伙食來討好他，鈴木還是拒絕進食，因為他相信那是處決前的最後大餐。中方人員告訴鈴木，他們很同情他的遭遇，但除非承認自己的罪行——雖然那確實是個痛苦的過程——否則他無法脫胎換骨成為一個新的人。[88]

另外，我們也有幸得以檢視前帝國士兵島村三郎被中方及日方所保存的日記。島村先前是滿洲國特別高等警察隊的關鍵人物，同時在情報工作中扮演重要的角色。先後多次約談島村三郎的金源指出，島村是一個非常抗拒自白的戰俘。我們可以根據金源的回憶錄和島村那段時間的回憶紀錄，大致勾勒出中國共產黨為戰犯審判做準備時所發生的事。金源說島村是戰俘中最不受控制的，他曾經試圖用多種方法搗亂，例如在早晨規定的閱讀時間裡站在監舍的通道中央高歌，而警衛前往阻止時，雙方因此大聲爭吵。有一天，金源把島村叫到辦公室，對他說：「你說一說，有什麼要求？」島村便要求立即得到釋放，他不認為自己身為個人應該要為在戰爭中奉命行事而負責。金源則答道，那從某些角度來說不能算錯，但當時的戰爭狀態並非只是抽象的概念，而是在掌權者控制下的具體情境。金源向他解釋：「你在警察機關任職期間，鎮壓和殺害了無辜的百姓。因此應該誠實的反省過去的罪行。」但島村卻說他並未殺害任何人。金源寫道，這是他和島村第一次談話，幾乎花費了整個早上的時間。[89]

島村三郎在一次審訊中接受訊問，審訊者用日文問道：你是何時「侵略」中國的？問話的人特別用這個日文動詞強調日軍強加於中國的侵略戰爭。但島村回答他並未「侵略」中國，只是「渡滿」，亦即「渡海到滿洲」，於是審訊最終發展成雙方的口角。[90]然而金源表示，即使是島村三郎，最終還是心理潰堤，承認自己殺害了無數無辜的中國人。島村最後在瀋陽的公開審判中被中國軍事法庭判刑十五年，扣除已被羈押的時間，最後只坐了四年的牢，在一九五九年十二月二十一日獲釋。島村獲釋後成為「中國歸還者聯絡會」主席，同時著手寫下自己的回憶錄。一九六〇年春天，他突然跟金源取得聯絡，金源感慨地表示，島村的轉變遠遠超過他的預期。

一九五三年十月底，韓戰達成停戰協議，關押在哈爾濱的日本戰俘再次被送回撫順戰犯管理所。根據日方的資料，一九四五年間，撫順戰犯管理所內的情況變化得很快，周恩來想要調查每一位戰俘，下令立即開始挖出他們曾經犯下的罪行。這是因為要想把這些戰俘送回日本，就必須經過仔細審視並記錄他們曾犯下的戰爭罪行。一九五四年一月，中國當局宣布有兩位日本戰俘已經寫下自白範本，其他戰俘應該都要比照辦理，後來除了紙和筆之外，戰俘的所有私人物品都被移出監房，以鼓勵他們做出「正確」的行為。一九五四年三月，北京高等法院的檢控人員來到撫順戰犯管理所，開始積極推動日本戰俘「認罪」的工作，重點並不僅僅在承認個人的罪行，而是要徹底反思。中方希望這個過程能促使戰俘根據中國人的觀點評價日本帝國的侵略行為，同時坦白交代自己在其中扮演的角色。當時並無足夠的中方工作人員進行訊問並調查所有戰俘，所以較低階戰俘的自白是集體取得的，比較完整及個人的調查則是針對較高階者。[91]

當然，戰俘中還是有一些反抗到底的人，其中一位是曾經駐紮朝鮮、名為瀨谷啟的日軍將領，中方因為他的「態度奇差」，一度將他單獨監禁。瀨谷啟看到手下承認犯罪，並接受了中國的想法而深感沮喪，於是將自己的床墊割開、撕成布條，做成繩索後上吊自殺。中方人員強烈譴責他的行為，並宣稱他是畏罪自殺。[92]

到了一九五五年夏天，中方開始允許日本戰俘和家人通信，甚至可以接受訪客。但金源在回憶錄中指出，沒有任何人寄信給溥儀，也沒有人來探望過他。[93]新近出版一本有關撫順戰犯管理所的中文著作（也已被譯為日文）就提到，初期仍不穩定的中華人民共和國努力對日本戰俘灌輸教條思想，並且利用他們達到宣傳中國共產主義的目的。撫順戰犯管理所為戰俘提供各種課程，也鼓勵他們就問題進行討論，獄方每天廣播個別戰俘所做的自白，內容多是日本軍人坦承他們所犯的罪行，包括強暴、謀殺、偷竊食物等各種野蠻行徑。其中一則故事揭露了當時駭人的情境：幾名日本軍人強暴了一名年輕中國婦女後，將她殺害、肢解，然後和整排日本士兵分食了這位年輕婦女的肉。[94]日本戰俘在被關押期間並未完全與外界隔絕，獄方每天都會提供反美活動及北朝鮮贏得戰爭的新聞資訊。[95]一九五六年一月，獄方將所關押的戰俘分批編組，帶往中國各地參訪，地點包括北京、上海、天津、南京、武漢、瀋陽、長春及其他地方，目的是讓日本戰俘親身體驗「新中國」，另一方面也是要他們再去一次過去的犯罪現場。此外，讓中國百姓看到那些過去高高在上的日本帝國菁英如今在中國共產黨的領導下被牢牢控管與教導，這種宣傳的價值更是無可比擬的。只不過這整個「教育」日本戰俘的過程，卻讓西方國家惴惴不安，他們深信，中國共產黨的目的就是要對日本戰俘進行洗腦。[96]而類似的指控早已存在，一九五〇年代至一九六〇年代之間從中國回到日本的戰俘，以及更早由國民黨釋放或遣回日本的戰俘，都被西方國家貼上了洗腦的標籤。[97]

洗腦——東亞的新恐懼

重要的是，「洗腦」這件事在國際上造成了相當大的衝擊。事實上，當有幾位韓戰戰場上的美國戰俘拒絕被遣返回國之後，「洗腦」一詞就被收入公眾語彙之中了。原本只發生在韓半島的戰爭卻成為國際事件，在這種情況之下，美國絕不容忍有「叛徒」或任何美國人支持共產東亞。美國人也開始質疑是不是有什麼地方出錯了，才使得這些享有優渥生活的美國士兵選擇站在敵人的一方。[98]在這種令人不知所措的巨大變動中，美國聯邦政府於二次大戰結束後花了十年的時間以及超過一百萬美元的費用，對美國士官長約翰．大衛．普羅伏（John David Provoo）提出叛國訴訟，指控他與美國先前的敵人日本相通。美國檢方的作法表現出美國政府為了將普羅伏定罪並追求某種詭異的正義而不惜一切代價，甚至祭出了極端的手段——美國檢察官傳喚了那群讓普羅伏陷入窘境的人到聯邦法庭作證，也就是當初管理普羅伏的日本宣傳官員、決定徵用普羅伏的日本皇軍軍官以及看管其戰時活動的日本獄卒。美國最暢銷的報章雜誌如《紐約時報》、《時代雜誌》、《生活雜誌》、《新聞週刊》與《大都會雜誌》都毫不間斷地大篇幅報導普羅伏的公開審判，他的個人命運更因而發展成漫長曲折的法律纏訟，進而影響了日後美國對叛國罪相關法律的詮釋。[99]

美國人投入大量的時間跟金錢追訴普羅伏的叛國罪，而對於類似的軸心國宣傳者案件（例如伊茲拉．龐德〔Ezra Pound〕）卻意興闌珊，這說明了至少在冷戰初期，美國於東亞戰爭中——先是對日本、而後對中國——的畏懼並沒有消失。[100]其對於普羅伏的審判與中國在一九五〇年代對美國人及日本戰犯的處置目的其實相去不遠。當美國士兵在韓戰期間從北朝鮮及中國的戰俘營被遣返時，美國政府十分擔心這些戰俘已經被共產黨洗腦，日後可能成為「受共產黨控制的傀儡」，也就是潛伏的暗樁間諜。[101]美國政治人物的想法是，如果像普羅伏這樣的人都能在二次大戰時成為日本的支持者，那麼中國共產黨中那些舌燦蓮花的宣傳專家所能造成的災難更是難以預測。

普羅伏叛國審判的具體細節不同於在中國的司法程序，然而正是這樣的不協調，讓我們得以探究中國共產黨的思考方式，即評估如何於戰後宣洩公眾憤怒，同時使大眾繼續支持其欲建立的新社會。但如果以為中國共產黨是唯一在國際上如此作態的國家，那就會錯失一大重點：美國人在處理普羅伏案件時，深深受到半個地球外的中國及日本經驗影響，中國及日本在戰後所發生的一切都對美國的內政及外交政策造成重大的影響。更重要的是，普羅伏的審判發生在國民黨及共產黨審判日本戰犯的過渡時期，這項事實讓我們有機會釐清中國共產黨在戰犯審判、正義與國際法等問題上所做的種種選擇。舉例而言，中華人民共和國當時認為自己四面受敵，他們選擇善待日本戰俘，卻不認為有必要以相同的方式對待美國及其他韓戰盟軍戰俘，理解此一事實有助於勾勒出共產中國於一九四九年後在東亞所施行的外交政策的輪廓。美國戰俘在韓戰期間所經歷的遭遇令美國人產生了明顯的畏懼，而正是這股恐懼驅使著對普羅伏的司法追訴，這一點也證明了在東亞追求冷戰正義與美國之間確實有所關聯——即使當時大部分的人並不認為兩者之間有那麼強烈的互動或相互影響。

中國共產黨在瀋陽所進行的審判

事實上，只有少數滿洲國官員以及其他經過挑選的人接受了中國共產黨軍法庭審判。從一九五六年六月至七月間，共有四十五名日本戰犯在瀋陽及太原受審並遭判刑，但無人遭判死刑。就如同促使日本戰俘在獄中懺悔自白一樣，這些審判的主要目的是聽取並記錄受害者的證詞，同時要日本戰犯當庭認錯且道歉。有些日本戰犯當庭崩潰痛哭，也有些下跪懺悔，這些都是為了創造煽情的劇碼。[102]易言之，中國共產黨的目的不僅是執行人道或寬大政策，在法律過程中還有著精密的政治算計。這些審判意在快速恢復與日本的關係，並且證明中華人民共和國才是真正統治中國的當權者。[103]日本戰俘先前在蘇聯及中國都已被監禁多年，直到一九五六年夏天才真正展開審判，中方的法律小組是匆匆湊合起來的，由東京審判的法官梅汝璈擔任國際法顧問，另外有自小在東京成長的中國共產黨高官廖承志。[104]一九五六年六月九日至十九日，中國共產黨在瀋陽北方舉辦了第一場日本戰犯特別軍事法庭審判，有八名戰犯受審。[105]瀋陽乃日本帝國在滿洲的堡壘，離撫順戰犯管理所不遠，是一座相當現代化的工業城市，也鄰近許多日本戰爭罪行在北方的發生地。縱然這些審判如此重要，也確實有許多外國媒體受邀參與，但共產黨並未如同國民黨那樣向大眾公開。當時在中國北方的報章雜誌應該也未在審判前刊出預報，不過大型的國家刊物《人民日報》則確實刊出了政府在審判中所做的判決，以及溥儀在瀋陽受審時的新聞圖片。[106]北京新華社特派記者王濯非回憶道，他當年曾經花了很多時間就溥儀及重要日本戰犯審判的新聞撰寫了報導，並且一再修改，也記得在發出報導之前曾讓廖承志過目並徵詢意見。[107]最近曝光的中方資料揭露了整個審判過程都有非常完整的圖片及影像紀錄，但都是在審判數十年後才公諸於世。這些審判皆是中國共產黨宣傳的一部分，作用顯然是要展現共產黨對正義的追求，同時也提供某種形式的公眾劇碼讓人民得以徹底宣洩他們的情緒。[108]

瀋陽特別軍事法庭的副庭長袁光告訴那些日本被告，他們有權直接面對指控者，也可以在法庭上質疑對方的證詞。考量到當時國際社會對待共產新中國的態度相當嚴苛，袁光此一舉動的重要性不言而喻——中國在審判日本戰犯時必須藉機展現其對國際法的擁戴。當然諷刺的是，在解決日本戰犯審判的問題之後，中國共產黨接下來的歷史就鮮有機會再接觸國際法了。共產黨當局的說法是由於他們已經承諾要寬大處理，也已經對大部分的日本戰犯嫌疑人做了廣泛而深入的調查，因此決定僅起訴少數人，而將大多數人予以釋放，故最後總共僅有四十五人受到審判。在瀋陽軍事法庭上受審的頭八位日本戰犯，分別是鈴木啟久、藤田茂、鵜野晉太郎、上坂勝、船木健次郎、佐佐真之助、榊原秀夫以及長島勤。[109]袁光指出，審判開始後的幾天，法庭內擠滿了中國共產黨高階人員及代表、人民團體、媒體記者。[110]第一起案件審理由六月九日進行到十五日，被告被判的刑期從十三至二十年不等。袁光在他的回憶錄中記錄了日本戰犯的反應，有人請求原諒，也有人欣喜地接受中國人所給予的改過自新的機會。他特別在回憶錄中提及藤田茂，此人於多年後在日本寫出了他身為遭定罪的戰犯而努力贖罪的那段日子。開審的第一天上午，先是宣讀起訴狀，接著帶證人上法庭為種種指控作證。藤田茂當時的回憶如下：

我想談一下（在我的審判中的）證人中讓我印象最深刻的一位。那是我在山西省安邑鎮一個叫上段村的地方擔任團指揮官時發生的事。我們得到情報指出當地匿藏了共產黨員，並接獲「立即逮捕這些共黨分子並摧毀他們的組織」的命令。於是我帶領部隊向該處前進，在天亮之前我們已走了相當遠的路程，接著遇到了大約五十名敵人，雙方立刻開始交火。大約天亮的時候我們完全消滅了對方，但認為還有更多敵人藏在村內，所以我下達了「清除」敵人的命令。我當時坐在進入村子的一座大門旁，可以感受到村中火光與槍聲四起，我心想：「這是怎麼回事？」除此之外並沒有多想。

但根據藤田茂的起訴狀，當時除了有一百四十名村中老人及婦女遭到殺害之外，他的部下還把許多村民投入井中、屠殺獄中囚犯，並焚燒了大約一百棟房子。為這些事情作證的是一位年約六十二歲、名為張葡萄的婦女，她全家都被殺害了，她是唯一的倖存者。藤田茂還記得：

她在作證時愈來愈激動，全身都因生氣而顫抖，臉上布滿汗珠且流著鼻水，我就站在她的面前，看著她滿頭白髮在我眼前飛揚，臉孔因憤怒而扭曲，對我怒目而視——那是非常極端的景象。我以前見過各種愉悅、生氣、悲傷、痛苦的表情，但從來未見過眼前這位老婦臉上的表情。我能說什麼呢？就好像所有的情緒——憤怒、憎恨、悲傷、痛苦、怨恨——全部在同一時間湧上她的面孔。這位老婦人的頭髮向後揚起，彷彿就要跳上桌子撲向我。

藤田茂接著在回憶錄中總結了自己感受到的衝擊及呈堂證詞：「我感覺自己已經無法繼續站在那裡，我感到無比痛苦，情緒上受到極大創傷。我感受到心中一波波良知的衝擊帶來的劇痛，我希望她能踢我、咬我、把我推倒在地。我僵著身體無法動彈，甚至僅僅只是站著，都要耗盡我全身的力量。這位老婦人的臉因為憤怒及憎恨而扭曲，像火一般燃進我的眼裡燒灼著，這是我這一輩子都忘不了的景象。」他還在回憶錄中寫道：「半天之內共有二十六名證人作證，我像是被釘住一樣站在那裡，感覺起來就像是永恆，那是無法用語言描述的經歷。聽了那些證詞，我要自己為死刑判決做好準備，並且發自心底相信死刑是對我最適當的懲罰。」[111]審判結束之後，藤田茂、鈴木啟久和其他受審的戰犯都對審判庭表示感謝，也為他們自己的行為道歉。[112]這就是中國共產黨想要達到的結果，一個國民黨無法企及的目標。

或执行者。他們曾亲自或命令、指揮所屬部下屠杀、抓捕、刑訊、虐待或者驅逐我国东北人民。

国皇帝溥仪到庭作証。溥仪今

最高人民法院特别軍事法庭七月一日在沈陽开庭，审判二十八名日本战爭犯罪分子。圖为前伪滿洲国皇帝溥仪在法庭上証明被告人武部六藏和古海忠之操縱伪滿洲国，統治和奴役我东北人民的罪行。

在瀋陽審判中作證的溥儀。（《人民日報》，1956 年 7 月 21 日）

從一九五六年七月一日至二十日，第二批主要是滿洲國管理階層的二十八名戰犯在瀋陽開始受審。這些犯人中包含了武部六藏，他在審判之後很快就因為健康問題而被釋放並遣返日本，主要原因是中國人不想因為一名囚犯無謂的死亡而受責，[113]而當時受審的還有古海忠之與島村三郎。瀋陽的審判中，前滿洲國皇帝溥儀和東京審判一樣以武部六藏及古海忠案件的證人身分出庭。同樣地，他在庭上聲稱自己在滿洲國並無真正的權力，一直受到日本人擺布。[114]瀋陽審判持續了二十天之久，宣判日是一九五六年七月二十日，刑期從十二年到二十年不等，武部六藏被判二十年，古海忠之則是十八年。

一九五六年六月二十一日、七月十八日以及八月二十一日，中國共產黨決定分三批遣返一千零一十七名日本戰俘，理由是他們所犯的罪行已經過徹底調查，中國當局也已經「寬恕」了他們。遭判刑者的刑期從八年到二十年不等，他們未獲得提早釋放的待遇，但在蘇聯及中國被羈押的時間大多可以抵算刑期。最後三名戰俘城野宏、齋藤美夫和富永順太郎於一九六四年四月回到日本，大約是在東京巢鴨監獄裡的囚犯全數獲得釋放的六年後，而共產黨釋放最後一名國民黨囚犯，則是整整十年之後的事了。[115]中華人民共和國於一九五九年十二月到一九七五年三月間，共分七批釋放國民黨俘虜。[116]齋藤美夫於戰後所撰寫的回憶錄中，特別強調他和其他戰俘對中國共產黨的寬大心存感激：「最後宣讀二十年的刑期，但我們原先都以為會是更嚴重的刑罰，像是絞刑或槍決之類的死刑，而且心理上都為了原以為無可避免的命運做好了最後的準備。我們都是罪無可赦的罪人，殺害了上千生命，更對數以萬計的人造成了傷害，就算賠上自己的生命也無法彌補這一切。即便如此，現在，我卻能獲得重生的機會。」[117]

太原審判

大部分的日本戰犯被關押在鄰近瀋陽的撫順戰犯管理所，此外有一小部分前日本皇軍則被關在山西省的省會太原，這些人有的是自願、有的則是受命為閻錫山效命，在中國的內戰中協助國民黨對付共產黨，而戰爭結束後，大約有一百四十九人成為共產黨的俘虜。[118]另外有些人是在太原北方約三百公里遠的大同被俘，這些人都接受了類似的再教育及思想灌輸的過程，其中大多數人經過調查後皆獲釋並遣返回日本，但仍有一些人在太原面臨審判，另外一些則被送到瀋陽，跟那些一九五〇年從蘇聯送回的戰俘一起受審。

山西省人民檢察署於一九五二年七月成立，即使資源有限，仍然在中央政府的命令下開始調查關押在山西省境內的日本戰俘。他們也遇到了和撫順戰犯管理所的金源同樣的困難，大多數的日本戰俘最初都不承認自己的罪行。山西省人民檢察署的目標是在小心的管理下，藉由再教育及訓練讓日本戰俘改頭換面。這些戰俘完成了為期四年的訓練，且這些改造計畫幾乎和撫順戰犯管理所那邊的計畫同步進行。最後因為案情較重大者都被送往瀋陽受審，所以太原的審判數量相當有限，僅有牽涉到數位被告的兩起案件而已。另外有約有一百二十餘名戰俘因為承認罪行或者已經改造到一定的程度，共產黨認為可以對他們從輕發落而不起訴，於是將其釋放並遣送回日本，還有七名日本戰俘在關押時因病身亡，他們的遺體也都被送回日本。[119]山西省方面較知名的日本戰犯包括於一九二八年設計刺殺中國軍閥張作霖的前日本帝國軍官河本大作，他也是閻錫山的顧問，此外還有前滿洲國警隊高階人員城野宏。[120]

太原的日本戰俘被關在舊城區小東門北邊的舊日本監獄，由太原市公安局負責管理。但就算是在中國的管理下，日本戰俘也獲准自行選舉自治管理幹部，一百三十六名戰俘分成了十二個小組，分別負責伙食及其他日常活動。他們的作息時間比撫順戰犯收容所寬鬆一些，每天清晨六點起床、八點早餐，之後是學習時間直至十一點，其中有三十分鐘可以休息。中午用完午餐，十二點半至下午兩點半是休息及個人時間，兩點半到四點則是戶外時間，獄方鼓勵他們跳舞、運動或唱歌。晚餐則在晚間六點，六點半至九點是個人時間，九點半熄燈就寢。一九五五年開始，戰俘也可以組織自學課程並閱讀獄方提供的中國共產黨報紙及日本共產黨報紙《紅旗》。當時也有些人患上肺癆這種常見的危險疾病。[121]

太原方面對日本戰爭罪行的調查是從一九五二年六月開始到一九五四年三月，前後分了幾個階段進行，由聯絡辦公室作為行動指揮中心，在檢調單位及監獄之間從事協調。當時工作的首要重心是檢測調查員的心理狀態，因為許多中國人認為日本戰俘犯下滔天大罪，根本不可能改變，應該送去勞動作為懲罰。而中國政府顯然希望去除有這類想法的調查員，而選用相信共產黨的再教育方針會奏效的人。中國共產黨官員面臨著他們認為最主要的三大憂慮，這與國民黨曾考量過的風險驚人地相似。第一，共產黨當局相信國內大眾不夠了解國際法的概念，如果中國的官員不認真面對這件事，就可能會在國際上造成難堪的場面。第二，中國領導人認為在法律程序進行中發生的任何錯誤，都將對國家的信譽造成損害。第三，個人在法律程序中所犯的錯誤也會影響到未來的發展。[122]顯然單把追求正義當成唯一的目標並不夠，中國共產黨官員深知，中國處理相關調查以及執行審判的方式都會造成國際性的影響。即使當時國民黨和其他國家都已經處理過類似的調查與審判程序，但中國共產黨對整個過程的焦慮，還是讓人相信他們可能選擇比較不會面臨挑戰的進路。中國共產黨調查了所有戰爭罪行，但僅選擇一小部分起訴，這是為了避免引發混亂的法律效應，與此同時也藉此過程對外表明中國尊重國際法的指示。

聯絡辦公室在第二階段負責接收各省送來的資料及關於日本暴行的證詞，並妥善整理以備日後應用。瀋陽審判庭也轉述了與日軍暴行相關的回憶錄內容，但在一開始，這些回憶錄的時間註記相當混亂，所以還費過一番工夫整理，其中日本軍人的自白占了很重要的地位，後來也以中文公開印行。這些自白大多是在一九五三年下半年蒐集，而在同一時間，中國則以完全不同的方式處理美國戰俘。這樣的差異說明了共產中國當時確實是想與先前的敵人日本重新建立關係，更甚於和美國這個新敵人交好。太原調查委員會於一九五二年六月開始工作後，也同步建立了受關押戰俘的學習中心，此「管教」的目的是「密切配合偵訊工作，加強政策和前途教育，提高其思想覺悟，改變其反動本質，端正其認罪態度，以實事求是的精神交代罪行」，這些努力均在於協助戰爭罪行的調查。[123]最終的信念則是認為「人道」能戰勝日本軍人先前野蠻殘忍的心理狀態。

到了一九五四年一月，每位戰俘的軍階、名字、背景和犯罪細節都已經被完整記錄。同年三月，曾經在太原協助國民黨作戰的日本軍人被分成幾個小組，但由於並不是所有控罪都能找到相應的證據，所以有些控罪也被取消了。調查的下一個重大步驟是從一九五四年四月到一九五五年十月，工作的重點在撰寫起訴書，但更要「基本罪行基本搞清」。這些探究細節的工作相當重要，因為許多日本戰犯會故意隱匿自己的軍階、聲稱事發時不在現場、竄改在中國服役的時間等，目的都在於規避責任。[124]中國方面也很在意自己的一舉一動都受到國際檢視，這點突顯了何以中國共產黨選擇了緩慢但小心翼翼的方式。共產中國於追求正義的路上，在最後一步採取了最不尋常的作法，就是把所有相關的犯罪資料都交給個別日本戰俘，讓他們仔細閱讀，同時要每個人指出不同意或認為不正確的地方。[125]其中有位戰俘甚至感動地表示，資本主義國家是絕對不會這樣做的。實際上，這突顯了這名戰俘和中國共產黨對於法律上檢控及辯護規則的無知，不明白證據不能隨意在庭外公開。然而，許多戰俘確實在看到白紙黑字寫著自己的罪行、自白、證詞、證據時深受感動。這種讓日本戰俘了解其個人行為細節的努力，有助於他們接受自己的罪行，也有不少人表示現在才真正了解到自己應該受審，也應該接受所有適當的懲罰。一系列扎實的調查工作費時四年，最終於山西針對三十項主要暴行提出控訴。[126]

一九五五年十一月，聯絡辦公室將報告呈交中央，山西調查委員會在十人小組的領導下前往北京，草擬日本戰犯的起訴書。一九五六年三月，最高人民檢查署副檢察長譚政文與公安局局長羅瑞卿會晤，兩人一同完成了一份特別的報告，呈交給更高層級的委員會，完成了他們「社會主義式的寬宏大量」。該報告進一步闡釋了處理國民黨和日本戰爭罪犯的作法。有些人認為，共產黨原本大可以迅速處決日本戰犯而不加解釋，但這麼做無助於加強國家安全——這一點，是在充滿未知的一九五〇年代初期共產黨最大的顧慮之一。藉由重新訓練或協助改造戰犯，中國可以獲得前日本皇軍軍人的效忠，而如此操作戰犯問題可以在未來收穫更大的成果。報告中指出，雖然日本戰犯確實犯下了令人髮指的罪行，但他們之中有許多人已被關押多年，算起來也已經為自己的罪行贖罪了。在這種情況下，一個可能的作法就是把他們帶上法庭，但除了一些犯下極端罪行的戰犯外，盡量不要判處死刑。報告的結論指出：「實行不殺的方針無論是國際上的影響，還是國內的社會同情，都是有好處的，對我們的社會主義事業和瓦解敵對勢力，都是有益無害。」但也指出，並不是所有日本戰犯都會得到寬大對待，因為有些人還是必須接受刑罰以證明他們的自我改造成果。根據公安局局長羅瑞卿的估計，太原和撫順的日本戰犯大致可分成如下類別：大約一百名屬於犯下嚴重罪行者，另外九百名戰犯的罪行則屬於十年以下有期徒刑，而他們在蘇聯關押的五年皆可計算在刑期內。[127]

一九五六年三月到五月之間，撫順戰犯管理所的官員把太原市的六十三名日本戰犯分成兩組帶往北京、上海、武漢、杭州、南京、天津、哈爾濱、長春和鞍山進行參訪，讓他們實地看看新中國的面貌。就實用效益的面向而言，這是相當聰明的作法，因為根據中國方面的最終分析，他們並不需要真的把日本戰犯定罪——中國當時迫切需要的是國際支持，特別是日本的支持。在冷戰的國際局勢下，中國可以運用前日本皇軍軍人作為謀求改善對日關係的工具。其次，日本戰俘得以親眼目睹中國成功重建這些城市的成果，中方評估這樣的參訪行程能糾正日本人一向認為中國人落後的偏見。第三，日本人可以看到共產主義如何為國家重新注入活力，而並非他們原先所想像的那種敵人。第四，中國人希望日本戰俘能珍惜和平，改變之前侵略戰爭的思維。[128]一九五六年三月的這份報告也列出有關戰爭罪行審判的各項要件及作法，也因此一九五六年四月二十五日，中華人民共和國第一屆人民代表大會常務委員會第三十四次會議通過決議，明訂處理受關押日本戰犯的各項規定。這麼做的主要目的在於審判必須符合國際法的要求，但實際審判將不會由國際法庭而是由中華人民共和國本身的軍事法庭審理。在前述的委員會上，最高人民檢察院檢察長張鼎臣提出了一份完整的「關於處理在押日本侵略中國戰爭中戰爭犯罪分子的決定」。這次會議經過一番討論及論辯後，決定了處理日本戰犯的作法，並在同一天由毛澤東簽署，使這份處理方案成為法律。[129]

一九五六年六月十日至二十日，共有九名日本戰犯在太原受審，其中八人屬於同一案件，於十二日至二十日受審，而富永順太郎則單獨在十日到十九日間受審。[130]法庭給予被告充分抗辯的機會，但所有被告都承認自己「有罪」——這和國民黨主辦下的審判情形完全相反。在國民黨主持的日本戰犯審判中，大部分日本戰俘都申辯無罪。共產黨讓日本戰犯提出關於國民黨及閻錫山非法合作的證詞，正是企圖揭露國民黨偷偷摸摸的行徑，並展示中國共產黨所追求的「正確」戰後正義的價值。日本戰犯在太原審判中坦誠面對自己犯下的罪行，甚至核實了中國證人口中的日軍暴行。富永個人的案件則牽涉到戰時非法囚禁中國人，甚至有在一九四五年日本正式宣布投降後持續作戰的情事。對另外八名日本戰犯的控罪，則包括以中國人當成刺槍術訓練的活靶，以及在日本政府宣布投降後和閻錫山合作對抗共產黨軍隊。[131]這八名日本戰犯分別被判刑八到十八年，富永則被判刑二十年，最後在一九六四年四月與城野宏、齋藤美夫等人一起被遣返日本。

日本戰犯在庭上所做的證詞謄本讓他們的話被極其嚴肅地看待。永富博道是日本精銳部隊的一名士兵，在日本宣布投降之後還夢想著自山西省復興日本帝國。他在法庭上提供證詞時說道：「我所犯的罪都不是人類做得出來的事。」舉例來說，永富於回憶錄中記載了他在太原法庭上就一九四二年冬天的事件所做的證詞：

有一天，為了蒐集情報，我在聞喜縣命令一個村民脫光了衣服，然後把他綁了起來。我一邊從他的火爐拿出一支已經燒得火紅的撥火棒，湊到他眼前，一邊繼續審問他：「那些反抗軍躲在哪裡？說！他們在哪裡？說出來！你如果不說，我就用這支鐵棒燒你！」雖然我這樣威脅，但他確實只是一個單純的農民，什麼事都不知道。他苦苦哀求我放過他：「長官，村子裡沒有任何中國軍隊啊。」我生氣地吼叫道：「你這個混蛋！你說謊唬弄我是不是？」於是我抓起那支火紅的撥火棒壓上他的腿，他的大腿立刻發出腿肉被燒燙的滋滋聲，一股肌肉血液燒焦的惡臭撲鼻而來。那村民在極度痛苦之下，眉眼間冒出大量汗珠，他再次回應我的話：「我真的不知道啊！來人救救我啊！救救我啊！」他用哀求的神情望著我，但我只是像個魔鬼般狂笑不已，我說：「很痛吧，那就趕快告訴我。」然後用撥火棒燒掉他的睪丸上的毛和陰毛，他因為實在無法繼續忍受痛苦，喉間發出一陣痛苦呻吟之後就昏過去了。[132]

永富博道也是許多在法庭上情緒崩潰的受審日本戰犯之一，他在庭上承認自己所犯下的滔天大罪是一項錯誤，懇求原諒並承諾終其一生都要為自己的行為贖罪。許多日本戰犯在受審時都了解到自己為中國人民帶來的痛苦，並且流著淚承認罪行。永富博道表示，他在中國遭關押多年後於一九六三年被遣送回日本，而後持續被警察跟蹤、監視。[133]那些曾在太原或撫順坐過牢的日本戰俘在回到日本後都自稱為「新生者」，也組成了中國歸還者聯絡會。根據永富的說法，他們的目的是要教育日本人日本帝國侵略中國時種種行為中的恐怖本質，並持續為他們自己、日本軍隊及日本帝國在中國的暴行做見證。[134]張鼎臣就在一九五七年指出，對日本戰犯所進行的審判成果是蒐集到有關日本人罪行的明確證據，以及日本人對本身罪行的自白。[135]毛澤東本人在一九六四年宣稱，除了一個特例之外，幾乎所有經過再教育的日本戰犯都在戰後成為中國最好的朋友，也成為戰後的最佳宣傳。有些人則對毛澤東這種樂觀的評估不以為然。中國外交部就曾在一份報告中寫道，日本政府通常不准從共產中國遣回的日本戰俘回到原先的工作崗位，且會派出警察監視他們的一舉一動。[136]

經過徹底的調查之後，在太原大約有一百二十名日本戰俘免於被起訴，並立即遣返日本。這些日本人（由於他們並未被正式起訴，所以不再算是戰犯）分別於一九五六年六月二十八日、七月二十八日及九月一日分成三批由天津登船前往日本。在等待船隻時，他們前往當地的「抗日」烈士博物館獻上花圈致祭，藉以表達他們對中國人「慈愛對待」的謝意。研究這個時代的主流共產黨史學指出，日本人對中國人的「國際合作主義精神」深懷感激，而這也有助於將日本戰犯從鬼重新教育成人的進程。[137]

中國共產黨審判日本戰犯所帶來的影響

包括藤田茂在內的許多前日本戰犯後來都曾多次回到中國，為他們自己當年犯下的罪行及中國的司法程序使其「從鬼變回為人」做見證。[138]中國歸還者聯絡會長達半世紀期間對日本戰俘的訪談、蒐集到的自白和所印發的各種資料，都為後人開了一扇窗，使我們得以從個人的角度理解日本在亞洲發動戰爭的規模及本質。一九七六年十一月，在撫順戰犯管理所內負責戰俘再教育工作的金源應當初受他管理者之邀，前往日本訪問，到了一九八四年又第二次應邀造訪。中國歸還者聯絡會捐贈了一座「向抗日殉難烈士謝罪碑」給撫順戰犯管理所，因為他們認為共產中國是其於心理與身體上重獲新生之地。一九八八年十月二十二日，尚存的中國歸還者聯絡會成員舉辦了捐贈立碑儀式，跟其他的戰爭紀念碑相比，其碑文清楚展現了對日本所有戰時軍事行動及目標的反省：

在日本皇軍對中國長達十五年的侵略戰爭期間，我們犯下許多令人髮指的罪行，其中包括了縱火、謀殺、掠奪。日本戰敗之後，我們在撫順及太原的戰俘管理所內獲得了中國共產黨、中國政府、中國人民「只恨其罪，不恨其人」這樣前所未有的人道支持。在這種情況下，我們重拾人道良知。由於中國政府的寬大政策，沒有任何一個人被執行死刑，而且所有的戰俘最後都獲得釋放並返回家園，這是當時的我們難以想像的事。時至今日，撫順已經恢復原貌，我們也很高興能捐建這座紀念碑，向中國的抗日烈士致敬，同時承諾永不再發動戰爭，我們將為中日友誼及和平貢獻一切力量。[139]

中國共產黨所主持的審判與東京大審和國民黨的審判大為不同。日本媒體雖然對國民黨主持的審判細節相當有興趣，報導的方式卻十分負面，然而在戰犯遣返之後，整起事件也煙消雲散，鮮少有人再次提起。日本國內對於受中國共產黨審判並自中國遣回的戰俘態度相當尖銳，因為許多日本人仍然有某種「帝國心態」，也擔心那些經過洗腦的共產黨間諜潛藏在遣返者中。[140]一般日本人會將巢鴨監獄內的戰犯視為受害者加以支持，但他們不想聽到悔罪者立場的證詞——例如中國歸還者聯絡會組織的成員——公開宣稱日本有罪。共產中國及蘇聯都不是《舊金山和約》簽署國，因此法律上他們有權在戰後對日本戰犯進行追訴。[141]正因為中日之間未簽署和約，前述那些日本戰俘或戰犯遣回日本之後，日本外務省並未把他們當作法律意義上的「戰犯」。如同一九四〇年代晚期到一九五〇年代中期，那些被蘇聯送到西伯利亞做苦工的日本戰俘一樣，日本外務省把這些曾經被中國關押的戰俘稱為「滯留者」或「俘虜」，這兩個詞在意義及法律位階上都與戰犯截然不同。[142]日本政府也積極面談了許多從中國遣回的日本戰俘並擬定了紀錄報告，這讓人特別留意到這些戰俘在被遣送回日本後異口同聲譴責戰爭並頌揚和平，不但對自己過去的行為表示痛悔、公開道歉，同時希望能為促進未來的中日關係盡一份心力。日方的一份報告中就承認，日本戰俘長時間被中國共產黨監禁，「讓中國形成了用以應對日本的有效策略，而這個策略也有可能在未來會繼續發揮作用」。[143]報告中也表示，這些戰俘在意識型態上已經受到污染，所以不能倚賴他們作為獲取一九四九年後中國相關訊息的來源。不過，日本官員亦推測這些戰俘有助於日方了解中方對待戰犯的方式，且能據以分析中蘇關係等要點。[144]

乙丙級戰犯審判特出之處正是在這個部分才顯得如此鮮明，而這也是努力傳遞這些審判所留下的遺緒之所以重要的原因。東京審判的重點是列為甲級的違反和平罪，而傳統的戰爭罪及違反人道罪則未獲得公眾注意，法律方面的焦點也集中於發動戰爭、戰時責任以及導致戰爭持續的各種政策，從這個角度來說，遠東國際軍事法庭的討論本質上是以政治考量為導向。雖然這些討論並非全無價值，但由於此一傾向，有關戰時的暴行或者軍隊的野蠻行徑大多不在法庭的論述範圍內，直至近期也仍在歷史討論的範圍之外。與此同時，由於日本所發動的戰爭已高度政治化，降低了東京審判在許多人心中的地位，導致美軍占領日本後原本應該仔細受到檢視的日本戰爭罪行，隨著東京審判拖沓多年而人們對其評價愈來愈低，也一併被忽視了。這部分的影響甚至延續到了二十一世紀——檢視日本對戰爭的責任仍然陷於相當被動的局面。[145]

一份註記為一九五六年十月的人民解放軍報告把中國共產黨所主持的日本戰犯審判評價為「成功」，因為這些審判證明了中華人民共和國的寬大政策是「正確的」，而且於日後有助「在日本人民中進一步擴大了我之政治影響」。[146]一九五七年七月一日，《人民日報》發表了一篇社論，詳述中國對待日本戰犯的寬大處理。其在文章中宣稱，瀋陽及太原都展開了日本戰犯審理，在審理過程中也揭露了中國在日本侵略戰爭下所遭受的苦難，以及日本軍人如何犯下那些殘忍到令人無法言說的罪行。不過，該文卻未提及那些戰俘在受審前被關押長達十年一事的合法性問題。實際上，這段故事就這麼突然出現在新聞中，而內容的討論完全缺乏戰俘如何被處置的脈絡。文章中向中國大眾解釋，有些日本戰犯已經在東京審判中被中國（國民黨）政府派出的法官審問過了，該報紙也告訴它的讀者，現在在中國受審的戰俘大多是從蘇聯轉送過來的。文中疾呼：「我國政府和人民是有充分理由按照他們所犯的罪行給以嚴正的懲辦。如果不這樣做，受日本帝國主義禍害最深的中國人民是斷不會答應的。」[147]同時提及一些日本戰俘不但是戰犯，甚至在日本投降後還繼續幫國民黨將軍閻錫山作戰。但是——文中特別強調——中國抱持著寬大為

1950 年代初期的中國宣傳單，宣稱「中蘇合作力量大，不容日寇再猖狂」，即便中共傾向採取寬容政策，還是必須向公眾展示自身有能力抵擋日本未來可能的惡意。（研究圖書館中心數位館藏）

懷的態度，也認知到日本已經有所改變，所以決定不判處任何日本戰犯死刑或無期徒刑。周恩來已經於一九五六年六月二十八日在第三屆人民代表大會上做出同樣宣示。他在演講中宣布瀋陽的日本戰犯審判已經開始，並且解釋中國所採取的寬大處理政策。同時，中國也邀請被告的日本親屬到中國訪問。中國為什麼要這樣做，而且還決定不判處任何日本戰犯死刑？周恩來自問自答道，因為中國希望這些人回到日本之後能夠說明日本帝國犯下的錯誤，並教育他們國家的人民，日本帝國究竟對中國做了些什麼。他在演說結尾時指出，對日本戰犯的審判是著眼於未來，表示中國人希望結束這段不幸的經驗，然後重新為中日友誼開闢一條新的道路。[148]多年以後，中國人民解放軍軍事審判庭副庭長袁光曾經評估了中方審判日本戰犯的意義，指出正義的伸張已足以告慰那些英勇抗日而壯烈成仁的英靈。他也進一步表示，這是現代中國歷史上第一次在自己的土地上，由中國人民的代表於法庭上審判日本戰爭罪犯及帝國主義侵略。這些審判不僅象徵著中國在對日戰爭中獲勝，也意味著中國人民終於站起來了。[149]

然而，就在中國為自己的寬大政策鼓掌叫好之際，中日關係卻來到了危急的關頭。一九五七年，日本首相岸信介出訪東南亞，但他的行程卻慢慢變成反共產黨、反中華人民共和國之旅。他在與印度領導人賈瓦哈拉．尼赫魯（Jawaharlal Nehru）會面時公開指出，日本會和中國進行貿易，但並無意建立正式的外交關係。在訪問過印度及東南亞之後，岸信介又在一九五七年六月二日成為第一位在職期間訪問中華民國（臺灣）的日本首相，等於公開強化與蔣介石的關係，而此舉重挫了中國共產黨。接下來的幾星期，中國大陸與日本雙方意圖重啟外交關係的談判開始放緩，關係更進一步惡化。岸信介甚至在訪臺記者會上表示日本會致力於解放中國，且基本上宣示了立場，指稱對日本而言共產中國是個威脅。岸信介顯然與其前任首相吉田茂、鳩山一郎不同，他似乎重新採取了日本在戰前的態度，而這對共產黨來說當然不甚有利。[150]岸信介隨後又前往美國訪問，並在演講中宣告日本將採行「政經分離」政策，亦即可以跟別的國家從事經濟往來，但並不一定要在外交上承認對方。這項對日本相當有利的「政經分離」政策延續自「吉田主義」，一方面使日本可以支持臺灣對抗中國大陸，同時又能擴展與中國的貿易連結以因應日本岌岌可危的經濟。

一九五七年七月三十日，《人民日報》針對岸信介的外交政策發表社論，表示日本對中國的侵略戰爭結束之後，中國希望與其達成和平並進行貿易，因此允許多達兩萬九千名日本人遣返，而且未來還會有更多。社論中特別強調，中國以極大的善意對待日本戰犯，但不幸的是，日本首相岸信介卻不斷詆毀中國。社論引述一九五七年六月三日的《朝日新聞》報導，在該報導中，岸信介表示不能倚賴中國的協助來建立東亞和平。[151]隨著岸信介在口頭上採取敵對中國的立場而來的，是發生在一九五八年五月二日的「長崎國旗事件」，進一步導致中日關係惡化。事件緣起於長崎一間百貨公司陳列中國商品，但某個日本右翼團體不滿現場掛出了中華人民共和國國旗，而將之扯下撕毀。日本警方逮捕了肇事者並控以損毀公共財物罪名，但旋即將他有條件釋放。[152]許多人認為這起事件顯示出岸信介政府並不認為中華人民共和國的旗幟代表真正的中國，但日本當局僅將其視為右翼流氓的愚蠢鬧劇。日本政府對這起事件輕描淡寫的處理，激怒了中國大陸當局，認為岸信介政府一再羞辱中國。同年五月六日晚間，中華人民共和國當局逮捕了在浙江沿海作業的十四艘日本漁船，並指稱其侵入中國領海，侵犯中國主權。中方同時取消了數個經濟會談，且立即關閉了兩個正在武漢及廣州舉辦的日本物產博覽會，截至一九五八年，中華人民共和國暫時中止了與日本在文化及貿易上的關係，只不過後來基於經濟上的需求又恢復了。到了一九六五年，雖然兩國在政治上多有不和，但日本已經成為中國最大的貿易夥伴。[153] 某方面而言，中國共產黨所舉行的日本戰犯審判可以算是相當成功，不但對日本戰犯造成深遠的影響，甚至讓他們於戰後在日本國內形成某種形式的壓力團體。但在國際政治的領域內，中國共產黨的政策卻沒有如他們原先所估算的那樣有效力。

結論

日本對華侵略戰爭結束的十九年後，一九六四年春天，中國共產黨政府釋放了最後三名日本戰犯，將他們遣送回國。[1]一九六四年對東亞而言是相當關鍵的一年。對日本來說，成為東亞第一個奧林匹克運動會主辦國標誌著他們徹底重返世界舞台；同年，日本也見證了稱為「子彈列車」的新幹線鐵道系統啟用。整個一九六〇年代，日本的人均收入上升了百分之七．二，實際成長超過了百分之十。到了一九六〇年代中期，外貿及外匯的限制解除，日本的經濟起飛，而重建後的東京也成為日本重回國際社會的成果展示。

與此同時，中國卻不幸地陷入一連串源自一九五〇年代後期大躍進的人為災害之中，一九六〇年代中期開始發動的文化大革命更進一步使中國在國際上陷於孤立。此時距蘇聯總書記尼基塔．赫魯雪夫（Nikita Khrushchev）於一九五六年在閉門會議中痛批史達林已有近十年之遙，而中蘇之間的分歧在東亞已經十分明顯。一九六〇年代的中國處於危疑震盪中，蘇聯無預警撤走顧問團重挫了中國拓展工業的潛力，更使得中國的整體經濟蒙受了難以估計的損失，而主席毛澤東與蘇方領導人之間的齟齬也益發頻繁。一九六二年十月，蘇聯先是在古巴部署飛彈，而後又在面對美國強勢反應後輕易撤除，中國批評此舉為「冒險主義」。[2]一九六〇年代早期，中美兩國都開始長期介入印度支那事務。一九六四年八月，在東京灣事件後，美國總統林登．詹森（Lyndon B. Johnson）急遽增加美國在越南派駐的兵力，中國的反制則是承諾北越，只要其提出要求，中國可支援三十萬到五十萬部隊。[3]一九六四年十月，中國試爆了第一枚核彈，同年，戴高樂將軍所領導的法國於外交上承認中華人民共和國。雖然中國當時仍然處於充滿內部紛爭及政治鬥爭的混亂中，許多國家卻都因為警覺到中國握有核武卻在聯合國內沒有席次，而想將其納入國際社會之中。[4]

某方面而言，隨著最後一名日本戰犯遣返日本，許多情形都已諷刺地恢復到戰前的樣子了。此時的日本雖然背負著帝國主義沉重的歷史包袱，但也由於其經濟力量而再度成為東亞興起的領袖，中國則依然陷於內憂外患的泥沼中，不僅國共分裂，連先前因意識型態而親近的鄰國蘇聯也與其有了齟齬。雖然這時二次大戰已經結束，日本也已重新獲得彌足珍貴的國際位置，日本戰犯在中國境內受審的歷史及記憶卻很快被人遺忘——問題在於，為何會如此？簡單來說，當日本戰犯審判一結束，中國大陸就陷入政治上鉤心鬥角、軍閥各自為政的無政府狀態，緊接而來的是實施災難性的集體農場計畫所帶來的大飢荒，而雪上加霜的則是與蘇聯分裂，使來自蘇聯的技術支援遭到切斷，加上造成社會極度紛亂的文化大革命，[5]這些接踵而來的災難，使得檢視日本帝國的所作所為不再是當務之急。臺灣雖然沒有像中國大陸那樣遭遇諸多不幸，但其政治體系的首要之務是維持政權存續，而非深究日本殖民時期的種種錯誤作為。

與此同時，我們也必須思考，什麼因素會促使一個政府——特別是在經歷世界秩序重整的後帝國時期東亞中掙扎求存的政府——將追訴戰犯視為最重要的事？若了解戰犯法庭無法預知的特性，堅持在這種情境下進行戰犯審判就更加令人困惑不解，因為法庭很可能會以證據不足或者控方無法充分證明為由宣判知名戰犯無罪。普林斯頓大學教授蓋瑞．巴斯對此提出解釋，認為個別國家之所以舉行戰犯審判，「乃受制於某種原則性的思維」。他把這種信念稱為「法條主義」（legalism），因為個別國家的領導人傾向相信國際法具備「公理」（is right）（我在這裡想指出，巴斯的看法排除了政治宣傳及利用媒體影響鄰邦或潛在盟邦的可能，不過這也許是另一個次要的主題）。巴斯在宣稱「自由主義政權會追訴戰犯，但非自由主義政權從不這麼做」時，也許有點誇大其詞，畢竟無法確定中國國民黨或中國共產黨所舉行的戰犯審判是否符合他所說的「自由主義」類別。[6]不過其所指出自由制度下和非自由制度下的審判水準完全不同，則是精準的見解，但我也要特別指出，國民黨和共產黨都在戰後把這些審判當作工具，用以向世界表明自己是自由而非集權國家。同樣地，公開審判日本人，亦是強調中國對國內司法權威的重要手段，這種作法也可以轉移公眾對日本占領期間所發生的通敵行為的注意力。

巴斯也像漢娜．鄂蘭等學者那樣對於歷史上大多數的屠殺事件有相似的評論，他認為並不存在所謂適當的懲罰，「只有那些法條主義者的意識型態才會使其看似可能」。巴斯的看法與一些先前反對審判並處決納粹戰犯的美國官員不謀而合，他指出「審判血腥的殺人犯對於戰犯法庭而言是一種賭注，因為法庭上所採用的法條與罰則往往輕於他們的暴行，在無確切的證據之下，戰犯法庭並不能將其定罪」。[7]中國所主持的日本戰犯審判就恰恰吻合了這種零和情境。歷史學家東尼．賈德藉由為這個難題尋找解決辦法而進一步引申：「你要如何懲罰成千上萬人、甚至上百萬人，由於他們都執行了由掌權者所批准、合法化甚至鼓勵的事？」此外又問道：「你又該如何合理化那些在『戰勝者正義』的保護傘出現之前就發生的、明顯是犯罪卻未受處罰的行為？」[8]賈德認為戰犯審判顯然有其不足之處，因此他的結論是，在歐洲「對大多數的人——特別是那些戰時紀錄曖昧不清的人——來說，戰後那種顯然隨機且終究不算太嚴格的正義追索，使得遺忘法西斯及占領年代的情境與行為變得更容易，甚至受到鼓勵」。[9]同樣引人深思的掙扎還包括在共產政權下獲得解放的意義為何，而這些人處理這種情境的作法與東歐面臨類似狀況時又有何不同。國民黨及共產黨所處的狀況亦是一組發人深省的對照。[10]但戰罪審判的真正意義在於減少以武力作為國家交流的手段，並提倡戰後以和解及和平為基礎的互動，這才是真正向前邁進了一大步。

雖然戰罪審判之後的歷史記憶在中國和臺灣也許已經被淡忘，但對日本人來說，乙丙級戰犯審判卻深植於大眾文化之中。然而那樣的形象是整個社會皆為種種不公義下的受害者，且這個社會本身也已經苦於自身帝國軍事統治的經歷。韓國學者姜尚中指出，日本確實戰敗了，這也導致戰後的去軍事化，但這段經歷卻未讓社會的認知轉化為日本失去了殖民地。基本上，雖然輸了戰爭，日本人民卻不認為他們已經進入後帝國或後殖民狀態——但日本顯然已經是那樣的國家了，隨著無條件投降失去了法律主權以及對前占領地的支配權力。儘管日本大眾經歷了戰敗，卻幾乎未曾思考如何與亞洲鄰國重建關係。這一部分是由於日本整個國家未能考慮到戰後的政治及社會環境已經產生了很大變化，帝國已然告終，但曾經支撐帝國的心理卻始終存續著。[11]冷戰時期的政治斷層也加強了這股趨勢。

並不只有日本人支持這種信念，中國共產黨也一直認為東京審判有其正當性，共產中國堅持東京審判具備真實性，也加強了這股信念。東京審判宣示日本軍方必須為發動戰爭負起責任，一部分也助長了這種心理狀態的延續。不管是有意或無意，中國人及日本人都「忘記」在中國舉行過乙丙級戰犯審判的事實，證明了這些審判在冷戰初期所產生的政治價值高過其引介國際法進入東亞的意義。不只是《我想成為貝殼》這樣的電視電影及後續的改編重製深深吸引並影響了幾代的日本人，其他圍繞著前帝國、關於不幸的日本士兵在戰後身陷不公正待遇的電影及文學作品，也持續提供日本人在娛樂產業中自我探尋的素材。大岡昇平的小說《長途旅程》就是這類知名的作品之一，但隨著較新的小說更深刻探問戰爭罪行相關的問題，近來的趨勢開始有所改變，例如吉村昭所著《遠方的戰爭》（遠い日の戦争）就開始從新的故事線深思這些問題。這本歷史虛構小說描述了一位對盟軍士兵犯下戰爭罪行的日本軍人在戰後的逃亡過程。[12]這種類型的電影也在一九八〇年代廣受歡迎，包括大島渚在一九八三年的作品《俘虜》（*Merry Christmas, Mr. Lawrence*），由一頭金髮的大衛．鮑伊（David Bowie）主演，北野武則扮演折磨他的監獄管理人員。[13]至於中國，雖然學者直到一九九〇年代以前一般都對國民黨主持過的審判視而不見，公眾間卻對中國共產黨所主持的日本戰犯審判重新燃起興趣，經常以有點自我吹噓的公共作品呈現，例如以大量的圖片及雙語解說強調撫順戰犯管理所在為日本戰俘提供「新生」時所扮演的角色。[14]一九八三年，中國導演楊光遠的電影《再生之地》描繪了日本戰犯獲得重生的機會，並成為改善中日關係的橋梁。這部富有戲劇張力的電影也於一九八四年在華語三大電影獎之一的金雞獎當中獲得最佳攝影獎。

先不論兩個中國和日本對於戰罪審判的反應相當不一致，國民黨或共產黨前此都未曾提及這些審判，直到最近才有所改變，主要原因與一九四九年以後中國及臺灣在法治方面所處的狀況有關。[15]當時，無論是國民黨或共產黨陣營所面臨的共同問題皆為戰後中國法學發展的斷裂，以及許多重要的法律人士遭到清算鬥爭，使其無法繼續已經展開的法治工作，他們對法律的應用也就無法延續。例如國民政府戰後在臺灣的第一位行政長官陳儀，由於對日本的熟悉及其專業知識而被選任負責管理這個日本的前殖民地，後來卻被懷疑背叛了蔣介石，面臨了嚴厲的政治批判，最終遭到處死。陳儀悲慘的結局終究讓創造法律連續性幾乎遙不可及，而戰罪審判在臺灣也很快湮沒在冷漠與忽視的浪潮中。國民黨隨著內戰在臺灣實施嚴厲的軍事統治，即所謂「白色恐怖」，而戰後的中國大陸，則有負責谷壽夫案件的年輕法官葉在增及其他幾位南京審判的法官受到政治清算。葉在增當時拒絕了他的同事——也就是南京審判主審法官石美瑜的邀請，並未選擇隨國民黨逃往臺灣，結果於文化大革命時被捕，從一九六九年到一九七四年間坐了四年多的牢。[16]共產黨鑄成的大錯不僅止於此。中華人民共和國公安部長羅瑞卿曾於一九五〇年代早期推動日本戰犯審判，而在審判結束後不久，他就發現自己也落入了政治陷阱。羅瑞卿當時得罪了林彪（其於一九六〇年代中期越戰加溫之際基本上控制了中國的軍事政策），兩人起了爭執，然而很大程度上是由於林彪身體狀況欠佳而長期不見人影，反倒和彼此的戰略觀點或意識型態的磨擦沒有太大的關係。一九六五年十一月，羅瑞卿在最後一次公開演說之後就消失在公眾眼前。一九六六年三月，文化大革命開始後不久，羅瑞卿受到公開批判，隨後被剝奪了所有職務。[17] 幫助中國建立法律架構的國際律師楊兆龍也在一九五〇年代的反右運動中遭到批判並被短暫關押，一直到數十年之後才獲得平反。如果我們列出那些遭政治清算的中國重要知識分子，以及曾經處理過日本戰犯審判者的名單，中國及臺灣缺乏法律連續性一事就顯得不那麼令人訝異了。東京審判的中方法官梅汝璈可說是當時最知名的法官，但他後來不幸的遭遇也和羅瑞卿相去不遠。

徹底了解中國對日本戰犯所做的審判之所以重要，不僅是為了彰顯在這個過程中正義凌駕於報復之上——這是促成中日和解的一小步——也是為了思考日本和中國分別以什麼方式呈現審判。某些個人所接受的戰犯審判經常會改變日本國內政治的面貌。河野正博就指出，戰犯審判造成各種整肅、解職，而日本政治體制也必須做出相應的調整。他甚至做出詳盡的表格，呈現在這幅政治場景中，哪些人填補了另一群人離去所留下的空缺。我們似乎過於熱衷於東京審判裡以美國為中心的議題，卻忽略了在戰犯審判期間遭到處死或邊緣化的那群人，以及因此造成的需要新任領導者填補的政治空缺。日本在戰後從未對那些戰犯嫌疑人或定罪者表達過任何清楚的立場。

舉例來說，重光葵是遭定罪的甲級戰犯，他在一九五〇年獲釋後，成為首相鳩山一郎內閣的外務大臣。岸信介曾經被關押多年，並名列甲級戰犯起訴嫌疑人，不過他後來獲釋，並於一九五六年成為外務大臣，更於一九五七年二月當上首相。賀屋興宣在戰前的職位是財務大臣，戰後被定罪為甲級戰犯，於一九六三年七月成為法務大臣，重新回到政界，他當時被判無期徒刑，但在美國占領結束後獲得減刑。此外，我們難道不該重新考慮整肅及戰犯審判在戰後日本的政治版圖上所產生的影響？據傳，日本傑出的首相吉田茂可能曾操弄對鳩山一郎的起訴罪名，以確保自己能率先坐上首相大位。乙丙級和甲級戰犯審判成為政治操作的工具已是不爭的事實，且並非勝利者的特權。我們傾向以「勝利者正義」這條軸線思考戰犯審判，卻不一定能審視日本及中國政治人物如何將戰犯審判作為政治工具，推進自己的政治生涯或邊緣化他們的對手。[18]法律史學家戴文·彭德斯（Devin Pendas）以對比的方式解釋，這類審判「是政治性正義的典型例子，因為戰後的歐洲政權可以合法地將納粹及與納粹合作的人視為敵人」。[19]

日本法學家廣渡清吾以日本和德國做了看似乏味卻令人信服的比較。他認為，日本戰後的和平憲法實際上使其得以避談戰時的行為及責任。根據廣渡的判斷，由於日本憲法規定政府不能再維持實質軍力，所以日本國內幾乎無人討論軍隊應該如何作為以及文人政府的本質，這使得日本戰爭責任的相關討論付之闕如。相較之下，德國理論上還是能擁有軍隊，所以相關的討論便一直存在。這個狀況也迫使德國早於日本思考遣返及責任的問題：當代的德國人與納粹有何不同？當年是在何種情況下失控？下一代的德國人該記取什麼教訓以避免類似的情況再度發生？[20]日本政治家鈴木正吾指出，在臺灣有關「慰安婦」歷史的政治解讀也造成同樣的緊張狀況。[21]但日本方面的歷史解讀似乎缺少了同理心，一直停留在自我反省思考的情緒中。為什麼日本只關心自己，或無法從外人的視角來進行反思？日本政治學者丸山真男指出，與納粹軍國主義不同的是，納粹是有計畫地發動戰爭，日本卻並非如此，因此很難在法律上判定誰該負責，更難以歸因於是日本領導人意圖實現他們的戰時目標。[22]在這種情況下，歷史事實必須從無以計數的來源加以重建，囊括高階和底層、甲級和乙丙級戰犯審判，以徹底了解從帝國內部到其最偏遠的地區，日本帝國主義是如何在基層運作的。

本書分析了日本軍事上的失敗，尤其是日本帝國如何紀念自己的失敗？其中一個方式是，藉由各種戰犯審判探問帝國的戰時信念及行為，目的在於將日本的態度從軍國意識型態轉為推動和平。以法國歷史學家皮爾．諾拉（Pierre Nora）的說法，對於戰爭的法律再現可以理解為「記憶所繫之地」。雖然諾拉所著重的是諸如紀念碑之類的具象物體，但審判也結合了來自戰爭自身的記憶及書面證詞，只不過重新包裝為法律紀錄。因此，這些戰犯審判庭自然成為戰時及戰後歷史記憶儲存的另一個空間。

比虛構還玄妙——「猶太人問題」

近年來，中國人對日本戰爭罪行的探問——這些罪行被描繪得近似於當年駭人的納粹——產生了一種特定類型的書籍。這類書籍激起某種情緒，而這種情緒近來因張純如的著作將南京大屠殺視為「被遺忘的大屠殺」而廣為人知。考慮到她寫作的目的，其內容也許有一些尚可接受的誇大。[23]然而，將南京大屠殺與反猶太主義的大屠殺與陰謀論相比又不太恰當。①一個明顯的例證是當年風行一時的中國漫畫《論日本》。《論日本》的書名模仿自另一位知名但頗負爭議的日本漫畫家小林善紀，他曾經出版名為《臺灣論》、《戰爭論》的作品，批評那些不將日本帝國的作為視為高尚之舉的人。而《論日本》的作者于信強則擷取日本武裝團體赤軍旅於一九七二年五月三十日在以色列特拉維夫機場的恐怖攻擊中的部分面向做了錯誤的類比。在該次事件中，赤軍旅於機場開槍掃射，導致近七十人遇害，死者多為第一次造訪心目中「聖地」的波多黎各人。而于信強宣稱日本政府受猶太人團體勒索，被迫賠償「上億美元」，但其說法並不正確。儘管目前依然不清楚于信強受到誤導的詳情，但整體情況顯示他認為日本人「畏懼」猶太世界勢力，是日本政府迅速對特拉維夫機場大屠殺受害者做出賠償的動機。由於誤以為世界上的猶太人真有能力迫

① 審訂註：此處的陰謀論是指那些反猶太主義者認為猶太人掌握了主宰世界的權力。

论

中国人应该向犹太人学习

日本是世上慷慨的赔款者。但要看你是什么人。他们最害怕犹太人。日本政府为二十七条人命而每年赔十五亿，十几年累积赔了几百亿美元给犹太人。这笔赔款因为是年年支付，所以迟早会超过德国因屠杀百万犹太人而付的抚恤赔款。

日本经济早在亚洲金融风暴前就已被犹太人折磨，但风暴过后的结果是日本从世界十大银行的宝座上被拉下马。在风暴前，日本失业率很低，现在失业人口达数百万。日本人被犹太人“修理”得老老实实，不管谁上台都要买犹太人的账。反观日本对中国的态度，日本人连南京大屠杀都否认，明摆着是欺负中国人。

「中國人應該向猶太人學習。」（于信強，《論日本》〔大眾文藝出版社，2005年〕，頁258）

使日本政府低頭，他也因此相信中國應該從這個「猶太人的」例子記取教訓，要求日本以同樣的方式對中國做出戰爭賠償。對於于信強而言，戰爭不再如蔣介石和毛澤東所認為的是追索正義的議題，他相信如今戰爭是經濟勒索和證明自身政治實力的場域。

問題是，于信強主張中國人應學「猶太人的方式」向日本人尋求戰後賠償，完全是謬誤的。根據日本媒體當時的報導，並非所有受害者都是猶太人，日本所做出的賠償實際上分配給五個不同國家的受害者，包含慰問金等其他費用在內，總賠償金額是一百四十九萬美元。[24]

流動的歷史概念

英國歷史學家馬克．馬佐爾（Mark Mazower）在談及戰後歐洲社會時寫道：「對於一九四〇年代末期歐洲社會的討論，從一開始就深陷在規範性的語言中。不是崇尚自由的自由派對上邪惡的極權主義者，就是反共產主義者摧毀了進步左派的機會。這種道德化的思維並未因冷戰結束而消散，只不過所使用的語彙不同而已。」[25]我相信我們可以說戰後東亞對這種僵化的觀點持有類似的信念，其於日本帝國滅亡後無論是與國際法或人權理念的互動皆然。

美國威斯康辛大學教授艾德華．佛瑞德曼（Edward Friedman）表示：「毛澤東促進了中日友誼。」我想在此指出，我們也見證了蔣介石控制下的國民政府在這方面投注了許多心力與中國共產黨對抗。根據佛瑞德曼的闡述，正因如此，中國國民黨和中國共產黨都未曾追索日本的全部戰爭責任。中國人的觀點是，「日本人是善良的好人。只是有一小群日本軍國主義者是反動派。一直到一九八〇年代早期，中國方面都不准對日本進行任何惡言惡語，以免影響雙方『蜜月的氣氛』」。[26]但這種情況起了變化，「鄧小平政權在承襲毛澤東時代氛圍的同時，又鼓動一個新的民族主義風潮，藉由動員毛澤東時代所壓抑的反日情緒，徹底摧毀對日本人的友善描述」。[27]這終結了中國對實際歷史的法律思維，也改變了中日雙方的關係。一如戰犯審判中存在著若干陷阱，以及國民黨和共產黨雙方的較勁，近年來對蔣介石本人多方面的學術研究，也說明了戰後看待及利用日本人的方式是如何轉變的。[28]

正義或非正義的戰爭？

在思考中國人對戰罪和戰爭責任的看法時，我們無法避開長久以來有關正義和非正義戰爭之間的論辯。從歷史的觀點來看，關於戰爭一直含括著兩種互斥的觀念：關於正義戰爭中的「發動戰爭理由正當性」以及「遂行戰爭手段正當性」。根據加拿大滑鐵盧大學國際政治教授布萊安·歐倫德（Brian Orend）的說法：「開戰的正當性責任在於治理群體中與發動戰爭的決定最核心相關的人，特別是國家元首。反之，戰爭手段的責任則在於國家的武裝力量。」[29]戰爭中的行為

——如乙丙級戰行，也就是遂行戰爭手段正當性——發生在士兵層級，而他們承擔的是國家賦予的責任。就某方面而言，這兩個體系相互矛盾。戰爭可以是正義的，卻以非正義的方式進行。[30]不管我們是否同意這兩項前提，這些概念都提出了規範一般士兵的道德狀態，而這卻似乎不在戰後日本人的考慮之中。無論在軍事史學或法學上，對於發動戰爭的道德理由及戰爭過程中有哪些行為是法律上可接受的，都已有大量著作進行錯綜複雜的論辯，也各自形成法律上彼此區隔的範疇。[31]日本戰犯的審判皆觸及了前述兩種類別，但日本皇軍和中國國民黨在戰後所發展出來的關係卻指出還有第三種範疇，亦即「戰後的用途」，而這第三種範疇也以無法預見的方式影響了前兩種在東亞的詮釋，甚至與這些敘事通常被描繪的方式大相逕庭。

然而，日本人對自己的國家所採取的行動也許有不同的看法，而在歷史的層面影響了他們如何構想「正義戰爭」的概念。秋山義昭就堅定地指出，戰後日本政府推動了「國家無答責原則」的概念，這個信念根源於明治憲法中指稱的國家不具備責任。問題則源自明治憲法的型態並沒有任何具體法律或條文指明官僚的責任，因此無法針對個人的罪行在法律上追究政府官員本身。也就是說，政府官員的行動本質上必然不受法律探問。這種法律並不平等，某方面而言也過於武斷。戰前知名的日本法學家美濃部達吉所提出的法律理論更進一步加強了前述的看法，亦即所有為了國家或理論上以國家之名所從事的行為，都不受特定法律綱要的阻礙。美濃部舉例，明治時期對憲法的詮釋容許警察行使權力時導致對方受傷或死亡，稅務人員亦可為了蒐集證據強行進入他人住處。這類行為都無須負賠償責任，也無法進行司法追訴。本質上，只要以國家之名行事就能享有充分的保護。[32]而軍隊所犯下的罪行在法律詮釋上也是相似的，因為軍隊只是在履行由國家——或可能是天皇——所賦予的責任。中國在戰後進行的法律訴訟聚焦於日本軍隊的暴行在法律上不受前述法條庇護，因為他們已經逾越了國家的政策，但這些訴訟的核心在於其行為的特質，而不是非法性。這在法學上是稍有不同的兩個問題。[33]

日本政府在戰後竭盡全力，企圖引用戰前對明治憲法的闡釋作為帝國逾越之舉的藉口，也用以否認其法律責任——簡而言之，便是輕易規避這兩項指責的代罪羔羊。雖然依照當時看待及建立法條的邏輯，針對罪行追究責任歸屬或做出賠償具有法律效力，但同樣的法條也確實未預見日本軍隊在戰爭期間所犯下的野蠻行徑。在這樣的情況下，改採新的法律邏輯以避免沿襲當時的法條也是可以接受的。不過，我們仍應該另尋容得下不同詮釋的觀點，例如運用戰後憲法詮釋相同的情況。[34]

日本並非唯一抱持國家免責信念的國家，事實上，這種信念也存在於十九世紀的歐洲國家。日本領導人及立法者對國際法其實相當熟悉，早在一八九七年就成立了國際法協會，比美國還要早了九年。日本對國際法的認識可以溯及丁韙良（WAP Martin）於一八六四年翻譯自亨利·惠登（Henry Wheaton）所著的《萬國公法》（*Elements of International Law*）中文版。日本人取得中文版之後，於一八六八年將其翻譯為日文。他們也和中國人一樣，極力反對國際法中那些侵入性的條款——例如中國直到一九一一年才有能力取消的各種不平等條約。根據日本外交官小和田恆的解釋：「法律的本質在於它是社會價值的體現，而此社會價值存於特定時空下，且受特定的社會定義。法律推理的過程，即是嘗試將此一以法律的普遍形式體現的社會價值實現在具體的案件中。」[35]一九四五年以前的日本已經是國際社會的一分子，卻未真正參與訂定國際規範的過程。小和田認為，日本被排除在支持這些法律概念的社會脈絡之外。儘管這不代表日本是其未能參與的國際體系之下的受害者，但其於應用法律時往往注重細枝末節，而無法抓住法律更深層的重要性。另一種理論是，國際與世界法律對戰前日本的帝國主義就抱持著批判態度，所以日本實際上飽受世界上其他國家嚴厲的威嚇。[36]

一九四〇年代到戰後時期，國際法議題成為舉世注目的課題。一九四二年一月，二十六個《聯合國宣言》簽署國承諾不僅要遵循《大西洋憲章》的原則，也加入「在各自的土地及其他地方維護人權及司法正義」的行動。[37]英國史學家馬克．馬佐爾解釋，有幾個特別的原因使得人權在一九四〇年代逐漸受到重視，首先要釐清的是這其實是反納粹的現象，因為納粹的作為明顯侵犯了人權。其次，美國人自覺有了新使命，如拯救人類免於受其他人類之害，並且給了聯合國理由跟進。但第三個原因則是「少數者的權利演變成普遍人權乃是訴諸於列強的關切與行動」。[38]一九四五年六月，《聯合國憲章》揭櫫人權不可侵犯的原則，因此在戰後對中國人及日本人而言，宣稱擁有這些新的理念就成了至關重要的事。

當代日本菁英對戰爭罪行的看法

雖然日本前首相小泉純一郎並不是第一位這樣做的人，但他在二〇〇一年到二〇〇六年的五年任職期間，每年都前往靖國神社參拜。[39]小泉純一郎的作法讓中國相當惱火，這不僅僅因為靖國神社供奉著日本戰死者的亡靈，更因其公開頌揚日本的甲級戰犯。[40]約翰・布倫（John Breen）就指出，靖國神社是個「充滿『意識型態』」的場所，因為其「將神社裡供奉的亡靈都視為『神道教的神』，而在祭祀的過程中，似乎有意識地讚揚死者的自我犧牲，並將日本帝國的過往理想化」。[41]靖國神社的存在也顯示，所有對於戰罪審判的概念、其所代表的意義，以及日本人應該如何詮釋等種種問題的探討，依然存在各種相互競逐的說法。澳洲雪梨大學的詹姆斯・瑞利表示：「北京在一九七〇年代選擇不處理歷史問題，營造出中日友誼的氣氛，並取得相當成功的效果。」我認為瑞利強調的部分或許不那麼準確，因為中國確實在一九五六年就著手處理了歷史問題，對日本戰犯進行審判，接著在一九七八年與日本簽訂了友好協議，儘管後來發現結果並不盡如人意，但那已經是另一個問題了。如同瑞利特別強調的，周恩來曾經在閉門會議中對日方表示「我們必須對人民解釋（為什麼中國要與日本進行關係正常化），如果我們不教育人民，就無法說服曾經在戰時日軍『三光政策』下吃盡苦頭的百姓」，[42]這番話透露了推動中國共產黨在一九五六年進行日本戰犯審判的動力。中國舉行的戰犯審判演變成其法律上「淨化靈魂的場所」，這一點說明了更多關於中國——而非日本——處理其過去的能力。

但患上失憶症的似乎並不只有中國。日本的政治人物也持續辯論其中的法律細節，他們討論的方式顯現出其沒有能力為乙丙級戰犯審判找到合適的話語。在二〇〇六年十月的日本國會上，時任首相的安倍晉三（其外祖父為岸信介）與民主黨國會議員岡田克也有過一場針鋒相對的談話。兩人此次的辯論推翻了國際法奠定日本現代社會的說法。[43]岡田克也以討論歷史問題開場，接著向安倍晉三拋出尖銳的質問，宣稱：「我曾經向前首相小泉純一郎請教在戰爭中甲級戰犯所背負的重要責任，小泉的回答卻已經超越了問題本身，甚至堅持甲級戰犯確實是戰爭罪犯。而您在擔任內閣官房長官時，我也問過同樣的問題，您的答覆是這些人在日本不算是罪犯，您的立場有所改變嗎？」[44]安倍的答覆令人惶恐，一方面是因為他在法律上模糊其詞，另一方面則是他堅持日本關於戰爭時期行為的法律和國際法的施行並不完全契合。他的回答是：「在日本，就國內法的層面來說，不會這樣歸類這些所謂的戰犯。畢竟他們的家屬都獲得了政府給予的退伍軍人福利，被稱為甲級戰犯的重光葵事後還獲頒帝國榮譽勳章。如果他是一名罪犯，這種事會發生嗎？我不這麼認為。」岡田接著略帶慍怒地問道：「首相您並未真正回答我的問題，我的問題是：日本有戰爭罪犯嗎？這跟問您以日本的法律而言他們是不是戰犯是不一樣的問題。」他同時提醒安倍，東京審判是在日本被占領期間舉行，審判的結果也獲得《舊金山和約》認證：「若考慮到當時《舊金山和約》凌駕於日本國內法之上，這會讓您認為在日本將他們稱作戰犯是正確的嗎？」

安倍的回答相當迂迴，既含糊其詞又顧左右而言他：「如同我剛才所說的，就日本國內法而言他們並非罪犯。此外，根據《舊金山和約》第十一條，當時的戰俘以及其他受關押的人在國際法之下會隨著時間逐批釋放。《舊金山和約》的簽訂是著眼於未來，隨著時間，戰犯審判將會失去其有效性。正是因為如此，戰俘才會在一九五六年及一九五八年分批獲得釋放。」

兩人的對話開始探究戰爭和戰爭罪行的本質這個引人入勝的領域。岡田克也問道，《舊金山和約》一旦實施，難道戰爭罪行也就隨著戰爭結束而失去效力？他說：「舉例而言，就如首相所說，十名甲級戰犯在一九五六年獲准離開監獄，並於隨後得到寬赦，但那並不意味著一筆勾銷他們的罪行，也不意味他們的罪行變得較輕微，不是嗎？簡單地說，只是他們的刑期縮短了，卻不代表他們所犯下的罪行不再算是罪行。然而首相的說法讓我認為您的意思是他們之所以被釋放，是由於本來就沒有犯罪，可是犯罪依然是犯罪。您的看法呢？真實的情況跟您說的也許不太一樣吧。」安倍深信一九五二年的和平條約已經抹消罪行，這個想法就算不讓人困惑，也無疑相當令人氣餒。他當天在國會辯論時指出：「就日本的國內法層級而言，這些人顯然不是罪犯，因此當東京審判根據國際法將他們起訴時，我們所期待的是終有一天他們的判決在未來會失效。日本並未參與《舊金山和約》第十一條的制定，我們當時必須接受《舊金山和約》是為了再次獲得獨立性，這不意味著我必須把這些被列為甲級及乙丙級的人稱作罪犯。」岡田接著問道：「那麼，誰應該為戰爭負責呢？」對此，安倍則表示日本政府沒有責任做出決定，這類問題應該由歷史學家定奪。安倍的說法當然是有意迴避，因為我們知道日本文部省的意見正好相反。[45]

此次辯論所揭示的，更多是關於當代日本人在順從戰後國際法目標時所面臨到的政治難題。諷刺的是，雖然安倍在對國際法以及日本戰犯問題的本質上模糊其詞，中國政府卻在對小泉純一郎政府表示失望後，將安倍於二〇〇六年的到訪稱為「劃時代的成功」。[46]事實是，中國已經和小泉政府有長達五年的對立，所以不再想跟同樣剛愎固執的安倍晉三浪費更多時間。[47]時間來到二〇〇七年四月十二日，當時的中國總理溫家寶甚至在日本國會發表演說時，公開讚揚日本在戰後所採取的和平途徑，但在那次演說中，他也為「只有一小撮軍國主義者應該為侵略戰爭負責」的說法賦予了正當性，因而可能導致危害。溫家寶指出：「日本的廣大民眾也是戰爭的受害者。」也正因如此，他和日本人又錯失了一次公開討論日本戰爭罪行的機會。[48]

東鄉和彥也指出，打從一開始，日本對戰犯相關法律及判刑的看法就與西方大不相同，而安倍和岡田長久以來也對此一議題意見相左。東鄉認為，日本人理解此事的出發點，是認定《舊金山和約》的精神為「日本尊重受判的刑期，日本國民因而得以在日本境內服刑」。但澳洲和紐西蘭對這項草案不盡滿意，英國則在一九五一年四月二十日提出另一方案，內容為「日本**接受**在日本本土或海外國際軍事法庭或任何其他盟國戰犯法庭所做出的裁決，並**尊重判決執行受判的刑期**，日本國民因而得以在日本境內服刑」。東鄉也指出：「英國所擬定的草案序言中，包括『日本必須為簽署參與軸心國聯盟、發起侵略戰爭，以及引起與同盟國勢力間的戰爭負責』」。[49]

當西方盟國還錙銖必較著如何詮釋《舊金山和約》第十一條中日本該怎麼面對戰罪判決一事，中國大陸的許多中國人卻已經聽從蔣介石的指示，以寬大態度對待日本人了。其中一個極端的例子是，一個中國家庭曾收容並照顧一位傷殘的日本士兵長達四十五年，直到一九九三年才將他送回日本。這個中國家庭位於河南省，是相當窮困的農家，戰爭結束後數週，他們發現身受重傷且半癱瘓的石田東四郎，就這樣把他帶回家，當作家人一樣照顧了四十多年。因為石田沒有健全的行動能力，對於這個中國家庭來說不僅是財務上的負擔，也無法提供任何形式的協助。正由於他們把戰後寬大對待日本人的呼籲貫徹到極致，石田才得以享有高壽。[50]也許我們永遠不會知道這個中國家庭為什麼要那麼做，但類似的故事顯然也在中國的其他村莊上演，這同時提供了我們不同層面的考量，來檢視中國人於戰後時期如何處理日本戰犯審判。

回到原點

二〇一一年八月三日，五名中國人從南方長途跋涉來到哈爾濱附近的方正縣，破壞了當地一座當年殖民滿洲與蒙古的日本人紀念碑。當初蘇聯軍隊進軍北方時，有大批日本人逃到相對安全的中國，其後方正縣地方政府為了向這些日本人彰顯對日寬大政策而設置了這座紀念碑。當時來此的日本人除了墾殖民之外，有些也是準軍隊性質的部隊。這座石碑上銘刻的，就是日本投降後埋骨在當地的日本人。

事件發生後的幾天內，這座造價不斐的石牆就從原本坐落的「中日友好園林」中被拆除了。當年曾經有一份報紙解釋了最初設置這座紀念碑的原因：「當日本在一九四五年宣布投降時，大約還有一萬五千名日本墾殖民在方正縣，不少人已經在該地居住了十年以上。這些人當中有大約三分之一死在當地，大多都是男性。他們有些是自然死亡，有些是被殺。停戰之後，方正縣民似乎埋葬了過去的仇恨，不但收容了超過五千名日本孤兒，也讓那些寡婦在當地住下，對待他們一如對待自己的鄰居。」[51]這份報導彷若證詞一般，描述戰後中國人如何寬大對待這群先前的入侵者。當中寫道，戰爭結束之後「大約有十萬名與日本人具親屬關係的方正縣民到日本居住及工作，其中有三萬八千人成為日本的永久居民」。[52]顯然這種寬大對待日本人的形象，甚至前述那樣照料日本傷兵的中國家庭，乃至於接納、撫養日本孤兒，都與許多當代中國人的想法有所牴觸——其企圖否定那段歷史，而希望以一種更教條式的觀點看待中國人對於鄰國日本的感受。相當重要的一點是，儘管戰後確實可能發展出駭人的情況，中國人（主要是沒有政治色彩的農民）最後卻採取了比日本皇軍更善待他人的作法——畢竟後者於戰後聲稱是在維護日本人的利益，但這很明顯的是一個謊言。羅伯・艾菲爾德（Robert Efird）指出，日本軍人在韓半島潰敗之後，滿洲地區約有二十二萬三千名日本移墾殖民者被迫自行抵抗蘇聯紅軍，「據估計，大約有一萬一千五百人死於非命（其中一半左右是自殺），六萬七千人——大多是老弱婦孺——陷入飢餓、疾病」，就這樣度過了接下來的數個月，且至少有三分之一在開始遣返之前就已死亡。[53]而在二〇一一年遭破壞的那座紀念碑，事實上並未讚揚日本的殖民主義，反而使人得以檢視戰後中國人對於前敵人的行為，亦即蔣介石及毛澤東皆在戰後主張的作法。這種敘事如今於中國已淹沒在民族主義修辭下保守分子尖銳的言語中，這個現象也顯示出當年乙丙級戰犯審判的歷史已然被拋棄。壯大後的中國需要新的故事，於是其中虛構了日本人對中國人的蔑視，必須不斷餵養民族主義的養料才能抵禦這份輕蔑。這把我們帶回到最核心的問題上，也就是日本「鬼子」以及中國人是否相信他們已經變回「人」之間的糾結。

紐倫堡的納粹戰犯審判為東京審判立下了前例，後者也因此把日本人發動的戰爭稱為侵略戰爭，並宣稱日本人為了帝國發展而遂行的殖民主義乃屬非法，應該受到法律制裁。而我們應當記得，戰爭結束之後，歐洲國家並未把殖民主義貼上「非法」標籤，而是以司法途徑逐步定義「戰爭罪行」。東尼・賈德就在談及歐洲時指出：「在一九四五年的情境下，重建法治是件了不得的大事。畢竟在此之前，整個歐洲大陸從來不曾如此大規模定義一組新的罪名，並且將罪犯送交至某種類似於司法的體制中。」[54]對於東亞，我們也應該作如是觀。小菅信子曾經強烈質疑，既然中國共產黨並未參與東京審判，為什麼後來又對這場審判展現高度敬意？[55]關於這一點，於一九五六年協助開審的瀋陽特別軍事法庭副庭長在回憶時指出，對日本戰犯的審判並不僅是尋求正義，也是要證明中國有能力根據紐倫堡、伯力、東京審判的標準進行司法裁判。傑瑞・辛普森則指出：「典型戰犯審判的目的不僅在懲罰歷史上的罪犯，同時也在啟發現代的無辜者。」[56]此外，中國共產黨亦著眼於未來所能達成的目標。因此中國人若想把自己所主持的審判跟更大規模的國際戰犯審判連結起來，東京審判就是第一步，這並不僅關乎過去的歷史和日本的暴行，也是要證明中國的法律能力與跟上國際水準的寬大為懷。[57]

一方面，緊接著戰爭結束後，日本的行為所導致的問題有一部分在於強調法律程序，以及企圖藉由參與新的國際法律秩序來重建國家；但在另一方面，日本又毫不掩飾地用同樣的規則規避其所面對的道德問題，也就是為何日本不自行審判戰犯這種受到法律秩序本身排除的問題。對於日本官員而言，一九四五年之後天皇體制的延續危在旦夕，他們擔心如果在這方面過於深入，可能導致戰後原本就已相當脆弱的體制在眾人的質疑下屈服。本書未特別著墨的一個問題是，如果把天皇當作甲級戰犯起訴，是否會與個人在戰爭中的責任聯繫起來——且這種聯繫直接關係到乙丙級戰犯審判。在戰後的日本社會很難公開討論戰爭罪行的問題，主要原因就是天皇的地位過於曖昧。日本天皇的回憶錄在一九九〇年出版，此後的二十年間，有關其是否為法定全國總指揮的辯論就未曾中斷。但這些討論在日本公眾心中，與乙丙級戰爭罪行似乎不必然相關。[58]

值得注意的是，日本在戰後初期並不僅僅是一個被占領的國家，還是被許多前殖民地及占領地經由法律追訴的國家。與此同時，也可以看出日本人如何把自己視為受害者，一直悖離現實地沉醉於帝國的想像中。中國在戰後日本戰罪的起訴中相當重要，因為這意味著日本帝國的結束，一個新時代的開始。戰爭罪行的審判也促成了一種新的夥伴關係，不再建立於治外法權之上，而是根據平等互利的外交價值。日本的戰後憲法就包含了這樣的價值觀，只不過行政部門卻花了更長的時間才跟上腳步，而這也顯示出戰後日本的兩極化特質。日本政府口頭上支持國際組織的作法——特別是聯合國以及國際法的應用，並堅稱日本著重的是和平關係。然而日本在戰後的國際走向宣示及支持跨國協議的說法，有時卻和其國內的政治實踐及氣氛格格不入，這些外在力量漸漸削弱了日本先前業已建立、而今卻岌岌可危的東亞「現代」國家形象。日本面對著數以千計的戰爭罪行審判，早已失去了過去的領導地位，這些審判也顛覆了長久以來日本帝國在區域內所建立起的層級體系。如今，中國在法律實踐上占了上風，而自一八九〇年代以來就是東北亞主導國家的日本，此時則如同被監管的兒童一般。在這種新的雙邊關係架構下，日本在戰爭責任及人權這兩個問題上近乎採取了兩面手法，而這兩個密不可分的核心概念也都包含在日本戰後所簽訂的條約中。

戰後的法律衝突使得日本聲稱尊重的國際法與國內對於戰爭審判的不滿有所衝突。這是其自一八六八年以來所碰到的第一個轉折：日本人民首次受到外來法律管轄，尤其日本帝國的作為還遭國際法嚴格審視，並在許多層面上被認定為非法。對大多數的日本人而言，這種情況讓他們感到十分不舒服且不自在，而盟軍方面的戰爭罪行並未受到任何指責這一點，則使情況更加惡化，因為許多日本人認為自己受到了不公平的指控。去殖民化的過程——或者如日本歷史學家川島真所說的「去帝國化」——是理解此一區域歷史所形成的新多國關係時非常核心的部分，其中包括了分析日本在戰後所受到的法律對待，如何影響其發展出對於國家、現代性及未來的外交政策新理念。另外，由「國際法」取代其行之有年的「帝國法律」，也彰顯出日本在兩個面向上認知的鴻溝，其一是對自身的「後帝國」歷史，其二則是日本在戰後與中國和其他前殖民地的關係如何形塑日本近代史。

根據威廉·卡拉翰（William Callahan）的闡述：「要了解安全問題，我們就必須了解認同問題，反之亦然。」事實上，一個國家不僅僅是文化治理上一致的實體，也是「由社會關係所創造的一股具有生產力的力量」，而法律便是其中一個重要的概念。[59] 法律程序顯然有其必要，但國家在法律裁決下所表述的文化敘事同樣非常重要。對日本戰犯進行追訴的背景及政治政策，加上隨著歷史累加的媒體事件創造了法律認同，從根本上形塑了冷戰初期中日關係的成長。這些遺緒與接下來數十年內持續累積的結果，也都提供了一個新的觀點，讓我們可藉以了解戰後日本史以及日中之間的互動。

謝詞

陳冠任／譯

我要將這本書獻給我的三個姊妹——塔瑪（Tamah）、蘇拉（Sura）以及艾維（Aviva），因為她們威脅我如果不在書中提及她們的名字，就要和我斷絕關係。同時，我自然不會忽略另一邊的家人。除了世界各地的親友之外，我的連襟渡邊烈和小姨水鳥路不但提供我很多穿著上的建議，更給了我遠超過親戚所應該給予的支持。觥籌交錯之間發人深省的談話，在在讓我得以從容面對並解決書寫時所遇到的許多困難。內人水鳥真美不但在東亞的政治局勢方面仔細聆聽我的觀點，也為我提供了許多寶貴的分析，讓我不致僅能從歷史的角度來看待乙丙級戰犯審判的問題。

學術界方面，史提芬・拉吉（Stephen Large）、珊德拉・威爾森（Sandra Wilson）、島津直子、金艾美（Amy King）、張莉莉（Lily Chang）和吉利歐・普吉利斯（Giulio Pugliese）都閱讀了本書的初稿，並提供非常有用的意見與批評。此外，魏德禮（Robert Weatherley）讀了一部分原稿，保羅・唐斯坎普（Paul Dunscomb）和麥可・巴斯基特（Michael Baskett）多年以來一直都能針對我的研究惠予評論，馬休・史塔佛羅斯（Matthew Stavros）則為本書繪製了乙丙級戰犯審判在東亞地區的位置圖，在此表達我最深的謝意。在臺期間，感謝王泰升教授就本書的內容與我深談，其與曾士榮教授有關臺灣律師的著作，皆讓我得以重新思考當年審判日本戰犯的法律是如何構思及整理而成。

有關本書的初步研究經費，係來自安倍獎助金計畫與日本基金會。透過我的同事方德萬（Hans van de Ven）的介紹，南京大學的陳謙平教授為我安排了在中國三個月的研究工作；胡成教授則在二〇〇八年為我辦了一場演說，學生和研究員耐心地聽完我用不甚流利的中文所做的演講，同時提出了許多尖銳又有意義的問題；在南京時，年輕又有天賦的研究員蘇陽揚也給了我很多協助。英國國家學術院（The British Academy）和臺灣教育部在二〇〇九年和二〇一〇年間都資助我進行夏季的田野調查並協辦各種合作論壇；林佩吟、張必瑜以及戴杰銘（Jeremy Taylor）三人為本書提供了寶貴的資料；早稻田大學的岡本公一在二〇〇九年讓我得以使用系上的圖書資料室，森田典正也在這方面惠我良多，在此表達我由衷的感謝。日本基金會在二〇一二年夏天所提供的資助，讓我能把本書一些尚未釐清的內容交代清楚；英國國家學術院在二〇一二年至二〇一三年間給我的獎助金，讓我有時間總結本書的研究；牛頓信託研究基金在二〇一三年讓我得以僱用杜書珍幫忙搜尋了許多相關圖片；當本書的寫作進行到一半時，得到了歐洲研究理事會（European Research Council）為期五年的獎助金，讓我能在世界各地進行研究，進一步擴大了視野。

關於本書所進行的研究，我曾經獲邀約做了許多演講，無法在此一一陳述，但比較重要的有二〇一一年在澳洲莫道克大學（Murdoch University）所舉辦的第四屆日本史工作坊上的主題演講。為此，我要謝謝珊德拉·威爾森和她的同事所做的安排與所有協助。此外，也要感謝島津直子安排我在倫敦大學歷史研究院分享研究成果。於英國之外，我也在各方同行的協助下，得以於美國、臺灣、日本、以色列及歐洲等地做過許多演講，並與各國優秀的學者和學生互動，在此由衷感謝。在劍橋大學方面，無論是過去還是現在的學生，特別是東尼·布魯克斯（Tony Brooks）、謝卓德·穆米諾夫（Sherzod Muminov）、金東奎、大塚愛子和茱蕾·雅達（Jurei Yada），還有過去幾年來我所接觸過的大學部學生，都提供了許多寶貴的回饋。此外我和咖啡不離手、一起教授冷戰歷史的同事約翰·史文森－萊特（John Swenson-Wright）有過許多討論，他的見解一直對我充滿啟發，學生在課堂上的辯論也給了我許多靈感。鄺智文博士協助我取得當年在香港所舉行戰犯審判的資料，讓我能與手上的資料互相比對，對於他們的協助與啟發我都點滴在心頭。

在日期間，我曾於鹿兒島和日暮吉延共度親切的下午茶時光，也和林博史在東京交換過意見，他們都糾正了我先前的一些誤解。好學不倦的羅傑·布朗（Roger Brown）把他在埼玉大學的授課資料提供給我，讓我得以對本議題有更深入的了解；宮城大藏與潘亮都邀請我參加他們的研究講座；愛知大學的鈴木規夫也曾為我舉辦講座，長達兩個小時的提問，對我的日文法律術語真是一大考驗。尼辛．奧特馬金（Nissim Otmazgin）和賓阿密．席洛尼（Ben-Ami Shillony）在我待在以色列時亦提供了很多幫助。多年來，臺灣的張志雲也幫了我很多忙，他的「兄弟歌」唱得一流；侯彥伯則在解讀民國時期的文件上給予諸多協助，他與王珺的幫助，是本書寫作過程順暢無礙的關鍵，另一方面，服務於國史館的吳淑鳳提供了許多見解及她所寫的文章，同時幫忙搜尋相關檔案，我對他們的感謝之意不是文字所能表達的。

我也要感謝其他同事跟朋友：賓州州立大學的潔西．艾貝爾（Jessie Abel）和瓊．艾貝爾（Jon Abel），她們為我提供場地並辦理研究講座，我從這些講座中得到了彌足珍貴的回饋。劍橋大學圖書館中負責管理日本資料的館員小山騰彷彿天生就有特異功能，總是知道我想要什麼新資料；管理中國資料的艾超世（Charles Aylmer）也是超級好手，能夠從浩如煙海的書堆中找到難以尋獲的資料；劍橋大學東亞系的圖書館員法蘭西瓦斯．西蒙斯（Francoise Simmons）則似乎無所不在，隨時隨地都能伸出援手。沒有他們的幫忙，我不可能完成這項研究。另外，我曾經多次在講座中引用米德（Rana Mitter）在牛津大學執行的「中日戰爭」研究計畫，也曾經和他的工作團隊舉行圓桌會議，他們花了一整個下午對本書的一個章節進行分析，提出特別值得珍惜的意見，我要在此向他們致上最深的謝意。臺灣政治大學藍適齊教授和日本尚絅學院大學和田英穗教授就臺灣及日本戰犯所合作的研究，對這個複雜的歷史糾結做了精闢的透視。參加同一研究的還有碧翠斯・特瑞佛（Beatrice Trefalt）、許雪姬以及其他成員，遺憾的是我無法一一列出該感謝的人，但所有的協助都很珍貴，畢竟作為一名學者，我們不能也不應該關在象牙塔內。

我也要謝謝哈佛大學出版社的凱瑟琳・麥克德默（Kathleen McDermott）和另兩位匿名審查者，他們的批評促使我加倍努力，才完成了更合乎邏輯的敘事。

最後，我要謝謝學術研究上的好夥伴：約翰・史文森－萊特、安娜・博梅爾（Anna Boermel）、布麗吉・史提格（Brigitte Steger）和巴瑞・普洛斯（Barry Plows），他們都幫我修飾了對歐洲研究理事會所做的口頭報告，這份報告使得原先相對較小的計畫發展成了現在的規模。如果說該計畫有些許成功之處，那一定程度上是倚賴了他們所貢獻的時間及對我堅定不移的支持。

原本英文版的謝詞到此就結束了，但是藉由拙著中文版發行之際，我想要在此做些補充。我想要感謝歐洲研究理事會在二〇一三到二〇一九年期間對本人的計畫「The Dissolution of the Japanese Empire and the Struggle for Legitimacy in Postwar East Asia, 1945–1965（DOJSFL 313382）」所給予的研究獎助，讓我得以進行研究，並與各國優秀的學者共同舉辦工作坊與國際研討會。值得一提的是，其所資助的計畫讓我得以與克斯汀・馮・李根教授與其團隊進行長期的合作，這些年來雙方的交流豐富了我們對於戰犯議題的認識。同時我也要感謝在本書英文版付梓之後曾經協助我研究的人，這些學者提供了我更多臺灣方面的觀點，對我而言，這些幫助是無可取代的。我的博士後研究員陳冠任（也就是英語學術界所熟知的KJ Chen）總是提供一雙

「關鍵的耳朵」，不斷與我探討我的研究，並增加我對臺灣史與中國史的知識。在日本——同樣也在臺灣——川島真尖銳且具有洞察力的學識涵養與評論總是讓我受益良多。在日本方面，我也很榮幸與淺野豐美和梅森直之的團隊合作，這些合作都相當具有啟發性。此外，與土屋禮子和奈良岡聰智分別舉辦的關於媒體與戰犯關係的研討會，也擴大了我研究的視野。在臺灣方面，我從劉維開、林桶法、黃自進等學者身上學到很多，而藍適齊、王文隆與黃仁姿等學者也曾慷慨地花時間與我討論相關問題。在英國方面，由博士後研究員與同事共同組成的翻譯計畫團隊提供了我很多幫助，成員們的名字分別是安卓·拉維迪斯（Andrew Levidis）、魏康序（Casper Wits）、莉雅·羅伊（Ria Roy）、勞倫·瑞秋森（Lauren Richardson）、克里斯多福·派金斯（Christopher Perkins）、馬修·弗雷理（Matthew Fraleigh），以及看來有時會住在我研究室的倉重義夫（Jeffrey Kurashige）。薛化元關於二二八事件的研究使我重新思考如何將戰後臺灣史置入自己的研究之中，此外，蕭慧芬也總是給予我相當大的幫助。而劍橋新到任的日文部門圖書館員克里斯汀·威廉斯（Kristin Williams）總不斷協助我找到想要的新資料，且從來不抱怨我那如雪崩般紛湧而至的郵件。最後，我還要感謝駐英國臺北代表處的林永樂大使及所有使館人員的幫助。在中文版付梓之際，我深刻感受到「得之於人者太多，出之於己者太少」。感謝所有曾經幫助過我的人，雖然我也許忘記提到某些人的名字，但是感恩之情卻常在我心。

54. Tony Judt, *Postwar: A History of Europe since 1945* (The Penguin Press, 2005), 45.
55. 小菅信子，《戦後和解》（中央公論社，2005），頁 68。
56. Gerry Simpson, "War Crimes: A Critical Introduction," in Timothy L. H. McCormack and Gerry J. Simpson, eds., *The Law of War Crimes: National and International Approaches* (Kluwer Law International, 1997), 20.
57. 袁光，〈對日本戰犯的審判〉，《革命史資料》第 7 輯（文史資料出版社，1982），頁 45。
58. 開發孝次郎，〈昭和天皇独白録再考（1）〉，《日本大学芸術学部紀要》38（2003.7），頁 57。
59. William A. Callahan, "History, Identity, and Security: Producing and Consuming Nationalism in China," *Critical Asian Studies* 38, no. 2 (2006): 181–182.

※ 各檔案館縮寫

日本

GKSK　外交史料館
NAJ　國立公文書館
NDLKS　國立國會圖書館憲政資料室
NDR　國立國會圖書館線上資料庫
TB　東洋文庫
YKA　靖國偕行文庫

臺灣

AH　國史館
KMTPA　國民黨黨史館
MDA　國防部檔案館
MFAT　中央研究院近代史研究所檔案館
NAT　國家發展委員會檔案管理局

中國

MFAC　中國外交部檔案館
SHAC　中國第二歷史檔案館

英國

NAUK　英國國家檔案館

美國

NAUS　美國國家檔案館二館

法國

AOM　國立海外檔案館

三在 2006 年的競選宣言中也是這麼說的，參見：安倍晉三，《美しい国へ》（文春新書，2006），頁 70。

45. 〔001/001〕165 —衆—予算委員会— 3 號，2006 年 10 月 6 日，NDR。關於「何謂歷史」的國家觀點，參見：Yoshiko Nozaki, *War Memory, Nationalism and Education in Postwar Japan, 1945–2007: The Japanese History Textbook Controversy and Ienaga Saburo's Court Challenges* (Routledge, 2008), 97–99.

46. Linus Hagström and Björn Jerdén, "Understanding Fluctuations in Sino-Japanese Relations: To Politicize or to De-politicize the China Issue in the Japanese Diet," *Pacific Affairs* 83, no. 4 (December 2010): 720.

47. 線上可見外洩的美國國務院電文："Despite Potential Hiccups, PRC Pushes for Improved Japan Ties," September 12, 2007, http://cablegatesearch.net/cable.php?id=07BEIJING5977&q=arc%20freedom%20of%20prosperity. 電文記載，安倍晉三辭職不會影響中日關係，因為兩國關係已經「升溫」，且其中特別指出「雖然大多數中國年輕人『討厭日本』，但是自從安倍任職以來，北京方面就開始宣揚日本的正面形象，以克服這些負面的感受。對於安倍拜訪帕爾法官之子，以及供奉一棵小樹到靖國神社一事，中國民眾的反應是『低調』的。」（感謝吉利歐・普吉利斯告知我這項資料。）

48. http://www.fmprc.gov.cn/eng/wjdt/zyjh/t311544.htm.

49. Kazuhiko Togo, "Development of Japan's Historical Memory: The San Francisco Peace Treaty and the Murayama Statement in Future Perspective," *Asian Perspective* 35 (2011): 341.

50. http://news.sina.com.cn/s/p/2006–08–10/104410685661.shtml; http://www.globaltimes.cn/NEWS/tabid/99/ID/670336/Atonement-and-forgiveness.aspx.

51. ht t p://w w w.globa ltimes.cn /DesktopModu les/DnnForge%20-%20NewsArticles/Print.aspx?tabid=99&tabmoduleid=94&articleId=670336&moduleId=405&PortalID=0. 感謝東尼・布魯克斯告知我這則故事。亦可見： http://ajw.asahi.com/article/asia/china/AJ201208140003.

52. ht t p://w w w.globa ltimes.cn /DesktopModu les/DnnForge%20-%20NewsArticles/Print.aspx?tabid=99&tabmoduleid=94&articleId=670336&moduleId=405&PortalID=0.

53. Robert Efird, "Japan's 'War Orphans': Identification and State Responsibility," *Journal of Japanese Studies* 34, no. 2 (summer 2008): 367–368.

宜，《日本人の法意識》，岩波書店，1967，其中詳細解釋了一般日本人如何看待法律。

33. 秋山義昭，〈行政法からみた戦後補償〉，頁 60–61。
34. Ibid., 66.
35. Hisashi Owada, “Japan, International Law and the International Community,” in Nisuke Ando, ed., *Japan and International Law Past, Present and Future* (Kluwer Law International, 1999), 364.
36. Kevin Doak, “Beyond International Law: The Theories of World Law,” in Tanaka Kōtarō and Tsunetō Kyō,” *Journal of the History of International Law* 13 (2011): 210.
37. 引自：Mark Mazower, “The Strange Triumph of Human Rights, 1933–1950,” *Historical Journal* 47, no. 2 (June 2004): 385. 亦參見：Dan Plesch, *America, Hitler and the UN—How the Allies Won WWII and Forged a Peace* (IB Tauris, 2011), 95–98, 其中曾簡短提到中國有意積極參與的情況。
38. 引自：Mazower, “The Strange Triumph of Human Rights,” 388.
39. Caroline Rose, “The Yasukuni Shrine Problem in Sino-Japan Relations,” in John Breen, ed., *Yasukuni: The War Dead and the Struggle for Japan's Past* (Hurst and Co., 2007), 26，此處寫道 1951 年至 1985 年間，除了鳩山一郎和石橋湛山以外，每一位日本首相都曾在春季或秋季儀式期間造訪靖國神社。1975 年 8 月 15 日，首相三木武夫曾祕密前往；而首相中曾根康弘公開拜訪靖國神社一事，後來被法庭判為違憲，但此事並不足以嚇阻小泉純一郎。中曾根康弘曾於 1982 年和 1983 年前往靖國神社，但他從未澄清自己是否公開這麼做。
40. Barak Kushner, “Nationality and Nostalgia: The Manipulation of Memory in Japan, Taiwan, and China since 1990,” *International History Review* 29, no. 4 (December 2007): 793–820.
41. John Breen, “The Dead and the Living in the Land of Peace: A Sociology of the Yasukuni Shrine,” *Mortality* (February 2004): 91.
42. James Reilly, “Remember History, Not Hatred: Collective Remembrance of China's War of Resistance to Japan,” *Modern Asian Studies* 45, no. 2 (2011): 470. 詹姆斯・瑞利引用了田中角榮與周恩來的談話，其內容全文可見於：http://www.ioc.u-tokyo.ac.jp/~worldjpn.
43. http://www.asil.org/files/asil_100_ways_05.pdf.
44. 〔001/001〕165 —衆—予算委員会— 3 號，2006 年 10 月 6 日，NDR。安倍晉

中宏等著，《戦争責任・戦後責任—日本とドイツはどう違うか》（朝日新聞社，1994），頁 172。西摩那・托比亞（Simona Tobia）不同意此評價，並寫道：「觀察家整體同意，在德國去納粹化的整個過程中，納粹戰犯的戰後審判與懲罰嚴重不符邱吉爾所期待的結果。」參見其論文：Simona Tobia , "Questioning the Nazis: Languages and Effectiveness in British War Crime Investigations and Trials in Germany, 1945–48," *Journal of War and Culture Studies* 3, no. 1 (May 1, 2010): 124.

21. Shogo Suzuki, "The Competition to Attain Justice for Past Wrongs: The 'Comfort Women' Issue in Taiwan," *Pacific Affairs* 84, no. 2 (June 2011): 223–244.
22. 横浜弁護士会 BC 級戦犯横浜裁判調査研究特別委員会，《法廷の星条旗— BC 級戦犯横浜裁判の記録》（日本評論社，2004），頁 238。
23. Iris Chang, *The Rape of Nanking: The Forgotten Holocaust of World War II* (Penguin, 1997); 關於張純如研究的一些問題，參見：Joshua Fogel, "Review of *The Rape of Nanking: The Forgotten Holocaust of World War II* by Iris Chang," *Journal of Asian Studies* 57, no. 3 (August 1998): 818–819.
24. 《朝日新聞》（東京版）1972 年 9 月 2 日。該報聲稱，支付給 5 個不同國家的受害者補償總額為一次性支付 4 億 6 千萬日圓，大約等於今日的 150 萬美元。
25. Mark Mazower, "Reconstruction: The Historiographical Issues," *Past and Present* 210, suppl. 6 (2011): 20.
26. 引自：Edward Friedman, "Raising Sheep on Wolf Milk: The Politics and Dangers of Misremembering the Past in China," *Totalitarian Movements and Political Religions* 9, no, 2–3 (2008): 391.
27. Ibid.
28. Jeremy E. Taylor and Grace C. Huang, "Deep Changes in Interpretive Currents? Chiang Kai-shek Studies in the Post-Cold War Era," *International Journal of Asian Studies* 9, no. 1 (2012): 99–121.
29. Brian Orend, *The Morality of War* (Broadview Press, 2006), 106.
30. Michael Walzer, *Just and Unjust Wars: A Moral Argument with Historical Illustrations* (Basic Books, 2006).
31. Igor Primoratz, "Michael Walzer's Just War Theory: Some Issues of Responsibility," *Ethical Theory and Moral Practice* 5, no. 2 (June 2002): 222.
32. 秋山義昭，〈行政法からみた戦後補償〉，收錄於奥田安弘等編，《共同研究 中国戦後補償 歴史・法・裁判》（明石書店，2000），頁 55。亦參見：川島武

China's Secret Famine (John Murray, 1996).

6. Gary Jonathan Bass, *Stay the Hand of Vengeance: The Politics of War Crimes Tribunals* (Princeton University Press, 2000), 7–8.
7. Ibid., 13.
8. Tony Judt, "The Past Is Another Country: Myth and Memory in Postwar Europe," in Istvan Deak, Jan T. Gross, and Tony Judt, eds., *The Politics of Retribution in Europe: World War II and Its Aftermath* (Princeton University Press, 2000), 300.
9. Ibid., 302.
10. James Mark, *The Unfinished Revolution: Making Sense of the Communist Past in Central-Eastern Europe* (Yale University Press, 2010).
11. 姜尚中，《アジアから日本を問う》岩波ブックレット NO.336（岩波書店，1994），頁 12–13。
12. 吉村昭，《遠い日の戦争》，trans. by Mark Ealey as *One Man's Justice* (Mariner Books, 2002); 亦見：http://www.japanfocus.org/-Yoshimura-Akira/1884.
13. 松並潤，《占領改革としての BC 級戦争犯罪裁判》，《法学研究（大阪）》第 28 巻第 1 號（2001.9），頁 208。
14. China Fushun War Criminals Management Center, ed., *Place of New Life of Japanese War Criminals* (China Intercontinental Press, 2005) (an English–Chinese dual translation).
15. Neil J. Diamant, "Conspicuous Silence: Veterans and the Depoliticization of War Memory in China," *Modern Asian Studies* 45, no. 2 (2011): 431–461.
16. 梅孝斌、葉恕兵，《為正義敲響法槌：審判日本戰犯的軍事法官葉在增》（南京出版社，2007），頁 351。
17. Harry Harding, "The Chinese State in Crisis, 1966–9," in Roderick MacFarquhar, *The Politics of China, 1949–1989* (Cambridge University Press, 1993), 163–165.
18. 河野正博，〈政界を牛耳る裁かれなかった戦犯たち〉，《潮》（1972.8），頁 253。珍妮絲・米慕拉（Janice Mimura）於著作中深入探究了此課題，涉及岸信介的戰爭時期政策與戰後衝擊，參見：Janice Mimura, *Planning for Empire: Reform Bureaucrats and the Japanese Wartime State* (Cornell University Press, 2011).
19. Devin O. Pendas, "Seeking Justice, Finding Law: Nazi Trials in Postwar Europe," *Journal of Modern History* 81 (June 2009): 353.
20. 広渡清吾，〈ドイツにおける戦後責任と戦後補償〉，收錄於粟屋憲太郎、田

告，頁 19，檔案出自 TB。

145. 清水正義，〈戦争責任と植民地責任 もしくは戦争犯罪と植民地犯罪〉，收錄於永原陽子編，《「植民地責任」論—脱植民地化の比較史》（青木書店，2009），頁 53。

146. 105–00503–11(1)，〈日本戰犯回國以後的反應，日本對我判處釋放日戰犯反應，有關審判戰犯的參考情況摘要〉，1956 年 10 月，MFAC。

147. 田桓主編，《戰後中日關係文獻集 1945–1970》，頁 283–285。

148. 中華人民共和國外交部編，《周恩來外交文選》（中央文獻出版社，1990），頁 169。

149. 張輔麟，《史證：中國教育改造日本戰犯實錄》（吉林人民出版社，2005），頁 317。

150. 古川万太郎，《日中戦後関係史ノート》（三省堂，1983），頁 102–103。

151. 田桓主編，《戰後中日關係文獻集 1945–1970》，頁 321–323。

152. 五百旗頭真，《戦後日本外交史》（有斐閣，2010），頁 96。

153. Amy King, "Imperialism, Industrialisation and War: The Role of Ideas in China's Japan Policy, 1949–1965," PhD Dissertation in International Relations at Oxford University, St. Antony's College, 2012, 18–19.

結論

1. 《朝日新聞》，1964 年 4 月 8 日。
2. Arne Westad, "The Sino-Soviet Alliance and the United States," in Odd Arne Westad, ed., *Brothers in Arms: The Rise and Fall of the Sino-Soviet Alliance, 1945–1963* (Stanford University Press, 1998), 178–179.
3. 關於中國涉入這方面的背景，取自：Yang Kuisong, "Mao Zedong and the Indochina Wars," in Priscilla Roberts, ed., *Behind the Bamboo Curtain* (Stanford University Press, 2006), 55–96; Niu Jun, "Background Shift in Chinese Policy toward the United States in the late 1960s," in Priscilla Roberts, ed., *Behind the Bamboo Curtain* (Stanford University Press, 2006), 319–347.
4. Liang Pan, "Fighting with Formulas over China: Japan and the United Kingdom at the United Nations, 1961–1971," *International History Review* (June 2009): 329–355.
5. Frank Dikötter, *Mao's Great Famine: The History of China's Most Devastating Catastrophe, 1958–1962* (Walker & Co., 2010); Jasper Becker, *Hungry Ghosts:*

日本戰犯的兩次審判（下）〉，《山西檔案》第1期（2008），頁49–52。

131. 山西省人民檢察院編，《偵訊日本戰犯紀實（太原）：1952–1956》，頁156。

132. 永富博道，《白狼の爪跡—山西残留秘史》（新風書房，1995），頁175–176。永富也數度於戰後的紀錄片中現身作證，可見松井稔執導的《日本鬼子》（2001）。

133. 野田正彰，《戦争と罪責》（岩波書店，1998），頁212–214；永富博道，《白狼の爪跡—山西残留秘史》，頁177；Aaron William Moore, *Writing War: Soldiers Record the Japanese Empire* (Harvard University Press, 2013), 256–257.

134. 這個組織的故事在日文或中文作品中都有增長的趨勢。參見：袁韶瑩、楊瑰珍編，《從人到鬼從鬼到人：日本「中國歸還者聯絡會」研究》。

135. 董必武，〈關於最高人民法院的工作報告〉，及張鼎丞，〈關於一九五六年以來檢察工作情況的報告〉（收錄於同一小冊子當中的兩次演講）（法律出版社，1957），頁30–31。

136. 隋淑英，〈20世紀五十年代中國對日本戰犯的審判與釋放〉，《煙台大學學報》（哲學社會科學版）（2006.10），頁459–463。

137. 山西省人民檢察院編，《偵訊日本戰犯紀實（太原）：1952–1956》，頁365–366。

138. 藤田茂曾寫到自己獲釋後三度再訪中國的經驗，見：撫順市政協文史資料委員會編，《難忘的中國：日本中國歸還者聯絡會歷次訪華見聞實錄》（遼寧大學出版社，1992），頁17–46。

139. 金源，《奇緣：一個戰犯管理所長的回憶》，頁278–279。前戰犯富永正三曾寫到這座紀念碑對他的意義：撫順市政協文史資料委員會編，《難忘的中國》，頁137–142。亦可見他戰後所寫的回憶錄：富永正三，《あるB・C級戦犯の戦後史》，水曜社，1977。

140. 新井利男，〈中国の戦犯政策とは何だったのか〉，頁31。

141. 參見：Kimie Hara, *Cold War Frontiers in the Asia-Pacific: Divided Territories in the San Francisco System* (Routledge, 2007).

142. 可從下列著作來比較宋志勇對於中共審判的評價：大澤武司，〈幻の日本人「戦犯」釈放計画と周恩来〉，頁2。

143. 6692，〈中共戦犯帰還者太原組の実情〉，陸情941號，1956年7月7號報告，頁16，檔案出自TB。

144. 6692，〈中共戦犯帰還者太原組の実情〉，陸情941號，1956年7月7號報

115. 齋藤美夫的自白收錄於：新井利男、藤原彰編，《侵略の証言—中国における日本人戦犯自筆供述書》，頁 229–260。城野宏的故事則可見其兩本戰後的回憶錄：《山西独立戦記》，雪華社，1967；《中国の発想》，潮出版社，1968。《朝日新聞》（東京版）1964 年 4 月 8 日。

116. 中國人民政治協商會議編，《從戰犯到公民：原國民黨將領改造生活的回憶》（中國文史出版社，1987），頁 298–311。

117. 斎藤美夫著，前田地子編，《飛びゆく雲—最後の戦犯は語る》（揺籃社，1987），頁 131。

118. 其中有些人是受上級命令而留下，協助重建日本帝國，關於這些人個別的故事，參見：池谷薫，《蟻の兵隊—日本兵 2600 人山西省残留の真相》，新潮社，2007，以及其 2008 年的紀錄片《蟻兵隊》。

119. 山西省人民檢察院編，《偵訊日本戰犯紀實（太原）：1952–1956》前言（新華出版社，1995），頁 2。

120. 中央檔案館等編，《日本帝國主義侵華檔案資料選編（17 卷）》（中華書局，1995），頁 337–364。

121. 6692，〈中共戦犯帰還者太原組の実情〉，陸情 941 號，1956 年 7 月 7 號報告，檔案出自 TB。

122. 山西省人民檢察院編，《偵訊日本戰犯紀實（太原）：1952–1956》前言，頁 3–4。

123. Ibid., 487.

124. Ibid., introduction, 42.

125. Ibid., introduction, 66.

126. 我對於太原地區戰犯審判進展的了解，主要來自下列著作的前半部：山西省人民檢察院編，《偵訊日本戰犯紀實（太原）：1952–1956》。

127. 任海生編，《共和國特赦戰犯始末》（華文出版社，1995），頁 22。

128. 山西省人民檢察院編，《偵訊日本戰犯紀實（太原）：1952–1956》，頁 498。

129. Ibid., 156; 中共中央文獻研究室編，《建國以來重要文獻選編》第 8 冊（中央文獻出版社，1994），頁 241–242。關於 4 月 25 日的中文宣告內容，見：王戰平主編，《正義的審判：最高人民法院特別軍事法庭審判日本戰犯紀實》（人民法院出版社，1991），頁 2。

130. Ibid., 679–734. 亦可參見：孔繁芝，〈山西太原對日本戰犯的兩次審判（上）〉，《山西檔案》第 6 期（2007），頁 49–51，及孔繁芝、張瑞萍，〈山西太原對

105. 瀋陽審判的紀錄或至少部分官方中文紀錄，包括人員的調查與自白、政府命令、審判文字紀錄等，可見：王戰平主編，《正義的審判：最高人民法院特別軍事法庭審判日本戰犯紀實》，人民法院出版社，1991。

106. Cathcart and Nash, “War Criminals and the Road to Sino-Japanese Normalization,” 102, 其中提到「很可能只有受邀者才能出席法庭」，該說法也許部分正確，不過如同國民黨所進行的審判，本次審判可能並非對大眾公開，但中共依然在主流報紙《人民日報》刊載該事件後迅速加以宣傳。

107. 王濯非，〈審判日本戰犯採訪回憶〉，收錄於全國政協暨遼寧、北京、上海、四川、內蒙古、重慶政協文史資料委員會編，《改造戰犯紀實》（中國文史出版社，2000），頁 215–216。

108. 中國央視紀錄片《罪與罰》原本於電視上播放，如今已有 DVD，由中國國際電視總公司製作，未提供出版日期（2 片 DVD，共 5 集）。

109. 郭曉曄，《日本幽靈（文圖對照）── 二戰期間侵華戰犯審判紀實》（當代世界出版社，2004），頁 420。關於這 8 位日本戰犯的生平資料，參見：新井利男資料保存会編，《中国撫順戦犯管理所職員の証言―写真家新井利男の遺した仕事》，頁 40–46。日文的部分自白，參見：新井利男、藤原彰編，《侵略の証言―中国における日本人戦犯自筆供述書》，上坂勝見第 40–53 頁；長島勤見第 54–68 頁。

110. 袁光，〈對日本戰犯的審判〉，頁 50。

111. http://www.ne.jp/asahi/tyuukiren/website/backnumber/02/hujita_kandaiseisakunituite.htm. 這是一篇稍微改動過的日文線上文章，最初刊載於出版品內。藤田茂，〈中国人民の寛大政策について〉，《中帰連》（1997.9），頁 19–27。這則故事有另一個類似的版本，是藤田茂在日本演講時所述說且加以出版者，見：中国帰還者連絡会，《私たちは中国で何をしたか》，頁 222–223。亦可參見：袁光，〈對日本戰犯的審判〉，頁 52。

112. 袁光，〈對日本戰犯的審判〉，頁 54。

113. 古川隆久，《あるエリート官僚の昭和秘史―『武部六蔵日記』を読む》，頁 204–206。武部六藏與古海忠之等人同樣於 1956 年 7 月 1 日遭到起訴，只是他當時病重到無法出席。武部因身為滿洲國領導階層的罪行被判刑 20 年，但被評估為「態度有所轉變」，後因身患重病而遭到釋放，被允許回到日本，返國後死於 1958 年 1 月。

114. 袁光，〈對日本戰犯的審判〉，頁 55。

報〉，1954 年 4 月，MFAC。

97. 美國人在韓戰的經驗加上中共地區流入香港的中方紀錄，讓記者與科學家率先指出洗腦或迫使有理智的人承認自己沒犯過的罪行等情事。參見：Edward Hunter, *Brain-washing in Red China: The Calculated Destruction of Men's Minds* (The Vanguard Press, 1951); and Robert Jay Lifton, *Thought Reform and the Psychology of Totalism: A Study of Brainwashing in China* (Penguin Books, 1961).

98. Adam J. Zweiback, "The 21 'Turncoat GIs': Nonrepatriations and the Political Culture of the Korean War," *Historian* (December 1998): 355.

99. 參見下列文章："Trial for Treason," *Newsweek,* November 10, 1952, 31–32; "A Tale of Treachery on Corregidor," *Life,* November 24, 1952, 28–29; "Case of the Buddhist Sergeant," *Time,* November 24, 1952, 22; and "Million Dollar Loss," *Time,* September 6, 1954. 關於普羅伏全案之處置，參見：Barak Kushner, "Treacherous Allies: The Cold War in East Asia and American Postwar Anxiety," *Journal of Contemporary History* (October 2010): 812–843.

100. 移民海外的著名美國詩人伊茲拉·龐德在廣播中宣揚反美、反閃、反猶的批評，他被逮捕一事，讓大眾注意到所謂叛國者未必是邊緣人物。龐德與被捕的普羅伏不同，他選擇前往法西斯義大利，積極尋求支持者聆聽其對墨索里尼（Mussolini）的宣傳。但讓許多期待審判的人感到失望的是，龐德被判定精神狀態不宜受審，之後僅僅在華盛頓特區的精神病院待了十年多一些，花費的還是公帑。Robert Wernick, "The Strange and Inscrutable Case of Ezra Pound," *Smithsonian* 26, no. 9 (December 1995): 112–127. 亦可參見：Julien D. Cornell, *The Trial of Ezra Pound: A Documented Account of the Treason Case* (J. Day Co., 1966).

101. Rosemary Foot, "The Eisenhower Administration's Fear of Empowering the Chinese," *Political Science Quarterly* 111, no. 3 (autumn 1996), 507; Mark R. Jacobson " 'Minds then Hearts': U.S. Political and Psychological Warfare during the Korean War," PhD dissertation, Ohio State University, 2005, 66：「韓戰期間，為了揭發並反制蘇聯方面的宣傳，陸軍開始研究共產黨思想灌輸的特殊技術，這項技術的流行說法就是『洗腦』……。」

102. 新井利男，〈中国の戦犯政策とは何だったのか〉，頁 23。

103. 新井利男，〈裁くとはなにか〉，頁 32–33。

104. 袁光，〈對日本戰犯的審判〉，《革命史資料》第 7 輯（文史資料出版社，1982），頁 46、49。

釋放而展現的作為」。三宅的回憶見：古海忠之回想錄刊行会編，《回想古海忠之》（古海忠之回想錄刊行会，1984），頁 241。

82. 古海忠之，《忘れ得ぬ満洲国》，頁 226。

83. 新井利男、藤原彰編，《侵略の証言—中国における日本人戦犯自筆供述書》，頁 282。亦可參見：田辺敏雄，〈中国戦犯 · 鈴木啓久中将の憂慮〉，《正論》（1999.10），頁 274–287。

84. 新井利男，〈中国の戦犯政策とは何だったのか〉，頁 10。古海忠之的戰後回憶錄曾寫到撫順戰犯管理所，見：古海忠之，〈夢なりし王道楽土「滿州国」〉，收錄於三国一朗、井田麟太郎編，《昭和史探訪 5 終戦前後》（角川文庫，1985），頁 69。

85. 新井利男，〈中国の戦犯政策とは何だったのか〉，頁 13。

86. Ibid., 12.

87. 新井利男，〈裁くとはなにか—中国の戦犯政策〉，《季刊中国》（2000 年夏），頁 35–36。

88. 鈴木啟久自白的日文摘要可見於：新井利男、藤原彰編，《侵略の証言—中国における日本人戦犯自筆供述書》，頁 13–29。

89. 金源，《奇緣：一個戰犯管理所長的回憶》，頁 102–104。

90. 島村三郎，《中国から帰った戦犯》（日中出版，1975），頁 76。

91. 歸山則之，《生きている戦犯—金井貞直の「認罪」》，頁 176–177。

92. Ibid., 170–171.

93. 日本政治人物高碕達之助與中共總理周恩來在萬隆會議期間的晤談，也許增進了中共監牢裡日本戰犯的該項權益，參見：高碕達之助，〈周恩来と会談して〉，《中央公論》（1961.2），頁 246–252。

94. 郭長建等編，《日本戰犯的再生之地 —— 中國撫順戰犯管理所》（日文版）（五洲傳播出版社，2005），頁 91。另外還有一本相同的書附上了英文翻譯，還加上副標題「Place of New Life of Japanese War Criminals」，而日文版的內容則有所不同。

95. 郭長建等編，《日本戰犯的再生之地 —— 中國撫順戰犯管理所》，頁 96。

96. 此書的日文版當中記載了這項過程，參見：郭長建等編，《日本戰犯的再生之地 —— 中國撫順戰犯管理所》。中共外交部 1956 年 4 月的機密備忘錄詳細記錄這些分組參訪大約會從 2 月開始，目的是要讓日本戰犯「看看從他們犯下罪行以來，中國已經進步了多少」，見：105–00502–10，〈在押日本戰犯參觀情況簡

University Press, 2006), 108–119; 大澤武司，〈在華邦人引揚問題をめぐる戦後日中関係〉，《アジア研究》第 49 巻第 3 號（2003.7），頁 54–70。關於廖承志在日本戰犯審判中所扮演的角色，以及審判結束後與此事的關係，可參見：吳學文、王俊彥，《廖承志與日本》，中共黨史出版社，2007。

70. Cathcart and Nash, "War Criminals and the Road to Sino-Japanese Normalization," 96.

71. 歸山則之，《生きている戦犯―金井貞直の「認罪」》，頁 170–171。

72. 田桓主編，《戰後中日關係文獻集 1945–1970》，頁 156–160；〈論中日關係〉，《人民日報》社論，1953 年 10 月 30 日。

73. W. Allyn Rickett, "Voluntary Surrender and Confession in Chinese Law: The Problems of Continuity," *Journal of Asian Studies* 30, no. 4 (August 1971): 797. 選錄曾被拘禁在中華人民共和國機構內的諸多日本戰犯自白，出版為 10 冊系列叢書：中央檔案館編，《日本侵華戰犯筆供》，中國檔案出版社，2005。

74. 金源，《奇緣：一個戰犯管理所長的回憶》，頁 65。

75. Ibid., 66–67.

76. Ibid., 80–83. 亦見：中国帰還者連絡会，《私たちは中国で何をしたか》（三一書房，1987），頁 180–181。

77. 古川隆久，《あるエリート官僚の昭和秘史―『武部六蔵日記』を読む》（芙蓉書房出版，2006），頁 204。

78. 金源，《奇緣：一個戰犯管理所長的回憶》，頁 93。佐佐真之助的日語自白可見：新井利男、藤原彰編，《侵略の証言―中国における日本人戦犯自筆供述書》，頁 69–81。

79. Motohiro Kobayashi, "An Opium Tug-of-War," in Timothy Brook and Bob Tadashi Wakabayashi, eds., *Opium Regimes: China, Britain, and Japan, 1839–1952* (University of California Press, 2000), 351; Mark Driscoll, *Absolute Erotic, Absolute Grotesque: The Living, Dead, and Undead in Japan's Imperialism, 1895–1945* (Duke University Press, 2010), 232–240.

80. 金源，《奇緣：一個戰犯管理所長的回憶》，頁 97。關於古海忠之懺悔的全文，參見：新井利男、藤原彰編，《侵略の証言―中国における日本人戦犯自筆供述書》，頁 109–147。

81. 歸山則之，《生きている戦犯―金井貞直の「認罪」》，頁 183–184。另一位前日本戰犯三宅秀也還記得，古海忠之那次公開懺悔是鼓起了很大的勇氣，再加上中國方面的影響，其評價古海的認罪是「一位高階軍官為爭取低階軍官士兵被

of a Beijing Gaol in the in the 1950s," *China Quarterly* no. 149 (March 1997): 147–159; Frank Dikötter, "The Emergence of Labour Camps in Shandong Province, 1942–1950," *China Quarterly* 175 (September 2003): 803–817.

60. 歸山則之，《生きている戦犯—金井貞直の「認罪」》，頁 138–139。
61. 6693，〈撫順戦犯のソ・中移管の経緯と収容所内の概況〉，1956 年 7 月 7 日，檔案，TB。
62. 金源，《奇緣：一個戰犯管理所長的回憶》，頁 60。
63. Ibid., 53. 亦可見 2005 年 10 月季刊《中歸聯》的特別號，其中刊登了關於「撫順戰犯管理所經歷」的一場圓桌會議紀錄。自撫順歸國的日人還記得他們早先是被送到哈爾濱；6693，〈撫順戦犯のソ・中移管の経緯と収容所内の概況〉，1956 年 7 月 7 日，檔案，TB。
64. 關於共產黨人如何處置先前曾與日本人共事的國民黨人，或在內戰末期被逮捕、監禁、再教育的國民黨人，詳見：中國人民政治協商會議全國委員會文史資料研究委員會編，《從戰犯到公民：原國民黨將領改造生活的回憶》，中國文史出版社，1987；沈醉，《戰犯改造所見聞》，百姓文化事業有限公司，1987，及撫順市政協文史委員會編，《偽滿皇帝溥儀暨日本戰犯改造紀實》，中國文史出版社，1990。關於末代皇帝溥儀的更多資料，參見：王慶祥，《溥儀秘史》，團結出版社，2007。
65. 稲葉績、奥村和一，〈対談 私たちは「蟻の兵隊」だった〉，《中帰連》（2009.1），頁 43。小林多喜二 1929 年的小說《蟹工船》觸動了早期昭和日本的痛處，書中所突顯的是對工人的剝削以及下層勞動階級的貧苦生活。船員住在甲板之下被稱為「屎盆」的地方，在這個不通風又骯髒的小空間裡吃與睡，生活條件非常惡劣。參見：Tomoko Aoyama, *Reading Food in Modern Japanese Literature* (University of Hawaii Press, 2008), 69. 小林多喜二在此書出版後沒幾天就被日本警察逮捕、刑求、殺害，這本小說也被列為禁書，甚至到戰後依然如此。
66. 歸山則之，《生きている戦犯—金井貞直の「認罪」》，頁 150–156。
67. 外交部，〈加強對日宣傳〉，0200000–14875A，1951–54；外交部，〈中共及蘇俄地區日俘遣返〉，020000019748A，1952–57，AH。
68. "British Embassy Tokyo Memo to Ministry of Foreign Affairs, March 4, 1953," FO 371/105459, NAUK.
69. Franziska Seraphim, *War Memory and Social Politics in Japan, 1945–2005s* (Harvard

政策とは何だったのか〉，頁 4；新井利男資料保存会編，《中国撫順戦犯管理所職員の証言─写真家新井利男の遺した仕事》（梨の木舍，2003），頁 56。師哲出版了幾本不同的戰後日記，但其敘述毛澤東訪問時似乎未提及移轉日本戰俘一事，參見：《在歷史巨人身邊：師哲回憶錄》（中央文獻出版社，1991）。Barak Kushner, *The Thought War: Japanese Imperial Propaganda,* see Chapter 5, "The Japanese Propaganda Struggle on the Mainland."

49. 撫順市政協文史委員會編，《偽滿皇帝溥儀暨日本戰犯改造紀實》（中國文史出版社，1990），頁 21。
50. 新井利男，〈中国の戦犯政策とは何だったのか〉，頁 6–7。
51. 陶駟駒編，《新中國第一任公安部長 ── 羅瑞卿》，頁 118–134。
52. 此為擴編修訂的重印版本：中国帰還者連絡会編，《完全版三光》，晚聲社，1984。包括受審經驗、在日推動促進中日和平關係的運動、將自己的戰罪教導給下一代等，「中歸聯」的完整故事都寫在其所編纂的書中：中国帰還者連絡会編，《帰ってきた戦犯たちの後半生─中国帰還者連絡会の四〇年》，新風書房，1996。某些曾被關押的前戰俘甚至更快將自己的經歷出版成書，參見：平野零兒，《人間改造：私は中国の戦犯であった》，三一書房，1956。英語訪談則可見：James Dawes, *Evil Men* (Harvard University Press, 2013).
53. 在與日本犯人共處期間，金源原本是位助理人員，最終當上了典獄長，在囚犯被釋放之後仍一直在監獄工作到 1978 年。撫順市政協文史委員會編，《偽滿皇帝溥儀暨日本戰犯改造紀實》（中國文史出版社，1990），頁 1。亦可參見：劉家常、鐵漢，《日偽蔣戰犯改造紀實 ── 中國撫順戰犯管理所的奇蹟》，春風文藝出版社，1993。
54. 金源，《奇緣：一個戰犯管理所長的回憶》，中國人民解放軍出版社，1999。金源另出版了一本類似的書：《從戰爭狂人到朋友：改造日本戰犯的成功之路》，群眾出版社，1986。
55. 古海忠之，《忘れ得ぬ満洲国》（経済往来社，1978），頁 215–217。
56. 歸山則之，《生きている戦犯─金井貞直の「認罪」》（芙蓉書房出版，2009），頁 133–134。
57. 金源，《奇緣：一個戰犯管理所長的回憶》，頁 38–39。
58. 6693，〈撫順戦犯のソ・中移管の経緯と収容所内の概況〉，1956 年 7 月 7 日，檔案，TB。
59. Frank Dikötter, "Crime and Punishment in Post-Liberation China: The Prisoners

參與，參見：Ampiah, *Political and Moral Imperatives,* 及其論文 "Japan at the Bandung Conference: An Attempt to Assert an Independent Diplomacy," in Iokibe Makoto, Caroline Rose, Tomaru Junko, and John Weste, eds., *Japanese Diplomacy in the 1950s: From Isolation to Integrati*on (Routledge, 2008).

37. Mineo Nakajima, "Foreign Relations: From the Korean War to the Bandung Line," in Dennis Twitchett and John K. Fairbank, eds., *The Cambridge History of China,* vol. 14, The People's Republic, Part I: The Emergence of Revolutionary China 1949–1965 (Cambridge University Press, 1987), 259–289.
38. Ampiah, *Political and Moral Imperatives,* 98.
39. Ibid., 186–187.
40. 可從下列著作來比較宋志勇對於中共審判的評價：大澤武司，〈幻の日本人「戦犯」釈放計画と周恩来〉，頁 5–6。
41. 105–00220–06(1)，〈關於釋放日本戰犯問題的請示件、報告、命令等〉，1955 年 2 月 28 日 –1955 年 4 月 13 日，MFAC。
42. 105–00220–06(1)，〈最高人民檢察院黨組報告〉，1955 年 2 月 19 日，MFAC。
43. Nakajima Mineo, "Sino-Soviet Confrontation in Historical Perspective," in Akira Iriye and Yonosuke Nagai, eds., *The Origins of the Cold War in Asia* (Columbia Press, 1977), 208–209.
44. Ibid., 211.
45. Maksim Zagorul'ko, ed., *Voennoplennye v SSSR 1939–1956: dokumenty i materialy* (Prisoners of War in the USSR, 1939–1956: documents and materials; Logos, 2000), 864, Document #8.39. 資料庫中列舉的原始資料以及斯拉夫研究學者會議所引用原始資料：GARF (State Archive of the Russian Federation), f. 9401, op. 1, d. 855, l. 77–82, Original document.
46. Maksim Zagorul'ko, ed., *Voennoplennye v SSSR 1939–1956: dokumenty i materialy* (Prisoners of War in the USSR, 1939–1956: documents and materials; Moscow: Logos, 2000), 876, Document #8.49 (Original source: Centre for the Preservation of Historical-Documentary Collections), f. 1/p, op. 01e, d. 46, l. 219–220, Original document). 感謝我的研究生謝卓德．穆米諾夫幫忙找出並翻譯這些俄語文獻。
47. 新井利男，〈中国の戦犯政策とは何だったのか〉，頁 3。
48. 菊池一隆，《日本人反戦兵士と日中戦争—重慶国民政府地域の捕虜収容所と関連させて—》（御茶の水書房，2003），頁 199–208；新井利男，〈中国の戦犯

三方勢力計畫與單邊行動。亦可參見：Frank Holober, *Raiders of the China Coast: CIA Covert Operations during the Korean War* (Naval Institute Press, 1999).

24. 任海生編，《共和國特赦戰犯始末》（華文出版社，1995），頁 6–7。
25. 世界知識社編，〈中共中央關於南京賣國政府釋放日本侵華戰犯的聲明〉，1949 年 2 月 4 日，收錄於《日本問題文件彙編》第 1 集（世界知識出版社，1955），頁 36。
26. 世界知識社編，〈中共中央為紀念抗日戰爭 12 週年發佈的口號〉，1949 年 7 月 1 日，收錄於《日本問題文件彙編》第 1 集，頁 39。
27. 世界知識社編，〈周恩來外長對麥克阿瑟擅自規定釋放日本戰犯事的聲明〉，1950 年 5 月 15 日，收錄於《日本問題文件彙編》第 1 集，頁 45；任海生編，《共和國特赦戰犯始末》，頁 20。
28. 世界知識社編，〈關於戰爭罪犯的檢舉和懲罰 —— 沈鈞儒在國際民主法律工作者協會第五屆代表大會上的報告〉，1951 年 9 月 6 日，收錄於《日本問題文件彙編》第 1 集，頁 78。
29. 這些指控某種程度上源自對韓戰期間老斤里（No Gunri）暴行的研究。但記者崔相君於 2010 年 11 月 22 日在劍橋發表談話時，也提及兩方勢力都曾殘害平民，戰爭暴行並非美方獨有的行徑。
30. 中國方面的資料顯示總數為 1,069 人。袁韶瑩、楊瑰珍編，《從人到鬼從鬼到人：日本「中國歸還者聯絡會」研究》（社會科學文獻出版社，2002），頁 13–14；陶駟駒編，《新中國第一任公安部長 —— 羅瑞卿》（群眾出版社，1996），頁 117。
31. 關於被告姓名與判決的完整清單，見：新井利男、藤原彰編，《侵略の証言—中国における日本人戦犯自筆供述書》（岩波書店，1998），頁 278。
32. Kweku Ampiah, *The Political and Moral Imperatives of the Bandung Conference of 1955: The Reactions of US, UK, and Japan* (Global Oriental, 2007), 203–205. 更多資訊可參見：宮城大蔵，《バンドン会議と日本のアジア復帰》，草思社，2001。
33. Matthew Jones, "A 'Segregated' Asia?: Race, the Bandung Conference, and Pan-Asianist Fears in American Thought and Policy, 1954–1955," *Diplomatic History* 29, no. 5 (November 2005): 841–868.
34. Ampiah, *Political and Moral Imperatives,* 24.
35. Jones, "A 'Segregated' Asia?," 854.
36. Ungor, "Reaching the Distant Comrade," 63. 關於日本的反應以及對萬隆會議的

History, 2009. 亦可參見：豊田雅幸，〈中国の対日戦犯処理政策—厳罰主義から「寛大政策」へ〉，《史苑》69，第 181 號（2009.3），頁 15–44。

13. 新井利男，〈中国の戦犯政策とは何だったのか〉，《中帰連》（2000.9），頁 19。
14. 李純青編，《日本問題全面論》，1948 年初版，轉引自《中日問題重要關係資料集》第 2 卷（東京：龍渓書舎，1972），頁 128。
15. Ibid., 137.
16. Chen Jian, "The Ward Case and the Emergence of Sino-American Confrontation, 1948–1950," *Australian Journal of Chinese Affairs* no. 30 (July 1993): 157.
17. Ibid., 163.
18. Ibid., 165. 即便到 1949 年後期，蘇聯仍不願放棄與中國國民黨之間的條約改而支持中國共產黨，見：Chen Jian, *Mao's China and the Cold War* (University of North Carolina Press, 2001), 52.
19. 楊奎松，〈華德事件與新中國對美政策的確定〉，《歷史研究》第 5 期（1994.10），頁 104–118。
20. Chen, "The Ward Case," 167.
21. Michael Schaller, *The American Occupation of Japan: The Origins of the Cold War in Asia* (Oxford University Press, 1985); Marc S. Gallicchio, *The Cold War Begins in Asia: American East Asian Policy and the Dall of the Japanese Empire* (Columbia University Press, 1988); John Swenson-Wright, *Unequal Allies?: United States Security and Alliance Policy toward Japan, 1945–1960* (Stanford University Press, 2005).
22. Allyn and Adele Rickett, *Prisoners of Liberati*on (Cameron Associates, 1957); 亦參見：Derek Bodde, *Peking Diary: A Year of Revoluti*on (Schuman, 1950).
23. 1950 年代初，美國中情局有鑑於其他支援中國國民黨的計畫慘敗，遂派出了兩名間諜約翰・道尼（John Downey）和李察・費克圖（Richard Fecteau），這兩人雖然膽大，卻全然缺乏準備與戰略規劃，在 1952 年第一次出任務便失利。中情局意圖破壞中國共產黨統治的計畫雖多，但大多以失敗告終。Nicholas Dujmovic, "Two CIA Prisoners in China, 1952–73," *Studies in Intelligence* 50, no. 4 (2006); James Lilley, *China Hands: Nine Decades of Adventure, Espionage, and Diplomacy in Asia* (Public Affairs, 2004): 78–83. 後來的駐北京大使李潔明（James Lilley）曾提及美國中情局當時對抗中國大陸的隱祕行動「三叉」── 支持國民黨行動、第

民法院出版社，1991），頁 486。

2. 還有另一類相關的戰犯也受到了審判，那就是曾與日本人合作的中國官員及在內戰期間遭俘的國民黨軍人。我此處的研究僅著重於日本與共產黨方面的互動，但國民黨亦有顯著的關聯性而不當被遺忘。
3. 半藤一利等著，《「BC 級裁判」を読む》（日本経済新聞出版，2010），頁 24–25；岩川隆，《孤島の土となるとも— BC 級戦犯裁判》（講談社，1995），頁 544–547。
4. Michael Hunt, "Beijing and the Korean Crisis, June 1950–June 1951," *Political Science Quarterly* 107, no. 3 (autumn 1992): 470.
5. 田桓主編，《戰後中日關係文獻集 1945–1970》（中國社會科學出版社，1996），頁 57–58。
6. 該演講日期為 1957 年 3 月 18 日，時間在審判已結束之後，但依然頗能顯示中國方面在國際法背後的想法。
7. 董必武，〈在軍事檢察院檢察長、軍事法院院長會議上的講話〉，1957 年 3 月 18 日，收錄於中共中央文獻研究室編，《建國以來重要文獻選編》第 10 冊（中央文獻出版社，1994），頁 140。
8. Ibid., 142.
9. Edward Fung, *The Intellectual Foundations of Chinese Modernity: Cultural and Political Thought in the Republican Era* (Cambridge University Press, 2010), 159.
10. Philip Piccigallo, *The Japanese on Trial: Allied War Crimes Operations in the East, 1945–1951* (University of Texas Press, 1979), 150. 由於無法取得檔案，故針對 1949 年蘇聯審判的學術研究成果非常稀少。
11. 大澤武司，〈幻の日本人「戦犯」釈放計画と周恩来〉，《中国研究月報》（2007.6），頁 1，及大澤武司，〈中華人民共和国の日本人「戦犯」処理—裁かれた「帝国」〉，收錄於增田弘編，《大日本帝国の崩壊と引揚・復員》（慶應義塾大学出版会，2012），頁 109–138。
12. 關於中共審判的更多資訊，參見：Adam Cathcart and Patricia Nash, "War Criminals and the Road to Sino-Japanese Normalization: Zhou Enlai and the Shenyang Trials, 1954–1956," *Twentieth Century China* 34, no. 2 (April 2009): 89–111. 日本對於戰後中共革命口號有何等重要性，詳情參見：Cagdas Ungor, "Reaching the Distant Comrade: Chinese Communist Propaganda Abroad (1949–1976)," PhD dissertation at the State University of New York at Binghamton, Department of

78. 巣鴨遺書編纂会編，《世紀の遺書》，巣鴨遺書編纂会刊行事務所，1953。
79. 巣鴨遺書編纂会編，《世紀の遺書》田嶋隆純序文，頁 2。
80. Shunsuke Tsurumi, *A Cultural History of Postwar Japan, 1945–1980* (Routledge and Kegan Paul, 1987), 13–27.
81. 巣鴨遺書編纂会編，《世紀の遺書》，頁 4。
82. 田嶋隆純發起一項運動紀念受處決的乙丙級戰犯，出版了戰犯的遺囑與證詞，而這本 1953 年發行的暢銷書《世紀遺書》（巣鴨遺書編纂会刊行事務所）的所得，一部分被用來資助該雕像的製作。這項資訊引自 2009 年 4 月 20 日的《每日新聞》。
83. 關於此課題的更多內容，參見：Barak Kushner, "Heroes, victims, and the quest for peace: war monuments and the contradictions of Japan's post-imperial commemoration," in Frank Müller and Dominik Geppert, eds., *Imperial Sites of Memory* (Manchester University Press, forthcoming).
84. John Nelson, "Social Memory as Ritual Practice: Commemorating Spirits of the Military Dead at Yasukuni Shinto Shrine," *Journal of Asian Studies* 62, no. 2 (May 2003): 443–467.
85. 393.4，井上忠男資料，《戦犯釈放要旨》，井上忠男，第 40 期資料，法務大臣官房司法法制調査部，頁 755，YKA。
86. Ibid.
87. 393.4，井上忠男資料，《戦犯釈放要旨》，井上忠男，第 40 期資料，法務大臣官房司法法制調査部，頁 756，YKA。
88. Tony Judt, "The Past Is Another Country: Myth and Memory in Postwar Europe," in Istvan Deak et al., eds., *The Politics of Retribution in Europe: World War II and Its Aftermath* (Princeton University Press, 2000), 319.
89. Masahiro Yamamoto, "Japan's 'Unsettling' Past: Article 11 of San Francisco Peace Treaty and Its Ramifications," *Journal of U.S.-China Public Administration* 7, no. 5 (serial no. 55) (May 2010): 1–16.
90. Timothy Brook, "The Tokyo Judgment and the Rape of Nanking," *Journal of Asian Studies* 60, no. 3 (August 2001): 675.

第七章　社會主義式的寬宏大量

1. 王戰平編，《正義的審判：最高人民法院特別軍事法庭審判日本戰犯紀實》（人

Ottawa Press, 2010).

56. 〈戦犯処理方策（案）〉，1952年10月1日，丙-11-4A. 21 5872，《戦争裁判参考資料》，NAJ。

57. 丙-11-4A. 21 5872，《戦争裁判参考資料》，NAJ。

58. Ibid.

59. Ibid.

60. Ibid. 這份報告引用了日本諺語「勝者為官軍，敗者為叛軍」，用英文來說就是「敗者永遠都是錯的」。

61. 在許多狀況中，該組織的頭銜名稱都未提到「戰爭」一詞。

62. 丙-11-4A. 21 5872，《戦争裁判参考資料》，NAJ。

63. Ibid.

64. 393.4，井上忠男資料，《戦犯釈放運動》，YKA。

65. Ibid. 亦參見：有山輝雄，《占領期メディア史研究—自由と統制・1945年》，柏書房，1996。

66. 393.4，井上忠男資料，《戦犯釈放運動》，YKA。

67. 393.4，井上忠男資料，《戦争裁判と諸対策並び海外における戦犯受刑者の引揚げ》，引揚援護局法務調査室，1954年9月製作，YKA。

68. Franziska Seraphim, *War Memory and Social Politics in Japan, 1945–2005* (Harvard University Press, 2006), 79.

69. 393.4，井上忠男資料，《戦犯釈放運動》，YKA。

70. Ibid.

71. Ibid. 一次大戰期間日本人文明地對待德國戰俘一事，在日本已經成為一種普遍的敘事，用以形容皇軍的仁慈，在2006年的日本電影《歡樂頌》（バルトの楽園）中更進一步被渲染。這部抒情傷感的電影呈現了日本守軍、城鎮居民與心生感激的德國戰俘之間歡樂的關係。

72. 393.4，井上忠男資料，《戦犯釈放運動》，YKA。

73. Ibid.

74. 由於火車站改建，這座雕像在2007年遭到移除，當我於2012年和日本鐵路員工談話時，對方告知我該雕像預計會移回。

75. 田嶋信雄，《田嶋隆純の生涯》（隆純地蔵尊奉賛会，2006），頁87。

76. Ibid., 83.

77. Ibid., 89.

Soldier and Nation in 1950s Japan," *International Journal of Asian Studies* 5, no. 2 (2008): 198; 内海愛子，〈解説〉，收錄於加藤哲太郎，《私は貝になりたい—あるBC級戦犯の叫び—》，頁264。在該書中，加藤哲太郎（以匿名發表）撰寫的篇章為〈狂える戦犯死刑囚〉，頁101–118，及〈戦争は犯罪であるか〉，頁171–192，收錄於飯塚浩二編，《あれから七年—学徒戦犯の獄中からの手紙》，光文社，1953。

46. 一戦犯者，〈私たちは再軍備の引き換え切符ではない—戦犯釈放の意味について〉，頁233–234。
47. 加藤哲太郎，〈私はなぜ「貝になりたい」の遺書を書いたか〉，收錄於加藤哲太郎，《私は貝になりたい—あるBC級戦犯の叫び—》，頁105–122（初刊於1959年3月《婦人公論》）; Wilson, "War, Soldier and Nation in 1950s Japan," 197–202.
48. 申河慶，〈大衆文化からみるBC級戦犯裁判と「責任」〉，日本文学部会報告第4回国際日本学コンソーシアム，http://hdl.handle.net/10083/49136, 187.
49. 引自，内海愛子，《スガモプリズン—戦犯たちの平和運動》（吉川弘文館，2004），頁175。《私は貝になりたい》，東寶電影，1959。
50. 如此令人髮指的事件真實發生過，且屢屢在士兵的私人日記中見到，參見：桑島節郎，《華北戦記》（図書出版社，1978），頁38。
51. 林博史，《戦犯裁判の研究 戦犯裁判政策の形成から東京裁判・BC級裁判まで》（勉誠出版，2010），頁7–8。
52. 法務大臣官房司法法制調查部編，《戦争犯罪裁判概史要》，1973。這本書是油印裝訂版，上頭印有「小心取用」的字樣，令人不禁納悶政府究竟在擔心些什麼。豐田隈雄曾談到自己決定從事這項任務的原因，見：〈戦争裁判の後始末について〉，《水交》（1973.7），頁22–24。
53. Barak Kushner, *The Thought War—Japanese Imperial Propaganda* (University of Hawaii Press, 2006), 25.
54. 393.4，《戦争裁判関係資料》。這套藏品屬於靖國偕行文庫的一部分，來自井上忠男資料，《戦犯関係資料収集に関する綴り》，YKA。
55. 〈所謂「戦犯」の釈放、減刑等に対する一般勧告の重要緊急性に就ての意見〉，1952年6月2日，丙-11-4A. 21 5872，《戦争裁判参考資料》，NAJ。以下著作對英文與日文之間互譯的法律問題有所處理，見：Kayoko Takeda, *Interpreting the Tokyo War Crimes Trial: A Sociopolitical Analysis* (University of

33. D’1.3.0–1，〈本邦戦犯裁判関係雑件〉第 2 卷，GKSK。

34. 約翰・史文森－萊特（John Swenson-Wright）曾在其介紹笹川良一日記的文章中，探討如何解決乙丙級戰犯議題所涉及的政治性難題，參見其著作：“Sasakawa Ryouichi: Unravelling an Enigma,” in Ryoichi Sasakawa and Ken Hijino, trans., *Sugamo Diary* (Hurst/Columbia, 2010), xiii–xxxi.

35. 「巢鴨新聞發布會」，由威廉・巴納德記錄的美聯社報導，日期為 9 月 3 日，無年份，但我們可以從檔案推論其為 1952 年。丙 -11-4A. 21 5872，《戦争裁判参考資料》，NAJ。

36. 岸信介是日本戰後司法追討的不公正範例之一，他當時以甲級戰犯的身分被監禁，卻從來沒有受到正式起訴或審判。

37. “Sugamo Interview,” typed AP story by William Barnard.

38. 井上忠男資料，《戦犯釈放運動》，YKA。

39. 井上忠男資料，《戦犯釈放資料》，井上忠男，第 40 期資料，法務大臣官房司法法制調查部，頁 433，YKA。

40. 實際的翻譯會更貼近「我想要成為一個貝類」，意思是作者發現自己處在被貼上乙丙級戰犯標籤的困境裡，想要蜷縮並躲藏起來，遠離那個外在世界。石田雄，〈戦争責任論再考〉，《年報 日本現代史》第 2 號（現代史料出版，1996），頁 1–60。

41. 松並潤，《占領改革としての BC 級戦争犯罪裁判》，《法学研究（大阪）》第 28 卷第 1 號（2001.9），頁 209。Naoko Shimazu, “Popular Representations of the Past: The Case of Postwar Japan,” *Journal of Contemporary History* 38, no. l (January 2003): 101–116.

42. 在 1959 年的法庭證詞中，加藤哲太郎表示該電影編劇不當剽竊了自己 1953 年的文章〈狂える戦犯死刑囚〉，此文曾收錄於乙丙級戰犯書信合集當中，書名為《あれから七年—学徒戦犯の獄中からの手紙》。參見：〈著作権紛争の経過資料〉，收錄於加藤哲太郎，《私は貝になりたい—ある BC 級戦犯の叫び—》（春秋社，1994），頁 226–232。

43. 一戰犯者，〈私たちは再軍備の引き換え切符ではない—戦犯釈放の意味について〉，《世界》（1952.10），頁 231。

44. Ibid., 243.

45. 茶園義男編，〈『私は貝になりたい』始末記〉，《別冊歴史読本第 15 号 戦争裁判処刑者一千》（新人物往来社，1993），頁 243。Sandra Wilson, “War,

14, *The People's Republic, Part I: The Emergence of Revolutionary China 1949–1965* (Cambridge University Press, 1987), 260.

18. Schaller, *Altered States,* 79.
19. Christensen, *Worse than a Monolith,* as quoted on 38.
20. Julia C. Strauss, "Paternalist Terror: The Campaign to Suppress Counterrevolutionaries and Regime Consolidation in the People's Republic of China, 1950–1953," *Comparative Studies in Society and History* 44, no. 1 (January 2002): 83.
21. Ibid., 87.
22. 《朝日新聞》（東京版），1952 年 4 月 28 日。
23. 稲葉正夫編，《岡村寧次大将資料（上）戦場回想篇》（原書房，1970），頁 103。亦可參見岡村寧次的評論，其收錄於一冊紀念湯恩伯的書中：湯恩伯記念会編，《日本の友 湯恩伯将軍》（湯恩伯記念会，1954），頁 149–160。
24. 翁有為、趙文遠，《蔣介石與日本的恩恩怨怨》（人民出版社，2008），頁 301。
25. Ibid., 302–304.
26. 稲葉正夫編，《岡村寧次大将資料（上）戦場回想篇》，頁 109。
27. Yoshiko Nozaki, *War Memory, Nationalism and Education in Postwar Japan, 1945–2007* (Routledge, 2008); 吉田裕，《日本人の戦争観》（岩波書店，1995），尤其是頁 28–84。殷燕軍，〈日本の戦後処理〉，收錄於赤澤史朗等編，《年報 日本現代史 5》（現代史料出版，1999），頁 85–116。
28. Takamae Eiji, trans. and adapted from the Japanese by Robert Rickets and Sebastian Swann, *Inside GHQ—The Allied Occupation of Japan and Its Legacy* (Continuum Publishers, 2002), 510.
29. 條約全文可見：http://www.taiwandocuments.org/sanfrancisco01.htm.
30. 信件註明的日期為 1951 年 10 月，井上忠男資料，《戦犯釈放運動》，YKA。
31. 今村均的戰罪審判是戰後的評論最重視的案例。其最初在拉包爾（當時為澳洲領土）被捕入獄，遭澳洲軍事法庭判處 10 年刑期，後來被送往印尼，而在印尼則被判無罪。1950 年，今村均被遣送回澳洲，在馬努斯島（屬新幾內亞群島）服刑，直到 1953 年當地監獄關閉，他又在東京的巣鴨監獄服完剩餘的刑期。
32. 393.4，井上忠男資料，《戦犯釈放資料》，井上忠男，第 40 期資料，法務大臣官房司法法制調查部，頁 469。這本巨冊的封面有紅字標記「除本部分以外切勿公開」，YKA。

Korean War: A History (Modern Library, 2010).

6. Michael Schaller, *Altered States: The United States and Japan since the Occupation* (Oxford University Press, 1997), 25.
7. 關於此事與後續的分裂，更多內容可參見：Odd Arne Westad, ed., *Brothers in Arms: The Rise and Fall of Sino-Soviet Alliance, 1945–1963* (Stanford University Press, 1998).
8. Thomas Christensen, *Worse than a Monolith: Alliance Politics and Problems of Coercive Diplomacy in Asia* (Princeton University Press, 2011), 45.
9. Odd Arne Westad, *Decisive Encounters: The Chinese Civil War: 1946–1950* (Stanford University Press, 2003), 322.
10. Patrick Wright, *Passport to Peking: A Very British Mission to Mao's China* (Oxford University Press, 2010).
11. 覃怡輝，《金三角國軍血淚史（1950–1981）》（中央研究院叢書），聯經出版公司，2009。
12. Qiang Zhai, *The Dragon, The Lion and The Eagle: Chinese, British-American Relations, 1949–1958* (Kent State University Press, 1994), 135.
13. 韓戰期間，中國與北韓確實做了大量宣傳以展現其對於盟軍戰俘的寬厚，甚至在1952年11月舉辦為期超過12天的戰俘營奧運會，參見：祝繼光，〈戰俘營裡的「奧運會」〉，《環球軍事》第18期（2002），頁58–60。與韓戰戰俘相關而需要解決的法律及政治問題，在意識型態層面上幾乎比同盟國在二次大戰期間所要面對的更加沉重。參見：Jan P. Charmatz and Harold M. Wit, "Repatriation of Prisoners of War and the 1949 Geneva Convention Author," *Yale Law Journal* 62, no. 3 (February 1953): 391–415. *POW: The Fight Continues after the Battle, The Report of the Secretary of Defense's Advisory Committee on Prisoners of War* (U.S. Government Printing Office, August 1955).
14. Chen Jian, *Mao's China and the Cold War* (University of North Carolina Press 2001), 109–110.
15. Steven Casey, *Selling the Korean War: Propaganda, Politics, and Public Opinion, 1950–1953* (Oxford University Press, 2008), 285–286.
16. Schaller, *Altered States,* 21.
17. Mineo Nakajima, "Foreign Relations: From the Korean War to the Bandung Line," in Dennis Twitchett and John K. Fairbank, eds., *The Cambridge History of China,* vol.

89.〈最近の戦犯関係情況について連絡〉，4A-022-00，丙 11 法務 07314100，NAJ。

90. 岩坪博秀，〈白団 中華民国軍事顧問団について〉，頁 355。

91. 蘇進強於 2005 年 4 月參拜靖國神社，引發國際上軒然大波。關於此事如何在臺灣與日本牽涉更廣泛的歷史—政治論辯，參見：Barak Kushner, "Nationality and Nostalgia: The Manipulation of Memory in Japan, Taiwan, and China since 1990," *International History Review* 29, no. 4 (December 2007): 793–820.

92. 松島和美，〈国民党軍の再建に関与した「白団」（その 2）最近の台湾における報道と評価〉，《鵬友》（2006.3），頁 78–79。

93. 劉傑、川島真，〈グローバル化時代の東アジア〉，收錄於川島真、服部龍二編，《東アジア國際政治史》（名古屋大学出版会，2007），頁 323–354。關於這些觀念如何滲透入當代國際關係，可見：Tsuyoshi Hasegawa and Kazuhiko Togo, eds., *East Asia's Haunted Present Historical Memories and the Resurgence of Nationalism* (Praeger, 2008).

第六章　無法盡如人意的和平

1. Ian Neary, *The State and Politics in Japan* (Polity, 2002), 59.
2. *Xiaobing Li, Allan R. Millet, and Bin Yu, eds. and trans., Mao's General Remember Korea* (University Press of Kansas, 2001), 26.
3. 羅芙芸（Ruth Rogaski）並未明顯傾向任一方，同時表示中方的指控其實連結到其他長期性的擔憂，關乎人民如何看待國家的問題，參見：Ruth Rogaski, "Nature, Annihilation, and Modernity: China's Korean War Germ-Warfare Experience Reconsidered," *Journal of Asian Studies* 61, no. 2 (May 2002): 381–415. 歷史學者湯姆・布坎南（Tom Buchanan）則認為其間存在著更精心策劃的陰謀，該陰謀企圖矇騙由著名中國科學史家李約瑟（Joseph Needham）所領導的訪問團，參見：Tom Buchanan, "The Courage of Galileo: Joseph Needham and the 'Germ Warfare' Allegations in the Korean War," *History* (October 2001): 503–522.
4. 五十嵐武士，《日米関係と東アジア—歴史的文脈と未来の構想》（東京大学出版会，1999），頁 121–123。
5. 御厨貴，〈東京裁判見直しが求める "国家論"〉，《中央公論》（2005.10），頁 246。布魯斯・柯明斯（Bruce Cumings）堅稱韓戰並非代理人戰爭或國際戰爭，而是一場內戰，這項主張的最佳概論可見其著作：Bruce Cumings, *The*

Embassy, Nanking, General Records, 1946–48, Box 19, "Folder 711," NAUS.

76. Ibid.

77. 小笠原清，〈蒋介石をすくった日本将校団〉，頁 161。

78. Petersen, "The Intelligence That Wasn't," 205–206.

79. 原檔案中的粗體字是為了強調。蔡斯少將致國防部長俞大維信函，1955 年 4 月 6 日，〈我政府首長與美要員會談紀錄案〉，N'36–06， 00034450, 00090046,47, 56, MDA。

80. 周彥，〈戰後日本的臺灣幫與中日關係〉，《日本研究集林》上半年刊（2009.1），頁 1。

81. Marius Jansen, *The Japanese and Sun Yat Sen* (Harvard University Press, 1954); Sven Saaler and Christopher W. A. Szpilman, eds., *Pan-Asianism: A Documentary History, Volume 1: 1850–1920,* and *Pan-Asianism: A Documentary History, Volume 2: 1920–Present* (Rowman and Littlefield, 2011).

82. 深町英夫，〈師か？敵か？──蒋介石・閻錫山の留日経験と近代化政策〉，收錄於貴志俊彥、谷垣真理子、深町英夫編，《模索する近代日中関係─対話と競存の時代》（東京大学出版会，2009），頁 61–62。

83. Stephen Connor, "Side-Stepping Geneva: Japanese Troops under British Control, 1945–7," *Journal of Contemporary History* (2010): 389–405; 亦見：Steve Tsang, *The Cold War's Odd Couple: The Unintended Partnership between the Republic of China and the UK, 1950–1958* (I. B. Tauris, 2006).

84. 白団の記録を保存する会編，〈「白団」物語（5）〉，頁 40。

85. 白団の記録を保存する会編，〈「白団」物語（11）第 5 話 0 から出発し国家総動員体制を創出する〉，《偕行》（1993.8），頁 28。將這項歷史評價複雜化的是：永原陽子編，《「植民地責任」論─脱植民地化の比較史》，青木書店，2009。

86. 佐藤卓己，《八月十五日の神話 終戦記念日のメディア学》，筑摩書房，2005；加藤聖文，《「大日本帝国」崩壊─東アジアの 1945 年》，中公新書，2009。

87. 川島真主編，《日台関係史 1945–2008》，東京大学出版会，2009。

88. 緒方竹虎也是日本首相吉田茂所挑選的臺灣特使人選，其欲建立關於中國大陸的情報網路。Masaya Inoue, "Yoshida Shigeru's 'Counter Infiltration' Plan against China," 5–8.

68. 白団の記録を保存する会編，〈「白団」物語（3）第1話 白団の誕生（下）〉，《偕行》（1992.12），頁28。孫中山於1924年在廣東附近創建黃埔軍校，為中國的新式軍隊創建了一個軍官階級。關於國民黨軍旅生活體驗以及所需的訓練，參見：Sang Pin-zai, "I Wanted to Go to War," in Pang-Yuan Chi and David Der-wei Wang, eds., *The Last of the Whampoa Breed: Stories of the Chinese Diaspora* (Columbia University Press, 2003), 26–42; and Diane Lary, *Warlord Soldiers: Chinese Common Soldiers, 1911–1937* (Cambridge University Press, 1985).
69. 白団の記録を保存する会編，〈「白団」物語（3）第1話 白団の誕生（下）〉，頁29。
70. 翁有為、趙文遠，《蔣介石與日本的恩恩怨怨》，頁296。
71. William C. Kirby, *Germany and Republican China* (Stanford University Press, 1984); R. K. I. Quested, *Sino-Russian Relations: A Short History* (Routledge, 1984, reprinted in 2005).
72. 占領期間與日本媒體相關的議題，下列著作有詳盡的說明：有山輝雄，《占領期メディア史研究—自由と統制・1945年》，柏書房，1996。
73. HCI/57/198 Japanese Viet minh; "le probleme Japonais en Indochine," 1946, AOM.
74. Christopher Goscha, "Building Force: Asian Origins of Twentieth-Century Military Science in Vietnam (1905–54)," *Journal of Southeast Asian Studies,* 34, no. 3 (October 2003): 547. 亦可參見：Christopher E. Goscha, "Belated Allies: The Technical Contributions of Japanese Deserters to the Viet Minh (1945–1950)," in Marilyn Young and Robert Buzzanco, eds., *A Companion to the Vietnam War* (Blackwell, 2002), 37–64; Christopher Goscha, "Alliés tardifs: les apports techniques des déserteurs japonais au Viet-Minh durant les premieres années de la guerre franco-vietnamienne," *Guerres mondiales et conflits contemporains* (February/March 2001): 81–109; 立川京一，〈第二次世界大戦期のベトナム独立運動と日本〉，《防衛研究所紀要》第3巻第2號（2000.11），頁67–88，及立川京一，〈インドシナ残留日本兵の研究〉，《戦史研究年報》第5號（2002.3），頁43–58。廣州中國領事與法國領事對於由誰來審判日本戰犯有所爭執，中方表示在理論上，根據國際法律程序及同盟國的規章，若日本戰犯虐待或傷害的僅有法國人，他們便會將戰犯交給法方；但日本戰犯所傷害的對象若包括中國人，他們就不會這樣做。中方因而保有起訴日本人的權力。外交部020–00000–1163A，〈戰犯審判與懲治〉，AH。
75. RG 84, Records of the Foreign Service Posts of the Department of State, China, U.S.

（北方文藝出版社，頁 2007），頁 118。姚輝雲認為是曹士澂前往東京，並在美國占領當局協助之下，處理高階日本戰犯如谷壽夫等人引渡至中國的事宜。

55. 白团の記録を保存する会編，〈「白団」物語（1）白団派遣の背景〉，《偕行》（1992.10），頁 22–23。

56. 池谷薫，《蟻の兵隊—日本兵 2600 人山西省残留の真相》，新潮社，2007；奥村和一、酒井誠，《私は「蟻の兵隊」だった—中国に残された日本兵》，岩波書店，2006。亦可見 MAXAM 影視公司於 2008 年發行的紀錄片《蟻兵隊》（蟻の兵隊），導演為池谷薰。而澄田賚四郎在其自利虛榮的回憶錄裡，則企圖輕輕帶過自己在整體行動裡所扮演的角色，參見其回憶錄：澄田賚四郎，《私のあしあと》，澄田智，1980。

57. 張宏波，〈日本軍の山西残留に見る戦後初期中日関係の形成〉，《一橋論叢》，頁 202；張宏波指出，澄田賚四郎在回憶錄裡，意圖將派遣日本士兵到臺灣幫助蔣介石軍隊一事講成是自己與岡村的點子。

58. 390.281 オ 岡村寧次大将回想録 · 戦史資料 3，岡村寧次 · 16 期，引揚援護局（1954），頁 116，YKA。

59. 翁有為、趙文遠，《蔣介石與日本的恩恩怨怨》，頁 292。

60. 根據一位中國史學家的說法，他們的待遇起初並不高，每人每個月大約只有 80 美金，但在日本，占領軍僱用日本人的薪水卻是一個月 200 美金。岡村寧次對此表示不滿，日本教官的薪資最終有所提升，後來又靠著額外的津貼等來提高薪資，到了 1960 年代時已相當可觀。陳鴻獻，〈蔣中正先生與白團（1950–1969）〉，《近代中國》第 160 期（2005.3），頁 113–117。

61. 白団の記録を保存する会編，〈「白団」物語（1）〉，頁 24。1949 年 10 月 1 日，中國共產黨宣布在內戰中取得勝利，不過當時還存在著不少組織，因此戰鬥仍持續了一陣子。

62. 林照真，《覆面部隊 —— 日本白團在台祕史》，頁 14。

63. 翁有為、趙文遠，《蔣介石與日本的恩恩怨怨》，頁 293。

64. 白団の記録を保存する会編，〈「白団」物語（1）〉，頁 26。

65. 白団の記録を保存する会編，〈「白団」物語（4）第 2 話（上）17 人組の「瞞天過海」台湾行〉，《偕行》（1993.1），頁 30。

66. 白団の記録を保存する会編，〈「白団」物語（5）第 2 話 白団教育始まる＝蒋総統の熱意〉，《偕行》（1993.2），頁 27。

67. 翁有為、趙文遠，《蔣介石與日本的恩恩怨怨》。

Nebraska Press, 1998), xii.

45. 國民黨與共產黨雙方軍隊的實際傷亡人數，至今依然是備受爭議的歷史課題。參見：洪小夏，〈關於金門戰役幾個史實的考證：兼論金門戰役的歷史定位〉，收錄於呂紹理主編，《冷戰與臺海危機》（國立政治大學歷史學系，2010），頁 9–25。
46. Michael Szonyi, *Cold War Island: Quemoy on the Front Line* (University of Cambridge Press, 2008), 16–17. 這場戰役的遺緒——或說至少臺灣繼續脫離中國大陸而獨立存在，並在國際上有其分量的事實——可見下列著作之分析：Shelley Rigger, *Why Taiwan Matters: Small Island, Global Powerhouse* (Rowman and Littlefield, 2011).
47. 林照真，《覆面部隊——日本白團在台祕史》，頁 53。
48. 西田薩男，〈義勇軍論—根本博元中将台湾へ行く〉，《評人》（1950.2），頁 10–13。
49. FO 371/83400, NAUK.
50. 1953 年 4 月 16 日，臺灣報紙《臺北中央時報》刊載了一篇關於根本博的文章，詳述了他的冒險。當被問到為何要帶著釣竿回日本時，根本博表示那支釣竿是他最珍惜的物品，因為他當初在美國占領日本期間非法離境，所以得帶著釣竿假裝自己不是要去臺灣：「我宣稱要去釣魚，於是帶著這根釣竿。」根本博的計畫極為保密，他甚至沒跟妻子說明自己的去向，直到兩個月之後抵達臺灣，才與妻子聯繫，在這段期間，根本博的妻子還以為他逃亡或失蹤了。亦可參見：《朝日新聞》（東京版）1952 年 6 月 25 日，其中有篇短文並刊登了根本博歸國後的照片。
51. 門田隆将，《この命、義に捧ぐ 台湾を救った陸軍中将根本博の奇跡》，頁 219。媒體對於根本博的報導，某種程度受到先前辻政信在東南亞復興日本皇軍故事的啟發。
52. 曹士澂，《白団 報恩のため生命をかけて台湾に密航した無名英雄日本将校団》（未標註日期的私人手稿），頁 3，YKA。
53. 白団の記録を保存する会編，〈「白団」物語（5） 第 3 話 曹士澂将軍大いに語る〉，《偕行》（1993.3），頁 41。
54. 曹士澂，《白団 報恩のため生命をかけて台湾に密航した無名英雄日本将校団》（未標註日期的私人手稿），頁 6，YKA；翁有為、趙文遠，《蔣介石與日本的恩恩怨怨》，頁 291；姚輝雲，《世紀大審判：南京大屠殺日本戰犯審判紀實》

32. 張進山，〈日本政界的臺灣幫與臺灣的對日院外活動〉，《當代亞太》第 2 期（2001），頁 5，此處表示根本博到臺灣的祕密行動背後謀劃者為岡村，此外根本博還將軍火武器贈予蔣介石。今井武夫，〈根本博中将〉，收錄於今井武夫等編，《日本軍の研究指揮官》（原書房，1980），頁 140。
33. 林照真，《覆面部隊 —— 日本白團在台祕史》（時報文化，1996），頁 46。亦可參見：James Boyd, *Japanese-Mongolian relations, 1873–1945: Faith, Race and Strategy* (Global Oriental, 2011).
34. 臺灣報紙《中央日報》在 1955 年 2 月 24 日刊載了一篇文章對根本博的政治觀點詳加報導，其中根本博表示：「自由的中國意味著自由的日本，而日本對此也有部分責任。中國內部所發生的事情會影響到日本內部。」
35. 門田隆将，《この命、義に捧ぐ 台湾を救った陸軍中将根本博の奇跡》（集英社，2010），頁 79–82。
36. 小松茂朗，《戦略将軍根本博：ある軍司令官の深謀》（光人社，1987），頁 196–197。
37. Ronald McGlothlen, *Controlling the Waves: Dean Acheson and U.S. Foreign Policy in East Asia* (Norton, 1993), 122–125. 憤怒的美國政府與國民黨政權之間彼此沒有好感，前者可以厭惡蔣介石的美國國務卿艾奇遜（Dean Acheson）為代表。美國政府當中曾有人考慮支持反蔣的兵變，而二次大戰期間，某部門亦曾謀劃刺殺蔣介石的行動，但羅斯福總統從未批准。
38. 門田隆将，《この命、義に捧ぐ 台湾を救った陸軍中将根本博の奇跡》，頁 113–121。
39. 白団の記録を保存する会編，〈「白団」物語（15）終章「謝恩」〉，《偕行》（1993.12），頁 22–23。
40. 林照真，《覆面部隊 —— 日本白團在台祕史》，頁 49。
41. 白団の記録を保存する会編，〈「白団」物語（15）〉，頁 24。
42. 白団の記録を保存する会編，〈「白団」物語（3）第 1 話 白団の誕生（下）〉，《偕行》（1992.12），頁 27。
43. 門田隆将，《この命、義に捧ぐ 台湾を救った陸軍中将根本博の奇跡》，頁 147。
44. 愛德華．德瑞雅（Edward Drea）評論，日本軍事上的失利並不是因為科學或士氣不振，而是由於糟糕的軍事戰略，根據這項評論的啟發，日本皇軍戰術的整體性不禁令人產生質疑。Edward Drea, *In the Service of the Emperor* (University of

中日合作問題談話紀錄〉，1950 年 6 月 7 日，O08–25, 00041641, 00010004–00010010，MDA。

21. Donald G. Gillin, *Warlord: Yen Hsi-shan in Shansi Province, 1911–1949* (Princeton University Press, 1967).
22. 白団の記録を保存する会編，〈「白団」物語（1）白団派遣の背景〉，《偕行》（1992.10），頁 23；戴國煇，《台湾—人間・歴史・心性》（岩波書店，1988），頁 149–153；中村祐悅，《新版 白団—台湾軍をつくった日本軍将校たち》芙蓉書房出版，2006。
23. 小笠原清，〈蒋介石をすくった日本将校団〉，《文藝春秋》（1971.8），頁 163。小笠原從未澄清過他所說的是哪一場戰役，或者明白表示他認為國民黨整體上在金門取得了軍事勝利。金門的關鍵性戰役分別發生在 1949 年與 1958 年，儘管雙方砲擊交戰時而猛烈，但國民黨在軍事上未曾屈服於中共軍力，這樣的情況是否與日本的軍事訓練有關依然存疑，然而這是牽涉白團的驕傲時經常引用的史實。山下正男則在某次口述歷史訪談中，提供了溢美之詞較少的觀點。可見：http://www.ohproject.com/ivlist/03/35.html.
24. 參見：Peters, en "The Intelligence That Wasn't," 205–206.
25. 岡村寧次與國民黨菁英之間維繫著堅實的關係網，他在戰後中國保有相對崇高地位一事廣為人知，連西方媒體也知悉此事。
26. 張宏波，〈日本軍の山西残留に見る戦後初期中日関係の形成〉，《一橋論叢》，頁 187。
27. Ibid., 191.
28. 李恩民，《中日民間經濟外交：1945–1972》；Yoshihide Soeya, *Japan's Economic Diplomacy with China, 1945–78* (Clarendon Press, 1998).
29. 關於中國駐日代表團人員的全面性研究，參見：楊子震，〈中國駐日代表團之研究—初探戰後中日・臺日關係之二元架構〉，《國史館館刊》第 19 期（2009.3）頁 62。
30. 曹士澂，《白団 報恩のため生命をかけて台湾に密航した無名英雄日本将校団》（未標註日期的私人手稿），頁 15，YKA。
31. Joyce Chapman Lebra, *The Indian National Army and Japan: Jungle Alliance, Japan and the Indian National Army* (Institute of Southeast Asian Studies, 2008, originally published in 1971); Harry J. Benda, *The Crescent and the Rising Sun: Indonesian Islam under the Japanese Occupation, 1942–1945* (W. van Hoeve, 1958).

13. Masaya Inoue, "Yoshida Shigeru's 'Counter Infiltration' Plan against China: The Plan for Japanese Intelligence Activities in Mainland China 1952–1954," *World Political Science Review* 5, no. 1 (2009): 1–24.
14. 李恩民，《中日民間經濟外交：1945–1972》（人民出版社，1997），頁 49–50；黃自進，〈抗戰結束前後蔣介石的對日態度：「以德報怨」真相的探討〉，《中央研究院近代史研究所集刊》第 45 期（2004.9），頁 143–194。蔣介石寬大對待日本人的訊息照理說在日本投降當日就已經傳遍中國各處，該訊息的目標是要避免大規模報復行動，並讓中國民族著眼於未來；雖然如此，某份湖北省的問卷調查結果顯示蔣介石的訊息傳達的程度令人質疑。一份 1994 年的研究發現，當年 60 歲以上的民眾有超過 85% 從來沒有聽過這個善待日本人的戰後即時廣播，而在聽過該廣播的民眾之中，有 68% 的人認為那不是當下合宜的政策。蔣介石透過媒體向民眾喊話的規模應當很小且次數很少。
15. 田桓主編，《戰後中日關係文獻集 1945–1970》（中國社會科學出版社，1996），頁 10。亦參見：秦孝儀主編，《中華民國重要史料初編：對日抗戰時期 第 7 編 戰後中國（4）》（黨史委員會，1981），頁 633–635；《中央日報》（重慶）1945 年 8 月 16 日，轉引自《戰後中日關係文獻集 1945–1970》，頁 11–12。
16. 〈處置日本〉，蔣中正總統文物檔案：002–020400–00052–001（宋子文電蔣中正美國政府部分人士的言論使日本接受投降條件），AH。這未必是一項新政策，國民黨本質上是仿效 1930 年代抗日戰爭期間國民政府與共產黨對於日本戰俘所採取的政策。參見：Barak Kushner, *The Thought War: Japanese Imperial Propaganda,* (University of Hawaii Press, 2006) 133–34.
17. 菊池一隆，《日本人反戦兵士と日中戦争—重慶国民政府地域の捕虜収容所と関連させて—》（御茶の水書房，2003），尤其是頁 123–151，國民黨管理日本戰俘營的相關法規。關於更多中共八路軍對日本戰俘所採取的政策，可見以下 1939 年的翻譯文章：羅瑞卿，〈八路軍の捕虜政策について〉，《季刊現代史》（1974.8），頁 86–90。
18. 全宗號 787，案卷號 16598，〈中國陸軍總司令部受降報告書〉，1946 年 5 月，SHAC。
19. Gary Jonathan Bass, *Stay the Hand of Vengeance: The Politics of War Crimes Tribunals* (Princeton University Press, 2000), 161.
20. 岡村先生與何團長世禮談話，收錄於〈何世禮團長與日本岡村商談韓戰局勢及

Developments in Taiwan since 1949 (University of Hawaii Press, 1993), 48–72; and Steven Phillips, *Between Assimilation and Independence: The Taiwanese Encounter Nationalist China, 1945–1950* (Stanford University Press, 2003).

7. Stephen C. Mercado, *The Shadow Warriors of Nakano: A History of the Imperial Japanese Army's Elite Intelligence School* (Brasser's, 2002), 293, fn 64. 史蒂芬・梅卡度（Stephen C. Mercado）認為美國非常清楚前日本皇軍支援國民黨人的計畫。Sayuri Shimizu, "Occupation Policy and Postwar Sino-Japanese relations, Severing Economic Ties," in Mark Caprio and Yoneyuki Sugita, eds., in *Democracy in Occupied Japan: The U.S. Occupation and Japanese Politics and Society* (Routledge, 2007), 203, 此處評論白團既非美國當局亦非日本政府所批准。亦參見：Shigehiro Yuasa, "Japanese Views on China during and Immediately after the War," 445–459, in Larry I. Bland, ed., with special assistance by Roger B. Jeans and Mark F. Wilkinson, *George C. Marshall's Mediation Mission to China, December 1945–January 1947* (George C. Marshall Foundation, 1998); Jay Taylor, *The Generalissimo: Chiang Kai-Shek and the Struggle for Modern China* (Belknap Press, 2009), 452; and Hsiao-ting Lin, "The U.S.-Taiwan Military Diplomacy Revisited: Chiang Kai-shek, *Baituan,* and the 1954 Mutual Defense Pact," *Diplomatic History* (April 2013): 1–24.
8. FO 371/83400 — Japanese Forces Operating in China in Support of Both Nationalist and Communist Armies, A "Minute" from to Head of UK Mission in Tokyo from the Military Advisor, 28 December 1949, NAUK.
9. 翁有為、趙文遠，《蔣介石與日本的恩恩怨怨》（人民出版社，2008），頁296。
10. 更多美國方面的資訊可見：George Kerr, *Formosa Betrayed* (Da Capo Press, 1976); and Gary Rawnsley and Ming-Yeh Rawnsley, eds., *The Clandestine Cold War in Asia* (Frank Cass, 2000).
11. 辻政信在戰爭末期逃離中國，旅居東南亞地區後又返回日本，歸國後隨即出書，對自己脫逃一事及企圖幫助民族主義團體脫離歐洲再殖民的活動有頗引人興趣的細節描述。參見：辻政信，《潜行三千里》，毎日ワンズ，2008，初版 1950。
12. Frederick Wakeman, *Spymaster, Dai Li and the Chinese Secret Service* (University of California Press, 2003), 351. 關於國民黨早期招募日本人的行動，中文資料詳見：張瑞，〈原國民黨軍統局東北區「對日工作」的陰謀活動〉，《遼寧文史資料》（內部發行）第 9 輯（遼寧人民出版社，1984），頁 83–95。

Responsibility," *German Studies Review* 25, no. 1 (February 2002): 57–78; Dennis Piszkiewicz, *Wernher von Braun: The Man Who Sold the Moon* (Praeger Publishers, 1998); and Bob Ward, *Dr. Space: The Life of Wernher von Braun* (U.S. Naval Institute Press, 2005).

2. 日本的科技對於戰後中國頗為重要，參見：Daqing Yang, "Resurrecting the Empire? Japanese Technicians in Postwar China, 1945–49," in Harald Fuess, ed., *The Japanese Empire in East Asia and Its Postwar Legacy* (Iudicium, 1998), 193；楊大慶，〈中国に留まる日本人技術者〉，收錄於劉傑、川島真編，《1945 年の歴史認識》（東京大学出版会，2009），頁 113–139，及松本俊郎，〈鞍山日本人鉄鋼技術者たちの留用問題—中国東北鉄鋼業の戦後復興—〉，《人文学報》第 79 號（京都大学人文科学研究所，1997.3），頁 235–284。中國國民黨並非唯一於戰後初期運用日本人勢力者，中國共產黨也是。關於參與中共軍隊的日本士兵與醫護詳情可見：古川万太郎，《凍てつく大地の歌—人民解放軍日本人兵士たち》，三省堂，1984。日本醫護在戰爭末期所經歷的艱難抉擇與恐懼，有時影響了他們加入中共軍隊的選擇，相關故事參見：安斎貞子，《野戦看護婦》，富士書房，1953；鹿錫俊，〈東北解放軍医療隊で活躍した日本人—ある軍医院の軌跡から〉，《北東アジア研究》第 6 號（2004.1），頁 35–55。

3. John Farquharson, "Governed or Exploited? The British Acquisition of German Technology," *Journal of Contemporary History* 32, no. 1 (January 1997): 23–42.

4. 關於中國內戰雙方所面臨的問題，可參見：Odd Arne Westad, *Decisive Encounters: The Chinese Civil War, 1946–1950* (Stanford University Press, 2003).

5. 參見：Michael Petersen, "The Intelligence That Wasn't: CIA Name Files, the U.S. Army, and Intelligence Gathering in Occupied Japan," in *Researching Japanese War Crimes Records, Introductory Essays* (National Archives and Records Administration for the Nazi War Crimes and Japanese Imperial Government Records Interagency Working Group, 2006). 下列文章則曾間接提及蔣介石與岡村之間以寬恕戰罪交換戰後軍事協助一事：岩坪博秀，〈白団 中華民国軍事顧問団について〉，收錄於「同台クラブ講演集」編集委員会編，《昭和軍事秘話》（同台経済懇話会，1989），頁 348，及張進山，〈日本政界的臺灣幫與臺灣的對日院外活動〉，《當代亞太》第 2 期（2001），頁 5–6。

6. Steve Tsang, "Chiang Kai-shek and the Kuomintang's Policy to Reconquer the Chinese Mainland, 1949–1958," in Steve Tsang, ed., *In the Shadow of China: Political

行》（1992.10），頁 18。（這一系列文章根據的是 1992 年 10 月至 1994 年 1 月間的會談）

106. 〈日人對審判戰犯觀感之調查〉，中國駐日代表團所提交的報告第一節，1949 年 7 月，073.8/0001，《聯合國在日人民司法管轄權暨盟總准許日戰犯舉行保釋》，11-EAP-02228，MFAT。

107. 〈日本對審判戰犯觀感之調查〉，MFAT。

108. G3–00182, box 384, Folder John W. Weeks, Dec. 1948–Dec. 1949, NDLKS.

109. G3–00286, Box 384c, NDLKS.

110. 關於美國在中國境內所主導的審判，坂邦康是少數曾細究的學者之一，參見：坂邦康，《上海法廷：戦争裁判 史実記録 1 米軍関係》，東潮社，1967。

111. G3–00182, box 384, Folder John W. Weeks, Dec. 1948–Dec. 1949, NDLKS.

112. Ibid.

113. Ibid.

114. Ibid.

115. 日暮吉延，〈合衆国と対日戦犯裁判の終結〉，《史学雑誌》第 109 卷第 11 號（史学会，2000 年 11 月），頁 1967。

116. Ibid., 1961.

117. Ibid., 1967–1969.

118. Totani, *The Tokyo War Crimes Trial,* 59.

119. 《日本問題文件彙編》第 1 集，頁 45。

120. Ibid., 53–57.

121. Ibid., 76.

122. 孟憲章，《中國反美扶日運動鬥爭史》（中華書局出版，1951），頁 15。此書為報紙文章之彙編，作為反美扶日運動的一部分而整理、出版。

123. Ibid., 29.

第五章　臺灣

題詞：來自湯姆·雷勒 1965 年的專輯《就是那一年》（*That Was the Year That Was*），嘲諷美國為了冷戰居然幫助納粹科學家在二次大戰後移民。

1. 關於沃納·馮·布朗的書寫目前有所增加，但詳細記載其納粹背景及早期美國人對其研究的興趣，則可見：Michael J. Neufeld, “Wernher von Braun, the SS, and Concentration Camp Labor: Questions of Moral, Political, and Criminal

91. 梅孝斌、葉恕兵，《為正義敲響法槌》，頁 249。

92. 這個詞彙原本出自中國人對日本人行徑的回應，參見：Totani, *The Tokyo War Crimes Trial,* 188.

93. 米濱泰英，《日本軍「山西残留」—国共内戦に翻弄された山下少尉の戦後》（オーラルヒストリー企画，2008），頁 32。

94. 林照真，《覆面部隊——日本白團在台祕史》（時報出版，1996），頁 15。

95. 翁有為、趙文遠，《蔣介石與日本的恩恩怨怨》（人民出版社，2008），頁 281。

96. 關於「白團」源起的簡要討論，參見：Barak Kushner, "Pawns of Empire: Postwar Taiwan, Japan and the Dilemma of War Crimes," in *Japanese Studies* (special issue on Japan and Taiwan) 30, no. 1 (May 2010): 111–133.

97. 曹士澂，《白団 報恩のため生命をかけて台湾に密航した無名英雄日本将校団》（未標註日期的私人手稿），頁 12，YKA。

98. 翟強，〈美日同盟與毛澤東的「一邊倒」決策（1947–1950）〉，收錄於牛大勇、沈志華主編，《冷戰與中國的周邊關係》（世界知識出版社，2004），頁 112–117。亦可參見：Michael Schaller, *The American Occupation of Japan: The Origins of the Cold War in Asia* (Oxford University Press, 1985).

99. 任海生編，《共和國特赦戰犯始末》（華文出版社，1995），頁 6。

100. 葉在增，〈審判日軍侵華總司令岡村寧次內幕〉，《九江文史資料選輯 紀念抗日戰爭勝利四十週年專輯》（中國人民政治協商會議九江市委員會，1985），頁 203–204。後來徐永昌還曾參與讓日本軍士為國民黨作戰以對抗共產黨的計畫，參見：張宏波，〈日本軍の山西残留に見る戦後初期中日関係の形成〉，《一橋論叢》第 134 卷第 2 號（2005），頁 201。一般，532/197，石美瑜，〈審判戰犯回憶錄〉，《傳記文學》第 2 卷第 2 期，1963 年 3 月，頁 35–41，KMTPA。

101. 鍾漢波，《駐外武官的使命——一位海軍軍官的回憶》（麥田出版，1998），頁 113。他的姓名也會以羅馬拼音表記為 Lt. Commander Chung Han Po。

102. Ibid., 114–115.

103. 翟強，〈美日同盟與毛澤東的「一邊倒」決策（1947–1950）〉，頁 117。

104. 《日本問題文件彙編》第 3 集（世界知識出版社，1955），頁 36。這套書為中日關係原始文獻重印的合集。

105. 白団の記録を保存する会編，〈「白団」物語（1）白団派遣の背景〉，《偕

71. H. J. Timperley, *What War Means: The Japanese Terror in China* (Victor Gollancz, 1938), 284–85. 田伯烈直接引用了《日本廣告報》12 月 7 日與 12 月 14 日的內容。

72. 中國有許多論文都在重複這樣的控訴，此處僅引用其中少數，參見：李東朗，〈國民黨政府對日本戰犯的審判〉，《百年潮》第 6 期（2005），頁 27–35；羅軍生，〈石美瑜與戰後南京隊日軍戰犯的審判〉，《黨史縱覽》第 1 期（2006），頁 20–26。

73. 本多勝一，《中国の旅》，朝日新聞社，1972。此外亦可見於一份英文翻譯：*The Nanking Massacre* (M. E. Sharpe, 1999). 向井千恵子，〈「無実だ！」父の叫びが聞こえる〉，《正論》（2000.3），頁 60–71。

74. 笠原十九司，《「百人斬り競争」と南京事件》，頁 201。

75. 胡菊蓉編，《南京大屠殺史料集》，頁 496–497。

76. Ibid., 492.

77. 笠原十九司，《「百人斬り競争」と南京事件》，頁 145–151。

78. 王俊彥，《日本戰犯審判秘聞》，頁 296。

79. Ibid., 297.

80. Ibid., 298.

81. 胡菊蓉編，《南京大屠殺史料集》，頁 505。

82. 巣鴨遺書編纂会編，〈向井敏明〉，《世紀の遺書》，頁 40–42。

83. 有兩篇出色的文章討論《朝日新聞》在支持日本帝國主義方面扮演的角色。參見：朝日新聞社編，《新聞と「昭和」》（朝日新聞出版，2010）；山本武利，《朝日新聞の中国侵略》，文藝春秋，2011。

84. 笠原十九司，《「百人斬り競争」と南京事件》，頁 222。

85. Bob Tadashi Wakabayashi, "The Nanking 100-Man Killing Contest Debate," 332.

86. 笠原十九司，《「百人斬り競争」と南京事件》，頁 217。

87. 服部龍二，《日中歴史認識「田中上奏文」をめぐる相克 1927–2010 》（東京大学出版会，2010），頁 1。亦可參見：John J. Stefan, "The Tanaka Memorial (1927): Authentic or Spurious," *Modern Asian Studies* 7, no. 4 (1973): 733–745.

88. 服部龍二，《日中歴史認識「田中上奏文」をめぐる相克 1927–2010 》，頁 18。

89. Ibid., 263–264.

90. 笠原十九司，《「百人斬り競争」と南京事件》，頁 222。

Service Posts of the Department of State, China, U.S. Embassy, Nanking, General Records, 1946–1948, 1947:711.6 to 1947:715, folder 711.6, May 16, 1947, report from embassy "Trial of Hisao Tani before Chinese Court as a Japanese War Criminal," NAUS. 參見與其相關的線上論文：http://www.japanfocus.org/-David-Askew/1729.

60. 王俊彥，《日本戰犯審判秘聞》，頁 268。

61. Ibid., 270–271.

62. 笠原十九司，《「百人斬り競争」と南京事件》，頁 234。

63. 中方的判決可見：〈國防部審判戰犯軍事法庭判決〉被告谷壽夫，11-EAP-02227，MFAT。

64. 梅孝斌、葉恕兵，《為正義敲響法槌》，頁 182。巣鴨遺書編纂会編，〈谷壽夫〉，收錄於《世紀の遺書》復刻版（講談社，1984)，頁 50–51。

65. 王俊彥，《日本戰犯審判秘聞》，頁 272–276。美國駐南京大使館於 1946 年 3 月 16 日以電報告知國務院這起審判事宜，內容包括整體中國學界意見與審判細節。"Trial of Hisao Tani before Chinese Court as a Japanese War Criminal," May 16, 1947, RG 84, Records of the Foreign Service Posts of the Department of State, China, U.S. Embassy, Nanking, General Records, 1946–1948, Box 66, File711.6, NAUS.

66. RG 331, SCAP, Legal Section, Administrative Division, Misc Subject File, 1945–50, Box 1225, NAUS.

67. RG 331, SCAP, Legal Section, Administrative Division, Misc Subject File, 1945–50, Box 1225. G2 Chief of Staff report from 18 Feb. 1948 concerning "Transfer of Japanese as suspected war criminals to the Chinese government for transfer to China," NAUS.

68. Bob Tadashi Wakabayashi, "The Nanking 100-Man Killing Contest Debate: War Guilt amid Fabricated Illusions, 1971–75," *Journal of Japanese Studies* 26, no. 2 (summer, 2000): as quoted on 326.

69. 張憲文主編，《中華民國史》第 3 冊前言（南京大學出版社，2005），頁 1。第 1 頁有日本報紙的「百人斬比賽」照片。張憲文主編，《中華民國史》第 4 冊前言（南京大學出版社，2005），頁 5，則有一張野田毅因「百人斬比賽」受審的照片。

70. 若林正的論文詳盡地納入了所有相關議題，涵蓋事件本身及戰後對這起事件及其審判激烈的歷史論辯，參見：Bob Wakabayashi, "The Nanking 100-Man Killing Contest Debate," 307–340.

而將谷壽夫從上海移送南京的日期記為 1946 年 8 月 10 日，參見：胡菊蓉編，《南京大屠殺史料集 24 南京審判》（江蘇人民出版社，2006），頁 60–61。

45. 王俊彥，《日本戰犯審判秘聞》，頁 265。關於葉在增個人對該審判的觀察，可參見其文：葉在增，〈審判日軍侵華總司令岡村寧次內幕〉，《九江文史資料選輯 紀念抗日戰爭勝利四十周年專輯》（中國人民政治協商會議九江市委員會，1985），頁 199–205；胡菊蓉，〈中外軍事法庭對戰犯松井石根、谷壽夫等審判概況〉，收錄於中國人民政治協商會議江蘇省南京市委員會文史資料研究委員會編，《史料選輯 侵華日軍南京大屠殺史料專輯》（1983），頁 54–71。
46. 松井石根是戰後中國戰爭故事的一位中心人物，且於中國首批流行的戰爭電影之一《平原游擊隊》（長春電影製片廠製作）中成為角色的原型，被以某種幽默嘲諷的方式呈現。
47. 笠原十九司，《「百人斬り競争」と南京事件—史実の解明から歴史対話へ》（大月書店，2008），頁 229。
48. Ibid., 230.
49. Ibid., 231.
50. 胡菊蓉編，《南京大屠殺史料集 24 南京審判》，頁 62。
51. Ibid., 72–73.
52. 小林一博，《「支那通」一軍人の光と影 磯谷廉介中将伝》（柏書房，2000），頁 233–237。
53. 蘭姆致王寵惠信函，由南京的英國大使館寄予聯合國戰爭罪行委員會遠東及太平洋小委員會祕書長，1946 年 9 月 13 日，020–010117–0034–0007a，AH。我們應設想蘭姆之所以希望與王寵惠討論這項課題，是因為王寵惠當時為重慶專門小組的負責人 —— 雖然其名在原件中有誤。
54. 蘭姆致王寵惠信函，由南京的英國大使館寄予聯合國戰爭罪行委員會遠東及太平洋小委員會祕書長，AH。
55. 布萊恩致黃正銘信函，由南京的英國大使館寄予中國外交部，1947 年 7 月 9 日，020–010117–0034–0052a，AH。
56. 若想了解他受監禁數年間的日記，參見：小林一博，《「支那通」一軍人の光と影 磯谷廉介中将伝》。
57. 梅孝斌、葉恕兵，《為正義敲響法槌》，頁 131。
58. 笠原十九司，《「百人斬り競争」と南京事件》，頁 233。
59. 梅孝斌、葉恕兵，《為正義敲響法槌》，頁 158。RG 84, Records of the Foreign

28. 王俊彥，《日本戰犯審判秘聞》（中國華僑出版社，1995），頁 277–278。
29. Ibid., 281.
30. *Law Reports of Trials of War Criminals, Selected and Prepared by the United Nations War Crimes Commission,* vol. XIV (Her Majesty's Stationery Office, 1949), part 83, 3.
31. 岩川隆，《孤島の土となるとも—BC 級戦犯裁判》，頁 598。
32. Ibid., 601.
33. RG 331, SCAP, Legal Section, Administrative Division, Misc Subject File, 1945–50, Board of Officers to Demobilization, Box 1227, NAUS.
34. 和田英穂，〈国民政府の対日戦後処理方針の実際—戦犯問題と賠償問題〉，《若手研究者研究成果報告論集 No. 1》（2006 年 3 月），頁 127–128。
35. 王俊彥，《日本戰犯審判秘聞》，頁 284。
36. Fujiwara Akira, "Nanking Atrocity — Interpretive Overview," in Bob Tadashi Wakabayashi, ed., *The Nanking Atrocity, 1937–38: Complicating the Picture* (Berghahn Books, 2007), 40.
37. Hattori Satoshi and Edward Drea, "Japanese Operations from July to December 1937," in Mark Peattie, Edward Drea, and Hans van de Ven, eds., *Battle for China: Essays on the Military History of the Sino-Japanese War of 1937–1945* (Stanford University Press, 2011), 179.
38. Fujiwara Akira, "Nanking Atrocity — Interpretive Overview," 47.
39. Ibid., 50.
40. Yuma Totani, *The Tokyo War Crimes Trial: The Pursuit of Justice in the Wake of World War II* (Harvard University Press, 2008), 120–121.
41. Ibid., as quoted on 122–125.
42. 梅孝斌、葉恕兵，《為正義敲響法槌：審判日本戰犯的軍事法官葉在增》（南京出版社，2007），頁 105–106。王俊彥表示，谷壽夫是在 1946 年 2 月被逮捕並關押於巢鴨監獄，8 月時被送往中國，見：王俊彥，《日本戰犯審判秘聞》，頁 264。
43. 梅孝斌、葉恕兵，《為正義敲響法槌》，頁 106–108。
44. 梅孝斌、葉恕兵，《為正義敲響法槌》，頁 108–109，當中表示此日期為 1946 年 8 月。胡菊蓉在其第一本書的該主題中記載，1946 年 8 月 3 日時谷壽夫已經身在上海且受到中國當局質詢：胡菊蓉，《中外軍事法庭審判日本戰犯》，頁 147；但是在後來增編的版本裡，卻將自日本移送谷壽夫的命令記為 8 月 3 日，

Board of Officers to Demobilization, Box 1227, Folder, "Chinese Mission to Japan: Memo for Record from 15 Apr 1947, NAUS.

18. RG 331, SCAP, Legal Section, Administrative Division, Misc Subject File, 1945–50, Box 1225. G2 Chief of Staff report from 18 Feb. 1948 concerning "Transfer of Japanese as suspected war criminals to the Chinese government for transfer to China," NAUS.
19. D 1.3.9.2–5–1，〈一般狀況関係（旧満州国裁判を含む）〉，1946 年 2 月 5 日，《本邦戦犯裁判関係雑件 外地ニ於ケル本邦人ノ軍事裁判関係 中国ノ部》。各類文獻整理不足，日期有些混亂，這份報告第 1 頁註記為昭和 21 年 2 月編製，但第 1 行又註記為昭和 21 年 7 月編製。後來的另一副本對此有所更正，實際上似乎是昭和 22 年編製的，1947，GKSK。
20. D 1.3.9.2–5–1，〈一般狀況関係（旧満州国裁判を含む）〉，這份報告結尾註記為 1947 年 8 月 3 日，但我猜原始報告來自 1946 年，GKSK。
21. D 1.3.9.2–5–1，〈一般狀況関係（旧満州国裁判を含む）〉1946 年 2 月 5 日《本邦戦犯裁判関係雑件 外地ニ於ケル本邦人ノ軍事裁判関係 中国ノ部》，GKSK。
22. 全宗號 18，案卷號 2278，〈關於美國軍在華逮捕引渡及審判戰犯的案件〉，SHAC。民國 35 年（1946 年）的外交部內部討論紀錄，9 月 27 日，SHAC。
23. 關於法律課題的整體中文概要以及南京戰犯審判證詞，參見：胡菊蓉，《中外軍事法庭審判日本戰犯：關於南京大屠殺》（南開大學出版社，1988），尤其是頁 110–170。
24. Mark R. Peattie, "The Dragon's Seed — Origins of the War," in Mark Peattie et al., eds., *The Battle for China: Essays on the Military History of the Sino-Japanese War of 1937–1945* (Stanford University Press, 2011), 69.
25. 稲葉正夫編，《岡村寧次大将資料（上）戦場回想篇》（原書房，1970），頁 104–105。
26. 關於該案件的完整中文判決，參見：《國防部審判戰犯軍事法庭判決》，被告酒井隆，020–010117–0033–0039a to 0051a，AH。
27. *Law Reports of Trials of War Criminals, Selected and Prepared by the United Nations War Crimes Commission* 14 (Her Majesty's Stationery Office, 1949), part 83, Trial of Takashi Sakai (Chinese War Crimes Military Tribunal of the Ministry of National Defence, Nanking, Judgment delivered on 29 August 1946), 1–2.

4. 林博史，《BC 級戦犯裁判》（岩波書店，2005），頁 102–103。
5. 伊香俊哉，〈中国国民政府の日本戦犯処罰方針の展開（下）〉，《戦争責任研究》季刊第 33 號（2011 年冬），頁 73。
6. 伊香俊哉，〈戦犯裁判 国民政府の BC 級戦犯裁判—その意図と限界〉，收錄於粟屋憲太郎編，《近現代日本の戦争と平和》（現代史料出版，2011），頁 219。
7. 伊香俊哉，〈中国国民政府の日本戦犯処罰方針の展開（下）〉，頁 67。
8. 關於這點，我們可從相關報章彙編當中看得很清楚，見：内海愛子、永井均，《新聞史料にみる東京裁判・BC 級裁判》第 1–2 卷，現代史料出版，2000。其中短文的數量雖不少，但重要性都不高，日本媒體僅止讓人們知曉有這件事而已，這麼做顯然有部分原因是出自審查制度。
9. 松浦総三，〈知られざる占領下の言論弾圧—いわゆる " 戦犯図書 " をめぐって〉，思想の科学研究会編，《共同研究 日本占領》（德間書店，1972），頁 219–227。
10. 岩川隆，《孤島の土となるとも— BC 級戦犯裁判》，頁 441–443。亦可見：Daqing Yang, *Technology of Empire: Telecommunications and Japanese Expansion in Asia, 1883–1945* (Harvard University Asia Center, 2011).
11. 岩川隆，《孤島の土となるとも— BC 級戦犯裁判》，頁 453–455。
12. RG 331, SCAP, Legal Section, Administrative Division, Misc Subject File, 1945–50, Board of Officers to Demobilization, Box 1227, Folder, "Chinese Mission to Japan: Memo for Record from 15 Apr 1947, NAUS.
13. 參見：佐藤亮一，《北京収容所——記者の獄中日記》，荒地出版社，1977。他在戰後堅稱於調查期間在北京監獄內遭到毆打，但最終未遭起訴而被釋放。
14. Tessa Morris-Suzuki, "Ethnic Engineering: Scientific Racism and Public Opinion Surveys in Midcentury Japan," *Positions: East Asia Cultures Critique* 8, no. 2 (fall 2000): 499–529.
15. RG 331, SCAP, Legal Section, Administrative Division, Misc Subject File, 1945–50, Box 1225, Folder Formal Demands (Jpn Gov't), NAUS.
16. D 1.3.9.2–5–1，〈一般狀況関係（旧満州国裁判を含む）〉，1946 年 2 月 5 日，《本邦戦犯裁判関係雑件 外地ニ於ケル本邦人ノ軍事裁判関係 中国ノ部》，GKSK。
17. RG 331, SCAP, Legal Section, Administrative Division, Misc Subject File, 1945–50,

院中山人文社會科學研究所，2014 年 7 月。

73. George Kerr, *Formosa Betrayed* (Da Capo Press, 1976), 227–228.

74. Stefan Fleischauer, "The 228 Incident and the Taiwan Independence Movement's Construction of a Taiwanese Identity," *China Information,* vol. 21, no. 3 (2007): 373–401.

75. 許育銘，〈戰後留台日僑的歷史軌跡——關於澀谷事件及二二八事件中日僑的際遇〉，《東華人文學報》第 7 期（2005.7），頁 171。關於二二八事件歷史演變之研究，可參見：侯坤宏，《研究二二八》，博陽文化事業，2011。如今坐落於臺北市中心的二二八紀念館麻雀雖小五臟俱全，以呈現該事件之歷史與餘波為宗旨：http://228.taipei.gov.tw/。

76. 孟憲章，《中國反美扶日運動鬥爭史》（中華書局出版，1951），頁 11。

77. Ibid., 33.

78. Deokhyo Choi, "Crucible of the Post-empire: Decolonization, Race, and Cold War Politics in U.S.-Japan-Korea Relations 1945–1952," PhD dissertation in the History Department of Cornell University, 2013, 3.

第四章　追求屬於國民黨的正義

題詞：引自 Gary Jonathan Bass, *Stay the Hand of Vengeance: The Politics of War Crimes Tribunals* (Princeton University Press, 2000), 147.

1. Phillida Purvis, "Philip Malins, Prisoners of War and Reconciliation with Japan," in Hugh Cortazzi, ed., *Japan Society Biographical Portraits* 7 (Global Oriental, 2010), 621; Vice-Admiral the Earl Mountbatten of Burma, *Post Surrender Tasks: Section E of the Report to the Combined Chiefs of Staff, by the Supreme Allied Commander, South East Asia, 1943–1945* (H.M.S.O., 1969), 282.

2. 楊維真，〈盧漢與中法越南交涉 1945–1946〉，《檔案季刊》第 10 卷第 1 期（2011.3），頁 16–27。

3. 岩川隆，《孤島の土となるとも—BC 級戦犯裁判》（講談社，1995），頁 602；*Law Reports of Trials of War Criminals, Selected and Prepared by the United Nations War Crimes Commission* 14 (Her Majesty's Stationery Office, 1949); 宋志勇，〈終戦前後における中国の対日政策〉，《史苑》第 54 卷第 1 號（1993.12），頁 63–80。必須澄清的是，聯合國紀錄中還有其他的日本戰犯審判，但並非來自中國。

的狀況。參見：石原昌家，《大密貿易の時代—占領初期沖縄の民衆生活》，晚聲社，1982，及 Matthew Augustine, "Moving from Empire to Nation: Border-crossers and the Allied Occupation of Japan," PhD dissertation at Columbia University, 2009.

64. Owen Griffiths, "Need, Greed, and Protest in Japan's Black Market, 1938–1949," *Journal of Social History* 35, no. 4 (2002): 834. David Kaplan and Alec Dubro, *Yakuza: The Explosive Account of Japan's Underworld* (Addison-Wesley, 1986), 60–63. 此處討論了占領期間駐日盟軍總司令管理的國內「幫派」之角色，以及這些幫派後來與美國中情局之間邪惡的聯繫。在區域衝突的範圍內，日本其他幫派與臺灣及朝鮮人有所連結。兒玉譽士夫就處在這種局勢之中，利用不同的盟友來增進自身利益。

65. 這場騷動的型態為戰後日本極道電影中的典型——這類電影所描繪的正是這個時代。在一部 1973 年的極道電影《無仁義之戰》（仁義なき戦い）中，美國士兵要強暴在黑市攤位販賣廢物、掙扎度日的日本婦人，極道則介入以恢復秩序。後來出現了一名日本退伍軍人，他在此等艱困的時日實在別無選擇，因而踏上了犯罪之路。

66. 大貫健一郎、渡辺考，《特攻隊振武寮 証言 帰還兵は地獄を見た》（講談社，2009），頁 245–248。

67. 沈覲鼎，〈對日往事追憶（27）〉，《傳記文學》第 27 卷第 6 期（1975.12），頁 79。

68. 楊子震，〈戰後初期的日華、日臺關係：以中華民國駐日代表團為中心（1946–1952）〉，戰後檔案與歷史研究學術討論會，國史館（2007.11），頁 13。湯熙勇提及，雖然統計數字不明，但估計死亡人數 5、6 人，受傷者則達 23 人左右，見：湯熙勇，〈公平對待與秩序維持之間：日本東京澀谷事件與臺灣人的審判（1946–47）〉，《亞太研究論壇》第 35 期（2007.3），頁 7。

69. 《朝日新聞》（東京版日報），1946 年 6 月 21 日。

70. 沈覲鼎，〈對日往事追憶（27）〉，頁 77。

71. 《朝日新聞》，1946 年 9 月 29 日。〈中日糾紛交涉〉，001–00000–5242A，AH。至於中國媒體對該事件的處置，參見：何義麟，〈戦後台湾における海外ニュースの報道と規制：渋谷事件の報道を中心に〉，《現代台湾研究》第 32 號（2007.9），頁 3–19。

72. 湯熙勇，〈1947 年 7 月日本東京澀谷事件對臺灣之影響（初探）〉，中央研究

49. Ibid.

50. 全宗號 787，案卷號 16598，〈中國陸軍總司令部受降報告書〉， 1946 年 5 月，SHAC。

51. Douglas Reynolds, *China, 1898–1912: The Xinzheng revolution and Japan* (Harvard University Press, 1993).

52. Henri Rousso, *The Vichy Syndrome: History and Memory in France since 1944* (Harvard University Press, 1994). 亦見：John Boyle, *China and Japan at War, 1937–1945: The Politics of Collaboration* (Stanford University Press, 1972), 352–358，他在此處比較了法國維琪政府與南京國民政府。

53. 劉傑，〈汪兆銘と『南京國民政府』──協力と抵抗の間〉，收錄於劉傑等編，《国境を越える歴史認識—日中対話の試み》（東京大学出版会，2006），頁 172。

54. Ibid., 178.

55. Ibid., 187.

56. 關於朝鮮人先前在日本帝國內的地位，艾米・古洛維茲（Amy Gurowitz）評論道：「所有朝鮮人都在 1910 年時成為日本公民，但是根據血統而來的差別依然存在於朝鮮人與日本人之間；儘管如此，1925 年通過男性投票制以後，朝鮮男性也可以投票了。」參見：Amy Gurowitz, "Mobilizing International Norms: Domestic Actors, Immigrants, and the Japanese State," *World Politics* 51, no. 3 (1999): 425.

57. Tessa Morris–Suzuki, *Exodus to North Korea—Shadows from Japan's Cold War* (Rowman and Littlefield, 2007), 66.

58. 秦孝儀編，〈中華民國重要史料初編—對日抗戰時期 第 7 編 戰後中國〉（黨史委員會，1981），頁 637–640。

59. Lo, "Trials of the Taiwanese as Hanjian," 290.

60. 林えいだい，《台湾の大和魂》（東方出版，2000），頁 257。關於曾為日本士兵的臺灣人遣返故事，見：河崎真澄，《還ってきた台湾人日本兵》，文藝春秋，2003。

61. Lo, "Trials of the Taiwanese as Hanjian," 280.

62. 川島真曾分析過此一複雜關係，見：川島真主編，《日台関係史 1945–2008》，東京大学出版会，2009。

63. 黑市不僅在首都東京孳生，還遍布帝國邊境，反映帝國衰亡過程中邊界漏洞百出

in Australian Custody," *Japanese Studies* 31, no. 2 (September 2011), 215.

34. 岩川隆，《孤島の土となるとも—BC 級戦犯裁判》（講談社，1995），頁 249。

35. Ibid., 254–255. 亦見：Mike (Shi-chi) Lan, "(Re-)Writing History of the Second World War: Forgetting and Remembering the Taiwanese-native Japanese Soldiers in Postwar Taiwan," *Positions: East Asia Cultures Critique* 21, no. 4 (fall 2013): 801-851.

36. 岩川隆，《孤島の土となるとも—BC 級戦犯裁判》，頁 593–594。岩川隆將該次審判列為 1946 年，但檔案庫的官方判決顯示為 1947 年 10 月。〈戰犯陳水雲判決書正本〉，1947 年 10 月 16 日， B3750187701=0036=1571=34189930=1=043 =0000081020001 (continues for ten pages), NAT.

37. 魏宏遠主編，《民國史紀事本末 7 南京國民政府崩潰時期》（遼寧人民出版社，1999），頁 109。

38. 林秋萍，《「漢奸」的詞文解釋與法律界定》，《社會科學論壇》（2005.2），頁 154。斐德列克・偉克曼（Frederick Wakeman）採取了相同的定義，見：Frederick Wakeman, "Hanjian (Traitor)! Collaboration and Retribution in Wartime Shanghai," in Wen-sin Yeh, ed., *Becoming Chinese: Passages to Modernity and Beyond* (University of California Press, 2000), 298–299.

39. Seminar talk, "The Enemies Within: Traitors, Collaborators, and Barbarians in 19th Century Qing China," at the Department of East Asian Studies, University of Cambridge on May 7, 2012.

40. 和田英穂，〈戦犯と漢奸のはざまで〉，《アジア研究》（2003.10），頁 75。

41. Ibid., 76.

42. 孟國祥、程堂發，《懲治漢奸工作概述》，《民國檔案》第 2 期（1994），頁 107。

43. 林秋萍，《「漢奸」的詞文解釋與法律界定》，頁 155。

44. 羅久蓉，〈抗戰勝利後中共懲審漢奸初探〉，《中央研究院近代史研究所集刊》第 23 期（1994.6），頁 272。

45. 和田英穂，〈戦犯と漢奸のはざまで〉，頁 77。

46. 古厩忠夫，〈戦後地域社会の再編と対日協力者〉，收錄於姫田光義編，《戦後中国国民政府史の研究：1945–1949 年》（中央大学出版部，2001），頁 359。

47. 和田英穂，〈戦犯と漢奸のはざまで〉，頁 78。

48. A202000000A=0035=67=490=1=001=0001, NAT.

28 卷第 1 號（2001.9），頁 209。

18. 塩見俊二，《秘録・終戦直後の台湾—私の終戦日記》，高知新聞社，1979。
19. Daqing Yang, "Resurrecting the Empire? Japanese Technicians in Postwar China, 1945–49," in Harald Fuess, ed., *The Japanese Empire in East Asia and Its Postwar Legacy* (Iudicium, 1998), 193. 亦可參見：楊大慶，〈中国に留まる日本人技術者〉，收錄於劉傑、川島真編，《1945 年の歴史認識》（東京大学出版会，2009），頁 113–139。
20. 蘇瑤崇編，《最後的臺灣總督府：1944–1946 年終戰資料集》（晨星出版有限公司，2004），頁 258–280。本書為中日文的原始文獻史料彙編。
21. 富沢繁，《台湾終戦秘史—日本植民地時代とその終焉》（いずみ出版，1984），頁 167。
22. Ibid., 99–100. 關於日本剛投降後的臺灣情況，詳見：曾健民，《破曉時刻的臺灣：八月十五日後激動的一百天》，聯經出版公司，2005。
23. 許育銘，〈戰後留台日僑的歷史軌跡——關於澀谷事件及二二八事件中日僑的際遇〉，《東華人文學報》第 7 期（2005.7），頁 155。
24. 菅野敦志，〈台湾における文化政策と国民統合 1945–1987：「脱日本化」・「中国化」・「本土化」をめぐる史的考察〉，頁 24–25。
25. Yoshihisa Amae, "Pro-colonial or Postcolonial? Appropriation of Japanese Colonial Heritage in Present-day Taiwan," *Journal of Chinese Affairs* (2011): 19–62.
26. 菅野敦志，〈台湾における文化政策と国民統合 1945–1987：「脱日本化」・「中国化」・「本土化」をめぐる史的考察〉，頁 24–25。
27. 内海愛子，《朝鮮人 BC 級戦犯の記録》（勁草書房，1982），頁 ii–iii。
28. Mayumi Yamamoto, "Misplacing the Sakura Club in Postwar Colonial Imagination," *Journal of Asia-Pacific Studies* (Waseda University), no. 16 (May 2011): 86–87.
29. 内海愛子，《朝鮮人 BC 級戦犯の記録》，頁 106–107。
30. Ibid., vii.
31. Ibid., 148.
32. 劉傑，《漢奸裁判—対日協力者を襲った運命》（中公新書，2000），頁 178；〈中國陸軍總司令部受降報告書〉，全宗號 787，案卷號 16598，1946 年 5 月，SHAC；孟國祥、程堂發，《懲治漢奸工作概述》，《民國檔案》第 2 期（1994），頁 110。這些統計數字依然有爭議。
33. Dean Aszkielowicz, "Repatriation and the Limits of Resolve: Japanese War Criminals

War II Discourse on Collaboration," *American Historical Review* 113, no. 3 (2008): 731–751; Marjorie Dryburgh, "Rewriting Collaboration: China, Japan, and the Self in the Diaries of Bai Jianwu," *Journal of Asian Studies* 68, no. 3 (August 2009): 689–714; 益井康一，《漢奸裁判史 1946–1948》，みすず書房，1977，及 Charles Musgrove, "Cheering the Traitor: The Post-War Trial of Chen Bijun, April 1946," *Twentieth-Century China* 30, no. 2 (April 2005): 3–27. 李安 2008 年的電影《色戒》改編自張愛玲的小說，以更大眾化的方式處理了這個課題。

8. Musgrove, "Cheering the Traitor," 3–27.
9. Lo, "Trials of the Taiwanese as Hanjian," 307. 關於「漢奸」一詞的起源及其和戰爭的關聯，更深刻的歷史性分析可參見：Yun Xia, " 'Traitors to the Chinese Race (Hanjian)': Political and Cultural Campaigns against Collaborators during the Sino-Japanese War of 1937–1945," PhD dissertation at the University of Oregon, 2010, 4–13，及國史館編，《近代中國外諜與內奸史料彙編：清末民初至抗戰勝利時期 1871–1947》，國史館，1986。
10. Koen De Ceuster, "The Nation Exorcised: The Historiography of Collaboration in South Korea," *Korean Studies* 25, no. 2 (2002): 207.
11. 丘念台在《嶺海微飆》當中談到一些臺灣人所面對的問題，尤其處在日本統治下的臺灣士兵。丘念台，《嶺海微飆》（中華日報社，1962），頁 240–243。
12. 菅野敦志，〈台湾における文化政策と国民統合 1945–1987：「脱日本化」・「中国化」・「本土化」をめぐる史的考察〉（早稲田大学大学院アジア太平洋研究科博士学位論文，2006），頁 23。
13. 魏永竹編，《抗戰與臺灣光復史料輯要》（臺灣省文獻委員會，1995），頁 300–301。這是一份關於戰爭結束後如何處置臺灣人的圓桌會議紀錄。
14. 魏永竹編，《抗戰與台灣光復史料輯要》，頁 302。亦參見：David Wang and Ping-hui Liao, eds., *Taiwan under Japanese Colonial Rule, 1895–1945: History, Culture, Memory* (Columbia University, 2006); Pang-yuan Chi, David Wang, eds., *The Last of the Whampoa Breed* (Modern Chinese Literature from Taiwan) (Columbia University Press, 2004); Faye Yuan Kleeman, *Under an Imperial Sun: Japanese Colonial Literature of Taiwan and the South* (University of Hawaii Press, 2003).
15. 魏永竹編，《抗戰與台灣光復史料輯要》，頁 302。
16. Ibid., 306.
17. 松並潤，〈占領改革としての BC 級戦争犯罪裁判〉，《法学研究（大阪）》第

第三章　具有彈性的帝國身分

題詞：彭小妍在著作中引用了吳濁流這段話，吳濁流此語是在形容 1947 年 2 月 28 日時臺灣人民族主義的覺醒，收錄於彭小妍，《歷史很多漏洞：從張我軍到李昂》（中央研究院中國文哲研究所，2000），頁 51。

1. 蔡慧玉編，《走過兩個時代的人 —— 台籍日本兵》（中研院台灣史研究所，2008，初版 1997），頁 467–474。
2. 雖然臺灣有其自身獨立的政府、外交政策與經濟，但官方名義方面並不被聯合國認定為主權國家，所以實際在法理上並不是一個國家。臺灣的國際地位因此一直受到質疑 —— 臺灣是否代表臺灣本身，或者是中國大陸的一部分？民進黨和國民黨這相爭的兩大政黨就此議題爭論不休，而這也是臺灣政治辯論的首要問題。參見：Denny Roy, *Taiwan: A Political History* (Cornell University Press, 2003); and Shelley Rigger, *Why Taiwan Matters: Small Island, Global Powerhouse* (Rowman & Littlefield Publishers, 2011).
3. 黃英哲曾經以圖表呈現國民黨為了將臺灣人變回中國人所採取的行動步驟。參見：黃英哲，《「去日本化」「再中國化」：戰後臺灣文化重建（1945–1947）》，麥田出版，2007。
4. Lo Jiu-jung, "Trials of the Taiwanese as Hanjian or War Criminals and the Postwar Search for Taiwanese Identity," in Kai-wing Chow, Kevin M. Doak, and Poshek Fu, eds., *Constructing Nationhood in Modern East Asia* (University of Michigan Press, 2001), 280.
5. Lo, "Trials of the Taiwanese as Hanjian," 285–286.
6. 參見：川島真，〈戦後初期日本の制度的『脱植民地化』と歴史認識問題〉，收錄於永原陽子編，《「植民地責任」論—脱植民地化の比較史》（青木書店，2009），頁 393–417。
7. Hwang Dongyoun, "Wartime Collaboration in Question: An Examination of the Postwar Trials of the Chinese Collaborators," *Inter-Asia Cultural Studies* 6, no. 1 (2005): 75. 關於戰後中國內部的通敵叛國者審判之學術研究呈現了成長的趨勢，但著重的通常是大陸地區，參見：Susan Marsh, "Chou Fo-Hai: The Making of a Collaborator," in Akira Iriye, ed., *The Chinese and the Japanese: Essays in Political and Cultural Interactions* (Princeton University, 1980); Timothy Brook, *Collaboration: Japanese Agents and Local Elites in Wartime China* (Harvard University Press, 2005); Margherita Zanasi, "Globalizing Hanjian: The Suzhou Trials and the Post–World

119. 澄田賚四郎，《私のあしあと》（澄田智，1980），頁 203。

120. Ibid., 207.

121. 張宏波，〈日本軍の山西残留に見る戦後初期中日関係の形成〉，《一橋論叢》第 134 巻第 2 號，2005，頁 194。

122. 關於日本士兵及護士加入中國軍隊的詳情可見：古川万太郎，《凍てつく大地の歌—人民解放軍日本人兵士たち》，三省堂，1984。日本軍護及一般護士在戰爭末期所面對的困難抉擇與恐懼，有時會導致他們決定加入中共軍隊，參見：安斎貞子，《野戦看護婦》，富士書房，1953；鹿錫俊，〈東北解放軍医療隊で活躍した日本人—ある軍医院の軌跡から〉，《北東アジア研究》第 6 號（2004.1），頁 35–55。

123. Konrad Lawson, "Wartime Atrocities and the Politics of Treason in the Ruins of the Japanese Empire, 1937–1953," PhD dissertation in the Department of History, Harvard University, 2012, 312.

124. 中央檔案館等編，《日本帝國主義侵華檔案資料選編（17 卷）》（中華書局，1995），頁 12–71。有關日本人於戰後待在山西省活動，企圖幫助日本帝國再起的解釋見第 189–234 頁，河本大作在中國行動的證詞見第 289–337 頁。關於閻錫山，則參見：澄田賚四郎，《私のあしあと》，頁 203，及 Donald G. Gillin, *Warlord: Yen Hsi-shan in Shansi Province, 1911–1949* (Princeton University Press, 1967).

125. 城野宏在戰後的回憶錄中表示，日本皇軍相信山西省的戰略素質可以幫助日本人重建帝國。城野宏，《山西独立戦記》（雪華社，1967），頁 18–28。

126. テレビ東京編，《証言 私の昭和史 6 混乱から成長へ》（旺文社，1985，初版 1969），頁 422–439；城野宏，《私は中国で最後の戦犯だった》（潮出版社，1972.8），頁 256–261。

127. 張宏波，〈日本軍の山西残留に見る戦後初期中日関係の形成〉，頁 201。

128. 澄田賚四郎，《私のあしあと》，頁 215–217。

129. Diana Lary, *China's Republic* (Cambridge University Press, 2007), 174. 她引用了陳立夫的書 *The Storm Clouds Clear over China: The memoir of Ch'en Li-fu, 1900–1993,* edited and compiled, with an introduction and notes by Sidney H. Chang and Ramon H. Myers, (Hoover Press, 1994), 213.

軍在華逮捕引渡戰犯經過及處理情形〉。

105. 我認為其中談到的是 1945 年 2 月的雅爾達會議，但是在紀錄裡並未被特別指出。全宗號 18，案卷號 2278，〈關於美國軍在華逮捕引渡及審判戰犯的案件〉，SHAC。

106. Robert Bickers, *Empire Made Me: An Englishman Adrift in Shanghai* (Penguin Books, 2003), 324–325. 關於其他前殖民強權在確認其司法於中國的限度與方向時所遭遇到的困難，參見：Marie-Claire Bergere, “L’épuration a Shanghai (1945–1946). L’affaire Sarly et la fin de la Concession française,” *Vingtieme Siecle. Revue d’histoire* no. 53 (January–March 1997): 25–41.

107. 全宗號 18，案卷號 2278，〈關於美國軍在華逮捕引渡及審判戰犯的案件〉，SHAC。

108. 《日本投降與我國對日態度及對俄交涉》，頁 458。

109. Ibid., 460.

110. Xiaoyuan Liu, *A Partnership for Disorder,* 5.

111. *History of the Nonmilitary Activities of the Occupation of Japan, 1945–1951,* vol. 16, Treatment of Foreign Nationals (日本図書センター復刻 , 1990), 7–8.

112. Ibid., 16.

113. Louis Allen, *The End of the War in Asia* (Hart-Davis MacGibbon, 1976), 218. 服部卓四郎，《大東亜戦争全史》第 4 巻（鱒書房，1953），頁 397。

114. 王慶祥，《溥儀秘史》（團結出版社，2007），頁 198。路易斯．艾倫秉持與史學家理查．史托利（Richard Storry）相同的懷疑態度，質疑這位末代皇帝在東京大審中作證的真實性。Louis Allen, *The End of the War in Asia,* 213–215.

115. 王慶祥，《溥儀秘史》，頁 238。

116. 姜力編，《1949 伯力大審判 —— 侵華日軍使用細菌武器案庭審實錄》，解放軍文藝出版社，2005。

117. 池谷薫，《蟻の兵隊—日本兵 2600 人山西省残留の真相》，新潮社，2007。John Boyle, *China and Japan at War: The Politics of Collaboration* (Stanford University Press, 1972); Donald G. Gillin and Charles Etter, “Staying On: Japanese Soldiers and Civilians in China, 1945–1949,” *Journal of Asian Studies* 42 (May 1983): 497–518.

118. 關於中國人的歷史觀點之一，可參見：孔繁芝、尤晉鳴，〈二戰後侵華日軍「山西殘留」〉，《抗日戰爭研究》第 2 期（2011），頁 124–137。

94. 全宗號 787，案卷號 16598，〈中國陸軍總司令部受降報告書〉，1946 年 5 月，SHAC。

95. 吳玉章，《吳玉章文集》（重慶出版社，1987），頁 275–276。近衛文麿在得知自己的拘捕令消息後自殺了。

96. Ibid., 276.

97. Suzannah Linton, ed., *Hong Kong's War Crimes Trials* (Oxford University Press, 2013).

98. WO32/15509: "June 1946, Japanese War Crimes against British Subjects in China," Foreign Office Document, NAUK. 路易斯・艾倫（Louis Allen）曾從親身經驗討論英軍在戰後東南亞地區調查日本軍官士兵時遇到的某些問題，參見："Innocents Abroad: Investigating War Crimes in South-East Asia," in Ian Nish and Mark Allen, eds., *War, Conflict and Security in Japan and Asia-Pacific, 1941–52: The Writings of Louis Allen* (Brill, 2011), xxi–xxxvii.

99. 尼可拉斯・懷特（Nicholas White）曾探討去殖民化對於歐洲帝國及各種恢復或改造其戰後帝國之策略所造成的經濟衝擊，參見："Reconstructing Europe through Rejuvenating Empire: The British, French, and Dutch Experiences Compared," *Past and Present* suppl. 6 (2011): 211–236.

100. 茶園義男編，《BC 級戦犯米軍上海等裁判資料》BC 級戦犯関係資料集成 11（不二出版，1989），頁 235–241。徐家俊曾寫道，被告共有 47 人，美國軍方利用提籃橋監獄進行監禁與審判，時間則在 1946 年 1 月到 1947 年 2 月之間（審判為 1946 年 1 月至 9 月），見：〈提籃橋監獄：中國境內第一個審判日本戰犯的場所〉，《抗日戰爭研究》第 4 期（1998），頁 215。

101. 茶園義男編，《BC 級戦犯米軍上海等裁判資料》BC 級戦犯関係資料集成 11，頁 216。亦見：*Law Reports of Trials of War Criminals, Selected and Prepared by the United Nations War Crimes Commission,* vol. V (Her Majesty's Stationery Office, 1948).

102. Philip Piccigallo, *The Japanese on Trial: Allied War Crimes Operations in the East, 1945–1951* (University of Texas Press, 1979), 74. 根據菲力普・皮其加洛（Philip Piccigallo）的研究，美國在中國總共處置了 11 起案件，牽涉 75 名被告，最終 10 人被判處死刑，8 人無罪開釋，67 人被判刑期不等的監禁。

103. 坂邦康，《上海法廷：戦争裁判 史実記録 1 米軍関係》，東潮社，1967。

104. 《日本投降與我國對日態度及對俄交涉》中日外交史料叢編 7（中華民國外交問題研究會，1966），頁 458、512。1946 年 9 月 25 日，備忘錄〈外交部對美

81. 周婉窈主編，《台籍日本兵座談會記錄并相關資料》（中央研究院台灣史研究所，1997），頁 46。

82. 梅孝斌、葉恕兵，《為正義敲響法槌：審判日本戰犯的軍事法官葉在增》，（南京出版社，2007），頁 101。

83. 宋志勇，〈戰後初期中國的對日政策與戰犯審判〉，《南開學報》（哲學社會科學版）（2001.4），頁 41。

84. 田桓主編，《戰後中日關係文獻集 1945–1970》（中國社會科學出版社，1996），頁 10。亦可參見：秦孝儀主編，《中華民國重要史料初編：對日抗戰時期 第 7 編 戰後中國（4）》（黨史委員會，1981），頁 633–635。涵蓋這段話的演講譯稿於兩年後在日本出版：蔣介石著，山田礼三譯，《暴を以て暴に報ゆる勿れ（革命家演説集）》（白揚社，1947），頁 3–8。中國人並不是唯一提早終止追究日本戰犯者。亦參見：John Pritchard, "The Gift of Clemency Following British War Crimes Trials in the Far East, 1946–1948," *Criminal Law Forum* 7, no. 1 (1996): 15–50.

85. 《中央日報》（重慶）1945 年 8 月 16 日，轉引自田桓主編，《戰後中日關係文獻集 1945–1970》，頁 11–12。

86. 吉田裕，《日本人の戦争観：戦後史のなかの変容》修訂版（岩波書店，2005），頁 57。Aaron William Moore, *Writing War: Soldiers Record the Japanese Empire* (Harvard University Press, 2013), 248–249. 亦可參見：粟屋憲太郎編，《資料日本現代史 3 敗戦直後の政治と社会 2》（大月書店，1981），頁 352–383。

87. 戰時日本政府業已意識到，中國人對於何謂叛國者（漢奸）的法律定義爭論不已。満鉄上海事務所調查室編，《重慶政権ノ刑事法規特に漢奸ニ對スル制裁ニ就テ》，満鉄上海事務所調查室，1941。

88. 郭曉曄，《日本幽靈（文圖對照）── 二戰期間侵華戰犯審判紀實》（當代世界出版社，2004），頁 308–309。

89. 米濱泰英，《日本軍「山西残留」》（星雲社，2008），頁 35。

90. 林照真，《覆面部隊 ── 日本白團在台祕史》（時報文化，1996），頁 8。

91. 390.281 オ 岡村寧次大将回想録・戦史資料 3，岡村寧次・16 期，引揚援護局（1954），頁 130，1945 年 12 月 25 日，YKA。

92. 390.281 オ 岡村寧次大将回想録・戦史資料 3，岡村寧次・16 期，引揚援護局（1954），頁 131，1945 年 12 月 25 日，YKA。

93. "China: They Make Mischief," *Time,* December 24, 1945.

University Press, 1996), 7.

68. 全宗號 787，案卷號 16592，〈日軍投降時預定之戰……計畫〉，1945 年，SHAC。

69. Keith Lowe, in *Savage Continent: Europe in the Aftermath of World War II* (Viking, 2012) 一書中詳述了同盟國在大戰剛結束時如何安置大量納粹士兵，且得面對堪比東亞的嚴重問題——雖然其狀況未必較東亞更糟糕。

70. 全宗號 787，案卷號 16592，〈日軍投降時預定之戰……計畫〉，1945 年，SHAC。

71. 全宗號 787，案卷號 16587，該文獻標題無法辨識，但乃關乎日軍投降以及中共企圖獲得日軍武器之事，1945 年 8 月，〈國民政府軍事委員會代電〉，SHAC。

72. 關於使華「馬歇爾任務」的學術研究，以及馬歇爾調停與避免中國爆發內戰失敗的一些課題，參見：Larry I. Bland, ed., with special assistance by Roger B. Jeans and Mark F. Wilkinson, *George C. Marshall's Mediation Mission to China, December 1945–January 1947* (George C. Marshall Foundation, 1998).

73. 全宗號 787，案卷號 16606，〈第二戰區司令長官司令部受降工作報告書〉，1945 年，SHAC。

74. 國民黨曾提議在遣返臺灣地區日本戰俘之前，要對戰俘營進行民主與教育演講，使其在戰後能夠端正行為，且不再重建其軍事力量。見：B5018230601=0034=002.6=4010.3=3=001=0000392290020, (continues for 5 pages), NAT.

75. 全宗號 787，案卷號 16604，〈廣東受降記述〉，1946 年 6 月 15 日，SHAC。值得注意的是，國民黨在處置日本戰犯時，態度與他們的中國同胞非常不同。

76. 〈光復接收時之日僑情況〉，1947 年 5 月，《臺灣省日僑遣送紀實總述》，轉引自魏永竹主編，《抗戰與臺灣光復史料輯要》（臺灣省文獻委員會，1995），頁 483–484。

77. Ibid., 484.

78. Graham Peck, *Two Kinds of Time* (The Riverside Press, 1950), 706.

79. Michael Szonyi, *Cold War Island: Quemoy on the Front Line* (Cambridge University Press, 2008), 18. 關於臺灣人對於國民黨來臺的態度演變，參見：Huang Chih-huei, "The Transformation of Taiwanese Attitudes toward Japan in the Post-Colonial Period," in Li Narangoa and Robert Cribb, eds., *Imperial Japan and National Identities in Asia, 1895–1945* (RoutledgeCurzon, 2003), 296–314.

80. Szonyi, *Cold War Island,* 22.

58. Ibid., 70.

59. Ibid., 97.〈夜來香〉的英文翻譯歌名是〈白百合〉(*White Lilies*),因為「晚香玉」(Tuberoses)聽起來實在不像是個好歌名。

60. 鍾漢波,《駐外武官的使命》,頁 101。在羅伯特・惠廷(Robert Whiting)的著作 *Tokyo Underworld: The Fast Times and Hard Life of an American Gangster in Japan* (Pantheon, 1999) 之中,也提到類似的態度與尋求刺激的行為。

61. 鍾漢波,《駐外武官的使命》,頁 111–112。

62. 關於近年來矯正該敘事的努力,可見:Holger Afflerbach and Hew Strachan, eds., *How Fighting Ends: A History of Surrender* (Oxford University Press, 2012).

63. 日本學界對於乙丙級戰犯審判的研究愈來愈納入英國、韓國、美國、澳洲與菲律賓的連結,但卻少有學者透徹分析過中國的案例。參見:林博史,《裁かれた戦争犯罪——イギリスの対日戦犯裁判》,岩波書店,1998;内海愛子,《朝鮮人 BC 級戦犯の記録》,勁草書房,1982;岩川隆,《孤島の土となるとも—BC 級戦犯裁判》,講談社,1995;永井均,《フィリピンと対日戦犯裁判——1945–1953 年》,岩波書店,2010;古川万太郎,《日中戦後関係史ノート》,三省堂,1983。英語研究方面,參見:Beatrice Trefalt, "Hostages to International Relations? The Repatriation of Japanese War Criminals from the Philippines," *Japanese Studies* 31, no. 2 (2011): 191–209; Sharon Williams Chamberlain, "Justice and Reconciliation: Postwar Philippine Trials of Japanese War Criminals in History and Memory," PhD dissertation at George Washington University, 2010; and Konrad Lawson, "Wartime Atrocities and the Politics of Treason in the Ruins of the Japanese Empire, 1937–1953," PhD Dissertation in the Department of History, Harvard University, 2012.

64. Amartya Sen, *The Idea of Justice* (Allen Lane, 2009), 10.

65. Nancy Rosenblum, "Justice and Experience of Injustice," in Martha Minow, ed., *Break the Cycle of Hatred, Memory, Law and Repair* (Princeton University Press, 2002), 88.

66. Istvan Deak, Jan T. Gross, and Tony Judt, eds., *The Politics of Retribution in Europe: World War II and Its Aftermath* (Princeton University Press, 2000), 302; Robert Gordon, *The Holocaust in Italian Culture, 1944–2010* (Stanford University Press, 2012).

67. Xiaoyuan Liu, *A Partnership for Disorder: China, the United States and Their Policies for the Postwar Disposition of the Japanese Empire, 1941–1945* (Cambridge

版。

37. 梅汝璈，《遠東國際軍事法庭》，頁 65。

38. Ibid., 89.

39. 梅汝璈於東京擔任法官期間曾寫作日記，但是於文化大革命時期佚失。目前勉強蒐集到的日記內容，只有前幾個月他剛到東京參與審判程序的最初印象。參見：梅汝璈著，梅小璈編，《東京大審判：遠東國際軍事法庭中國法官梅汝璈日記》（江西教育出版社，2005），頁 158，此處解釋了日記原稿發生了什麼事。

40. 倪徵𣋉，〈倪徵𣋉回憶錄：淡泊從容蒞海牙〉，收錄於楊夏鳴編，《南京大屠殺史料集 7 東京審判》（江蘇人民出版社，2005），頁 640-658。

41. Ibid., 642.

42. Ibid., 643.

43. Ibid.

44. Ibid., 644.

45. Ibid., 645.

46. 秦德純，《秦德純回憶錄》（傳記文學出版社，1967），頁 58–62。

47. Robert Shaffer, "A Rape in Beijing, December 1946: GIs, Nationalist Protests, and U.S. Foreign Policy," *Pacific Historical Review* 69, no. 1. (February 2000), 31–64.

48. 倪徵𣋉，〈倪徵𣋉回憶錄：淡泊從容蒞海牙〉，頁 647。

49. Ibid., 640–658.

50. 梅汝璈，〈關於谷壽夫、松井石根和南京大屠殺事件〉，收錄於楊夏鳴編，《南京大屠殺史料集 7 東京審判》（江蘇人民出版社，2005，初版 1962），頁 622。

51. Ibid., 623.

52. Ibid., 634.

53. 石井明，〈中国の対日占領政策〉，《国際政治》（1987.5），頁 30。

54. 關於參與該任務的完整中國官員名單，可見：楊子震，〈中國駐日代表團之研究—初探戰後中日・臺日關係之二元架構〉，《國史館館刊》第 19 期（2009.3）頁 62。

55. 鍾漢波，《駐外武官的使命 —— 一位海軍軍官的回憶》（麥田出版，1998），頁 76–77。朱世明（Zhu Shiming）另有羅馬拼音為 Chu Shih Ming。

56. Ibid., 68–69.

57. 沈覲鼎，〈對日往事追憶（24）〉，《傳記文學》第 27 卷第 3 期（1975.9），頁 73。

Market Economy, the Rule of Man versus the Rule of Law," in Poh-Ling Tan, ed., *Asian Legal Systems: Law, Society and Pluralism in East Asia* (Butterworths, 1997), 24. 徐小群在其著作中詳述了中國境內實施法律變革的艱難過程，參見：*Trial of Modernity: Judicial Reform in Early Twentieth Century China, 1931–1937* (Stanford University Press, 2008). 關於當時蔣介石在中國以及海外的多種形象，參見：Jeremy Taylor's online portal, "Enemy of the People, Visual Depictions of Chiang Kai-shek," http://www.hrionline.ac.uk/chiangkaishek/.

22. Sucharitkul, "Rebirth of Chinese Legal Scholarship, with regard to International Law," 3, 8. 亦可見：高見澤磨、鈴木賢，《中国にとって法とは何か——統治の道具から市民の権利へ》。
23. Wesley R. Fishel, *The End of Extraterritoriality in China* (University of California Press, 1952), preface.
24. Klaus Mühlhahn, *Criminal Justice in China: A History* (Harvard University Press, 2009), 67.
25. Fishel, *The End of Extraterritoriality in China,* 217.
26. Klaus Mühlhahn, "The Dark Side of Globalization: The Concentration Camps in Republican China in Global Perspective," *World History Connected* 6, no. 1 (March 2009).
27. Mühlhahn, *Criminal Justice in China,* 128–129.
28. Ibid., 130.
29. Ibid., 147. Jerome Alan Cohen, "The Criminal Process in the People's Republic of China: An Introduction," *Harvard Law Review* 79, no. 3 (January 1966): 469–533.
30. Mühlhahn, *Criminal Justice in China,* 172.
31. 上海交通大學東京審判研究中心編，《東京審判文集》，上海交通大學出版社，2011。
32. 2009 年 10 月，清華大學法學院設立了「梅汝璈法學講席教授」。
33. James Burnham Sedgwick, "Memory on Trial: Constructing and Contesting the 'Rape of Nanking' at the International Military Tribunal for the Far East, 1946–1948," *Modern Asian Studies* 43, no. 5 (2009): 1229–1254.
34. 梅汝璈，〈序〉，《遠東國際軍事法庭》（法律出版社，2005），頁 1。
35. 向隆萬，《東京審判：中國檢察官向哲濬》，上海交通大學出版社，2010。
36. 楊兆龍，《大陸法與英美法的區別》，北京大學出版社，2009，重印自 1949 年

書房，2007），頁 120–139。

8. 引自：Yuma Totani, *The Tokyo War Crimes Trial: The Pursuit of Justice in the Wake of World War II,* 152.

9. 關於日本據華時期中國人對日的觀點，參見：Adam Cathcart, "Chinese Nationalism in the Shadow of Japan, 1945–1950," PhD dissertation in history at Ohio University, 2005.

10. 日本侵華戰事的名稱在學界有所爭議，雖然其並非連續的，但為了表達清晰，加上日本軍隊在過程中從未撤出中國，且期間小衝突不斷，所以 1931 年至 1945 年之間的戰事常被稱為日本的「十五年戰爭」。

11. 高見澤磨、鈴木賢，《中国にとって法とは何か──統治の道具から市民の権利へ》（岩波書店，2010），頁 15。

12. 范忠信等編，《中國法制史》（北京大學出版社，2007），頁 447。

13. Ibid., 465.

14. 參見：Rune Svarverud, *International Law as World Order in Late Imperial China: Translation, Reception and Discourse, 1847–1911* (Brill Publishers, 2007).

15. Sompong Sucharitkul, "Rebirth of Chinese Legal Scholarship, with regard to International Law," *Leiden Journal of International Law* (1990): 3, 7. Onuma Yasuaki, "International Law in and with International Politics: The Functions of International Law in International Society," *EJIL* 14 (2003): 116–117.

16. Par Cassel, *Grounds of Judgement—Extraterritoriality and Imperial Power in Nineteenth Century China and Japan* (Oxford University Press, 2012), 9.

17. Arnulf Becker Lorca, "Universal International Law: Nineteenth-Century Histories of Imposition and Appropriation," *Harvard International Law Journal* 51, no. 2 (summer 2010): 477; John Haley, "Law and Culture in China and Japan: A Framework for Analysis," *Michigan Journal of International Law* 27 (Spring 2006): 895–915.

18. 范忠信等編，《中國法制史》，頁 469。

19. 李細珠，〈体制改革における選択──清末の憲政視察と予備立憲〉，收錄於貴志俊彥等編，《模索する近代日中関係：対話と競存の時代》（東京大学出版会，2009），頁 119–139。

20. Rana Mitter, "An Uneasy Engagement: Chinese Ideas of Global Order and Justice in Historical Perspective," 215.

21. Alice Erh-Soon Tay, "People's Republic of China: From Confucianism to the Socialist

軍方為何要採用神風特攻隊，而不願意像「懦夫」那樣投降，摩迪凱・沙福托爾（Mordechai Shefthall）提出了類似的問題：Mordechai Shefthall, "Kamikaze Warfare in Imperial Japan's Existential Crisis, 1944–5," in Holger Afflerbach and Hew Strachan, eds., *How Fighting Ends: A History of Surrender* (Oxford University Press, 2012), 383–394.

第二章　魔鬼藏在細節裡

1. 參見：Rana Mitter, "Old Ghosts, New Memories: Changing China's War History in the Era of Post-Mao Politics," *Journal of Contemporary History* (January 2003): 117–131；及其論文："An Uneasy Engagement: Chinese Ideas of Global Order and Justice in Historical Perspective," in Rosemary Foot, John Lewis Gaddis, and Andrew Hurrell, eds., *Order and Justice in International Relations* (Oxford University Press, 2003) 與 "Evil Empire?: Competing Constructions of Japanese Imperialism in Manchuria, 1928–1937," in Li Narangoa and Robert Cribb, eds., *Imperial Japan and National Identities in Asia, 1895–1945* (RoutledgeCurzon, 2003).
2. http://japan.people.com.cn/2002/8/15/2002815151505.htm.
3. http://jds.cass.cn/Article/20060423173828.asp.
4. 大庭忠男，《戦後、戦死者五万人のなぞをとく》（本の泉社，1999），頁10–13；《朝日新聞》（東京版），1997 年 9 月 22 日。
5. Edward Drea and Hans van de Ven, "An Overview of Major Military Campaigns during the Sino-Japanese War, 1937–1945," in Mark Peattie, Edward Drea, and Hans van de Ven, eds., *Battle for China: Essays on the Military History of the Sino-apanese War of 1937–1945* (Stanford University Press, 2011), 39. 亦可參見：藤原彰，〈「三光作戦」と北支那方面軍〉，《季刊戦争責任研究》第 20 期，1998；姫田光義，《日本軍による「三光政策・三光作戦」をめぐって》，岩波ブックレット，1996。
6. 菲律賓是一個雙重案例（double case），中國本來也可能是，但最終不是。美國軍方以及流亡歸來的菲律賓政府都成立了調查團隊，美國在馬尼拉召開日本戰犯的審判；菲律賓於 1946 年 7 月宣布獨立，而這些審判仍然繼續進行，其延續了美國總司令部的前例，只不過改置於菲律賓政府管轄之下。林博史，《BC 級戦犯裁判》（岩波書店，2005），頁 98–100。
7. 佐藤卓己、孫安石編，《東アジアの終戦記念日—敗北と勝利のあいだ》（筑摩

Picture (Berghahn Books, 2007); and Timothy Brook, ed., *Documents on the Rape of Nanking* (University of Michigan Press, 1999).

110. Beatrice Trefalt, "A Peace Worth Having: Delayed Repatriations and Domestic Debate over the San Francisco Peace Treaty," *Japanese Studies* 27, no. 2 (September 2007): 173–187.

111. Lawrence Douglas, *The Memory of Judgement* (Yale University Press, 2005), 64. 書中詳述了納粹戰罪審判中相同問題的固有性質，牽涉起訴方目標以及法庭保守態度之間的衝突摩擦。在此我想特別感謝一些協助我解密日本檔案的人，但他們不願具名，所以我將感謝之意歸於日本國立公文書館（國家檔案館）。然而諷刺的是，目前日本將大量的心力與財力投入於審查檔案，並將紀錄中的名字與日期刪除，但同時，存放於靖國神社中的個人通訊檔案以及中文方面的出版品又都是公開的。當我將這點解釋給日本檔案館的工作人員聽的時候，他們對此竟表現出驚訝的樣子，但即便其理解此事也無從改變政策。近期檔案出版品中可以看見非常多這種錯綜複雜的政策——在中共審判中定罪的戰犯名字被刪去了，但事實上，其中許多人都承認犯下了罪行，甚至出版過關於審判的回憶錄，他們自己與其他人的名字都明明白白在其中。這種持續的審查制度根本就不應該存在。關於此類例子，參見：田中宏巳編，《BC 級戦犯関係資料集》第 5 巻（緑蔭書房，2012），頁 579–581。

112. 坂倉清，《笑った嬰児》，《中帰連》第 14 號（2009.9），頁 63–64。

113. 《西日本新聞》（日報），2007 年 4 月 30 日。

114. http://www.mofa.go.jp/mofaj/gaiko/bluebook/2002/gaikou/html/honpen/index.html.

115. Kirk A. Denton, "Museums, Memorial Sites and Exhibitionary Culture in the People's Republic of China," *China Quarterly* 183 (September 2005): 565–586. 亦可見：Takashi Yoshida, *The Making of the 'Rape of Nanking': History and Memory in Japan, China, and the United States* (Oxford University Press, 2006) 及其 "For the Nation or For the People?: History and Memory of the Nanjing Massacre in Japan," in Sven Saaler and Wolfgang Schwentker, eds., *The Power of Memory in Modern Japan* (Global Oriental, 2008), 17–31.

116. 對歐洲與東亞的這些課題進行比較分析的佳作有：Yinan He, *The Search for Reconciliation: Sino-Japanese and German-Polish Relations since World War II* (Cambridge University Press, 2009).

117. 保阪正康，《〈敗戦〉と日本人》（筑摩文庫，2006），頁 95–96。關於日本

Globalism (Princeton University Press, 2007).

98. 半藤一利等著，《「BC 級裁判」を読む》（日本経済新聞出版，2010），頁 330。亦可見：横浜弁護士会 BC 級戦犯横浜裁判調査研究特別委員会，《法廷の星条旗— BC 級戦犯横浜裁判の記録》（日本評論社，2004），頁 147–157。

99. 半藤一利等著，《「BC 級裁判」を読む》，頁 331–332。

100. Ibid., 333–334.

101. Ibid., 340.

102. Ibid., 341–343.

103. 日本海軍軍官提到自己加入戰爭並持續支持戰爭的理由，其結論也是類似的，相關內容收錄於日本近期出版的訪談影片，見：戸高一成，《〔証言録〕海軍反省会 1》，PHP 研究所，2009。第 2 卷出版於 2011 年，作者與影片的標題皆相同。

104. 自伊凡・莫里斯（Ivan Morris）的 *The Nobility of Failure: Tragic Heroes in the History of Japan* (Holt, Rinehart and Winston, 1975) 以降，關於這項課題的辯論便持續增長。我們可將莫里斯的觀點相較於：Emiko Ohnuki-Tierney, *Kamikaze, Cherry Blossoms and Nationalism: The Militarization of Aesthetics in Japanese History* (University of Chicago Press, 2002).

105. 約翰・布倫編纂的書中曾自各種角度分析靖國神社複雜的性質：John Breen, ed., *Yasukuni: The War Dead and the Struggle for Japan's Past* (Hurst and Co., 2007).

106. 森本麗莎（Risa Morimoto）導演的《特攻》（*Tokkō: Wings of Defeat*, 2008）中訪談了前神風特攻隊飛行員，記錄他們深受折磨的情緒。

107. M. G. Sheftall, "Tokkō Zaidan: A Case Study of Institutional Japanese War Memorialisation," in Sven Saaler and Wolfgang Schwentker, eds., *The Power of Memory in Modern Japan* (Global Oriental, 2008), 61.

108. 田嶋隆純，《わがいのち果てる日に》序言（大日本雄弁会講談社，1953），頁 3。更多關於釋放巢鴨監獄戰犯運動的討論，參見：Sandra Wilson, "Prisoners in Sugamo and Their Campaign for Release, 1952–1953," *Japanese Studies* 31, no. 2 (2011): 171–190.

109. Bob Tadashi Wakabayashi, "The Nanking 100-Man Killing Contest Debate: War Guilt amid Fabricated Illusions, 1971–75," *Journal of Japanese Studies* 26, no. 2 (summer 2000): 307–340. 若林正並不否認屠殺暴行的存在，而是在糾正不精確的紀錄，參見其所編輯的：*The Nanking Atrocity, 1937–38: Complicating the*

導播內山拓進行的訪談，2012 年 12 月 19 日。

85. 戸高一成，《〔証言録〕海軍反省会 1》，PHP 研究所，2009。

86. 《NHK スペシャル 日本海軍》，DVD。

87. 豊田隈雄，〈敗走記―ドイツで敗戦を迎えた海軍大佐の手記〉，《中央公論》（1996.9），頁 80–104。

88. 《NHK スペシャル 日本海軍》，DVD；NHK スペシャル取材班，《日本海軍 400 時間の証言》，頁 295；豊田隈雄，〈BC 級戦犯裁判の真相〉，《戦争裁判処刑者一千》別冊歴史読本第 15 号（新人物往来社，1993），頁 32–37。

89. NHK スペシャル取材班，《日本海軍 400 時間の証言》，頁 297–300。宇田川幸大，〈日本海軍と「潜水艦事件」〉，《軍事史学》（2011 年 6 月），頁 23–37。

90. 《NHK スペシャル 日本海軍》，DVD。

91. NHK スペシャル取材班，《日本海軍 400 時間の証言》，頁 343–347。

92. 393.4，井上忠男資料，《戦犯釈放資料》，頁 385，YKA。

93. 大岡昇平本人是戰爭倖存者，也曾經淪為戰俘，他寫了兩本重要的著作詳述經驗，第一本是小說《野火》（*Fires on the Plain,* translated by Ivan Morris, Tuttle Publishing, reprinted in 2001），另一本則是他淪為戰俘的真實體驗《俘虜記》（*Taken Captive: A Japanese POW's Story*, Wiley, 1996）。電影《給明日的遺言》（明日への遺言）是由導演小泉堯史於 2007 年監製，英文片名《給明日的祝福》（*Best Wishes for Tomorrow*）與影片本身同樣糟糕，也未正確反映原來的日文片名或電影內容。

94. 大岡昇平在書中的前 60 頁就布置了審判與小說的結局，多數是根據史實所寫，參見：大岡昇平，《ながい旅》，角川文庫，1982 年初版，2007 年新版。美國著名小說家馮內果（Kurt Vonnegut）也在小說裡針對美國轟炸德勒斯登事件提出類似的問題，見：Kurt Vonnegut, *laughterhouse-Five* (Delacorte, 1969).

95. 麥可・沃爾澤（Michael Walzer）在其傑作中也有類似的主張，參見：Michael Walzer, *Just and Unjust Wars: A Moral Argument with Historical Illustrations* (Basic Books, 2000).

96. 詹姆斯・洛溫（James Loewen）細數了多年來美國歷史教科書經常迴避的一些議題，參見：James Loewen, *Lies My Teacher Told Me: Everything Your American History Textbook Got Wrong* (Norton, 1995).

97. Kent Calder, *Embattled Garrisons: Comparative Base Politics and American*

73. *History of the Non-Military Activities of the Occupation of Japan, 1945–1951, vol. 5, Trials of Class B and Class C War Criminals* (reprinted by Nihon tosho sent, 1990), 41–42.

74. 内海愛子，《日本軍の捕虜政策》（青木書店，2005），頁 552–553。

75. 東京大学社会科学研究所編，《戦時日本の法体制》（東京大学出版会，1980），頁 12。關於日本如何進行國內的戰罪審判，更多內容可參見：永井均，〈戦争犯罪人に関する政府声明案〉；柴田紳一，〈日本側戦犯自主裁判構想の顛末〉。

76. 井上忠男資料，《戦犯釈放資料》，井上忠男，第 40 期資料，法務大臣官房司法法制調査部，頁 4–6。亦可見：井上忠男資料，《戦争裁判と諸対策並び海外における戦犯受刑者の引揚げ》，引揚援護局法務調査室，1954 年 9 月製作（前半部無頁碼），YKA。

77. 朝日新聞社編，《新聞と「昭和」》（朝日新聞出版，2010），頁 222。《朝日新聞》（大阪版），1945 年 9 月 15 日。

78. 豊田隈雄，《戦争裁判余録》，頁 57。

79. Ibid., 58.

80. 保阪正康，《そして官僚は生き残った 内務省、陸軍省、海軍省解体》（毎日新聞社，2011），頁 24；《朝日新聞》（東京版），1945 年 11 月 29 日。關於齋藤隆夫此人的背景，參見：Earl Kinmonth, “The Mouse That Roared: Saito Takao, Conservative Critic of Japan’s ‘Holy War’ in China,” *Journal of Japanese Studies* 25, no. 2 (summer 1999): 331–360.

81. 1945 年 11 月 29 日，National Diet Records，[001/035] 89 —〈衆本会議 3 号〉，NDR。

82. Ibid.

83. 豊田隈雄，《戦争裁判余録》，頁 383。雖然豐田在許多日本的名錄當中被拼為「Toyoda」，但他的家族堅持發音應當是「Toyota」，見 NHK 導播內山拓於 2012 年 12 月 19 日所進行的訪談。但因為許多名錄會將他的名字拼成「Toyoda」，故應當留意在參考書目中這兩種拼法都會出現。

84. 這段歷史由日本 NHK 電視台拍成紀錄片，於 2009 年播放，後來又根據這些訪談與個人紀錄編纂成書。《NHK スペシャル 日本海軍 400 時間の証言 第 3 回 戦犯裁判“第二の戦争”》，DVD，NHK，2012；NHK スペシャル取材班，《日本海軍 400 時間の証言：軍令部・参謀たちが語った敗戦》，新潮社，2011。NHK

United States (East Gate Publishers, 2000); and *Legal Memorandum on the Issue of State Responsibility* by The People of the Asia-Pacific Region Through Their Representatives Who Seek To Project the Rights of Women in the Asia-Pacific Region (December 4, 2000).

63. Yuma Totani, *The Tokyo War Crimes Trial: The Pursuit of Justice in the Wake of World War II* (Harvard University Press, 2008), 4–5.
64. Ibid., 110–111.
65. “Proclamation Defining Terms for Japanese Surrender Issued, at Potsdam,” 存於日本國會圖書館網站的重要文獻項目：http://www.ndl.go.jp/constitution/e/etc/c06.html.
66. 日暮吉延，《東京裁判》（講談社，2008），頁 150–151。戰後田尻愛義於日本外務省的首要工作，就是要為以戰罪起訴天皇與如何回應一事準備簡報。田尻愛義，《田尻愛義回想録—半生を賭けた中国外交の記録》（原書房，1977），頁 157。
67. 小熊英二，《〈民主〉と〈愛国〉—戦後日本のナショナリズムと公共性》，新曜社，2002；Tessa Morris Suzuki, *Borderline Japan: Foreigners and Frontier Controls in the Postwar Era* (Cambridge University Press, 2010).
68. 浅野豊美，《帝國日本の植民地法制》，頁 578。參見：K’0002，戦後外交記録〈終戦による在外居留民前後措置〉，《太平洋戦争終結による在外邦人保護引揚関係 第一巻》，GKSK。
69. 粟屋憲太郎，〈東京裁判とは何か〉，《現代思想》（2007.8），頁 75。最初的目標是要在第一次大審結束後，接連舉行數種類型的東京審判，但是冷戰忽然爆發，與蘇聯一同處理審判遂變得愈來愈困難。
70. Takemae Eiji, *The Allied Occupation of Japan,* trans. and adapted from the Japanese by Robert Ricketts and Sebastian Swann (Continuum, 2002).
71. 豊田隈雄，《戦争裁判余録》（泰生社，1986），頁 58。亦可參見永井均，〈戦争犯罪人に関する政府声明案—東久邇宮内閣による閣議決定の脈絡〉，收錄於赤澤史朗等編，《年報 日本現代史 10 「帝国」と植民地—「大日本帝国」崩壊六〇年—》（現代史料出版，2005），頁 277–321；柴田紳一，〈日本側戦犯自主裁判構想の顛末〉，《軍事史学》第 31 巻第 1–2 號（1995.9），頁 338–349。
72. 豊田隈雄，《戦争裁判余録》，頁 51。豐田隈雄是負責人，他與橫溝負責主持跨部會工作小組，為乙丙級戰罪審判蒐集資料，如此日本政府才能了解這項議題與審判。這套資料蒐集了一手文獻，涉及的是戰後日本對於戰罪審判的態度。

較少批評東京審判為戰勝者的正義。若想了解看待審判的不同觀點，可參考一位認識某些被告本人的法律祕書的視角，參見：Elaine B. Fischel, *Defending the Enemy: Justice for the WWII Japanese War Criminals* (Bascam Books, 2009). 關於東京審判如何在日語學術圈與國際脈絡中演化的學術研究，見：日暮吉延，《東京裁判の国際関係—国際政治における権力と規範》，木鐸社，2002。關於運用國際法起訴戰爭罪行一事，其歷史則可見：Elihu Lauterpacht, *The Life of Sir Hersch Lauterpacht* (University of Cambridge Press, 2010).

58. 二次大戰結束後發生在韓國的暴行，還要經過很久才得到歷史性的審視，參見：Charles J. Hanley, Martha Mendoza, and Sang-hun Cho, *The Bridge at No Gun Ri: A Hidden Nightmare from the Korean War* (Henry Holt & Company, 2001). 美國外交政策釀成的錯誤與破壞，某種程度上與日本的帝國目標相似，這一點可見於：David Halberstam, *The Best and the Brightest* (Random House, 1972)，以及由埃洛・莫里斯（Errol Morris）執導的 2003 年紀錄片：Errol Morris, *The Fog of War: Eleven Lessons from the Life of Robert S. McNamara.*

59. Minear, *Victors' Justice,* 12–14.

60. 帕爾法官在開庭時經常缺席，這大概是因為他必須完成密切的個人解讀並記錄下大量的異議，他在 466 個開庭日總共缺席了 109 日，近乎 1/4。帕爾法官不僅表達異議，日後還在旅行日本時拜訪了福岡的乙丙級戰犯及其家人，向對方表示他們實在是無辜的，見：Yuma Totani, *The Tokyo War Crimes Trial: The Pursuit of Justice in the Wake of World War II* (Harvard University Press, 2008), 227–229. 帕爾堅信，一旦締結了和平條約，巢鴨監獄所收押的犯人就應該被釋放；1966 年，日本天皇更以促進和平的名義授予帕爾勳章。帕爾至今在日本依然備受敬重，近年靖國神社還為他立碑。政治上採取保守立場的漫畫家小林善紀並透過流行漫畫作品進一步宣揚這項課題，吸引了大眾的注意，見：小林善紀，《いわゆる A 級戦犯—ゴー宣 SPECIAL》，幻冬舍，2006。

61. Nakamura Masanori, trans. Herbert P. Bix, Jonathan Baker-Bates, and Derek Bowen, *The Japanese Monarchy: Ambassador Joseph Grew and the Making of the "Symbol Emperor System," 1931–1991* (M. E. Sharpe, 1992); Herbert Bix, *Hirohito and the Making of Modern Japan* (Harper Collins Publishers, 2000); and Stephen Large, *Emperor Hirohito and Shōwa Japan: A Political Biography* (Routledge, 1992).

62. 參見：粟屋憲太郎，《東京裁判論》，大月書店，1989。Mark Selden and Laura Hein, *Censoring History: Citizenship and Memory in Japan, China and the*

結果頗為不滿。參見：Robert Woetzel, *The Nuremberg Trials in International Law* (Stevens and Sons Publishers, 1960), 31–33.

49. 伊香俊哉，〈中国国民政府の日本戦犯処罰方針の展開（下）〉，《季刊 戦争責任研究》第 33 號（2001 年冬），頁 67–68。
50. 高書全等編，《中日關係史》第 3 卷（社會科學文獻出版社，2006），頁 45。
51. 粟屋憲太郎，《敗戦時全国治安情報》（日本圖書中心，1994），頁 30。
52. 吉田裕，《日本人の戦争観：戦後史のなかの変容》修訂版（岩波書店，2005），頁 28–29。
53. 戰爭末期日本的人口將近 7 千萬，然而「1 億」是指涉日本——與其帝國——一統的戰爭宣傳口號。勞拉・赫茵（Laura Hein）的論文清楚闡明，許多經濟學者與低階官員相信以自我奉獻並使日本走上和平道路為目標，俾能幫助日本重建；但必須重申的是，此一目標乃是讓經濟重新成長，本身並不必然是指促進和平的理念。參見：Laura E. Hein, "In Search of Peace and Democracy: Japanese Economic Debate in Political Context," *Journal of Asian Studies* 53, no. 3 (August 1994): 752–778; and Bai Gao, *Economic Ideology and Japanese Industrial Policy: Developmentalism from 1931 to 1965* (Cambridge University Press, 1997).
54. 東久邇稔彥，《私の記録》（東方書房，1947），頁 205–208。
55. 關於中國觀點下處理賠償事宜的數個問題，其分析可見：奥田安弘等編，《共同研究 中国戦後補償 歴史・法・裁判》。
56. 在這方面，日本的優秀研究實不勝枚舉。參見：蘭信三編，《帝国以後の人の移動—ポストコロニアリズムとグローバリズムの交錯点》，勉誠出版，2013；加藤典洋，《敗戦後論》，講談社，1997；加藤聖文，《「大日本帝国」崩壊—東アジアの 1945 年》，中公新書，2009；加藤聖文，《海外引揚問題と戦後日本人の東アジア観形成に関する基盤的研究》，平成 15 年度 –17 年度科学研究費補助金 若手研究（A）研究成果報告書，2006（東京國會圖書館所藏未發表報告）。英文著作參見：Lori Watt, *When Empire Comes Home: Repatriation and Reintegration in Postwar Japan* (Harvard University Asia Center, 2009); and Mariko Tamanoi, *Memory Maps: The State and Manchuria in Postwar Japan* (University of Hawaii Press, 2008). 中文著作參見：任駿，《日俘日僑大遣返》，南京出版社，2005；韓文寧、馮春龍，《日本戰犯審判》，南京出版社，2005。
57. Richard H. Minear, *Victors' Justice: The Tokyo War Crimes Trial* (Princeton University Press, 1971). 里查・米尼爾並未注意到中國或韓國如何看待東京審判，此兩國

37. 關於這些審判進行期間的中國內戰及其背景，更多內容可參見：Odd A. Westad, *Decisive Encounters: The Chinese Civil War, 1945–1950* (Stanford University Press, 2003); Susanne Pepper, *Civil War in China: The Political Struggle, 1945–1949* (University of California Press, 1978); and Nancy Tucker, *Patterns in the Dust: Chinese-America Relations and the Recognition Controversy, 1949–1950* (Columbia University Press, 1983).
38. Gary Jonathan Bass, *Stay the Hand of Vengeance: The Politics of War Crimes Tribunals* (Princeton University Press, 2000), 6–7.
39. Priscilla Hayner, *Unspeakable Truths: Transitional Justice and the Challenge of Truth Commissions,* 2nd ed. (Routledge, 2010), 8–9.
40. 如今可在國際刑事法院的網站取得這些報告的數位檔案：http://www.icc-cpi.int.
41. Klaus Mühlhahn, *Criminal Justice in China: A History* (Harvard University Press, 2009), 70.
42. Ole Spiermann, "Judge Wang Chung-hui at the Permanent Court of International Justice," *Chinese Journal of International Law* 5, no. 1 (2006): 115–128.
43. 中國國民黨中央委員會黨史委員會編，《王寵惠先生文集》（中央文物供應社，1981），頁 380–384。
44. 林博史編，《連合国戦争犯罪委員会資料・解説》，收錄於「連合国対日戦争犯罪政策資料集」第 1 期（現代史料出版，2008），頁 8。
45. 林博史，〈連合国戦争犯罪政策の形成—連合国戦争犯罪委員会と英米〉，《関東学院大学経済学部総合学術論叢（自然人間社会）》第 36、37 號（2004 年 1 月、7 月），頁 6。
46. "Conversations with Professor Sir Elihu Lauterpacht Sixth Interview: Personalities," 19, http://www.dspace.cam.ac.uk/bitstream/1810/197071/4/Eli%20Lauterpacht%20Interview%206%20transcript%20-%202%20April%202008.pdf.
47. Richard S. Horowitz, "International Law and State Transformation in China, Siam, and the Ottoman Empire during the Nineteenth Century," *Journal of World History* 15, no. 4 (2005): 449.
48. 同盟國曾企圖起訴德國皇帝，但是荷蘭在一次大戰結束後給予德皇庇護。1920 年 2 月，同盟國要求德國交出 886 人以進行審判，但遭到後者拒絕，並表示這些人將會在德國國內受審。其於萊比錫（Leipzig）的最高法院以德國法律審理這些案子，但最終只起訴 12 個案例，且最後只有 6 名被告被判有罪。同盟國對此

University Press, 1975).

25. 稲葉正夫編，《岡村寧次大将資料（上）戦場回想篇》，頁 22。

26. 日本要賠償中國什麼、如何賠償以及哪方勢力可以贏得民心，也是首要的問題。奥田安弘等編，《共同研究 中国戦後補償 歴史・法・裁判》，明石書店，2000。

27. 此為 2005 年 6 月 29 日格蘭特・平林的訪談，該訪談是美國國會圖書館「老兵歷史訪談口述計畫」的一部分：http://lcweb2.loc.gov/diglib/vhp-stories/loc.natlib.afc2001001.28498/transcript?ID=mv0001.

28. 鈴木明，《「南京大虐殺」のまぼろし》（文藝春秋，1973），頁 143。

29. 馬克・卡普里歐（Mark Caprio）曾詳述此種不平等情況以及日本人從帝國所獲取者，參見：Mark Caprio, *Japanese Assimilation Policies in Colonial Korea, 1910–1945* (University of Washington Press, 2009)。關於日本人對於朝鮮的熱衷，其解析可見：E. Taylor Atkins, *Primitive Selves: Koreana in the Japanese Colonial Gaze, 1910–1945* (University of California Press, 2010)。

30. 浅野豊美，《帝国日本の植民地法制》（名古屋大学出版会，2008），頁 569。關於日本人的日記中所形成的這類記憶所反映的態度，詳見：成田龍一，《「戦争経験」の戦後史—語られた体験／証言／記憶》（岩波書店，2010），頁 64–150。日本的戰後受害者心態分析，參見：James Orr, *The Victim as Hero: Ideologies of Peace and National Identity in Postwar Japan* (University of Hawai'i Press, 2001).

31. 高橋久志、今井貞夫審訂，《日中和平工作 回想と証言 1937–1947》（みすず書房，2009），頁 211。

32. 《朝日新聞》（東京版），1945 年 12 月 7 日。

33. Gordon White, "The Politics of Demobilized Soldiers from Liberation to Cultural Revolution," *China Quarterly* no. 82 (June 1980): 187–188. 亦參見：Neil J. Diamant, *Embattled Glory: Veterans, Military Families, and the Politics of Patriotism in China, 1949–2007* (Rowman & Littlefield Publishers, 2009).

34. G3–00286, Folder John W. Weeks, Dec. 1948–Dec. 1949, Box 384c, GHQ/SCAP 與乙丙級戰罪審判相關的紀錄，縮微膠片，NDLKS。

35. Ibid.

36. Alexis Dudden, *Troubled Apologies among Japan, Korea, and the United States* (Columbia University Press, 2008), 69–70.

會處理投降事宜，不會與美國接洽。冷欣則回應，美國和中國為盟友，所以在華的美國軍隊也處於蔣介石的領導之下。關於這些事件的中文摘要，可參見：張憲文等編，《中華民國史》第 3 冊（南京大學出版社，2005），頁 610–612。Louis Allen, *The End of the War in Asia* (Hart-Davis MacGibbon, 1976), 237–241.

15. Aaron William Moore, *Writing War: Soldiers Record the Japanese Empire* (Harvard University Press 2013), 244.
16. 390.281オ 岡村寧次大将回想録．戦史資料 3，岡村寧次．16 期，引揚援護局（1954），頁 114，YKA。
17. 高書全等編，《中日關係史》第 2 卷（社會科學文獻出版社，2006），頁 499。更多關於岡村寧次即時的戰後反應，參見：Barak Kushner, "Pawns of Empire: Postwar Taiwan, Japan and the Dilemma of War Crimes," in *Japanese Studies* (special issue on Japan and Taiwan) 30, no. 1 (May 2010): 111–133.
18. 引自：Max Hastings, *Nemesis: The Battle for Japan, 1944–45* (Harper, 2007), 553.
19. 390.281オ 岡村寧次大将回想録．戦史資料 3，岡村寧次．16 期，引揚援護局（1954），頁 109，YKA。中國的戰後報導也能夠證明，日本皇軍不相信日本真的在華戰敗了，以日本甫投降後的武漢情況為例，參見：張孟青，〈日本投降後武漢日偽動態紀要〉，《武漢文史資料》，中國人民政治協商會議武漢市委員會（1982 年 3 月），頁 105。戰後最早有關日本大帝國失敗的歷史書寫之一，是由前日本帝國軍官服部卓四郎所領導的團隊撰寫，書中表示：「這是日本軍隊自成立以來首次投降，許多士兵及軍官都深受衝擊。」見：服部卓四郎編，《大東亜戦争全史 4》（鱒書房，1953），頁 95。
20. 390.281オ 岡村寧次大将回想録．戦史資料 3，岡村寧次．16 期，引揚援護局（1954），頁 112–113，YKA。
21. 冷欣曾以中國人的觀點出發，敘述岡村與中方人員間早期的繁冗交涉，關於日本實際上要如何執行投降事宜，見：冷欣，《從參加抗戰到目睹日軍投降》，頁 131–136。
22. 稲葉正夫編，《岡村寧次大将資料（上）戦場回想篇》，頁 21。
23. 此事的完整討論可參見：Sven Saaler and J. Victor Koschmann, eds., *Pan-Asianism in Modern Japanese History: Colonialism, Regionalism and Borders* (Routledge, 2007).
24. 這項讓中國繁榮的目標，據說曾是日本皇軍將領石原莞爾占領中國之願景。參見：Mark Peattie, *Ishiwara Kanji and Japan's Confrontation with the West* (Princeton

6. 稲葉正夫編，《岡村寧次大将資料（上）戦場回想篇》（原書房，1970），頁26。唐納・葛林（Donald Gillin）及查爾斯・埃特（Charles Etter）曾強調何應欽在面對岡村態度上的其他層面。參見：Donald Gillin and Charles Etter, "Staying On: Japanese Soldiers and Civilians in China, 1945–1949," *Journal of Asian Studies* 42, no. 3 (1983): 499. 何應欽在回憶錄中並未承認過這類事情。
7. 夏祿敏，〈南京受降目擊記略〉，《中華文史資料文庫 政治軍事編 第5卷 八年抗戰》（下）（中國文史出版社，1996），頁927。
8. 一般，230/3277，「何應欽與岡村寧次」，其中蒐集了與這兩位將領及其過往有關的中文新聞文章，KMTPA。
9. Isaac Shapiro, *Edokko: Growing Up a Foreigner in Wartime Japan* (Iuniverse Books, 2009), 162.
10. Vice-Admiral the Earl Mountbatten of Burma, *Post Surrender Tasks: Section E of the Report to the Combined Chiefs of Staff, by the Supreme Allied Commander, South East Asia, 1943–1945* (H.M.S.O., 1969), v.
11. 日本在這一天喪失其主權，這意味著美國麥克阿瑟將軍當日的命令是關閉所有日本使館。到了1945年12月，所有的日本外交官員都被召回日本。
12. Sayuri Shimizu, "Occupation Policy and Postwar Sino-Japanese Reflections," in Mark E. Caprio and Yoneyuki Sugita, eds., *Democracy in Occupied Japan: The U.S. Occupation and Japanese Politics and Society* (Routledge, 2007), 201.
13. テレビ東京編，《証言 私の昭和史5 終戦前後》（文藝春秋，1989），頁339–358。
14. 浜井和史編，《復員関係史料集成 第3巻 支那派遣軍終戦に関する交渉記録綴》（ゆまに書房，2009），頁18–46。可見日本少將今井武夫和中方副參謀長冷欣中將之間的談話紀錄。今井武夫解釋，日本下令軍隊除非自衛所需，否則停止戰鬥，見第24頁。雙方的討論一直持續到8月22日，主題是關於誰來宣布規則以及如何進行解除武裝事宜。今井向中方強調，必須由日本自身的指揮網絡、日本帝國下命令，而不是日本指揮鏈去聽從中方。冷欣在回憶錄中以中國觀點詳細記載了這些對話以及日本投降一事：冷欣，《從參加抗戰到目睹日軍投降》，傳記文學出版社，1967。郭曉曄，《日本幽靈（文圖對照）——二戰期間侵華戰犯審判紀實》（當代世界出版社，2004），頁46；浜井和史編，《復員関係史料集成 第3巻 支那派遣軍終戦に関する交渉記録綴》，頁53–61。冷欣與岡村寧次於1945年8月28日會面，岡村企圖解釋在華日本皇軍與中國國民黨軍隊只

78. http://www.shiki.gr.jp/applause/minami/story05.html (Myūjikaru minami jūjisei).

79. 牛村圭，《「戦争責任」論の真実》（PHP 研究所，2006），頁 225–226。

80. Ibid., 229–230. 關於荷蘭／印度審判背後的真實歷史，參見：Robert Cribb, "Avoiding Clemency: The Trial and Transfer of Japanese War Criminals in Indonesia, 1946–1949," *Japanese Studies* 31, no. 2 (2011): 151–170.

81. Peter Gries, "Nationalism, Indignation and China's Japan Policy," *SAIS Review* 25, no. 2 (summer–fall 2005): 113.

82. David Kang, *China Rising: Peace, Power, and Order in East Asia* (Columbia University Press, 2007), 25.

83. Joshua Fogel, *Articulating the Sinosphere: Sino-Japanese Relations in Space and Time* (Harvard University Press, 2009), 1.

84. Franziska Seraphim, *War Memory and Social Politics in Japan, 1945–2005* (Harvard University Press, 2006), 4. 亦可參見其論文："Negotiating War Legacies and Postwar Democracy in Japan," *Totalitarian Movements and Political Religions* 2–3 (June–September 2008): 203–224.

第一章　否認失敗

題詞：原本的日本諺語為「勝てば官軍、負ければ賊軍」。

1. 戈登・丹尼爾（Gordon Daniels）曾探究中國、蘇聯、美國人之間對於處置戰後日本的意見分歧，參見：Gordon Daniels, "Nationalist China in the Allied Council: Policies towards Japan, 1946–52," *Hokudai hōgaku ronshū* 27, no. 2 (November 1976): 165–188.

2. 藤原彰曾詳述當時的軍事情況，見：藤原彰，《日本軍事史》，日本評論社，1987。Hasegawa Tsuyoshi, *Racing the Enemy: Stalin, Truman, and the Surrender of Japan* (Belknap Press, 2005).

3. Richard Frank, *Downfall: The End of the Imperial Japanese Empire* (Random House, 1999), 343.

4. Ronald H. Spector, "After Hiroshima: Allied Military Occupations and the Fate of Japan's Empire, 1945–1947," *Journal of Military History* 69, no. 4 (October 2005): 1123.

5. 佐藤卓己，《八月十五日の神話 終戦記念日のメディア学》，筑摩書房，2005。

Duus, Ramon H. Myers, and Mark R. Peattie, eds., *The Japanese Informal Empire in China, 1895–1937* (Princeton University Press, 1989).

69. Joshua Fogel, "Nanking Atrocity and Chinese Historical Memory," in Bob Wakabayashi, ed., *The Nanking Atrocity, 1937–38: Complicating the Picture* (Berghahn Books, 2007), 278 – 281. 關於區分歐洲脈絡（European context）與日本脈絡的界線，詳參：Gavan McCormack, "Reflections on Modern Japanese History in the Context of the Concept of 'Genocide,' " *Occasional Papers in Japanese Studies,* Reischauer Institute, Harvard University, Number 2001–01 (July 2001).
70. 關於中國受苦受難的程度以及戰爭的演進情況，詳見：Diana Lary and Stephen Mackinnon, eds., *Scars of War: The Impact of Warfare on Modern China* (University of British Columbia Press, 2001); Diane Lary, *The Chinese People at War: Human Suffering and Social Transformation, 1937–1945* (Cambridge University Press, 2010); and Mark Peattie, Edward Drea, and Hans van de Ven, eds., *The Battle for China: Essays on the Military History of the Sino–Japanese War of 1937–1945* (Stanford University Press, 2010).
71. Mitter, *China's War with Japan.* 關於這些意見的變遷，參見：Hans Van de Ven, *War and Nationalism in China: 1925–1945* (RoutledgeCurzon, 2003).
72. Graham Peck, *Two Kinds of Time* (The Riverside Press, 1950), 113–114.
73. 關於這樣的態度如何在當代中國的政局中成形、作用，可參見：Christopher R. Hughes, "Japan in the Politics of Chinese Leadership Legitimacy: Recent Developments in Historical Perspective," *Japan Forum* 20, no. 2 (2008): 245–266. 以及其著作：*Chinese Nationalism in the Global Era* (RoutledgeCurzon, 2006).
74. 中國學術界有一種傾向，強調這個觀點的重要性超過當時實際的政治考量，許多人相信正是此觀點導致戰後中國政府決定寬大對待侵華的日本人。參見：劉建平，《戰後中日關係：「不正常」歷史的過程與結構》（社會科學文獻出版社，2010），頁 7–8。
75. Sandra Wilson, "War, Soldier and Nation in 1950s Japan," *International Journal of Asian Studies* 5, no. 2 (2008): 189.
76. 引自：Wilson, "War, Soldier and Nation in 1950s Japan," 202. 亦參見：Sandra Wilson, "Film and Soldier: Japanese War Movies in the 1950s," *Journal of Contemporary History* 48, no. 3 (2013): 537–555.
77. Wilson, "War, Soldier and Nation in 1950s Japan," 191.

59. 荒井信一，《戦争責任論—現代史からの問い》（岩波書店，2005），頁 115–118。
60. Richard J. Evans, *Lying about Hitler: History, Holocaust, and the David Irving Trial* (Basic Books, 2001).
61. Richard J. Evans, "History, Memory, and the Law: The Historian as Expert Witness," *History and Theory* 41, no. 3 (October 2002): 333–334.
62. Qiang Zhang and Robert Weatherley, "Owning Up to the Past: The KMT's Role in the War against Japan and the Impact on CCP Legitimacy," *Pacific Review* (February 2013): 1–22.
63. Jay Winter, *Remembering War: The Great War between Memory and History in the 20th Century* (Yale University Press, 2006); T. G. Ashplant, Graham Dawson, and Michael Roper, eds., *The Politics of War Memory and Commemoration* (Routledge, 2000).
64. Carol Gluck, "Operations of Memory: 'Comfort Women' and the World," in Sheila Miyoshi Jager and Rana Mitter, eds., *Ruptured Histories: War, Memory, and the Post-Cold War in Asia* (Harvard University Press, 2007), 47–77. 亦可參見皮埃爾・諾拉（Pierre Nora）關於空間內的歷史記憶之著作：Pierre Nora, *Les Lieux de memoire,* 3 vols. (Gallimard, 1984–1986).
65. Ian Nish, "Regaining Confidence — Japan after the Loss of Empire," *Journal of Contemporary History* 15, no. 1, special issue on Imperial Hangovers (January 1980): 190; 荒井信一，《戦争責任論—現代史からの問い》，頁 119。
66. Douglas, *The Memory of Judgment,* 64.
67. 梅汝璈的文章收錄於楊夏鳴，《南京大屠殺史料集 7 東京審判》（江蘇人民出版社，2005，初版 1962），頁 624。目前已有許多關於日本人凶惡暴行的研究，但觀看後會讓人情緒激動的戰後訪談與分析之蒐集，可見於 1998 年湯美如的紀錄片《以天皇的名義》（*In the Name of the Empero*）以及松井稔的紀錄片《日本鬼子》。亦可參見：Takashi Yoshida, *The Making of the* '*Rape of Nanking*'*: History and Memory in Japan, China, and the United States* (Oxford University Press, 2006); and Joshua Fogel, ed., *The Nanjing Massacre in History and Historiography* (University of California Press, 2000).
68. 横浜弁護士会 BC 級戦犯横浜裁判調査研究特別委員会，《法廷の星条旗— BC 級戦犯横浜裁判の記録》（日本評論社，2004），頁 238。亦可參見：Peter

48. 藤谷隆曾經以朝鮮／日本的角度探究過此一問題，見：Takashi Fujitani, *Race for Empire: Koreans as Japanese and Japanese as Americans during World War II* (University of California Press, 2011).
49. D'1.3.0, 1–2，〈本邦戦争犯罪人関係雑件 戦犯容疑者関係〉第 3–5 巻，GKSK。
50. Louis Allen, *The End of the War in Asia* (Hart-Davis MacGibbon, 1976), 258. 該回憶是來自：会田雄次，《アーロン収容所 西欧ヒューマニズムの限界》，中央公論社，1962。這本書記錄的是緬甸的阿弄（Ahlone）營。亦可參見英文翻譯的版本：Louis Allen and Hide Ishiguro trans., *Prisoner of the British: A Japanese Soldier's Experiences in Burma* (Cresset Press, 1966).
51. Lisa Yoneyama, "Traveling Memories, Contagious Justice: Americanization of Japanese War Crimes at the End of the Post-Cold War," *Journal of Asian American Studies* (February 2003): 57. 石田雄關於日本戰爭責任的論文也抱持著類似的批判，他還指出，竹內好在 1950 年代已表明，東京審判的不足在於並沒有從亞洲國家的觀點出發：石田雄，〈戦争責任論再考〉，《年報 日本現代史》第 2 號（現代史料出版，1996），頁 13–18。戶谷由麻則提出了重要的反證，表示東京戰罪審判並未忽視亞洲的罪行，可參見其著作：Yuma Totani, *The Tokyo War Crimes Trial*.
52. Simpson, "War Crimes: A Critical Introduction," 21.
53. Marianne Hirsch, "The Generation of Postmemory," *Poetics Today* 29, no. 1 (spring 2008): 106–107. Italics in the original.
54. Marc Galater, "Right Old Wrongs," in Martha Minow, ed., *Break the Cycle of Hatred: Memory, Law and Repair* (Princeton University Press, 2002), 122.
55. 臼井勝美、稲葉正夫編，《現代史資料 38 太平洋戦争 4》（みすず書房，1973），頁 384 及頁 436 的表格。
56. 江藤淳編，《占領史録（上）—降伏文書調印経緯・停戦と外交権停止》（講談社學術文庫，1995），頁 424–430。
57. Hannah Arendt, *Eichmann in Jerusalem: A Report on the Banality of Evil* (Penguin, 2006, originally published in 1963), 252.
58. Raul Hilberg, *The Destruction of the European Jews* (Holmes & Meier, 1985); Lawrence Douglas, *The Memory of Judgment* (Yale University Press, 2001), 2. 亦可參見：Jeffrey Herf, *Divided Memory: The Nazi Past in Two Germanys* (Harvard University Press, 1997).

35. 清水正義，〈戦争責任と植民地責任 もしくは戦争犯罪と植民地犯罪〉，頁 51–52。

36. G. John Ikenberry, *After Victory: Institutions, Strategic Restraint, and the Rebuilding of Order after Major Wars* (Princeton University Press, 2001), xii.

37. Consuelo Cruz, "Identity and Persuasion: How Nations Remember Their Pasts and Make Their Futures," *World Politics* 52, no. 3 (April 2000): 280.

38. 曾士榮在書中分析了這些臺灣人的自我認同轉變：Tzeng Shih-jung, *From Honto Jin to Bensheng Ren: The Origin and Development of the Taiwanese National Consciousness* (University Press of America, 2009).

39. Ruti Teitel, *Transitional Justice* (Oxford University Press, 2000), 40.

40. Peter Zarrow, "Political Ritual in Early Republic of China," in Kai-wing Chow, Kevin M. Doak, and Poshek Fu, eds., *Constructing Nationhood in Modern East Asia* (The University of Michigan Press, 2001), 155.

41. Teitel, *Transitional Justice,* 21.

42. Willard B. Cowles, "Trials of War Criminals (Non-Nuremberg)," *American Journal of International Law* 42, no. 2 (April 1948): 299–319. 關於中華民國時期法律的通論性作品，參見：Eugenia Lean, *Public Passions: The trial of Shi Jianqiao and the Rise of Popular Sympathy in 1930s China*); and Julia Strauss, *Strong Institutions in Weak Polities: State Building in Republican China, 1927–1940* (Clarendon Press, 1998).

43. Larry May, *War Crimes and Just War* (Cambridge University Press, 2007), 42；武田雅哉，《「鬼子」たちの肖像—中国人が描いた日本人》，中央公論新社，2005。

44. Gerry Simpson, "War Crimes: A Critical Introduction," in Timothy L. H. McCormack and Gerry J. Simpson, eds., *The Law of War Crimes: National and International Approaches* (Kluwer Law International, 1997), 9.

45. 《細菌戦用兵器ノ準備及ビ使用の廉デ起訴サレタ元日本軍軍人ノ事件ニ関スル公判書類》（外国語図書出版所，1950）；王俊彥，《日本戰犯審判秘聞》（中國華僑出版社，1995），頁 348–398；岩川隆，《孤島の土となるとも—BC 級戦犯裁判》（講談社，1995），頁 618–646。

46. 豊田隈雄，《戦争裁判余録》（泰生社，1986），頁 377。

47. 關於澳洲的審判及其問題，簡要的始末可參見：Dean Aszkielowicz, "Repatriation and the Limits of Resolve: Japanese War Criminals in Australian Custody," *Japanese Studies* 31, no. 2 (September 2011): 211–228.

錄於永原陽子編，《「植民地責任」論—脱植民地化の比較史》（青木書店，2009），頁 53。

27. Christopher Gerteis, *Gender Struggles: Wage-Earning Women and Male-Dominated Unions in Postwar Japan* (Harvard University Asia Center, 2009), 92–104, 118–121.

28. Parks M. Coble, "Remembering China's War with Japan: The Wartime Generation in Post-war China and East Asia Writing about Atrocity: Wartime Accounts and Their Contemporary Use," *Modern Asian Studies* 45, no. 2 (2011): 379–398. 帕克斯・科柏爾（Parks M. Coble）於第 379 頁寫道：「本論文發現，大多數戰爭時期的文字都在強調中國人的『英雄式抵抗』，而不是中國人遭受日本人迫害。」

29. 關於村山富市道歉演講的精闢分析，參見：劉傑、川島真，〈グローバル化時代の東アジア〉，收錄於川島真、服部龍二編，《東アジア國際政治史》（名古屋大学出版会，2007），頁 334–335。

30. Tay-sheng Wang, *Legal Reform in Taiwan under Japanese Colonial Rule, 1895–1945* (University of Washington Press, 2000) ；蕭道中，〈聯合國戰罪審查委員會與中國戰罪政策的發展（1942–1945）〉，收錄於周惠民編，《國際法在中國的詮釋與運用》（政大出版社，2012），頁 149–180；Thomas David Dubois, "Rule of Law in a Brave New Empire: Legal Rhetoric and Practice in Manchukuo," *Law and History Review* 26, no. 2 (summer 2008): 285–317; William C. Kirby, ed., *Realms of Freedom in Modern China* (Stanford University Press, 2004); Eugenia Lean, *Public Passions: The Trial of Shi Jianqiao and the Rise of Popular Sympathy in Republican China* (University of California Press, 2007); Rune Svarverud, *International Law as World Order in Late Imperial China: Translation, Reception and Discourse, 1847–1911* (Brill, 2007).

31. 參見：川島武宜，《日本人の法意識》，岩波書店，1967。

32. 我簡述了大沼保昭的觀點，他認為我們必須注意到，國際法事實上是由歐美建構，故於戰後施加於亞洲社會時無可避免地會引起強烈的反應。大沼保昭，《東京裁判、戦争責任、戦後責任》（東信堂，2007），頁 44–45。

33. 中國國民黨黨史委員會編，《雪恥圖強》前言（中央文物供應社，1976），頁 1。該書內容細談不平等條約對於中國各方面的危害，其中經濟的影響見第 28–30 頁；社會的影響見第 30–32 頁；道德的影響見第 33–35 頁；心理的影響見第 35–39 頁。

34. David Kennedy, *Of War and Law* (Princeton University Press, 2006), 37.

人是在西方占領區／西德受審，超過 12,776 人是在蘇聯占領區／東德受審。這些判決只是全數偵查或起訴案件的一部分，有其他的研究顯示，戰後至少有 329,159 起偵查或起訴案。我是簡述自：Devin O. Pendas, "Seeking Justice, Finding Law: Nazi Trials in Postwar Europe," *Journal of Modern History* 81 (June 2009): 354.

19. 由於中文羅馬拼音有歷史性的變化，中國國民黨被拼成 Kuomintang，並縮寫為 KMT，但現在又有更加合乎發音的羅馬拼音讓中國國民黨的縮寫變成了 GMD。因為許多戰爭時期的文獻依然將該黨寫成 KMT，所以沿用舊的縮寫會比較單純。
20. 統計數字根據其來源、政府、時代的不同而有差別，這裡的數字乃是依據林博史的計算，引用自其著作：林博史，《BC 級戦犯裁判》（岩波書店，2005），頁 61、64。
21. 東亞地區的乙丙級戰罪審判對那些身為被殖民者的日本兵士有其自身的偏見，內海愛子曾對此情況詳加審視，見：內海愛子，《朝鮮人 BC 級戦犯の記録》（勁草書房，1982），頁 ii。
22. 有些東京大審的法官相當直言無諱，例如印度籍法官拉達賓諾德・帕爾和荷蘭籍法官貝爾・羅林（Bert Roling），耐人尋味的是，各回憶錄當中卻鮮少提到有哪位積極參與這場國際法庭的中方司法人員。參見：Antonio Cassese and B. V. A. Roling, *The Tokyo Trial and Beyond* (Polity Press, 1994)；中島岳志，《パール判事—東京裁判批判と絶対平和主義》，白水社，2007；中里成章，《パル判事——インド・ナショナリズムと東京裁判》，岩波書店，2011。
23. 以下著作曾探索這段「恥辱的歷史」：William A. Callahan, "History, Identity and Security: Producing and Consuming Nationalism in China," *Critical Asian Studies* 38, no. 2 (2006): 179–208.
24. James Reilly, "Remember History, Not Hatred: Collective Remembrance of China's War of Resistance to Japan," *Modern Asian Studies* 45, no. 2 (2011): 468. 於東京審判中任事的中方法官梅汝璈曾於 1957 年在中國撰寫與國際法相關的一些作品，但他卻未曾提及國民黨方面的審判或自己在東京審判的經驗，只將重點放在紐倫堡大審的先例。參見：梅汝璈，〈戰爭罪行的新概念〉，收錄於梅小璈、范忠信編，《梅汝璈法學文集》（中國政法大學出版社，2007，初出：《學術月刊》1957 年 7 月號），頁 372–390。
25. Randall Peerenboom, *China's Long March toward Rule of Law* (Cambridge University Press, 2002), 6.
26. 清水正義，〈戦争責任と植民地責任 もしくは戦争犯罪と植民地犯罪〉，收

11. Ibid., 20.

12. Beatrice Trefalt, *Japanese Army Stragglers and Memories of the War in Japan, 1950–1975* (RoutledgeCurzon, 2003); and Ulrich Straus, *The Anguish of Surrender: Japanese POWs of World War II* (University of Washington Press, 2006).

13. Tony Judt, http://blogs.nybooks.com/post/407338276/edge-people. 威廉・范申德爾（William van Schendel）認為，對於「邊緣」地帶進行這樣的分析，能夠影響學術界的意見形成。參見其論文：William van Schendel, "Geographies of Knowing, Geographies of Ignorance: Jumping Scale in Southeast Asia," *Environment and Planning D: Society and Space* 20, no. 6 (2002): 647–668.

14. 「南京」拼音為 *Nanjing* 是目前較普遍的用法，因為這比較接近實際的中文發音，但是某些學者依然會使用較舊的羅馬拼音 *Nanking*。除非是引用資料，否則我會使用現代羅馬拼音系統來拼出中文。

15. 我們若細數中國共產黨最後對日本戰犯的審判，1956 年時共有 50 場法庭審判。排除東京大審，中國大陸方面率先研究戰爭罪行的著作即有郭大鈞、吳廣義著，《浴血八年樹豐碑：受降與審判》（廣西師範大學出版社，1994），尤其是頁 349–383。

16. 前外務大臣松岡洋右和前海軍大將永野修身這兩位原始被告於休庭之前去世，另一位被告大川周明則在法律上被判定沒有能力接受審判。見：Yuma Totani, *The Tokyo War Crimes Trial: The Pursuit of Justice in the Wake of World War II* (Harvard University Asia Center, 2008); Richard Minear, *Victors' Justice: The Tokyo War Crimes Trial* (Princeton University Press, 1971). 亦可參見：Yuki Tanaka, Tim McCormack, and Gerry Simpson, eds., *Beyond Victor's Justice? The Tokyo War Crimes Trial Revisited* (Brill, 2011).

17. 日暮吉延，《東京裁判》（講談社，2008），頁 27–28；Totani, *The Tokyo War Crimes Trials,* 20–23。關於乙丙級戰犯審判的基本概述，參見：東京裁判ハンドブック編集委員会編，《東京裁判ハンドブック》（青木書店，1989），頁 82–149。

18. 美國在菲律賓舉行第一批審判，後來菲律賓人又在獨立建國之後於 1947 年召開他們的審判。比較戰後受審的日本人和歐洲人的人數與案例，差別之大著實讓人吃驚。根據戴文・彭德斯的研究，戰後約有近 10 萬名德國人與奧地利人被判犯下納粹罪行，他們多數是在東歐受審。四大同盟國在德國占領區法庭上判處了 8,812 位德國或奧地利人、德國人自己則判處 2 萬人犯下納粹罪行，其中 6,495

作者註

韓翔中／譯

序言

1. 小川仁夫，《処刑されなかった戦犯—人民裁判の裏側で》（日中出版，1979），頁5。
2. 三遊亭円生等，〈敗戦と涙と落語と：ある満州終戦秘話〉，收錄於テレビ東京編，《証言 私の昭和史6 混乱から成長へ》（旺文社，1985，初版1969），頁28–29。
3. Ibid., 38.
4. Rana Mitter, *China's War with Japan, 1937–1945: The Struggle for Survival* (Allen Lane, 2013), 370.
5. Marc Gallichio, *The Scramble for Asia: U.S. Military Power in the Aftermath of the Pacific War* Rowman and Littlefield, 2008), 42.
6. Yuki Tanaka, *Hidden Horrors: Japanese War Crimes in World War II* (Westview Press, 1997)；粟屋憲太郎編，《中国山西省における日本軍の毒ガス戦》，大月書店，2002；Jing-Bao Nie et al., eds., *Japan's Wartime Medical Atrocities: Comparative Inquiries in Science, History, and Ethics* (Routledge, 2010)；中国帰還者連絡会編，《完全版三光》，晚聲社，1984。
7. Matthew Hilton and Rana Mitter, "Introduction," in Matthew Hilton and Rana Mitter, eds., "Transnationalism and Contemporary Global History," *Past and Present* suppl. 8 (2013): 14.
8. 關於片面敘述二次世界大戰的強勢觀點——例如就英國人而言——已經由下列書籍之出版而糾正：Chris Bayly and Tim Harper's *Forgotten Armies: The Fall of British Asia, 1941–1945* (Belknap Press, 2005) and their *Forgotten Wars: Freedom and Revolution in Southeast Asia* (Belknap Press, 2007).
9. 加藤典洋在其作品《敗戰後論》（講談社，1997）當中探索了一些這類概念。
10. John Horne, "Defeat and Memory in Modern History," in Jenny Macleod, ed., *Defeat and Memory: Cultural Histories of Military Defeat in the Modern Era* (Palgrave Macmilan, 2008), 14.

大河
從人到鬼，從鬼到人：日本戰犯與中國的審判

Men to Devils, Devils to Men: Japanese War Crimes and Chinese Justice

作　　者 —— 顧若鵬 Barak Kushner
譯　　者 —— 江威儀
審　　訂 —— 陳冠任
編　　輯 —— 林蔚儒
執 行 長 —— 陳蕙慧
行銷總監 —— 陳雅雯
行銷企劃 —— 尹子麟、余一霞、汪佳穎
封面設計 —— 兒日
排　　版 —— 簡單瑛設

社　　長 —— 郭重興
發行人兼出版總監 —— 曾大福
出 版 者 —— 遠足文化事業股份有限公司
地　　址 —— 231 新北市新店區民權路 108-2 號 9 樓
電　　話 —— (02)2218-1417
傳　　真 —— (02)2218-0727
郵撥帳號 —— 19504465
客服專線 —— 0800-221-029
客服信箱 —— service@bookrep.com.tw
網　　址 —— http://www.bookrep.com.tw
臉書專頁 —— https://www.facebook.com/WalkersCulturalNo.1
法律顧問 —— 華洋法律事務所　蘇文生律師
印　　製 —— 呈靖彩藝有限公司
定　　價 —— 新臺幣 680 元

初版一刷　2021 年 8 月
初版二刷　2021 年 12 月
Printed in Taiwan

國家圖書館出版品預行編目 (CIP) 資料

從人到鬼，從鬼到人：日本戰犯與中國的審判 /
顧若鵬 (Barak Kushner) 著 ; 江威儀譯 .
陳冠任審訂 -- 初版 . –
新北市 : 遠足文化 , 2021.08
　面；　公分 . -- (大河)
譯自 : Men to devils, devils to men : Japanese war
　crimes and Chinese justice

ISBN 978-957-8630-96-3(平裝)

1. 戰爭法 2. 中日戰爭 3. 戰犯

579.46　　108002952